金門話研究

洪乾祐著

文史哲出版社印行

國家圖書館出版品預行編目資料

金門話研究 / 洪乾祐著. -- 初版. -- 臺北市：
文史哲，民 93
面： 公分
參考書目：面
含索引
ISBN 957-549-575-6 (平裝)

1. 閩南語

802.5231   93016574

金 門 話 研 究

著　　者：洪　　　乾　　　祐
出 版 者：文　史　哲　出　版　社
http://www.lapen.com.tw
登記證字號：行政院新聞局版臺業字五三三七號
發 行 人：彭　　　正　　　雄
發 行 所：文　史　哲　出　版　社
印 刷 者：文　史　哲　出　版　社
臺北市羅斯福路一段七十二巷四號
郵政劃撥帳號：一六一八〇一七五
電話 886-2-23511028 ・ 傳真 886-2-23965656

實價新臺幣五二〇元

中 華 民 國 九 十 三 年 (2004) 十 二 月 初 版

金門話研究
目　錄

小島苦難無盡時（代序）

　　依據民國六十八年版金門縣志（下文簡稱「金門志」）載：
（注一）金門本島面積爲一三一‧七平方公里。小金門（烈嶼）
爲一四‧六平方公里。大小金門合計爲一四六‧三平方公里（筆
者案，下同。縣志誤算爲一四六‧五平方公里）。屬於金門的其
他十四個零星小島面積爲二九‧五〇五平方公里（縣志誤算爲二
九‧八五五平方公里）。合計金門總面積爲一七五‧八〇五平方
公里。但在其他十四個零星小島嶼裏，應扣除中共統治下的大、
小嶝二六‧六平方公里，實際金門總面積爲一四九‧二〇五平方
公里。今後凡談到金門面積，應以此爲準。（一九九九年七月十
七日有線電視中天頻道「臺灣風雲一百年」節目，謂金門面積一
七八平方公里、民國四十八年版許如中新金門志謂一七五‧三七
平方公里、黎明版前金門守將胡璉金門憶舊謂一七八平方公里，
皆屬錯誤。）筆者前曾電詢臺中市政府民政科，得知臺中市區面
積爲五百多平方公里；如以上述金門本島面積比較，金門約只有
臺中市的四分之一大罷了。

　　清周凱廈門志：「同安三面距海，金廈尤爲險要，門戶之防
也。（自注：〔清顧祖禹〕方輿紀要）又說：「廈門四面皆海，
西接寶珠、高浦，東聯烈嶼、金門；太武（山）當其南，汭州橫
於北；西南界海澄、龍溪，白礁峙焉；東南出大擔、小擔，澎湖
通焉；洵泉郡之名區、海濱之要地也。」（自注：〔清薛起鳳〕
鷺江志總論）（注二）民國王儀明代平倭紀實：「福建舊設有五
水寨：福寧烽火門、福州小埕澳、興化南日山、泉州浯嶼（在廈

門南大海中、與金門陳坑鄉相對）、漳州西門澳（銅山），扼海
口。以烽火門、南日、浯嶼爲正兵，銅山、小埕二鯨爲游兵。」
（注三）清盧鳳琴廈門志序：「泉之領縣五，其煩而劇者，曰晉
江、曰同安；廈門則又同安一隅耳。然四面環海，於金門爲犄
角、於漳郡爲咽喉。」明何喬遠閩書：「浯洲（金門）西連烈
嶼、中左（廈門），南達擔嶼、鎮海，料羅盡其東，官澳極其
北。雖土壤之廣，金與廈共爲海洋之鎖鑰，全邑之藩籬，而金又
要於廈也。」清章倬標同治續修金門志序：「金廈兩島，爲泉漳
屏障，金門尤爲廈咽喉。踞上流足控制臺澎，而與海壇、銅山、
南澳各水師相犄角。曩者倭寇及鄭氏均由此地闌入，閩中諸郡遂
罹烽燹。是金島雖丸泥片壤，而海門鎖鑰要地攸關。」（注四）

　　從以上所引各家的言論，加以平心靜氣分析，可得到一個結
論：金門島群對於防禦外來侵略福建本土，極其重要；反之，對
於防備外來攻擊臺灣本島非但不重要，反而成爲臺灣的負擔。稍
有戰略常識的人都知道，金門和廈門位置貼近大陸（只數千公
尺），而東距臺灣則遙遠（二百餘公里）。一旦有戰爭，由福建
本土支援兩島容易，自臺灣本島支持金廈則困難。事實證明：國
共對峙數十年來，中共支援廈門輕而易舉；國民黨自臺灣運載兵
糧武器物資來金門須在中共猛烈砲火下搶灘。今日海島攻防戰，
勝負決於制空權；例如第二次世界大戰末期，日本補給船隻由臺
灣駛向金廈，常在臺灣海峽被盟軍飛機炸沉，關鍵就在日本空軍
實力遠遜於盟軍，無法護航，此便是鐵證。金門志說：「無金
馬，即無臺澎。」（注五）胡璉說：「金門必須固守不失，作爲
反攻跳板。」（注六）以金馬距離臺澎之遠、距離大陸之近看，
無金馬，未必無臺澎；故金門志的講法不可通。至於作爲反攻跳
板，固守尚且不暇，反攻當然是夢想。其次，國共對峙超過半世

紀，臺澎金馬能夠不落於中共之手；多拜「海水」之賜。因有海水阻隔，纔能相持五十多年；倘若沒有海水，金馬臺澎早已滅亡。

金門既為東南沿海邊防要塞和兵家必爭之地，在歷史上注定成為戰場，而受害者就是老百姓。清歷代通鑑輯覽：「（明太祖洪武二十年、公元一三八七）多十一月，先是帝以倭患，命（湯）和巡視浙江福建沿海諸城。既而又命江夏侯周德興于福建瀕海四郡（福、漳、泉、興）築城練兵以備之。德興往四郡相視形勢，築城十有六；民戶三丁取一，以充戍卒。」（注七）王儀說：「（明世宗）嘉靖三十一年（公元一五五二），浯嶼則永寧、福全、金門、崇武，共撥軍三千四百二十九人。福建沿海險要之地，官軍據險以守者，在浯嶼界內，有大擔、舊浯嶼、梅林、圳上、圍頭、白沙、料羅、金門、烏沙、會曆、安南、風灣等十二處。」（注八）金門志：「嘉靖三十九年（公元一五六〇），漳賊林三顯等偵知其情，乃於三月二十三日結倭酋阿士機等，舟從料羅登岸。二十六日肆劫西倉、西洪、林兜、湖前諸鄉社，男婦死者數百人。四月初二日攻陽翟，合社與戰，敗死者百餘人。於是諸鄉驚危，各竄匿太武山石穴中。倭擄鄉人為嚮導，搜穴燻鼻，人家散逸，相率竄於官澳巡檢敝城中，男婦萬餘人。旋漳賊謝萬貫、謝一貫復率十餘舟，自浯嶼月港而來。乃奉一人為主，括城中所有白金四十兩，令楊姓出城講和退虜，其人竟負金背子逸去。賊覺而圍攻之，縱火屠城，積屍與城埒，城外亦縱橫二里許，婦女相攜投於海者無數。以次攻後浦，後浦許氏家殷人眾，時新築城堡，鄉紳許廷用馳書同安縣令譚維鼎，（筆者案：時金門未設縣，屬同安縣轄。）得銃手捍禦，與戰皆捷，獲倭酋阿士機、尾安達等七人，斬倭級六顆，擒通倭謀城奸細丁

乙中等三名，及流賊林時等六名。」（注九）

　　金門旣是海疆重地，歷代勢必駐兵，形成「兵災」。金門志：「明洪受浯嶼水寨移設料羅議：『夫惟水寨移於腹裏，則把總得以縱欲偷安，官軍亦效尤而廢弛，賊寇猖獗於外洋，而內不及知；逮知而哨捕焉，賊已盈儎去矣。甚至官軍假哨捕以行劫，而把總概莫之聞焉；使或聞之，亦掩飾罔上而自救過。』明代金門兵事，首則倭寇，次則海寇，再次則紅毛夷。嘉靖二十七年（公元一五四八），海寇阮其寶與林毣毛等十八種，積年為患海濱。四月，其寶大掠小嶝，鄉人死與被執者二百餘人，小嶝遂墟。（熹宗）天啓三年（公元一六二三），紅毛夷登料羅，浯銅把總丁贊出汛拒戰，死焉。六年，（鄭成功父）鄭芝龍泊金、廈，樹旗招兵，從者數千，所在勒富民助餉。（思宗）崇禎二年（公元一六二九），自芝龍受撫後，（李）魁奇自為首領。是年春，攻陷後浦堡，死與被執者數百人，大掠後聯艘而去。（桂王）永曆元年（清世祖順治四年、公元一六四七），（芝龍舊將）楊耿分踞浯洲（金門），縉紳多罹其毒。覘後浦埭田百頃，觀兵堤下，聲言決流而入，實冀以厚賄償。居民倉卒無以應，遂盡決堤岸，於是良田變成海國，民苦埭累者數十年。（成功戶官）鄭泰守金門，家貲以百萬計，民遭其毒。（清宣宗道光）二十一年（公元一八四一）七月，英兵船闖入青嶼，總督顏伯燾督戰不利，廈門失守，退保同安。吳文鎔調精兵赴援，英船闖入內港，至沔洲，以水淺急退，金門總兵官江繼芸陣亡。（清文宗）咸豐三年（公元一八五三），海澄人黃位作亂，推其鄉殷戶黃得美為首，金門兵單餉匱，人心惶惶；奸民許款、葉行等通賊，欲導來攻。諸生林章梗議先用緩兵之策。而歲貢生林焜熿（筆者案：舊金門志作者）亦偕六品頂戴許侯熊等奉檄設局於城隍廟。

賊始知章梗之紿己也，於六月十六日乘流入，直指後浦，發礮擊鼓。各巨鄉（筆者案：暗指古寧頭、盤山、瓊林等鄉）皆至後浦觀戰，意圖乘機搶掠。」（注一〇）

　　同書又載：「（民國）二十一年（公元一九三二）五月，中共陷漳，金廈交通斷絕旬餘。迨十九路軍入閩，第六師毛維壽部進駐廈門，秩序始恢復。六月十六日，海軍江元艦運儎陸戰隊第一獨立旅三團三營進駐金門。旋有自稱閩浙剿赤第一大隊林壽國所部厲木恭、吳隆生等，率領烏合之眾進駐後浦縣商會，佔學校，徵糧餉。民不堪其擾，各界電省聲援。八月八日，厲木恭所部吳隆生被陸戰隊繳械，亂平。二十二年十一月廿五日，十九路軍據閩叛變，組織人民革命政府，金門由海軍陳明揚部進駐，尚能暫保安謐。二十三年元月十日，中央敉平閩變，海軍收復金廈。民國二十六年（案：時筆者六歲）十月二十六日，晨四時許，日軍艦以機關鎗大礮射擊舊金城，七時許登陸，分水頭、舊金城、古崗等三路，直薄縣城。經舊金城，殺居民洪水俊；經古崗，殺居民董陣；經泗湖，殺居民張維熊女。十一時到豐連山，以尖兵三騎進覘後浦。我無抵抗，日軍大隊繼進，駐紮金門公學，共約二千人，為日海軍陸戰隊之一個聯隊，聯隊長友重丙。縣長鄺漢棄職潛逃（案：後被政府處死）。二十七日，日軍進佔瓊林、沙美、烈嶼。」（注一一）

　　回頭談明鄭與清軍交戰爭奪金廈。清夏琳說：「（清聖祖）康熙十九年、永曆三十四年（公元一六八〇），時（明鄭總督）劉國軒全師引回，猶欲據廈門；然兵心已變，不可收拾。諸文官如楊英、洪磊等已先攜眷登舟，諸軍乘機擄掠；國軒禁之，不止。鄭經既去，海兵乘機劫掠。」（注一二）廈門志：「康熙元年（公元一六六二）夏五月，成功卒。二年春正月，（鄭）經復

回廈門。冬十月，（清）官兵大蒐（金廈）兩島，墟其地而還。十三年五月，鄭經復據廈門。十九年二月，（清）總督姚啓聖、巡撫吳興祚、水師提督萬正色、陸路提督楊捷平兩島，經遁臺灣。是年正月，正色及總兵林賢等以舟師伐經，逼海壇，與（明鄭）左武衛林陞等數戰，陞等船無所取水，退入金門，正色進扼料羅。守鼓浪嶼（明鄭）將陳昌已密款於啓聖，軍士乘間擄掠。二十六日，焚演武亭輜重、寶玩，跟蹌遁回臺灣，海兵乘機劫掠。二十八日，啓聖大軍入島安撫，兩島悉平。」（注一三）清楊陸榮說：「康熙二年（公元一六六三），王師大集。大兵入（金廈）兩島，兩島之民爛焉。」（注一四）民國陳炳容說：「南明時期，金門淪爲明鄭與清兵攻守的戰場。清兵入島，盡收之。拆城垣，焚毀房屋，遺民數十萬，多遭兵刃。男婦繫纍，童稚成群，若取犬羊。而投誠兵所至，搜掠財物，發掘塚墓。」（注一五）

　　上述幾段的史實，足夠證明金門一旦有戰爭，官兵或敵軍都一樣對百姓勒財、搶劫、殺戮，無所不爲。金門志：「清初總兵陳龍艱於子息。人言後浦多佳氣，因由所城（舊金城）移駐許獬故宅（今縣城後浦衙署）。屬弁不戢，民多罹害。後陳死於任所，繼任總兵藍瑗，且因屬弁毆殺民女，被劾以去。」（自注：許氏族譜）（注一六）同書又載：「舊制，縣丞皂隸民壯各四，例給工食，近來合白役多至六七十名，又以流犯充民壯，小案票簽六七名，民尚易勉強飽其谿壑。如波累命盜巨案，則全班盡出，輒破人產。結營所在，刁悍兵丁凌轢士民，屛愚不敢觸其鋒。」（自注：舊志）（注一七）民國郭堯齡說：「永曆四年（清順治七年、公元一六五○）八月，成功由揭陽回師取金廈。時金廈爲（成功族親）建國公鄭彩（筆者案：魯王所封）、定遠侯鄭

聯（案：亦魯王所封）所據，肆虐不堪，民不堪命，其守將章雲飛尤橫。」（注一八）金門和廈門不久歸鄭成功所有。鄭彩、鄭聯、鄭成功統治金門時，其軍隊對待金門人民的殘暴酷虐情形，參閱本書第二章人物類「盧若騰」條。

　　民國三十八年，國民黨軍隊敗於中共，部分退駐金門。以筆者當時十八歲的親身經歷目睹，五十多年前的往事如在眼前。十月二十四日下午，大量軍隊擁進縣城後浦街道。那時先父洪百得於中街開設五穀店洪得記。不知是李良榮的軍隊還是胡璉的軍隊，按戶敲擊迫令開門，家家被強占居住。先父曾向其中一個軍官下跪，請求不要住，但無效。當夜即發生古寧頭戰爭。幾天後，軍隊開始在街上擺地攤，出賣由古寧頭鄉、湖尾鄉一帶搶劫得來的民物，總共有五六個攤位，我在旁邊觀看，一位年輕鄉民指著說：「那一條新的紅毛毯，是我準備結婚要用的。」擺攤的軍隊聽不懂金門話，也不在乎。再過數日，看到一個身穿上校軍服的軍官前來阻止，那些搶劫賣物的軍隊纔收攤回去。又過幾天，有一位湖尾鄉老鄉民來我家坐，向先父和我說：「我的屋裏不論甚麼東西，根本就是他們的，那裏是我的！他們想要就自己拿去，拿去以後也就不還了。」街上駐軍約三星期，纔撤走了。當日使我非常驚訝：原來我們中國的軍隊是這樣的！想起四年前日本將投降時，有從汕頭撤退來金的日軍，全都住到各處的學校及寺廟去，絲毫不擾民，遠勝我們軍隊的絕無軍紀。古寧頭戰後數週，忽有軍眷婦女幾人，衝進我家裏，咆哮著：「看房子！」自行上樓，因前樓光線不好，出來，跑到右邊各店一家一家地看，選定「春成麵店」，就占住了。不久金防部在古衙署成立，胡璉本人占住北門鄧長壽洋樓，整個縣城民房占住一個警衛營，商店不住，其餘數萬軍隊則分散全島占住民房長達三十年之久。

所有軍眷，退至臺灣。

　　搶劫、強占民房以外，就是擾民。胡璉自己承認說：「爲了要打敗敵人的再度大舉侵犯，構築防禦工事，便成爲軍隊中要務的要務。但構工的材料那裏來？金門無樹可砍，不得不借用民間門板。軍民雜處，室無門以分內外，民眾當然發生反感。有的海岸邊已無門板可借，便袛有拆毀民屋。加上軍民之間爭草燒、爭水吃，以及管理聯絡員，（乾祐案：後通稱「指導員」，參閱本書第十九章褒貶類「死無完」條。）今天清查戶口，明日盤問底細，民眾安有不勝其擾之理？民國三十九年四十年間，筆者巡視軍隊到了鄉村，人民見到我無不投以厭惡眼光，好像我就是當年山東、河南人心目中的孫殿英、劉桂堂─『土匪頭子』。有一天從沙美到瓊林的路上，看見一位老嫗工作陌頭，我趨前致候，慰其辛勞；嫗對我卻大發雷霆，指手劃腳。我聽不懂金門話，但可以瞭解那是責難。側面一位青年農夫，向嫗介紹：『他是司令官。』嫗怒更甚，詬亦加厲。問彼青年以嫗何云？青年曰：『彼謂彼知你是司令官，故意罵給你聽的。』又謂：『你的士兵擾民太甚，田埂上的石塊，都被搬上海岸構工。雨季來到，水沖禾失，民食何來？』我默然而去。亂世的帶兵官苦況，我已明白的太多。想起道家的『三世不可爲將』及『善戰者服上刑』那些古代成語，我又從何說起。」（注一九）（乾祐案：拆取門板與毀屋，四十六年以現金賠償。見同書頁四四。）民國梁漱溟說：「（雷海宗）有中國文化與中國兵一書出版。其所以謂『無兵底』，是說只有流氓當兵，兵匪不分。」（注二〇）於是「流氓軍隊」一詞變爲一句成語在中國民間流行。

　　無論古今中外，都有軍隊，軍隊應住在軍營裏，纔是正理。如果軍隊強行住進民房，民房有婦女，難免發生無數不可原諒的

罪惡。特別是金門爲僑鄉，婦女十有六七，丈夫皆不在身邊。不論和誘，都足以壞人名節，摧毀別人的家庭。家人莫可奈何。遠在南洋的丈夫們得知，亦只有向天告訴罷了。

金門志：「（明萬曆進士金門人）蔡獻臣浯州建料羅城及二銃臺議：『癸亥（世宗嘉靖四十二年、公元一五六三）冬，紅夷登岸，把總丁贊死之。於是撫鎭出二標以戍，而一民居寓兵八九人，大爲民苦。』」（注二一）胡璉說：「五萬官兵已夠臺灣運輸補給了，再加上三萬七千居民。」（注二二）又說：「筆者第二次（四十六年）回主金門防務時，軍民總數已到十三萬多。」（注二三）假如民衆數目不變，那麼軍隊約爲十萬。十萬軍隊，全部和人民雜居在民房裏，婦女遭到姦淫絕對無法避免（參閱本書第二章人物類「青盲胖阿」條）。陸海空軍刑法第三十一條：「強佔民房或私賣公物者，處一年以上五年以下有期徒刑。」但國民黨軍隊照樣公然強占全島民房長期居住，無視於法律的存在。胡璉說：「國軍撤離大陸，金門孤軍屹立，一位長官面告筆者曰：『在臺灣必須循規蹈矩，執行中央整軍政策。在金門一切從權處理，但求能打勝仗，不受法令束縛。』」（注二四）照這麼說，軍隊在臺灣要守規矩；在金門便可以公開犯法胡來，等於無法無天，事實上正是如此。軍隊犯法的對象顯然是民衆。這樣必會產生兩種結果：一是金門人民是「次等國民」，被欺侮踐踏是應該；二是不幸生而爲金門人民，欲哭無淚，欲訴無門，只好認命罷。那時亦有國大代表王觀漁、立法委員吳金贊，他們全都合眼閉嘴，領取優厚的俸祿就好，那敢在國會替金門老百姓講兩句遭受苦難的話嗎？

國民黨軍隊除了強占民房以外，又強姦婦女及祕密殺人。約民國四十二三年間，後垵鄉發生軍隊搶劫與強姦案，凶手主從三

人被占住縣城西門民房的軍法處判處死刑。執行死刑前遊街，押赴許厝墓山坡鎗決，筆者曾到現場參觀。這是明白犯法該得的報應；但不計其數私下暗中進行的呢？軍法管得到嗎？民國楊天厚、林麗寬說：「俗稱仙姑洞的烈女廟，位于烈嶼鄉岐山山麓。民國四十五年十月，由當時烈嶼守備區八十一師田樹樟師長所建（並立碑）。廟中主奉王仙姑。據（廟祝）洪根福先生指出：『王仙姑名玉蘭，七歲喪母，自幼與父親相依爲命。父親平日以做工營生，玉蘭則幫忙撿拾柴草燒飯、洗衣。民國四十三年五月十二日，再度前往海濱撿拾柴火，海濱崗哨一位好心的衛兵，特地准許她進入海邊撿拾木柴，最後竟忘了時間已晚，原先放行的衛兵也已換人，並把滿身疲憊的玉蘭當作奸細處理。可憐的玉蘭被無情的刺刀一刀刺穿頭部後，渾身是血的再被暴徒用鐵絲網捆綁後丟之入海。屍體在五月十四日順利漂來烈嶼龜山海面。』本文報導人洪根福先生就曾目睹一切，因而對碑文上所記載的『乃更施殘暴，將衣服脫光。』的說法不以爲然。」（注二五）此書作者行文有晦澀處：到底王女有無被強姦？不清楚。王女被指爲「奸細」，在證據未調查的情況下即予殺害。該血案的軍隊凶手當時有無判刑？該書又交代不清。但軍隊胡亂殺人則是事實。

　　祕密處決民眾，並無法律程序，比日據時代駐金的日軍尚經過審判更爲殘暴無理。金門志：「後浦人許順煌（筆者識其人）爲閩省綏靖公署擔任諜報工作，後被日軍破獲，遭受酷刑，死後滅屍於大擔海中。」（注二六）就筆者所記憶：國民黨軍隊在民國三十八年間，在金門祕密鎗殺閩南內地人許慶天，另一人不知姓名。約四十三年，女教員鄭錦華之夫許金民亦被暗中處決。四十五年，金門軍人之友社總幹事廈門人王江濤，因香港寄來中共文匯報，被拘留於後浦南門面海的許家二樓偵訊多日，不久釋

放。蕭克善（抗戰時任金門復土救鄉團團員、並立功）遭懷疑通共，被囚禁疲勞審問，後無法忍受上吊自殺死。以上五人，筆者都認識。憲法第八條：「人民因犯罪嫌疑被逮捕拘禁時，其逮捕拘禁機關應將逮捕拘禁原因，以書面告知本人及其本人指定之親友，並至遲於二十四小時內移送該管法院審問。」第九條：「人民除現役軍人外，不受軍事審判。」上列這些權利，不等於作夢嗎？故筆者覺得：這部憲法是國民黨的「游戲文章」，用來玩耍人民用的。

我全家於民國四十八年遷居臺灣，把後浦中街洪得記三樓店屋以黃金一百兩價格，賣給瓊林鄉蔡姓居民，得款新臺幣二十萬元。當時拜託姐夫存德藥房老闆顏西川居中接洽，書信來往磋商，不料信函全被軍隊截獲；於是半夜將顏西川捉去，不知下落。憲法第十二條：「人民有秘密通訊之自由？」指控罪名是：信函中寫「赤金」，有通共嫌疑；買賣黃金，違反國家總動員法。顏西川據實辯白：稱為「赤金」和房屋以金價估算，是民間習慣如此，並沒有實際「買賣黃金」。顏西川看見情形危急，看準主其事的軍官數人，各以每人新臺幣三千元或二千元進行賄賂，（那時的臺幣二千，相當於今〔九十三年〕的十萬元。）罪名本是「莫須有」，受賄者也樂於結案，不久釋放。筆者案：在臺灣和顏西川通訊，信是由我寫；其間某夜我忽然作夢，夢見我家有許多金塊被軍隊裝進口袋裏去。作夢遠在顏西川行賄之前。世有所謂「預感」，千眞萬確有其事。

筆者二十多歲時，在金城街上自家的店鋪作生意。國民黨軍隊星期天大批人擠人來買物，我把貨物拿給他看，又轉身接應第二個，眼睛向別處，第一個迅速將貨物拿了就跑。某次有一個上尉軍官，坐下和先父閒談，先父起立去接應顧客，這軍官趁機把

先父掛在柱子上外衣口袋裏的洋製精緻銀殼袋錶摸去便走。先父
稍後發覺，趕緊到街上找他，果被找著，那軍官纔拿錶交還。四
十二三年間，臺灣本土沒有香港貨，因此如手錶、女用長絲襪等
成為奇貨。恰好政府特准金門商人可去香港批貨來金販賣；從此
臺灣各界男女爭到金門買香港貨。我家店裏櫥窗中擺著絲襪，有
兩個軍官用計：趁先父一個人看店，一個軍官故意叫先父在店前
豎櫃裏蹲下低頭纔能拿到的別種貨物讓他看；另一個軍官火速趁
機在店後靠壁櫥窗內偷拿了一打絲襪就溜；使我們損失不小。金
防部前面有中山臺，經常有臺灣的歌舞雜耍團體來勞軍，多在晚
上。某次先父亦帶矮凳子雜坐在人群裏觀賞，不料褲子後面口袋
中的一把西洋精製開合小刀，便遭坐於先父背後的一個兵士伸爪
偷摸而去。四十五年間，我來臺灣療病後，要乘機回金，在松山
機場，一個軍官從後面伸手插進我的褲後口袋，意圖偷走皮夾。
我忽然發覺回頭看，那軍官笑笑，纔縮手走開，臉上一絲絲難為
情的樣子都沒有。從以上數例類推，別家商店或民眾，受損必很
可觀。自這些劣行看，算甚麼「國軍」呢？

　　國民黨軍隊駐紮金門數十年，毀壞文物古蹟方面：縣城古衙
署（當時充金防部）左八字牆後，原有舊時築造的「敬字亭」一
座，並不礙觀瞻。源自古代的金門民俗，非常尊重有文字的紙
張，不敢丟棄或踐踏，多收集於「敬字亭」焚化，以表對倉頡造
字的敬意。可惜此亭約在五十年左右被拆毀。明朝江夏侯周德興
於水頭鄉建矛山石塔，高六層，五十年被拆除。（注二七）這是
毀壞文物最嚴重事件。記載此事之書的作者許能麗親身實地採
訪；而金門志憑想像說「毀於匪砲」（上冊頁二一九），這就是
講假話愚民了。著名古渡「同安渡頭」長一百九十丈的大石橋，
是清德宗光緒六年（公元一八八〇）舉人林豪、洪作舟倡募巨資

所建，便利金門對外海上交通，亦爲重要建築物，在三十八九年
被拆毀。明許振之所立的「封君坊」，在東洲鄉和下后垵鄉的古
官道上，被毀於砲兵構築工事。（注二八）明朝會元許獬在東洲
鄉古官道旁爲其父許振之立的墓道碑，被取去築工事。（注二九）
位於獅阿山的明朝李氏古墓石坊，被拆去作建材。（注三〇）位
於青嶼鄉的張敏「褒忠坊」被拆毀。連事明朝英宗、憲宗二皇帝
的張敏忠於明室，孝宗弘治間所立。（注三一）許獬於萬曆間所
立「文章垂世孝友傳家」牌坊被毀，現僅有橫額一小段在軍營
裏。（注三二）西山前鄉奉祀朱、邢、李等王爺的王爺宮，三十
八年被拆除。（注三三）位於長福鄉奉祀屬王爺張巡的蓬萊宮，
三十八年被拆毀。（注三四）東店鄉的永巖殿，三十八年被拆除。
廟後風獅爺一座失蹤。（注三五）大地鄉有二座風獅爺被搬走。
（注三六）烈嶼青岐鄉關聖太子廟、仙祖宮，三十八年被拆毀。
（注三七）上庫鄉天后宮，三十八年被拆除。（注三八）上林鄉屬
王爺宮，三十八年被拆毀。（注三九）雙口鄉奉祀朱王爺的拱福
宮，三十八年被拆除。（注四〇）

　　至於全島民房裝飾雅觀的牆壁，遭軍隊用紅泥漿塗沒，再以
黑筆寫上各種似是而非標語的則難以計數。國家、責任、榮譽，
原是美國西點軍校校訓，國民黨軍隊加上「主義」、「領袖」於
「國家」之下，合成五項，到處可見。後浦有名的「陳氏宗祠」
照牆原有「忠賢祠」三大凸面金字，以紀念古來陳姓先賢的科名
成就及英勇事蹟，全被塗沒。這宗祠被占據作爲軍中合作社倉
庫，精緻的紅地磚因貨物起卸，嚴重損害。下令全島商民不准自
臺灣輸入貨品，由合作社統一採購，再批發給商家販售，規定利
潤十分之一，擺列時每物均須標價，否則嚴厲處罰。照筆者當時
是商人的經驗，十分之一利潤根本很難生活。

　　民國陳炳容說：「據浯江顏氏族譜的記載，顏氏金門開基祖顏必和，於宋初攜長子來金門，又生二子，其次子即顏五郎。金門志說：『顏五郎，賢聚（鄉）人。神宗朝任柳州同知，有治聲。』顏五郎墓在（庵前鄉）牧馬侯祠右旁。民國三十八年，國軍駐守，在顏五郎墓地建金防部辦公處所，後改爲特約茶室。墓被蓋屋時傾土湮埋；故許如中新金門志記：『顏墓今不詳其處。』屆解嚴後，茶室歸還政府，並租給民間改設楓蓮山莊旅館，在挖土整理環境時，始又讓被埋四十多年的顏墓墓碑重見天日。」（注四一）

　　筆者案：作爲「特約茶室」，是專供軍隊行淫的地方。金門雖小，要蓋特約茶室，何患無區區之地？偏要以在顏五郎墓鄰近的金防部辦公處充用，以穢行驚動鬼神！顏五郎死而有魂，應知受辱無窮。民國四十年，金防部也想到全島五萬軍隊的性生活無法解決，恐發生妨害風化案件，要設立規模較大的軍中樂園供軍隊娛樂，慰安婦則盡從臺灣羅雇。可是別處不去，偏偏找上縣城古浯江書院（內有舊朱子祠）作「軍樂園」。祠雖半毀，朱子神靈仍在，對先賢的侮辱，無以復加。況且朱子祠左側還有「節孝祠」，從前專作奉祀歷代金門的節烈孝義婦女的英靈。尚記得大門刻石有清光緒舉人洪作舟親題的聯對：「兩間正氣存妻道，一代英名重女宗。」那些節烈孝義婦女的英靈有知，早已受辱而掩面四散飛逃去了。

　　三國志吳書張紘傳，記張紘的名言說：「夫兵者凶器，戰者危事也。」胡璉金門憶舊頁三四節引紘語說：「兵凶戰危。」胡氏忠心耿耿於國民黨，盡人皆知。中央日報版胡璉出使越南記，陳立夫作序，說：「在抗戰時期三十二年五月，日軍爲打開頹勢，乃發動鄂西攻勢，在長江兩岸地區分進合擊，妄圖控制四川

門戶之石牌要塞，溯江而上，進窺巴蜀，摧毀我抗戰根據地。著者（指胡氏）時任陣地師長，預立遺囑，誓必死守，終於獲致光輝的石牌大捷。」但胡氏於該書頁九六、九七卻說：「向敵攻擊，找敵不著；敵來攻擊，則措手不及。這便是共產黨所謂『人民戰爭』的特色。一九四六年身任軍長，在山東勦共時，重嘗到曩昔的辛酸。上峰的高級幕僚人員曾面責我說：『要你打共，你找不到；共來打你，你走不脫；如此軍長豈非飯桶？』話雖難聽，情則確實；除了滿面通紅，找不出理由反駁！」筆者所讀國共戰史及胡氏著作不多，不能對胡氏個人隨便批評；但有一個感覺，他和中共交戰中，似是敗多勝少，否則他亦不致撤退到金門來。三十八年十月，古寧頭一戰成名，胡氏須要多多拜謝金門的地理位置和周圍的強風巨浪之賜！金門憶舊裏提起「金門防衛軍迭經古寧頭、大二擔、南日島三次戰役，及多次對大陸沿岸共軍之突擊，雖屬每戰皆捷，我將士殉國於陣前者，爲數亦頗多。」（頁八三）在進攻金門失敗後，中共主將陳毅提出檢討，認爲主因在於「輕敵」（頁一〇八）。大二擔之役之前，陳毅指示其部下「海島作戰十大戰術」（頁一一四），實際上亦是進攻金門本島的戰術。我們細看這「十大戰術」，其中第五條是：「登陸突破後，要兩面撕開。」（頁一一四）說法雖正確，到底共軍無渡海作戰經驗，沒有料到金門秋冬季節東北風浪的強大，把機帆船大半吹向島西北的古寧頭鄉一地，而中部和東部則很少船隻靠岸。故共軍被迫集中在古寧頭一帶，國民黨軍隊自然易於包圍殲滅。因此筆者認爲：中共敗於「輕敵」以外，最主要因素即是忽視金門秋冬時四面風浪之強大。

三十九年初某日，我和好友洪濟民、洪維岳，由北門土地廟小巷南行，到金防部後園角小門，遭遇胡璉及幾個衛士走出，胡

氏問：「是學生嗎？」當時我們都纔十八九歲，錯愕之下沒有回答。胡氏忿忿說：「講禮貌！講禮貌！」洪維岳有些不自在，洪濟民與我若無其事。胡氏意思是要我們向他行禮請安。除非自願，金門人民，一定有義務向他行禮請安嗎？頃刻間各走各路，胡氏亦不再計較。

　　歷來金門僑民所起蓋的雄麗洋樓，名聞閩南、臺灣，但卻很少有福氣自己受用。單就縣城說，東門陳詩吟洋樓、王慶雲洋樓、南門蔡姓洋樓、北門鄧長壽洋樓等，日據時期由日本軍頭占住，三十八年起由國民黨歷屆金門守將占住，有無給屋主房租不清楚。南門蔡姓洋樓日據時稱「常盤莊」，有韓國慰安婦陪日兵姦宿；三十八年起改作由臺來金的國民黨軍隊招待所。

　　胡氏金門憶舊一書，談到金門風物，有四處錯誤。頁九說：「唐末秦宗權據汝南，苛虐之至，潢川、光山一帶之民，相率南逃，止於漳泉。陳淵入金門牧馬，乃定居焉。故老相傳此乃金門有人煙之始。」筆者案：舊金門縣志（下文簡稱舊金門志）歷代疆域沿革表：「（晉）時中原多故，難民逃居同安縣金門島者有蘇、陳、吳、蔡、呂、顏六姓，是為金門有人民之始。」可證明金門開始住人，早在晉代，非遲至唐朝。錯誤一。頁一五、一六說：「同屬炎黃子孫，何以金門人的活力竟然超乎其類，既可登科甲之名，又可獲工商之利？幾經研究，發現食物乃是最大原因之一。蚵蠣加髮菜，與地瓜磨粉對稱拌合而成的主食品，不但使金門青年男的強毅勇敢，女的慧美賢淑，而且給予他們一種力爭上游的衝動。久而久之，便成了一種氣質、一種精神。」案：金門人常吃牡蠣，番薯不三餐吃，髮菜（稱海麵線）則極少吃。金門有俗語說：「吃番薯，配海魚。」番薯、米麥、豆類、魚類、牡蠣、蔬菜等，纔真正是金門人的主食。胡氏謂吃拌合的牡蠣、

髮菜、番薯粉使人產生特有的氣質精神，實屬無稽。錯誤二。頁
三八說：「金門由於被日軍霸佔八年，教育荒廢，無書可讀。」
事實不然。筆者正是日據時代民國三十三年畢業於縣城公立第一
小學，功課內容和我國小學課程並無差別。沙尾鎮有公立第二小
學，小金門有公立第三小學。至於閩南語私塾，亦遍滿縣城，塾
師如東門許楫侯、楊朝曙，南門馬心廣，北門王恭等皆是。古寧
頭、盤山、瓊林等鄉亦多私塾。錯誤三。頁一〇三說：「在金門
城區附近的居民，對於古寧頭三字，很久以來就心存芥蒂。原來
古寧頭的民風強悍，樂於械鬥，尤以少女爲甚。在媒妁之言的時
代，城區的居民一聽說是古寧頭的小姐，不問妍媸，不分慧愚，
就一口拒絕，不敢結親。」案：古寧頭鄉民性強悍，是在古時；
入民國以來及現代，無論軍管、民主，都變得非常乖順。至於嫁
娶，就筆者所知，盤山鄉翁姓，經常與古寧頭鄉李姓結親，縣城
和其他各鄉村亦多有。錯誤四。

　　憑良心說，國民黨軍隊對金門也有好處。一是造林，減少很
多風沙之害，又能調節氣候，冬天免於嚴寒。二是築路，築路本
意是爲了軍事用途；但數十年後意外可供民間汽、機車使用上的
方便。（造林、築路，用地有無經過「徵收、補償」的手續？尚
待追查。）三是建水壩，使居民有自來水可用，兼供灌溉。四是
設立酒廠，成爲金門政府財政收入的最大來源，可供給島上各類
設施及行政經費。五是金門兵多民少，有些商人靠賣物發了一筆
財。六是教育，創立許多中小學校，畢業後來臺升學，學生又憑
自己努力，留學外國，培養了不少高級知識分子。七是終於結束
戰地政務，對軍事統治知所收斂，還政於民；雖然剛剛學步，於
未來金門的民主政治展開希望。

　　筆者是金門人，對金門民性相當瞭解。例如：舊時的大姓大

鄉樂於械鬥，古今的迷信鬼神風水，敬祖先，重宗族，崇拜有錢人，笑貧鄙賤，喜歡評論別人吃穿住外，在專制時代害怕官紳；軍管時期，是馴馴如綿羊（實爲綿羊中之綿羊、舉世罕見），任人驅遣、抓捉、宰殺。筆者亦是受害者，從三十八年起到四十七年藉故逃臺前，整整操了十年的民防隊，至今想起這種非人道「殘民以逞」的暴行，餘悸猶存，甚至於入夢。明知這種操練沒有法律根據（傳說是依國家總動員法），也只得受人踐踏凌辱，無限忍受。金門志：「本縣自三十九年以後，役男不服兵役，列入戰地民防組織，（筆者案：年齡自十八歲到四十五歲，等於要服二十七年之久纔能免操。）五十五年起改稱國民兵。」（注四二）熟知國民黨軍事統治的黑暗，祕密拘禁與處決人，豈能不乖？叫我站，我就站；要我蹲，我就蹲；令我跪，我就跪。舉手呼「蔣總統萬歲！」手痠聲嘶，你敢不舉不呼？「思想有問題」、「匪諜嫌疑」的大帽子在等著你。古時的西方國族，纔有「吾王萬歲！」Long live the King!的口號。在現代，世上有那一個「民主國家」的人民必須高呼「總統萬歲！」Long live the President!唯有「中華民國」對老蔣纔有，眞是曠世奇聞！後來對嚴家淦、少蔣、李登輝，爲甚麼不再呼喊？

　　金門這些軍統者，令人感覺他們的辦法是：先假定人民個個都是匪諜或思想有問題，然後纔一一求證是或不是。居民晚間通常三五位朋友閒坐聊天，憲兵就注意監視。我們一群年輕人有籃球隊，軍官「國特」綽號「大肥鄧」的便來合在一夥，大談球經；其實是在瞭解我們有無通共組織。四十年間，筆者擔任金門中學幹事，幾個軍隊教員就經常向我探測：其中一個名吳逸之，跛腳，在辦公室大聲讓我聽到：「媽的，老子看誰不順眼，就是打！」過數日，又一個名叫陳吟，亦故意使我聽著：「（另一教

員吳騰雲），我要揍他！」我聽了這兩人的話，覺得很突兀和錯愕，只笑笑表示不解，沒有回答。萬一我懵懂贊成，就完蛋了。原來在大陸陷共前，共產分子常利用學校機關中製造事端，使社會瓦解的原故。

　　筆者於民國三十五年求學廈門市立中學時，在大街上，親見左傾的廈門大學成群學生，高呼「反對美國扶植日本」口號，並用巨大毛筆沾紅漆書寫大字的標語於路面上。表面看是愛國，實際上是使市面混亂不安。同一時間，金門縣城私立金中中學，有學生我的朋友王鴻烈、葉永國、劉水南、女生翁華碧等人，還有幾位姓名忘記，隨潛伏的中共分子教員一二人在大街上遊行舉手呼口號；不料經過情形遭當時縣政府記錄在案。教員後來遁回廈門。三十八年起，軍隊接掌政權，公文檔案亦換手。上列數人，被捉去訊問，又放出，如是幾次。終於在四十五年間，正式囚禁，並以軍法起訴意圖叛亂罪，各處徒刑數年，並罰勞役及研讀三民主義和國民黨讀物洗腦，移臺灣監獄執行。那時喊口號遊行，這些大孩子都不過十五六歲，不懂事，受人利用，不該判處重刑。其中翁華碧是香港僑生，倖免被刑。迄今，這幾個少年犯，皆先後作古了。

　　中國歷史上的戰爭，無論對內對外，都有出不盡的漢奸和叛徒或助紂爲虐的分子。王儀說：「倭寇組成份子爲日商、江南軍被俘士卒與日本西南邊民。在明太祖統一中國之初，日本正當南北朝時代，國內兵爭不息，窮無所歸的戰敗武士，逃竄海上，與張自誠、方國珍流亡海上的散勇結合，在中國濱海之地，趁虛偷襲。在世宗嘉靖間，是倭寇最爲猖獗的一段時期；但日本人在比率上，反佔少數，其中多爲閩、浙、粵沿海之地的海盜，與貪圖暴利的奸民，以及被威迫落寇的良民。」（注四三）前文曾談到

清咸豐三年，海澄人黃位作亂，金門秀才林章梗虛與妥協，一面籌備防守。賊發覺，六月十六日戰船直攻後浦。（注四四）金門志頁二〇〇：「元順帝時，浯州有陳坑（鄉）土豪，入貲買帖爲霸都元帥。欲護家者，斂貲餽之，否則大肆焚掠。」同書頁二四二：「（黃位之亂，金門）奸民許款、葉行等通賊，欲導來攻。」頁二四九：「（民國）三十四年四月一日，日陸軍憲兵逮捕我愛國志士王精英（筆者同學葉永國的姐夫）、蔡蔭棠（筆者小學業師）、董群太、蔡怡和、王天德、葉永新、蔡維巖等十餘人，酷刑拷掠，多所牽連。王精英於勝利後數日傷重死亡。是次慘案，係漢奸許乃強向日軍告密。」頁六四六：「民國廿八年春三月，我遊擊隊夜襲官澳日寇砲臺，壯士鄭良（南安人）迷途，張雲引歸內室，密爲掩護。有漢奸黃坤火（後水頭人）知而告密。雲夫婦被捕，遇害於官澳海濱。」

民國八十九年元月十五日晚七時，中視新聞報導：十五日上午十一時十五分，臺銀金門城內分行發生搶案，有持鎗歹徒，操金門口音，身高約一七五公分，入內搶劫未成，連開數鎗後逸去。十七日晚華視又報導：前日搶劫臺銀金門分行，所用手鎗，爲前年殺死曹姓警察所奪之鎗。目前正搜捕凶手中，云云。可見金門人的奸惡之徒不少。

民國張榮強說：「四十一年，名畫家梁鼎銘先生，初到金門，眼中所看到的一種（有馱架）載（兩）人的馬，並替牠加上一個旖旎的名稱『駕鴦馬』。」筆者案：胡璉金門憶舊頁九，亦提到「駕鴦馬」。殊不知「駕鴦馬」一詞，是造詞者的一個無意中侮辱金門人的字眼，應予譴責；張氏身爲鄉親，受辱而不自覺，反倒贊頌爲甚麼「旖旎的名稱」。筆者早在八十一年文史哲版拙作閩南語考釋書中「驢馱」一條裏嚴正指出：固然金門的新

婚夫婦可共乘一匹，但有時是祖母與男孫、祖父與孫女、父親與
女兒、母親與兒子、岳母與女婿、公公與媳婦共坐。這種異性長
輩和晚輩經常共乘的交通工具，號爲「駕鴛馬」，正是一個侮辱
金門人的可惡名詞。當時我不知道是梁鼎銘造孽，但強調應尊重
金門固有的稱呼「驢馱」，纔是適合，因它是古來金門文化之
一。梁鼎銘何知？敢於隨便作孽胡造，傷人而不自悟，連起碼的
「入風問俗」的常識全沒有。正如同胡璉金門憶舊頁二〇說：
「金門盛產地瓜，居民亦多以地瓜爲食物；外人遂有稱金門人爲
『地瓜』者。」稱金門人爲「地瓜」，也是一種鄙視污辱。

　　文字寫作的艱難，常出人意料之外。拙著閩南語考釋中有
「爛土有刺」一條，是明熹宗天啓進士古區鄉人陳昌文說的。筆
者年輕時誤信傳言，指是陳昌文七八歲時，他父親被明會元許獬
在建築縣城南門許氏宗祠之際，拉去作泥水工，憤憤不平帶有譏
刺的話。後來閱讀鄉親楊樹清海上仙洲金門一書，說是許獬在上
下古坵鄉交界處覓地爲其先人作墓，陳昌文被徵作民工，與許獬
發生口角，並被拘留。可見古時的官紳威權之大。我後來查出，
許氏宗祠的建築，在明嘉靖年間，早於許獬六七十年。比較之
下，當以古坵人楊樹清的說法爲是。金門志載有清咸豐金門舉人
林豪的「俗語對」。（注四五）其中有「清糜當（待）飫人」，
「飫」爲「枵」之誤；「歹戲交拖棚」，「交」爲「恔」（gau
下平、能幹）之誤；「熟米在高州」，「熟」爲「俗」之誤，
「在」爲「置」之誤；「破茄籠遮壁」，「茄籠」爲「栲栳」之
誤。現在的太武山成功洞口，刻石有「延平郡王鄭成功觀兵奕棋
處」，其中「奕」爲「弈」之誤。孟子告子上：「弈秋，通國之
善弈者也。」廣韻入聲二十二昔：「奕，大也。」「弈，博
弈。」可確證筆者所說。希望金門政府當局重視，將誤字「奕」

改正爲「弈」，以免爲識者所笑。稻田版金門學叢刊第二輯顏立水金門與同安頁六五，有「超雞」字樣。筆者案：「超」爲「癪」（ts'io上平）之誤。「癪雞」，性慾強大之公雞。金門志中某些字的注音，（注四六）錯誤無數。因爲閩南語不能以國語注音符號注音，須用國際音標及八聲。沒有現代聲韻學的知識，要爲金門話（含各地的閩南語）注音，必定錯誤百出。

故總統蔣中正於民國四十一年，應金門人薛桂枝（筆者識此人）之請，在太武山巔題巨字「毋忘在莒」刻石，作爲對金門軍民的勉勵語。筆者案：「毋忘在莒」的典故和含義，可分爲二部分解說。第一部分，史記齊太公世家：「（春秋初期齊）襄公（諸兒）元年（公元前六九七），始爲太子時，嘗與（族弟公孫）無知鬥；及立，絀（降）無知秩服，無知怨。（襄公二十年），無知入宮，遂弒之（襄公）。群弟恐禍及，故次弟糾奔魯，管仲、召忽傅之；次弟小白奔莒，鮑叔傅之。及雍林人殺無知，議立君，高傒立之（小白），是爲桓公。」呂氏春秋卷二十三貴直論：「齊桓公、管仲、鮑叔、甯戚，相與飲酒酣，桓公謂鮑叔曰：『何不起爲壽？』鮑叔奉杯而進，曰：『使公毋忘出奔在於莒也！』」東漢高誘注：「桓公遭公孫無知殺襄公之亂也，出奔莒。毋忘之者，欲令其在上不驕也。」照此二古書記載，是春秋時齊國群公子互爭君位，相爭的結果，齊桓公得勝回國爲君；謀臣鮑叔勸勉桓公從今起好好作國君，不可驕傲，纔能長保君位。果然後來桓公九合諸侯，一匡天下，建大功業。準此說，「毋忘在莒」，等於蔣氏自勉，和金門軍民毫無關係。第二部分，史記田單傳：「（戰國中期）及燕（昭王二十九年、公元前二八四）使樂毅伐破齊，湣王出奔，已而保莒城。燕既盡降齊城，唯獨莒（今山東莒縣）、即墨（今山東平度縣東南）不下。

燕引兵東圍即墨，城中相與推田單，立以爲將軍。（燕）惠王立，與樂毅有隙，使騎劫代樂毅。田單乃收城中千餘牛，束兵刃於其角，而灌脂束葦於尾，燒其端，壯士五千人隨其後。牛尾熱，怒而奔燕軍，所觸盡死傷，五千人因銜枚擊之，燕軍大駭，敗走。齊人遂殺其將騎劫。而齊七十餘城皆復爲齊。乃迎襄王於莒，入（齊都）臨淄而聽政。（襄王五年、公元前二七九）」照史記此段所述，顯然「毋忘在莒」的寓意是：以燕國比中共，燕昭王比毛澤東，蔣中正自比齊襄王；「盡降齊城」，等於大陸全部被中共占領；「唯獨莒、即墨不下」，指臺澎金馬尚在。田單的火牛及五千將士，等於國民黨屬下的五萬軍隊和民牛；最後齊勝利，失地全數復得，等於反攻大陸成功，失土收回；田單迎襄王返臨淄聽政，無異於國民黨軍主將請蔣中正回南京再任總統。筆者案：以上所論，完全根據古書所載與「毋忘在莒」四字之間交互關連的含意，毫不斷章取義，絕無任何曲解。綜上二說，蔣氏以一個現代民主國家的元首，卻以專制時代列國侯王交兵爭地的故事，寄寓於「毋忘在莒」一詞，自貶身價，亦不相稱，又易滋誤會，故實爲擬於不倫。民國熊十力說：「妄以法令，箝束生民，驅策群衆，將以逞其所欲。」（注四七）這些話不是針對蔣氏，但足以發人深省。

　　本序文所稱「國民黨軍隊」，專指數十年前大陸籍駐紮金門的官兵，因那時軍隊必須個個入黨，故該詞名實相副，並無絲毫諷貶的意思。民國四十四年左右，纔開始有臺灣籍的軍隊來金。臺兵都通閩南語，因此和金門民衆幾乎沒有隔閡，言行亦無大陸籍的囂張。三十八九年時，軍隊在街上購物，稍不如意，就一巴掌打人耳光。來我家對面源合餅店門口擺水果攤的王富螺，即經常被揍。筆者在洪得記賣物，言語一不投合，軍隊便開口嚷罵：

「他媽的，死老百姓！老子炸你的店！」某次先父作買賣，因貨幣問題起爭執，竟遭那兵士以手鎗鎗口朝胸部猛擊，傷處紅腫。我的族叔洪維岳在新街開設宜黎文具行，曾和軍隊打架，處於劣勢。源合餅店的葉梓厝，也被海軍打得口角流血。回想日據時代，駐金的日海軍陸戰隊大概千名左右，卻僅憲兵二人在維持軍紀，管得服服貼貼。除了間諜案不留情；以外日軍與民眾相處極為和諧，從來沒有欺民的事件發生。再看國民黨的軍隊幾萬，根本不把為數不少的憲兵看在眼裏。

　　本序文所說的，都是事實的良心話，毫不誇張。指責國民黨軍隊的不是，皆有明確的證據，絕不謾罵。奇特的是：卻未必能獲得全部金門人的同意；甚至還要反罵你，諷刺你。約在四十五年，筆者某次向榜林鄉親戚表示「厭惡」軍隊住民房，金門話叫「瞑（gin 下去）」。豈料那親戚反脣相譏說：「你家是沒住；假使也住，要厭惡，也就不會厭惡了！」曾有一個傳說：逃離鐵籠的老虎，要抓回不容易。於是想出一計，搬來籠門大開的鐵籠，面向老虎；老虎一看認為是舊居，乖乖地走進鐵籠裏去。前述那位反脣相譏的親戚，當然是承認軍隊強占民房住是應該的，對的，甘願的。民國四十七年以前，金門人無故要來臺灣，一律不准。因重病本地無法醫，必須申請金臺出入境證，表格數張密密麻麻，保證人具結保證，限期返金；逾期者，抓保證人入獄。那一段長時期，金門正是金門人的鐵籠子。四十七年，筆者二十七歲，藉口重病要來臺，並親身找縣政府軍事科幾個掌握生死大權的軍隊，幾乎哭求，壓了數星期的申請書纔獲得批准。一位福建省政府科長曾面告我：「軍事科」事實是「站在省政府的頭上」。「一旦被蛇咬，三年怕草繩。」現在是九十三年，遷臺已四十六載，也成了七十三歲老翁；雖然對故鄉無限眷戀，但我決

意暫不回去；豈但因爲畏見舊鐵籠，更願將當日逃離樊籠的那一瞬快感，深邃地珍存於靈魂深處，不時回味無窮。

數十年來到今天，臺灣各界人士對金門的理解和印象，只知道是高粱酒、檳（寫「貢」是誤字）糖、砲片刀、目前的大陸貨等，也未免太膚淺可笑了。讀者如把本書從頭到尾詳讀一遍，必可於金門文化水平有深刻的體認。因爲「語言」這事物，能自其中得知造詞者的見識巧拙、修養淺深。

本書如能傳世，當可作爲史料之用，因我就是國民黨軍隊統治金門三十年的見證者之一。一九九一年三月，華視的新聞記者訪問張學良，他曾說：「我不寫回憶錄，中國北方的事情，我知道得太多了。別人寫的回憶錄，我拿來看；看完了，笑一笑。」意思是，很多書都是騙人的假話，唯有明眼人能分辨眞假不受欺。

中國一人獨霸的時代已經過去了；某次作家柏楊曾在電視上說：「蔣介石的江山也沒有了。」這是事實。歷來美國軍隊的五星上將有四五位。我們國民政府僅有一位，就像電影「國王與我」The King And I 中的那位泰國皇帝，不許任何人的坐立位置和他一樣高。難怪從前毛澤東要說：「蔣先生認爲天無二日，我偏要出一個給他看看。」

今天我們再來寫書，千萬不能讓人看完了，笑一笑。本書全書所寫，力求避免意氣或一些假話，如「反共抗俄」、「共匪」、「軍愛民民敬軍」等等。老實說，爲甚麼現在臺灣人可以到大陸旅行經商？蘇俄的商務代表駐在臺北？沒有永久的朋友，亦沒有永久的敵人。強住民房、誘姦民妻，這叫愛民嗎？要人民敬軍嗎？看看自己的所作所爲，必可知道人民會不會敬你。否則，一切都是胡說。

　　眼前海峽兩岸仍處於分裂中。何時統一，無人能知道；用甚麼方式統一，也無人敢預料。金門的地理位置，會成為歷代兵爭的屠殺場，是一種鐵定的宿命，絕無逃避的可能。古時如此，現在這樣，今後亦然。瞻前顧後，鑑往知來，很難叫人樂觀。兵爭的雙方軍隊難免有死傷；軍隊或來自徵兵，或來自抓兵，或無飯可吃而支領軍餉的自願者；但全部都是來自民間。戰勝者，領些勳章，多些薪水；陣亡者，成為烈士，受人祭拜。惟有居住金門的無辜人民，身處夾縫之間，遭受種種苦難折磨，任人擺布，無處投訴；生死存亡，決定在他人手中；而且永遠如此，無有盡時。

金門後浦人洪乾祐自序於臺中市

（附記：本書文責由作者自負）

二〇〇四年四月十一日

附注

注　一：民國李怡來等金門縣志卷二第一篇第三章第二節。

注　二：清周凱廈門志卷二分域略形勢。

注　三：民國王儀明代平倭紀實福建倭亂的平定福建兵燹之後譚綸輕徭減賦整飭海防。

注　四：清林焜煌舊金門志卷末舊序。

注　五：李怡來等金門縣志卷二第一篇第二章第二節。

注　六：民國胡璉金門憶舊八生活保證金軍眷安置。

注　七：清乾隆帝敕撰傅恆等監修歷代通鑑輯覽第一百一卷。

注　八：王儀明代平倭紀實明代防倭軍事措施福建的海防。

注　九：李怡來等金門縣志卷九第一篇第二章第三節。

注一〇：同上書卷九第一篇第二章第一節第三節及第三章第三節。

注一一：同上書卷九第二篇第一章第二節。

注一二：清夏琳閩海紀要卷之下。

注一三：周凱廈門志卷十六舊事志紀兵。

注一四：清楊陸榮三藩紀事本末卷四鄭成功之亂。

注一五：民國陳炳容金門的古墓與牌坊第四章第五節。

注一六：李怡來等金門縣志卷十四第二篇第一章叢談後浦佳氣。

注一七：同上書卷十四第二篇第一章叢談皂隸之害。

注一八：民國郭堯齡鄭成功與金門第一章二史蹟壯山河。

注一九：胡璉金門憶舊七管教養衞。

注二〇：民國梁漱溟中國文化要義第一章緒論。

注二一：李怡來等金門縣志卷九第一篇第二章第一節。

注二二：胡璉金門憶舊四高粱酒與地瓜干。

注二三：同上書六書蔬魚豬。

注二四：同上書十僑匯游擊隊經費。

注二五：民國楊天厚林麗寬金門寺廟巡禮第陸章第二節。

注二六：李怡來等金門縣志卷十二第三篇第二章。

注二七：民國許能麗水頭厝風情頁二〇。

注二八：陳炳容金門的古墓與牌坊第五章第二節金門的明代牌坊。

注二九：同上書第四章第一節三金寧鄉的明墓。

注三〇：同上書第四章第一節四金城鎮的明墓。

注三一：同上書第五章第二節金門的明代牌坊。

注三二：同注三一。

注三三：楊天厚林麗寬金門寺廟巡禮第伍章第二七節。

注三四：同上書第伍章第三六節。

注三五：同上書第伍章第三七節。

注三六：同上書第伍章第三八節。

注三七：同上書第陸章第二節。

注三八：同上書第陸章第三節。

注三九：同上書第陸章第四節。

注四〇：同上書第陸章第十節。

注四一：陳炳容金門的古墓與牌坊第二章第一節。

注四二：李怡來等金門縣志卷四第七篇第二章第二節。

注四三：王儀明代平倭紀實倭寇的組成分子。

注四四：李怡來等金門縣志卷九第一篇第三章第三節。

注四五：同上書卷三第五篇第三章第二節。

注四六：同上書卷三第五篇第一章第一節。

注四七：民國熊十力讀經示要第一講經為常道不可不讀。

凡例

一、本書共二十二章，二百九十條，約二十八萬字。章名首字以
　　筆畫多少次序排列；筆畫相同者，依清康熙字典部首次序編
　　排。

二、每章中各條目的首字，其排列方式與上述相同。但如括以括
　　弧者不算，應以第二字為準。

三、引用任何書籍或資料，除眾所熟知的名人、古書外，盡量寫
　　出作者的時代、姓名、書名，以免後世對作者生疏，須費時
　　查考其他書籍的麻煩。

四、凡有所引述，務求應用原文。刪節者省去刪節號。過於冗長
　　者使用節述，刪節號亦省去。行文皆以白話文為主，適合各
　　界人士閱讀。

五、因國語注音符號不適用，故本書注音，一律採用中國現代聲
　　韻學的國際音標注音，配合閩南語的「八聲」聲調，使讀音
　　正確。據重修臺灣省通志語言篇，以「東」字為例：東（toŋ
　　上平）、黨（toŋ上上）、凍（toŋ上去）、督（tok上入）、
　　同（toŋ下平）、黨（toŋ下上）、洞（toŋ下去）、毒（tok下
　　入）。兩「上聲」相同，實際為七聲。

六、金門人的語音，自成一種聲腔，和其他地區的閩南語不盡相
　　似，故注音以金門話為準。

七、各條目中有與臺灣話相同的，但其含義未必一致，故仍並
　　存，可互相發明。

八、本書末附有「筆畫索引」，依每條目首字筆畫多少編列；筆

　　畫相同者，仍以康熙字典部首的次序，檢查方便。

第一章　人事

八（別）想（pat 上入　siŭ 下去）——時存上進之心。曉得努力求財。

說文：「八，別也。象分別相背之形。」「分，別也。以刀分別物也。」「別，分解也。」民國高鴻縉中國字例：「八之本意爲分，取假象分背之形，指事字。後世借用爲數目八九之八，久而不返，乃加刀爲意符作分。」

以上八、分、別三字，意思都是「分開」。旣然分開，就有上下、左右、多少、大小、白黑等的不同。廣韻入聲十七薛：「別，異也。」禮記樂記：「樂者，天地之和也；禮者，天地之序也。和，故百物皆化；序，故群物皆別。」鄭玄注：「別，謂形體異也。」南宋辛棄疾念奴嬌又贈夏玉成詞：「雪裏疏梅，霜頭寒菊，迥與餘花別。」清黃遵憲八月十五夜太平洋舟中望月作歌詩：「舉頭只見故鄉月，月不同時地各別。」以上解釋「別」字，皆是認識、分別、懂得的意義。

金門話「八（別）想」是一個特殊的語詞，意爲「曉得想」。含義爲，某人有上進心，求事業發達；或十分奮力求財，以求家道興旺。又有俗語說：「少年不別想，食老不成樣。」是譏評人年輕時不知上進，到老來一事無成。

廿九老（lit 下入　kau 上上　lau 下去）——兒子與童養媳於農曆除夕夜完婚。

　　金董解元董西廂三：「一對兒佳人才子，年紀又敵頭。」元無名氏劉知遠傳三：「求親不敢揀高樓，怕倒了高樓一世休，司公故交（教）他女嫁敵頭。」

　　「敵頭」即「對頭」或「頭對」。可指敵人或結婚對象。閩南人從前喜愛童養媳，多由親友家自小抱來，一方面在家裏習作家事，一方面互相培養感情，作爲未來成年結婚的匹配，又叫「育新婦阿」（io 上平　sim 上平　pu 下去　a 上平）。這二位將來要成親的人，都被稱爲「頭對」。等到雙雙到達成年，便選擇某年的農曆除夕夜吉時，爲他們結婚，不舉行儀式，頂多衣履穿戴整齊，向大廳中祖先神位及長輩下跪行禮，不驚動親友，亦不宴客，在以前經濟狀況不佳時代可節省很多費用，叫「廿九老」，又稱「做大人」。「廿九」是除夕，「老」是白頭偕老。

　　日本鈴木清一郎臺灣舊慣習俗信仰二編結婚之卷：「此外也有另選吉日，送去豬腳麵線和大餅之後，才把女孩領回家作媳婦仔的。因爲是準備將來給自己兒子作媳婦，因而所出的錢等於是聘金，不必像買養女那樣身價高。」（民國高賢治、馮作民譯）臺灣和金門的民情風俗大體上是相同的，只有在細節上稍有差異。

女德（lï 上上　tit 上入）——女子應備的德行。

　　後漢書列女傳序：「詩、書之言女德，尙矣。若夫賢妃助國君之政，哲婦隆家人之道，高士弘清淳之風，貞女亮明白之節，則其徽美未殊也。」同書列女傳：「扶風（陝西今縣）曹世叔妻

者，同郡班彪之女也。名昭，一名姬。博學高才。世叔早卒。作女誡，有節行法度。兄固著漢書，其八表及天文志未及竟而卒。和帝詔昭就東觀藏書閣踵而成之。帝數召入宮，令皇后諸貴人師事焉，號曰大家（音姑）。作女誡七篇：卑弱、夫婦、敬順、婦行、專心、曲從、和叔妹。婦行第四：『女有四行：一曰婦德，二曰婦言，三曰婦容，四曰婦功。清閒貞靜，守節整齊，行己有恥，動靜有法，是謂婦德；擇時而說，不道惡語，時然後言，不厭於人，是謂婦言；盥洗塵穢，服飾鮮潔，沐浴以時，身不垢辱，是謂婦容；專心紡織，不好戲笑，絜齊酒食，以奉賓客，是謂婦功。』」（筆者案：此即世所謂「四德」。三從，儀禮喪服傳：「婦人有三從之義，無專用之道。故未嫁從父，既嫁從夫，夫死從子。」）班昭在當時既受和帝的敬重，為皇后諸貴人的教師，又助兄班固完成漢書大業，故她生前實是那時婦女界領袖。「三從四德」，對後世我國的婦女，影響極大。

　　清重修泉州府志風俗志同安縣：「同安自朱子簿邑以來，禮義風行，習俗淳厚。男子力稼穡，婦女皆勤紡織。浯洲（金門）居海島中，有風沙之苦，其俗尤敦儉。泉人最嚴於男女之別。功緦之親，多不相見。戚屬姻眷，屏絕交遊。凡踏青鬥草（以草相賽為戲），入寺燒香，登山遊玩，雖小家女羞為之。女子不讀書；即紳士家，讀至八九歲略識大義而止。十歲以外，禁不出中堂。偶有年長女婢，經過街衢，則譏誚必及其主矣。」泉州府志重修於清朝時；此處所說，即代表當日的實際情況。

　　金門自古屬同安縣轄，民國四年纔單獨設縣。南宋時朱子並親身來金巡視，故他對於民風當然有相當的影響力。他既以理學名家，因此特重女子的節義，遂形成一種社會風氣。相傳自南宋起，經元明二代，直到清朝初中期，金門的婦女要出門，頭臉都

須用布巾包住，只留兩個圓洞供眼睛看路，稱作「罩手兜」，又叫「網巾兜」，用意即不願面容遭男人看見，據說就是出於朱子創設，至清末光緒間纔廢除。

　　觀看舊金門志二十一上下列女傳節孝，明清二代有四百二十五人，嫁後夫死，或有子，或無子，皆守寡終身，並有孝道於其翁姑。卷二十二烈婦、烈女、貞孝有八十一人，亦在明清時，而以清為多。烈婦是不問有無子女，夫死，亦殉夫而死，其中有許初娘，婚後其夫從軍去，初娘回後浦娘家居住。鄭成功的姪輩鄭纘緒強占其屋，見初娘美色，半夜越牆意圖強姦未成，明日反誣初娘偷竊，捉去，纘緒父鄭泰將初娘亂棍打死。烈女品德和烈婦相同，但更激烈，甚至未婚夫死，也跟著自盡。貞孝有的是未婚夫死，女遂到夫家為婦，立嗣，守寡一生。明萬曆進士金門人蔡獻臣清白堂稿十二上輓貞烈葉啓翼妻陳氏詩：

　　　女子事君未浹年，況復臥病床笫間。

　　　彼蒼不仁喪所天，雙棲形影一朝偏。

　　　自憐僵塞矢黃泉，姑嫜慰藉意逾堅。

　　　屏人揮刀君柩前，卻斷未斷腔血濺。

　　筆者案：以上這些情形，除了許初娘例外，在今天看來，有些女子是作得過分了些。但不論時代風尚的變化如何，「貞節」一事，仍須由女子當事人自行慎重考慮。至於現在的性開放、一夜情、同性戀、女嫖男等，大令有識者慨歎人類又回到野獸時代，甚至比禽獸都不如。

　　時至民國五十多年，金門縣城後浦東門黃漢忠本人所受教育不多；但教訓數位女兒非常嚴格。女兒到十歲左右，一律不准晚上出門或觀看酬神演戲。他有一女黃安娜嫁給筆者的內弟為妻，婚後相夫教子，可稱為典型的賢妻良母。足見在人慾氾濫的時

世，站得住腳的仍大有其人。

叩牛（kʼok 上入　gu 下平）──殺牛。

　　梁顧野王玉篇口部：「叩，叩擊也。」故「叩」於此即「擊殺」。易既濟九五爻辭：「東鄰殺牛，不如西鄰之禴祭，實受其福。」唐孔穎達疏：「牛，祭之盛者也。禴，殷春祭之名，祭之薄者也。祭祀之盛，莫盛脩德，雖薄可饗。不能脩德，雖復殺牛之盛，不為鬼神所饗。」古代殺牲祭祀，牛、羊、豕三牲俱備，稱為太牢；只羊、豕二牲，稱為少牢；單豕一牲，稱為特牲。天子祭社稷皆太牢，諸侯祭社稷皆少牢，大夫祭祀皆特牲。後世因尊敬孔子，故祭孔時亦用太牢。

　　牛是最可憐悲哀而又聰明的動物。孟子梁惠王上：「（齊宣）王坐於堂上，有牽牛而過堂下者。王見之，曰：『牛何之（往）？』對曰：『將以釁（祭）鍾。』王曰：『舍（捨）之，吾不忍其觳觫（恐懼）。若無罪而就死地。』」牛要被拉去宰殺以祭新鑄成的鐘，能知道是要殺它，豈非聰明？但它吃的是大地生長的草，睡的是簡陋的廄，喝的是水，整天要拖犁犁田。母牛又供應全世界人群的牛奶。它根本不虧欠人類甚麼，而人類虧欠它們的委實太多了。現在犁田改用機器，牛無苦工可作，命反而不能活，通通被送進電宰場屠殺，成為人類的佳肴。還不止此；牛角可彫刻印章、卜卦算命者的敲擊器、藝術品材料，牛皮可製鼓、皮鞋、皮夾、皮包、皮箱、沙發椅、皮腰帶，牛筋可作弓弦（含彈棉花的大弓弦），牛內臟可燉牛雜湯吃，牛骨可燒灰作肥料，牛糞曬乾可做燃料。筆者有時看見母牛用舌頭舔舐它的子女，真是偉大的母愛；它那裏曉得這些子女未來注定要葬身人腹呢？我不吃牛肉；只吃豬肉，因為豬懶惰只懂吃飼料，毫無貢

獻。金門有一句俗語：「牛知死而不知逃，豬知逃而不知死。」往日牛被牽進屠宰場，就一直流淚，但它不奮力逃脫；豬遭捆綁，叫聲可傳到半里外，又掙扎想逃，可惜不知道緊接著便是割喉一刀。

筆者童年時，在後浦東門看過一次「叩牛」。那條牛一牽進來，聞到先烈的血腥味，立刻眼淚直流。旁觀的大人對我說：「看叩牛，雙手要交握在背後，表示不干你的事，纔無罪。」我照作了。屠者先把牛的兩眼用布包掩，四足以粗繩捆牢。另一屠夫手舉大鐵錘朝牛頭二角中央部位重重一擊，倒了最好；不倒，再補一錘。牛哀鳴倒地；屠夫手拿屠刀割開咽喉，下面用木桶承接牛血。然後數人分工合作，分解全身，此刻牛僅昏暈，未必全無知覺。接著切塊，挑去市場裏出售。執筆至此，深感人類的殘忍狠毒，應爲萬物第一。現在改用電宰，也算人道一些嗎？

筆者有一位族叔，養一條老母牛耕田。因爲負債，夫婦商量將牛殺去賣錢。不料牛聽懂人語，從此草吃不下，日夜流淚不止。終於被主人親手所殺。可是族叔的巨債仍無法償清，在走投無路的情形下，喝農藥自殺身死。這是眞人實事。只是不明白，殺牛和自殺之間有沒有連帶關係。

四骹（腳）帳（si 上去　kʼa 上平　siau 上去）──舊時商家原、收、出、存的記帳法。

記帳爲商家所必須，纔能知道經營的盈虧。「原」是所投下的資本總額，「收」是每日所收入的錢數，「出」是所有的大小開支，「存」是每天的結存。總資本永不改變。收入的每日錢數，假使貨物成本不變，售價不變，所多出的即是毛利。任何大小支出亦必登帳，則錢的去路久暫都可稽考。每天的結存必須清

楚，查帳容易。

日本鈴木清一郎臺灣舊慣習俗信仰三編武廟關聖帝君誕生祭：「（關公）尤長於算術，據傳曾發明『日清簿』，就是現在本省商人所用的流水帳。」筆者案：「日清簿」當即是「四骰帳」。

目前的便利商店，即是使用古時的「四骰帳」，也不容易發生弊端，不怕被店員所中飽。因為：每種貨物數量多少已經固定，凡售物必定開立發票（有存根可核查），故每日的存貨量亦可知道，收入的錢數則與發票核對。半月一次或一月一回總清查，短少一毛錢都會立刻發覺。唯一的漏洞，就是顧客順手牽羊，尚好已有監視器隨時把關。最怕是不開發票、又聲言失竊而監視器故障，如此店員纔有辦法私吞。

失德（sit 上入　tit 上入）——無德。過惡。不幸。

詩小雅賓之初筵：「是曰旣醉，不知其郵（過）。側（傾）弁（帽）之俄（傾貌），屢舞傞傞（不止）。旣醉而出，並受其福。醉而不出，是謂伐德。」詩序：「賓之初筵，衛武公刺時也。（周）幽王荒廢，媟近小人，飲酒無度，天下化之。君臣上下，沈湎淫液。武公旣入，而作是詩也。」唐孔穎達疏：「是此言賓曰旣已醉，則不自知其過失。傾傾其弁，使之俄然。數起舞傞傞然，猶不能止。以此荒醉，敗亂天下。故武公爲言，陳作賓之禮。若旣醉而出，則賓與主人並受其得禮之福。賓則身爲知禮，主則用得其人，是並受其福也。若至於醉而不出，是謂誅伐其德。」晏子春秋內篇雜上：「晏子飲（齊）景公酒。日暮。公呼具火。晏子辭曰：『詩云：「側弁之俄」，言失德也；「屢舞傞傞」，言失容也。』」史記留侯世家：「（酈）食其（說漢王

劉邦）曰：『今秦失德棄義，侵伐諸侯社稷，滅六國之後，使無立錐之地。陛下誠能復六國後世，畢已受印，此其君臣百姓必皆戴陛下之德，莫不鄉（嚮）風慕義，願爲臣妾。』」

「失德」金門話常講，除含有古書上的意義外，兼有「不幸」之意。例如父母責備兒子說：「汝在通（那可）僥倖失德，行路無小心，去給車撞著！」

目珠（瞙）透心肝（bak 下入　tsiu 上平　t'aŋ 上去　sim 上平 kuã 上平）──眼與心相通。觀人之心由其眼。

孟子離婁上：「孟子曰：『存乎人者，莫良於眸子（眼珠）。眸子不能掩其惡。胸中正，則眸子瞭焉；胸中不正，則眸子眊（蒙蒙不明）焉。聽其言也，觀其眸子，人焉廋（藏）哉？』」孟子的話確實是有道理的，足供我們觀人處世的參考；並可和西洋人說的「眼睛是靈魂之窗」The eyes are the windows of the mind. 互相發明。

字勻（li 下去　un 下平）──同一宗族中人名輩分的字行。

自古以來，中國人最注重宗族觀念。迄今已經公元二十一世紀，中國各省各縣的「宗親會」、「同鄉會」的牌匾，在今天的臺灣仍到處可見。古人出生時，由父母命名，稱爲「乳名」。至入學啓蒙讀書或二十歲成年，通常再由老師或長輩又取一個名，叫作「字」。「勻」是「均勻齊同」之意。時常某一宗族採用一首詩，詩裏的字按照自上而下的次序排列，每一字代表一世（約三十年），即是所有某同一輩的人都採用作爲名字的上一字。一首五言絕詩二十個字，七言絕詩二十八個字，就可用上千百年，用完再作一首詩。

洪姓在金門有幾個不同的派別，來自不同的時代和地區。筆者所屬洪姓的郡望在甘肅敦煌，堂號「三瑞」，約於清朝初年由泉州林邊鄉遷移金門，字行的詩是：「興明肇承仕，大振書香世。三瑞流芳遠，千支衍澤長。」以一世三十年計算，二十個字可使用六百年。筆者的字行是「世」，現在已應用到「瑞」字輩。

改變（kue 上上　pĩ 上去）——改過遷善。

魏王肅孔子家語弟子行：「孔子曰：『昔晉平公問（晉大夫）祁奚曰：「羊舌（赤）大夫，晉之良大夫也，其行如何？」祁奚辭以不知。公曰：「吾聞子少長乎其所；今子掩之，何也？」祁奚曰：「每位改變，未知所止。是以不敢得知也。」』」此處的「改變」二字，雖可解釋為「官位更改變動」，但不如「改過遷善」來得恰當。因為平公所問是羊舌赤的「品行」；羊舌赤的品行只會越變越好，決不會愈變愈壞。

民國董同龢、趙榮琅、藍亞秀合著記臺灣的一種閩南話語料劇本蜈蚣釘：「（父親嫖妓飲酒、離家的母親告訴其子）：『若是汝老爸有改變。我出來了後，無一日無想著汝（你們）的戴志（事情），也不時探聽汝兩個有甚麼戴志也無？』」由此可知道，較古的臺語也有「改變」一詞。「戴志」，俗多誤為「代誌」。

金門話「改變」，大體上是父母訓勉犯了過錯的子女，言行須要徹底「改過」，而「轉變」為良善正道。但大人對大人或親友有所責善，仍可使用「改變」。

步數（pɔ下去　sɔ上去）──步驟或方法。

　　說文：「步，行也。」又指步伐或步驟。三國志蜀書呂凱傳：「將軍若能翻然改圖，易跡更步（行爲），古人不難追。」「數」有四種含義：一指「理」，老子五：「多言數窮。」漢河上公注：「數，理數也。」二指「技術」，魏張揖廣雅釋言：「數，術也。」莊子天道：「得之於手而應之於心，口不能言，有數存焉於其間。」唐成玄英疏：「數，術也。」三指「策略」，呂氏春秋察賢：「任其數而已矣。」東漢高誘注：「數，術也。」四指「手段方法」，荀子勸學：「其數則始乎誦經。」唐楊倞注：「數，術也。」

　　據以上古書的釋義，金門話「步」和「數」的意思已十分明白，就是「步驟或方法」。不過「步數」一詞，另有一種陰謀不正的強烈暗示，這是古書上所沒有的。

呼六（hau上平　lat下入）──謊言。說謊。

　　廣韻上平聲十一模：「蒱，摴蒱戲也。（西晉張華）博物志曰：『老子入胡作摴蒱。』」唐李肇國史補：「摴蒱法：三分其子三百六十，限以二關，人執六馬，其骰五枚，分上黑下白，黑者刻二爲犢，白者刻二爲雉。擲之，全黑者爲盧，其釆十六。二雉三黑爲雉，其釆爲十四。二犢三白爲犢，其釆十。全白爲白，其釆八四者，貴釆也。貴釆得連擲打馬過關，餘釆則否。」

　　古代「呼盧喝雉」，是博戲的一種。明彭大翼山堂肆考技藝博塞五木：「古者烏曹氏作博，以五木爲子，有梟、盧、雉、犢、塞，爲勝負之釆。博頭有刻梟形者爲最勝，盧次之，雉、犢又次之，塞爲最下。」南史顏延之傳附顏師伯：「孝武（宋世祖

劉駿）嘗與師伯摴蒱，帝擲得雉，大悅，謂必勝。師伯後得盧，帝失色。」清蒲松齡聊齋志異六賭符：「（族人）乃以千錢爲孤注，僧擲之，無勝負。族人接色，一擲成采。僧復以兩千爲注，又敗。漸增至十餘千，明明梟色，呵之，皆成盧、雉。」清夏敬渠野叟曝言十五：「自從嗣子過門，喪事一毫不管，終日呼盧喝雉。」

民國連橫臺灣語典二：「呼六，謂誑言也。即『呼ㄠ喝六』之意，賭語也。」金門人凡指人講話不誠實，都說「呼六」。臺胞大部分說「白賊」，講「呼六」聽不懂。連氏是臺南人；應是臺南仍保有「呼六」的說法。賭博是憑拋擲骰子決定勝負或先後次序；除非骰子或賭具動過手腳（前述聊齋所談是具有法術），口雖大聲呼喊，骰子或賭具絕不會聽話，這是「呼六」被指爲「不實在」的由來。

拗攄（au 上上 ut 上入）──強行冤屈他人。

北宋徐鉉說文新附：「拗，手拉也。」廣韻上聲三十一巧：「拗，手拉。於絞切。」梁顧野王玉篇手部：「拗，拗折也。」清翟灝通俗編草木：「（明陶宗儀）輟耕錄拗花：『南方或謂折花曰拗花。唐元微之詩：「試問酒旗歌板地，今朝誰是拗花人？」』」北宋丁度集韻迄韻：「攄，拗戾也。」綜合古書對「拗攄」二字的解釋，有「強制壓抑」的含義。

金門話「拗攄」，常用在晚輩對長輩指責某事，強加壓抑，不留絲毫餘地給長輩申述答辯的機會，故引伸爲「強行冤屈他人」之意。

怨身切（嗟）命（uan 上去　sin 上平　ts'uet 上入　biã 下去）——

對自己命運的坎坷辛酸感到怨悲不盡。

　　論語憲問：「子曰：『富而無驕易，貧而無怨難。』」同書雍也：「伯牛（冉耕）有疾，子問之，自牖執其手，曰：『亡之，命矣夫。斯人也，而有斯疾也。』」「子曰：『一簞食，一瓢飲，在陋巷。人不堪其憂，回也不改其樂。賢哉回也！』」貧與病，確是人生兩大艱難問題。孔子和冉耕、顏回當然絕不會因為病貧而有所抱怨。冉耕的病，淮南子精神訓謂「伯牛為厲」。「厲」即「癩」，也就是麻瘋病。故孔子痛惜「這樣的好人，偏遇上這樣的病。」顏回雖然處貧不改其樂，卻亦落得營養不良而早死。

　　一般平凡的人，遭遇到貧病或其他重大的不幸，難免哀怨悲嘆為何命運如此安排。貧窮只要努力掙錢，加以節儉，生活必會逐漸改善。唯獨無法治療的惡疾，及感情上不能挽回的遺恨，最令人傷心。「怨身切命」，是對命運的痛切哀怨。民國臧汀生臺灣閩南語歌謠研究四收集清代民謠，其中有一首是女子哀歎嫁窮夫，如下：

　　　韭菜花，十二欉，生吾（我們）姊妹攏成人。

　　　大的嫁福州，第二嫁風流。

　　　第三嫁海口（中縣近海），第四的嫁內山（臺東）。

　　　大的返來白馬掛金鞍；

　　　第二的返來金雨傘；

　　　第三的返來金交椅；

　　　第四的返來切（怨恨）半死；

　　　切啥戴（事）？切吾爸母歹心肝，給吾（我）嫁內山；

　　骹踏藤，手挽菅，給日曝，面烏干；

　　也無針，也無線，通好給吾補破爛。

　　民謠是押韻的歌，唱著好玩。但這一首唱出女子嫁了窮苦人家的哀苦，這就是「怨身切命」了。<u>臺灣</u>新舊流行歌曲中，多喜用「怨嗟」二字，意爲「怨歎」；其實不如用「怨切」來得深刻。<u>臺胞</u>常對某人極度不滿，叫「足切」，含義即是「令人非常哀苦難受」。

眬（bai 下去）——探視親人之喪。

　　<u>說文</u>：「眬，目冥遠視也。」<u>段注</u>：「冥當作暝。目雖合而能遠視也。」<u>清桂馥義證</u>：「目冥，當爲日暝。言日暮視遠茫昧也。」<u>廣韻</u>入聲十三末：「眬，遠視。又不正視。又莫拜切。」

　　依照<u>廣韻</u>的釋義和注音，正好符合<u>金門</u>人探視親人喪事「眬」的講法。當人進入喪家，遺體尚未大斂入棺；故此時探視者只有遠遠站立或舉香下跪，兩眼不逼視著死者，而參預家屬的哀哭，以及稍後安慰遺屬節哀順變等。<u>臺灣</u>古時亦有此俗。<u>民國董同龢</u>、<u>趙榮琅</u>、<u>藍亞秀</u>合著記<u>臺灣</u>的一種閩南話語料英台奔喪祭靈歌：「<u>祝</u>母罵囝汝眞戇，千萬不通去眬喪。外人知影人要講，講囝做事無正宗。」<u>臺</u>語「眬喪」的「眬」，其語音亦應和<u>金門</u>相同。

相佮（sã 上平　kap 上入）——共有。許多人組合在一起。

　　<u>說文</u>：「佮，合也。」<u>清王筠釋例</u>：「是合、佮義同音異。通力合作、合藥及俗語合夥，皆佮之音義也。」<u>廣韻</u>入聲二十七合：「佮，併佮聚合也。古沓切。」<u>梁顧野王玉篇</u>人部：「佮，合取也。」

　　臺語都講「公家」，<u>金門</u>人則說「相佮」。如：「相佮做生
理」、「相佮買物件」、「相佮負擔開銷」、「相佮負擔責任」
等，皆是日常用語。到<u>中</u>藥店買成服的藥，<u>金門</u>話叫「佮一帖
藥」；因爲藥不只一味，是由多味合成的。<u>臺語</u>稱「拆一帖藥
阿」。

　　「佮」的另一音「他合切」（t'ap 上入），意謂一個出缺，
一個補入；如牆上的磚碎落一塊，用另一塊好的塡進，叫作
「佮」。舊人員辭職離開，又雇用新人員，亦稱爲「佮」。

清心（ts'in 上去　sim 上平）——灰心。心冷。

　　<u>說文</u>：「凊，寒也。」<u>梁顧野王玉篇</u>冫部：「凊，冷也。」
<u>墨子節用中</u>：「夏服絺綌之衣，輕且凊則止。」<u>民國章炳麟新方
言釋天</u>：「<u>福州</u>謂寒爲凊。若通語言冷矣。」

　　<u>金門</u>常講的「凊心」，大半爲親族或朋友對某人表示異常失
望，於其不知上進或不良言行不再干涉理會，任其自生自滅。例
如父母對他們的兒子淪爲不良少年，爲非作歹，屢教不聽，只得
放手不管，即完全「凊心」。

破筆（p'ua 上去　pit 上入）——舊時兒童開始入私塾啓蒙受教。

　　「塾」是古時位於大門內外兩邊的堂屋。<u>爾雅釋宮</u>：「門側
之堂謂之塾。」<u>清邵晉涵正義</u>引<u>南宋李如圭</u>說：「門之內外，其
東西皆有塾。門一而塾四。」<u>西晉崔豹古今注都邑</u>：「塾，門外
之舍也。臣來朝君，至門外當就舍更衣，熟詳所對之事。塾之言
熟也。」<u>禮記學記</u>：「古之教者，家有塾，黨有庠。」<u>唐孔穎達
疏</u>：「<u>周禮</u>：『百里之內，二十五家爲閭，同共一巷。巷首有
門，門邊有塾。』謂民在家之時，朝夕出入，恒受教於塾，故云

『家有塾』。」爾雅所記，是天子或諸侯的宮殿。學記所說，是民間的屋宇。周禮所載，像是出於理想中的制度。但「私塾」的興起，也應在周朝時。左傳襄公三十一年：「鄭人游於鄉校，以論執政。」是春秋時鄭國有官辦地方性的學校。孔子和他的高弟都擁有相當數目的弟子，可證明即是私塾的性質。戰國時，墨子、孟子、莊子、荀子等亦有大批弟子，規模也等於私塾。降至漢代，王充論衡自紀說他「八歲出於書館，書館小僮百人以上，皆以過失袒謫，或以書醜得鞭。充書日進，又無過失。手書既成，辭師受論語、尙書。」可見漢代的私塾，初入學者先學習識字、寫字，然後熟讀經傳。北宋王禹偁謝除右拾遺直史館啓：「鄉庠里塾，從師而纔識姓名。」到宋朝仍是如此。

　　清光緒二十四年（公元一八九八），改八股文試士爲策論，開辦京師大學堂（北京大學前身）。改各省省會之書院爲高等學堂，府城之書院爲中學堂，州縣之書院爲小學堂。三十一年（公元一九〇五）七月，宣布次年起廢除科舉制，一切士子皆須由學堂出身。從此，「學堂」二字掛在世人口中，金門人到今天還叫公立的學校爲「學堂」，臺胞則稱「學校」。民間私塾的私人教學照常進行。但目前金、臺的「私塾」當已絕跡。

　　筆者有幸，七歲時（民國二十七年），進入榜林鄉人楊朝曙開設在後浦東門池王爺宮後民房的私塾，接受啓蒙。元宵過了，先父帶我去「破筆」。首先，楊師請先父向廳中央孔子神位燒香，命我下跪拜了三拜。我出生時，先父爲我取名乾祐（乾祐是五代後漢高祖、北漢劉昊、劉承鈞、宋時西夏仁宗等帝王的年號），乃「天保祐」之意。今天楊師另替我命名「書名」（即古人之「字」）「世保」。「世」是我們洪姓的「字行」；「世保」又和「乾祐」意義相應。然後跪著把帶去的一顆煮熟帶殼紅

蛋，雙手捧著，在地上朝神位方向直滾；可惜滾得不夠直，有些歪斜，全書塾一二十位同學拍手大笑。據說紅蛋滾得直，書纔會讀得順利而好。只讀了一年，次年便和家兄改入後浦的「公立第一小學」。一年中，共讀了三字經、千字文、四書白文（無注解）。讀書以外要寫字，字我寫得還可以。（稍大時，先父買了一本唐顏魯公〔眞卿〕多寶塔的字帖給我練寫。直到現在年已七十餘老翁，字體仍脫不了顏帖的影響。）書須且讀且背，先背四分之一，接著背一半，最後背全本。其間曾因背了不熟，被楊老師用苦楝樹枝打手心數次，疼痛紅腫。今日想起，有趣也好笑。

日本鈴木清一郎臺灣舊慣習俗信仰二編二十四入學，除說滾紅蛋外，又講須送蔥與芹菜給老師。說：「送蔥是諧『聰明』的音，而芹菜的『芹』和『勤』的音類似。」（民國高賢治、馮作民譯）筆者那時有沒有帶蔥與芹菜去，事隔六十六年，已記不清了。

民國五十七年，筆者就讀臺灣大學中文研究所，教我們禮記的是孔德成教授。他曾用山東腔國語向我們說：「唉，小時候連詩經都要背，不曉得挨了多少揍啊！」可知舊時全中國的兒童教學法都相同。曾讀梁啓超的書，他說他整部史記皆能背誦。筆者認爲梁氏是中國古今第一大學者，超越朱熹、王應麟、章炳麟、王國維、胡適。韓愈文章寫得好，但沒有學問。

翅股乾離（sit下入　kə上上　ta上平　li下去）──小鳥發育成熟能自飛翔找食。責備長成的兒女忘卻父母養育之恩。

凡小鳥剛剛孵生，有時雙眼尚未睜開，身體綿軟柔弱，還不長羽毛，端賴父母飛出巢去，東尋西覓蟲物回來口對口餵飽，纔能活命長成，又常爲子女啄刷毛衣。「股」是腿腳。漸漸羽毛豐

滿，翼翮矯健，從此可以獨自找吃，終於離開父母另建家庭。人
亦一樣。人類初生（<u>臺</u>語叫「紅嬰阿」），甚至比幼鳥還要脆弱
不堪，仍是由父母長期日夜細心照料，纔能存活。然而父母生養
子女，並不望報；子女長大了自知孝道，纔是正理。<u>唐白居易</u>慈
烏夜啼詩，描述此種骨肉至情，最爲眞切：

　　慈烏失其母，啞啞吐哀音。

　　晝夜不飛去，經年守故林。

　　夜夜夜半啼，聞者爲沾襟。

　　聲音如告訴，未盡反哺心。

　　百鳥豈無母？爾獨哀怨深！

　　應是母慈重，使爾悲不任。

　　昔有吳起者，母歿喪不臨。

　　嗟哉斯徒輩，其心不如禽。

　　慈烏復慈烏，烏中之<u>曾參</u>。

　　古今<u>中</u>外，身心正常的父母沒有不疼愛其子女的，這是天性
使然。<u>唐李白</u>寄東魯二稚子在金陵作詩：

　　吳地桑葉落，吳蠶已三眠。

　　我家寄<u>東魯</u>，誰種龜陰田？

　　春事已不及，江行復茫然。

　　南風吹歸心，飛墮酒樓前。

　　樓東一株桃，枝葉拂清煙。

　　此樹我所種，別來向三年。

　　桃今與樓齊，我行尚未旋。

　　嬌女字<u>平陽</u>，折花倚桃邊。

　　折花不見我，淚下如流泉。

　　小兒名伯禽，與姊亦齊肩。

雙行桃樹下，撫背復誰憐？

念此失次第，肝腸日憂煎。

裂素寫遠意，因之汶陽川。

　　李白確是一位好父親，思念子女的至情，躍然紙上。但願普天下的父母與子女之間，皆能長保像白居易、李白詩中如此深摯感人的真情。

臭頭雞阿（ts'au 上去　t'au 下平　kue 上平　a 上平）——被同群衆人討厭排斥或欺侮的人。

　　過著群居生活的動物，有一種普遍的現象：即凡是生病或瘦弱的，常遭到同群動物厭惡、排斥、欺侮。例如虎、豹、獅、象、雞、鴨、狗等。猩猩和猴子的天性，與人類最爲接近，有時可以互助，但有時沒有，大部分的時間都在爭鬥。因病弱受到同群火伴的驅趕（如人類的痲瘋病、愛滋病、sars、其他有惡性傳染病），不得不脫離群居而單獨過活，因得不到同伴分給的食物和保護而死亡，或遭異種動物所殺。

　　雞隻患病時，常會羽毛脫落，頭上亦無毛，變得既瘦又醜。同伴看見，就過來啄它的頭幾下，痛得它吱咯叫而躱開；等一會別隻又來啄，「臭頭雞阿」名稱由此產生。

　　其實人類也是一樣的。強烈的腋臭、口臭、顏面被火或硫酸傷損變形、五官怪狀、皮膚潰爛、四肢不全、肺病、痲瘋以及傳染病的人，都會受到人群的歧視、討厭、排擠、隔離，幾乎沒有立足活命之地。治療需要錢，慈善人士與團體幫助有限，亦無法持久。患者不只身體不舒服，心理上也極痛苦。

修行（siu 上平　hiâ下去）——爲痛悔前非或報應而忍受苦難。

　　「行」讀去聲。「修行」有三個解釋：一指<u>儒家</u>的修行，<u>漢書嚴彭祖傳</u>：「凡通<u>經</u>術，固當修行先王之道。何可委曲從俗，苟求富貴乎！」二指一般的修養品德，<u>淮南子詮言訓</u>：「君子修行而使善無名，布施而使仁無章。」<u>西漢劉向說苑善說</u>：「大王選良富家子有修行者。」三指修<u>佛</u>道者，<u>法華經藥草喻品</u>：「漸漸修行，皆得道果。」<u>清翟灝通俗編釋道修行</u>：「按，修行本士君子所共務。自<u>晉書</u>謂<u>鳩摩羅什</u>不拘小檢，修行者頗疑之，後人遂專以爲<u>釋氏</u>言。故『修行』爲<u>佛家</u>四法之一，如理修習作行也，通於身、語、意之三業。」

　　<u>金門</u>話所謂「修行」，源於<u>佛教</u>「果報」之說。亦即酬報善惡業因之苦樂結果。<u>啓明版佛學辭典</u>：「果報者，吾人今日之境界，爲對過去世業因之結果，故曰果。又爲應於其業因而報者，故曰報。」俗語說：「善惡到頭終有報，祇爭來早與來遲。」不論男女，年輕時作惡多端，老來常落得晚景淒涼，或致一貧如洗，或致子女不孝，或致惡疾纏身等等，<u>金門</u>人都稱這作惡者是在「修行」。

尌雜（ts'at 上入　tsat 下入）——人或事衆多而雜亂。

　　<u>廣韻入聲二十六緝</u>：「尌，字統云：『會聚也。』」<u>金門</u>話形容某地方人衆出入頻繁，或大批男女厮混在一起，叫做「尌雜」，如茶館、咖啡座、酒樓、飯店、旅社、車站、菜市場、超級市場、百貨公司等。又如全無關係的人卻長期住在你家裏，出入無丈夫的婦女房間，也稱爲「尌雜」，<u>民國</u>三十八年起至六十八年左右，<u>金門</u>家家戶戶被<u>國民黨</u>軍隊強行占住達三十年，足以

產生無數姦情與罪惡，皆是。

說文：「斟，斟斟，盛也。汝南名蠶盛曰斟。」北宋徐鍇繫傳：「詩（周南螽斯）『宜爾子孫蟄蟄兮。』蟄，眾也。此斟義近之也。」

掩（ㄢ上平）──以迅雷不及掩耳手法搜購兩地貨品價格之價賤者，再以高價賣出獲取暴利。

今天電訊事業極為發達，發生一件大事，數分鐘內即可傳遍全球，想要隱閉封鎖，幾乎不可能。在一九三七到一九四五，八年中，日本據有的金門社會，最快速的消息傳遞，政府可依靠無線電話；民間可憑藉電報，但無人敢用，怕被日軍懷疑通敵。那一段時期，金門的商業只和廈門關係最為密切，人民來往須通行證。當日福建省南部，日軍僅占有金廈兩島，金門的物資依賴廈門或臺灣海運運來，金門則以剩餘的土產運送廈門出售。一九四一年日本轟炸珍珠港後，美國參戰，臺金海運亦遭盟軍封鎖，船運物資多被炸沉於臺灣海峽。

於是金門部分民眾興起「走水」生意。此時尚無民用客機，日軍為防止兩島物價波動，在金門後浦西門海邊「同安渡頭」設立檢查站，禁止民生物資大量運往廈門。金門的跑單幫者偽裝旅客，夾帶生豬肉、豬內臟、羊肉、雞鴨肉、海蠔、蛋類等到廈門；渡船「大通丸」可載客數百人，泊於港中，由小船駁運至第五碼頭，一上岸，所帶物品立刻被守候的廈門人搶購精光，可賺得一倍以上的厚利。歸程則帶些男女小孩的舊衣服回金門賣，也很容易脫手。廈門運金門的大批物資如五穀類、糖、香煙、酒、布疋等則由日軍屬下的「恒昌行」、「開發公司」等包辦，再轉批給大街上的店鋪出售。

　　當時有一位湖下鄉人楊國民，頭腦精靈，膽大心細，經常在廈門，遇到上述物資漲價，立即半夜從廈門包快船潛回金門，自己躲藏起來。天一亮，商店開門，迅速差人到各店鋪大筆購買不知漲價的物資。所謂「掩」，就是乘別人不知情的狀況下行動。中午左右，「大通丸」開來，商家纔知道貨源漲價，但貨物多數已在楊某手上；這時楊再將貨物高價推出。如此「掩」了數次，楊國民終於致富。

陶（to 下平）──不從師而靠自修獲得學識。

　　廣韻下平聲六豪：「陶，正也。化也。」魏張揖廣雅釋詁一：「陶，養也。」西漢揚雄太玄經玄攡：「資陶虛而生乎規。」晉范望注：「陶，養也。」明范景文賀王甥申之首入泮宮序：「延師擇友，陶成佳士。」自上引諸書，得知「陶」是在師友的薰陶下或自書籍中涵養，修成學識。

　　孟子離婁下：「予未得爲孔子徒也，予私淑諸人也。」朱熹集註：「人，謂子思之徒也。故孟子言予未得親受業於孔子之門，然聖人之澤尚存，猶有能傳其學者，故我得聞孔子之道於人，而私竊以善其身。」史記孟子傳：「孟軻，騶人也。受業子思之門人。」其說與孟子書同。

　　從前金門人謙稱自己知識學問淺薄，並沒有進入書院或私塾受教於某師，而是靠平時苦讀自修，粗識文字而已，稱爲「陶」，和古書所說稍有不同。

惡積（ok 上入　tsit 上入）──作惡害人，惡業隨身。

　　易坤文言：「積善之家，必有餘慶；積不善之家，必有餘殃。」佛家語有「惡業」，謂作事不正當。華嚴經四十：「我昔

所造諸惡業，如大千界所有微塵。」「惡業」即「惡積」。亦稱
「惡蹟」；清黃六鴻福惠全書刑名部欽犯：「果係惡蹟素聞，手
眼甚大。」

　　人的作善作惡，大致可分為有心或無心二種。經常居心為
善，不希望受惠者報答；但因善行多半是有目共睹，人際關係良
好，故亦會獲得善報，至少也不會遭遇橫逆。居心為惡，出發點
已經不對；惡言惡行加在別人身上，別人豈肯干休？故人際關係
必會惡劣，自己也陰德有損；期望別人不來報復，豈非夢想？又
有「冥報」。這就是「惡積」。罪惡貫盈，大難必不能避免。至
於無心為善或無心為惡，前者亦常會獲致他人的酬報，後者則難
免招來一頓困辱或良心不安。「惡積」一詞，臺語誤作「惡
質」，亟待改正。

焚火（hiã 下平　hə 上上）——煮食時放置柴木燃料進灶洞或風爐中焚
燒。

　　我國人烹飪時所用的燃料，不外乾獸糞、柴、草、木炭、煤
等。晚近纔有電和煤氣。舊時以乾柴、乾草使用最廣，木炭與煤
次之。今天則以煤氣為最普遍。柴草使用在歷史上很早而久，民
國十六年至十九年，考古學家李濟博士於河北周口店發現「北京
人」遺址，已知用火熟食，燃料當即是柴草，為時在五十萬年
前。

　　柴草的缺點是生火慢、火焰不強，但毫無污染。傳說灶神每
年年末會上天一次，向天公報告此家善惡；所以冬至要拜灶神，
用甜甜的紅湯圓糊連在灶上，給灶神吃甜頭，纔會向天公講好
話。中國灶的使用很早。春節前要拜灶神（又稱灶君）。臺灣和
閩南習俗，完全相同。到今日，中國大陸較落後地區還用灶；臺

灣則已廢棄，另於廳裏長桌案上供奉<u>灶</u>神神像，<u>金門</u>亦是如此。

　　<u>廣韻</u>上平聲十五<u>灰</u>：「煤，炱（煙塵）煤灰集屋也。」煤原稱石炭、石墨，<u>明朝</u>開始叫煤。<u>呂氏春秋任數</u>：「煤炱入甑（炊器）中，棄食不祥。」可知國人用煤至少在<u>戰國</u>時代已開始。煤的優點爲火強，但污染嚴重。<u>宋史食貨志</u>：「盡取木炭銅鉛本錢及官吏闕額衣糧水腳之屬，湊爲年計。」我國應用木炭亦早，但不普遍，火力強，也有污染。由<u>西洋</u>引進的電爐晚近纔開始使用，火力強大，無污染，缺點爲有電線走火的危險性。煤氣亦由<u>西洋</u>人首先採用，現已普及於全世界，火力最強大，污染毒性也最高。近年來新聞界時常報導：很多厭世的人利用「瓦斯」（即煤氣）引火自殺或殺人。凡有大利必有大害，道理如此。

　　<u>廣韻</u>上平聲二十<u>文</u>：「焚，焚燒。」<u>魏張揖廣雅釋言</u>：「焚，燎燒也。」<u>金門</u>人使用柴草已千餘年，大部分廚房中建有磚灶，煮食時，須另一人蹲坐在灶洞前添裝柴草，進洞燃燒，叫作「焚火」。煙囱直通屋頂，騰空的是白色的炊煙，富有詩意，一點污染亦沒有，好極了。<u>南宋陸游滄灘詩</u>：「霧斂蘆村落照紅，雨飲漁火炊煙濕。」

　　煙囱通常用一節節的圓形或方形的瓷煙管疊接，四周以竹條和亞鉛線捆夾住。記得筆者童年時還聽過用「煙筒」作謎底的謎語：「四枝竹阿企（kʻia 下去、樹立）四邊，中央一尾烏龍滾上天。」

敬字亭（kiŋ 上去　li 下去　tiŋ 下平）——焚燒「字紙」的小磚爐。

　　<u>廈門志</u>十五風俗記俗尙：「島中立敬字亭，以惜字紙；買破書、拾遺字焚化者有其人。惟作粉麵食及豆腐乾者，率以招牌字號印其上；巡道<u>周凱</u>禁止之。」同在<u>清朝</u>，<u>金門</u>情形亦類似。<u>金</u>

門志卷三五章雜俗：「<u>後浦敬字亭</u>，凡五六處，<u>書院</u>每年製竹簍分送，又僱院丁各處收拾字紙，焚灰送海，沿為常規。市上買賣食物，用印刻標者，或代以他式，亦敬惜字紙之一端也。」（自注：<u>舊志</u>）

到筆者懂事時，<u>縣城後浦</u>的<u>敬字亭</u>只剩下古衙署前八字牆右牆後的一座，亭似葫蘆，正面開口，頂上有煙囪。亭口的兩邊有一副對聯：「雨粟鬼哭推倉頡，珍惜字紙敬古賢。」此亭約在<u>民國</u>五十年左右被<u>國民黨</u>軍隊拆除。

千百年來，<u>金門</u>人有一個習慣，就是一見到地上的寫著字的碎紙，便俯身撿拾起來，收集在一處，然後拿去敬字亭燒化。他們以為字紙不可踐踏蹧蹋，是代表「<u>孔子公</u>」，比較少人知道是為了尊敬造字的黃帝史官<u>倉頡</u>和<u>沮誦</u>。<u>日據</u>時代，亭鄰近的「<u>王氏祠堂</u>」住著幾名<u>日本</u>兵，大概是軍需一類，專門修補全島<u>日</u>軍送來的破衣服、帽子、皮鞋等。當時筆者十歲左右，常看見<u>日</u>兵拿著一些用剩的碎布、碎皮等物到<u>敬字亭</u>來燒。想不到<u>日本</u>人不對<u>敬字亭</u>怎樣，卻把亭保留著，等待<u>國民黨</u>軍隊來拆毀這一座幾百年久和文化有關的「<u>敬字亭</u>」。<u>沮誦</u>、<u>倉頡</u>、<u>孔子</u>英靈有知，寧不慨歎此類<u>炎黃</u>子孫的惡劣不肖與愚昧無知。

<u>日本鈴木清一郎臺灣舊慣習俗信仰</u>一編十：「本省人受儒教的感化極深，即使是一個目不識丁的文盲，也不敢隨便蹧蹋一張字紙，不敢用來擤鼻涕或擦髒東西，就連腳踏也儘量避免，更不忍心隨便丟進路旁的垃圾箱中。而把所有字紙都撿起來，放進「<u>敬字亭</u>」裏一起火化，把紙灰供在造字的<u>倉頡</u>神位之前，最後才把灰倒進河裏任其物化。」（<u>民國高賢治</u>、<u>馮作民</u>譯）<u>民國文蔚細說中國拜拜中國人全年拜拜神誕譜</u>：「不敬惜字紙<u>經書</u>，俱發入<u>大叫喚大地獄</u>。」可見古來敬惜「字紙」的民俗，遍布於全

中國。這些都是舊時的情形。

當兵賺食（ti̍ʔ上平　piⁿ上平　tsuan上上　tsiat下入）——職業軍人。

我國兵制發展甚早。周禮：天子王畿六軍，公大國三軍，侯、伯次國二軍，子、男小國一軍。一萬二千五百人為軍。

齊國五鄙三十家為邑，邑有司；十邑為卒，卒有卒帥；十卒為鄉，鄉有鄉帥；三鄉為縣，縣有縣帥；十縣為屬，屬有大夫。自邑積至於五屬，為四十五萬家，皆九家二兵，得甲十萬。

晉國雖避天子六軍之名，實則為六軍。

楚國成軍之制，三軍為正軍，二廣為親軍。周制十五乘，有兵一千一百二十五人；楚乘廣之法，又有卒百人；合二廣得二千五百人。

秦國商鞅變定法令，令民為什伍之法。大致百人則五十人為農，五十人習戰。凡民二十三歲附之疇官，給郡縣一月而更，謂之更卒；又給中都一年，謂之正卒；復屯邊一年，謂之戍卒。始皇帝并天下，北築長城四十餘萬，南戍五嶺十餘萬，驪山、阿房之役各七十餘萬。

西漢分南、北軍；南軍屬衛尉，北軍屬執金吾。民年二十三歲以上為正卒，五十六歲免。

東漢光武帝晚年厭武事，內省營衛之士，外罷衛侯之職，疆場之間，廣屯增戍；國有征伐，以隸京師之兵出戰匈奴、鮮卑。

蜀漢初置五軍，其將校如漢。

吳多舟師，兵有解煩、敢死兩部。

曹魏兵力盛於蜀、吳，其京軍略同漢制，增置武衛、中壘二營，并有四軍五校。

晉自司馬昭置二衛、三部司馬，以中領之軍領之。令州縣典

兵，州置都督。武帝伐吳，分左右各一將軍；又置羽林、虎賁、上騎、異力四部，皆領於驍騎。又有七軍五校，皆有將軍，而中領軍統領之。

宋劉裕置五校三將，增殿中將軍，領員二十人。限荊州府兵，不得過二千人。

齊、梁、陳無足述。

元魏孝文帝選武勇士十五萬人為羽林、虎賁，以充宿衛。民十八受田，二十充兵，六十免役。

西魏宇文泰仿周典，置六軍，籍六等之民，合為百府，府以一郎將主之，分屬二十四軍，軍以開府領之，二開府以大將軍統之。

隋大抵承周、齊府兵之制，有十二衛，各分左右。其外又有驃騎、車騎之府，二府各有將軍。

唐高祖始置軍府，析關中為二十道，皆置府兵。太宗時分天下為十道，置府六百三十四。府有三等，兵千二百人為上府，千人為中府，八百人為下府。府兵外散各府，內隸諸衛。唐有天下三百年，兵制三更：由府兵而彍騎，由彍騎而方鎮。唐初高祖以義兵起太原，已定天下，悉罷遣歸，留三萬人充宿衛，號元從禁軍。方鎮者，節度使之兵。高宗時，都督帶使持節者，始謂之節度使。

宋之廂兵，為諸州之鎮兵，內總於侍衛司。鄉兵者，選自戶籍，或士民應募，在所訓練，以為防守之兵。蕃兵者，塞下內屬諸部落團結以為藩籬之兵。

遼兵制有四：御帳親軍、宮衛騎軍、衆部族軍、屬國軍。民年十五以上、五十以下，隸兵籍。

金諸部之民，壯者皆兵，平居則聽以佃漁射獵；有警則下諸

部徵之。

元世祖內立五衛以象五方，始有侍衛軍之屬，置都指揮以領之。外則萬戶之下置總管，千戶之下置總把，百戶之下置彈壓，立樞密院以總之。

明兵制可分爲三：京兵、腹內衛所兵、邊兵。京兵所以衛宮禁，腹內衛所兵列於各省要害之處，邊兵捍禦各邊戍要地。

清特創者爲八旗。蒙古、漢軍，合爲旗營；綠營爲經常之制，實爲明之舊兵。長江水師，穆宗同治四年（公元一八六五）立爲經制額兵，各以副將、參將、游擊分級爲營。另有上海機器局、福州船政局，福州又特設學堂，專習造船、水師二事，是爲中國有現代海軍之始。同治十三年（公元一八七四），令總稅務司英國人赫德 Robert Hart 1835 — 1911 向英國購買蚊子船八艘，不久又有超勇、揚威兩快艦。甲午戰後，新軍起，模仿外國操練，別自成軍，有江南自強軍、北洋武衛軍、湖北護軍營。德宗光緒三十年（公元一九〇四）成立練兵處，各省響應，營制分常備軍、續備軍、後備軍，有棚、排、隊、營、標、協、鎮，合兩鎮成一軍。（以上節述自中華版民國金兆豐中國通史六兵政編）

讀了上引史實，得知自古以來，徵兵制和募兵制都有。民國成立不久，全國陷入軍閥混戰；軍隊來源，亦是徵募並行。十二年（公元一九二三），孫中山在廣州市黃埔鎮成立黃埔軍官學校。十六年，蔣中正率領一二三四期畢業生爲主力，實行北伐。十九年，東北張學良宣布服從中央，全國統一。二十二年六月，制定兵役法，其第三條：「男子年滿十八歲起役，至屆滿四十五歲除役。」二十六年七月，日本侵華，在此前後，我國士兵逃役的很多。兵額不足，連長又吃空缺，實力大損，抗日戰爭屢敗。日本投降後，與中共發生內戰，又節節敗退。到三十八年，除舟

山島、海南島尚存，大陸全部失陷。撤出期間，沿途抓民為兵，以補充缺額。一位逢甲大學經濟系教授面告筆者，他是被抓兵來臺灣的；後來全力申請退伍，勤奮讀書，得考進中興大學深造。

　　以我瞭解，從來投考軍校的人，目的是作官和報國。我又曾詢問一些老兵，當兵目標是甚麼？他們笑而不答。曉得意思是：除了部分真正遭徵召或抓兵，盡都為了「窮苦」。因為腳一踏進軍營，衣、食、住、行的問題立刻全部解決；這就叫作「當兵賺食」。筆者在服預備軍官役時，親耳聽見那位海軍陸戰隊砲兵團團長說：「帶兵的人，就是要帶他們吃飯的。」

置室家（ti 上去　sit 上入　ka 上平）──男子娶妻成家。

　　詩周南桃夭：「桃之夭夭，灼灼其華。之子于歸，宜其室家。」朱熹集傳：「室，謂夫婦所居。家，謂一門之內。」又小雅常棣：「妻子好合，如鼓瑟琴。宜爾室家，樂爾妻孥。」讀以上的詩，可知數千年前的詩人，對於夫妻的諧和、家庭的快樂，贊頌不止。

　　「男以女為家」。「置」是「建置」。「置室家」是一句文雅話，土話即是「娶某」，金門人是常說的，臺胞也是這樣講法，可見「閩臺一家」實是最正確的評論。「某」即妻子。

路旁屍（lo 下去　poɧ 下平　si 上平）──罵人語。

　　這一句罵人話表面上看起來雖然狠毒入骨，但亦可用在情侶或夫妻的打情罵俏。此罵人語可能很早由閩南內地傳入金門，同時也隨著移民傳進臺灣。民國臧汀生臺灣閩南語歌謠研究四，收有清代情詩一首，如下：

　　　芙蓉開花會結子，願共兄哥結百年。

誰人梟心雷拍死，在先梟心路旁屍。

「梟」亦可寫作「僥」，「翻臉絕情離去」之意。「在先」音讀（tai 下去　siŋ上平）。「路旁屍」金門人常講；在今天的臺灣則極少聽到。

頭尾（t'au 下平　bə上上）——生子週年，產婦娘家所贈送的嬰兒衣物等。

臺灣人和金門人的祖先都是來自閩南地區，因此許多風俗民情是一樣的。日本鈴木清一郎臺灣舊慣習俗信仰二編出生之卷：「所謂『頭尾』，就是嬰兒從頭到腳所穿戴的全部衣物而言，包括帽子、衣服、銀牌（胸飾）、金鎖（胸飾）、手鐲、腳鐲、鞋襪等。為了祝賀外孫的誕生，一共要送『做滿月』、『做四月日』、『做度晬（周歲）』等三次。此外還要送紅蠟燭和『紅龜粿』。現在生孩子時一般朋友也會送衣物來，所以就另作『油飯』和『米糕』以為答禮。」（民國高賢治、馮作民譯）這些禮俗是清末民初時期盛行的。目前嬰兒只作「滿月」與「周歲」之慶，「做四月日」已經省去。慶「滿月」嬰兒家尚須贈送親友煮熟帶殼的紅蛋。臺灣福佬（河洛）系民歌中，有民國李臨秋作詞、鄧雨賢作曲的「一個紅蛋」，描寫一女子因丈夫不能人道而生育無望，每回接到別人致送的嬰兒滿月紅蛋，感到無限悽楚。

筆者出生於民國二十一年，週歲時，由前水頭鄉黃姓外祖父母送來「頭尾」，內容正如上述鈴木清一郎書裏所說。至於滿月和四個月，外祖父母所贈送的「頭尾」禮物，較為簡單。

敲藝（kʻau 上平　sat 上入）──以旁話責備諷刺。

「敲」有旁敲側擊或聲東擊西之意。<u>易蒙彖辭</u>：「初筮告，以剛中也。再三瀆，瀆則不告。」<u>唐孔穎達疏</u>：「師若遲疑不定，或再或三，是褻瀆。」<u>禮記表記</u>：「夏道未瀆辭，不求備，不大望於民，民未厭其親。」<u>孔穎達疏</u>：「瀆謂褻瀆。」可見「褻瀆」是「輕鄙侮慢」。

人群相處，常會發生爭辯吵架，以致結怨。後來再相遇時，善於措辭的人便會選擇言語，側擊旁敲，歪打正著；語意實在責備嘲諷對方，卻說到別種主題上，讓被罵的人措手不及，聽了會意，是針對自己，卻無可奈何；這便是「敲藝」。

諢新娘（kun 上上　sin 上平　niu 下平）──鬧洞房。

<u>清侯康補後漢書藝文志刑法類</u>，列（<u>東漢</u>）<u>鮑昱決事</u>都目：「（<u>唐馬總</u>）<u>意林</u>引（<u>東漢應劭</u>）<u>風俗通</u>：『<u>汝南張妙</u>會<u>杜士</u>。<u>士</u>家娶婦，酒後相戲。<u>張妙</u>縛<u>杜士</u>，捶二十，又縣（懸）足指，<u>士</u>遂致死。』<u>鮑昱決事</u>云：『酒後相戲，原其本心，無賊害之意，宜減死也。』」<u>清俞正燮癸巳存稿十一弄新婦</u>：「<u>漢書地理志</u>云：『<u>燕</u>俗：嫁娶之夕，男女無別，反以爲榮。後頗稍改，然尙未止。』（<u>西晉葛洪</u>）<u>抱朴子疾謬</u>云：『俗有戲婦之法：於稠衆之中、親屬之前，問以醜言，責其慢對。其爲鄙黷，不可忍論。』（<u>唐段成式</u>）<u>酉陽雜俎禮異</u>云：『近代娶婦之家，弄新婦。』」同書同卷<u>鬧房聽房</u>：「<u>抱朴子疾謬</u>云：『蹙以楚撻，繫腳倒懸，酒後酗醟（酗酒），不知限齊。至有傷瘀血流、踒（跌）折支體者。』<u>酉陽雜俎禮異</u>云：『律，有甲娶，乙丙共戲甲，旁有櫃，比之爲獄，舉置櫃中，甲因氣絕。論當鬼薪（罰採

薪供宗廟三年），怪獄滋興。」明黃暐蓬軒吳記云：『魯地人生子，親友戲繫其手游於市，反而群飲，遂爲狼所噬。』此匪人所謂舉酒勸人無惡意者也。後漢書列女袁隗妻傳云：『帳外聽者爲慚。』蓋俗之聽房者。」

金門話「譚」是「弄言」，即「玩笑」。唐書逆臣史思明傳：「思明愛優譚。」觀看上引古人的鬧洞房，確實手段未免過於狠毒。金門人「譚新娘」，大都是在祖廟門檻用一條高橫木凳阻擋，要新郎抱新娘跨越過，進去拜祖；有的新郎照辦，引起觀衆笑樂；有的新郎不願，起大腳把長板凳踢開。或者在屋頂戲提著「箸籠」，要新郎抱新娘伸手去摸；當快摸到，戲者迅速將筷子籠提得更高，使新娘撲空；讓新郎久抱手痠又氣喘吁吁。或是在洞房中，告訴新娘說新郎明年就要「娶小姬（姨）」，看新娘回話，不回不成。筆者從前曾參加金門籍朋友的婚禮，一位外省籍友人要新郎拿一枝花，新娘捧花瓶，命新郎問新娘：「插不插？」新娘不得已答：「插！」新郎眞的插花進瓶，觀衆都笑了。繼又命新郎問：「養（癢）不養？」停了片刻，新娘終於不得已答：「養！」一時哄房大笑。這算是一個謔而不虐的鬧洞房罷。至於古書上所說的「聽房」，到目前陝西省還保留此種惡俗。

戲鬪（串）（hi 上去　ts'uan 上去）——迷戀戲班戲角而追隨戲班到處跑的人。

在從前的農業社會，除了大城市有固定場所的戲院經常演出外，都是一些到處跑的野臺戲劇團。有一種男人，常會愛上劇團中的女主角；縱然這女主角已是有夫之婦，這男人照樣肯花錢（如包紅包）捧場，追蹤她至各地方演戲，就是爲此財產揮霍殆

盡，亦不死心。

　　日據時代，縣城後浦南門有一個閩南戲團，女主角名叫「雞郎阿（kue 上平　lô 上平　a 上平）」，長得漂亮，戲也演得好。她的哥哥任團主，並主打板鼓，指揮全班演戲，極為叫座。是不是有了「戲闖（串）」？筆者當時是小孩子，不清楚。一九四五年抗戰勝利，時常有內地戲班受聘來金門演出。其中有一個高甲劇團，女主角長得不美，皮膚既黑，身材又瘦，但戲演得相當好，被綽號「烏鬼阿妹」，擅長「使目箭」，（意謂以媚眼瞟視臺下某一觀眾、不限男女）被「使目箭」的人，一時無不神魂顛倒。筆者那時十四歲，曾在西門馬舍宮前和南門媽祖宮前看她表演，觀眾爆滿。事後瞭解有不少男人跟隨著這劇團到全島各處，這也就算是「戲闖（串）」了。另有一個兒童梨園戲團，演員包括旦角全是男性，演唱採用南管歌曲。那位旦角比我還小，但人長得秀美，裝扮起來和女孩子一般無二，極得觀眾喜愛，亦會「使目箭」，令臺下的人大為喜樂。

　　「戲闖（串）」的「闖（串）」，是「有意獨霸串連不分」之意。民國沈冬南管戲體製及歷史初探二章三節：「（清施鴻保）閩雜記九有載：『下府七子班（南管戲），其（乾）旦在場上，故以眼斜睍所識，謂之「撲翠雀」，亦曰「放目箭」、曰「飛眼來」。其所識者甫一見，急提衣襟作兜物狀，躍而承之，遲則為旁人接去。彼此互爭，至有鬥毆涉訟者。』」於此可見「戲闖（串）」的瘋狂無忌程度。「使目箭」的「使」，有寫作「駛」，誤。

癖脾（p'iak 上入　p'i 下去）──各人的特殊脾氣（性地）。

　　廣韻入聲二十三錫：「癖，疭（癖）病。」「癖」即「嗜

好」。<u>明梅膺祚字彙</u>广部：「癖，嗜好之病。」<u>晉書杜預傳</u>：
「預常稱（<u>王</u>）濟有馬癖，（<u>和</u>）嶠有錢癖。（<u>晉</u>）武帝聞之，
謂<u>預</u>曰：『卿有何癖？』對曰：『臣有<u>左傳</u>癖。』」<u>南宋陸游示</u>
<u>兒詩</u>：「人生百病有已時，獨有書癖不可醫。」<u>清徐珂清稗類鈔</u>
物品類：「<u>高子益名緒增</u>，有硯癖，遇佳石即琢爲硯。」

　　<u>說文</u>：「脾，土藏（臟）也。」<u>東漢劉熙釋名釋形體</u>：
「脾，裨也，在胃下。裨助胃氣，主化穀也。」<u>黃帝素問靈蘭祕</u>
<u>典論</u>：「脾胃者，食廩之官，五味出焉。」<u>詩大雅行葦</u>：「嘉殽
脾臄，或歌或咢。」<u>朱熹集傳</u>：「臄，口上肉也。徒擊鼓曰
咢。」醫家認爲意托於脾，意寧則智無散越；忿懥不正者爲發脾
氣。<u>紅樓夢</u>四十一：「他的脾氣不與黃酒相宜，且又吃了許多油
膩飲食。」

　　由引證的古書，得知「癖脾」是各人的特殊脾氣。故「癖
脾」等於性情。人的性情千奇百怪，除攣生兒外，很少有兩個人
的性情是完全相同的。<u>閩南語</u>及<u>金門</u>話又稱「癖脾」爲「性
地」。

騰（媵）（t'in 下去）──嫁女。

　　<u>儀禮公食大夫禮</u>：「衆人騰羞者。」<u>鄭玄注</u>：「騰，當作
媵。媵，送也。」<u>詩小雅我行其野</u>：「我行其野，蔽芾（草木
盛）其樗。昏（婚）姻之故，言就爾居。」<u>唐孔穎達疏</u>：「媵之
名不專施妾。凡送女適人者，男女皆謂之媵。」<u>朱熹集傳</u>：
「樗，惡木也。民適異國，依其昏姻而不見收恤。言我行於野
中，依惡木以自蔽，於是思昏姻之故而就爾居。」<u>呂氏春秋本</u>
味：「有侁氏喜，以伊尹爲媵送女。」<u>韓非子外儲說左上</u>：「昔
<u>秦伯</u>（<u>穆公</u>）嫁其女於<u>晉</u>公子（<u>重耳</u>），令<u>晉</u>爲之飾裝，從文衣

之媵七十人。」史記晉世家：「（重耳）至齊，齊桓公厚禮，而以宗女妻之，有馬十二乘。」明焦竑焦氏筆乘續集五：「楚辭：『魚鱗鱗兮媵予。』爾雅亦云：『媵，將送也。』即不指爲妾。」福建通志方言志：「嫁女曰媵。」原注：「劉（家謀）云：『送謂之媵，還亦謂之媵。謂嫁曰歸。今嫁女曰媵。』」

　　上面所徵引的古今書籍，足以證明金門嫁女叫作「媵（媵）」是正確的。古時金門的有錢人嫁女，還有「隨嫁嫺（婢女）」，這就是古書裏的「媵」；但早已沒有男的「媵（媵）奴」。有時丈夫再娶此「媵」爲妾，也是常事。「媵」字至今金門人尚在說。臺灣則很少聽到，或者保存閩南文化較多的鹿港和臺南仍有。「隨嫁嫺」一詞，古今臺灣皆常講。

攛路（ts'ua下去　lo下去）——帶路。告訴問路人以路的方向和位置。

　　「攛」字本是「慫慂教唆」的意思。明張居正乞鑒別忠邪以定國是疏：「傾危躁進之士，遊談失志之徒，又從而鼓煽其間，相與慫慂攛嗾，冒險釣奇。」明馮夢龍醒世恒言三十李汧公窮邸遇俠客：「那婆娘一味捨不得這絹疋，專意攛唆老公害人。」

　　「攛」字既有「慫慂教唆」意，那麼「攛路」自然無異鼓勵或建議問路人，說「某條路你不妨試一試，可以找到目的地。」「攛路」如寫作「取路」，亦可通。因爲「取」可解釋爲「進趨」，即「往前行」之意。何況兼有「選取」、「選擇」含義。指示別人「路如何走」，豈不是「選擇正確道路使人行之」嗎？民國曲守約中古辭語考釋八畫：「南齊書武陵昭王傳：『（王蕭）睢稱牛羸，不能取路。上（高帝蕭道成）敕車府給副御牛一頭。』按『取路』之意，迄今仍用之。核其義蘊，乃謂趕路或赴路也。」

爛溉（luã 下去　tsuã 下去）──浪費。

「爛」是腐爛、散亂。莊子在宥：「大德不同，性命爛漫矣。」唐成玄英疏：「爛漫，散亂也。」淮南子說山訓：「爛灰生蠅。」東漢高誘注：「爛，腐。」民國章炳麟新方言釋言：「今人謂人舒縱不節，曰爛。」

北宋丁度集韻綫韻：「溉，水激也。」史記廉頗藺相如列傳：「相如曰：『五步之內，相如請得以頸血溉大王（秦昭王）矣！』」

現代人講「爛」，多指「腐爛」；「溉」是「噴水」。「爛溉」意義有所引伸，就是「任意使有用物品遭受腐爛不能食用或應用」，亦即是「任意浪費」。金門俗語說：「甘爛不甘溉」，意為有用的物品不早早使用，以致損壞，終至丟棄。有時也叫「爛溉溉」。「爛」字到近幾年，國語纔用作「不良」的意思。

第二章 人物

肉粽雞阿（bak 上入　tsaŋ 上去　kue 上平　a 上平）——民國四十二年左右在世的金門後浦著名粽子販。

「肉粽」是綽號，「雞」是名，不知其姓，閩南內地人。在筆者記憶中，他似在一九三七年抗日戰爭開始後遷來金門，住在後浦「橫街阿」靠左的第四間房屋。當時已四五十歲，有一老妻，沒有子息。

他的肉粽製作手法特殊。一個肉粽所用的材料：用糯米約一小瓷杯，栗子一顆，三層豬肉一大塊，香菇二個，少量蝦米等。先將足夠包製二三十個肉粽的材料，下花生油、食鹽、醬油、五香粉末等合炒過，再分開用二大片竹葉包裹縛線。然後放在大銑鐵鍋中，以文火慢燉。使用的湯水是下了剚斷的豬腿骨一起煮，更能幫助粽子的滋味之香美。

作好後，每天上午十時左右，挑著肉粽擔子，肉粽仍舊浸泡在溫熱湯裏，沿大街小巷叫賣；遠遠的，大家都聞到肉粽的香味。中午回家吃飯後又出來，生意很好，不到五點鐘就賣完了。他的粽子的特色是：因加醬油炒過，肉粽成深褐色。雖然油膩，但不過油。長時浸泡在熱湯中，竹葉解開後粽子也散開。味道極甜美，常令人想再吃一個。只有一項缺點，從他的擔子和應用的器具看起來，衛生不大好。他約在四十四年過世，最美味的粽子亦隨著斷絕失傳。

筆者在廈門讀中學時代，曾吃過廈門名飯店「全福樓」的肉

粽子；如與「肉粽雞阿」所賣的比較起來，遜色很多。來臺後，所吃的更差。全省臺胞包作肉粽，常用瘦肉，這就不對；一大個糯米粽子，豬肉須要肥瘦相配，纔會好吃。香菰是有，沒用栗子，只有花生仁；甚至加鹹蘿蔔，非常的土。賣時不懂得泡在熱湯裏，而是乾的，吃起來黏黏硬硬的，須要用筷子篝成一塊一塊，難吃極了。全臺灣的肉粽，要送進口中纔有一點香味，絕無法使人聞香而至。

周全斌（tsiu 上平　tsuan 下平　pin 上平）——參預鄭成功起兵抗清中唯一投降清朝的金門人。

　　民國余宗信明延平王臺灣海國紀：「（桂王朱由榔）永歷六年正月，周全斌（公元？－一六七二）來歸。全斌同安浯州（金門）人，來投謁。國姓問計將安出？全斌對曰：『以大勢論之，藩主志在勤王，必先通廣西行在（桂王駐地），會孫可望、李定國，連師粵東，出江西，直取江南，是為上策。今李成棟已沒，廣州新破，是粵西之路未得通，徒自勞也。宜且固守各島，上踞舟山，以分北來之勢；下守南澳，以遏南邊之侵；興販各洋，以足糧餉；然後取漳泉以為基業，由汀州、福興水陸並進，則八閩可得矣。」國姓大悅，即以全斌為房宿鎮。二月，攻長泰，取之。進圖漳州。五月，清金衢總兵馬逢知率兵來救漳州，國姓令陳勝、蘇茂等迎戰；而自與甘輝、周全斌、陳堯策、郝文興以雲梯攻城。國姓聞有救兵至，令周全斌禦之九龍江之東。忽報清兵從長泰抄小路出江東橋，全斌急收兵退，陣亂，橋關盡失。國姓乃撤漳州之圍。」

　　同上書：「永歷九年五月，以張名振為元帥，陳輝、洪旭、陳六御等副之，統兵入長江，圖恢復。國姓更益以兵，并令陳

輝、王秀奇、洪旭、周全斌偕行。進攻舟山，清守將巴臣功部下中軍陳虎戰死。十年六月，議揭陽喪師罪，斬左先鋒蘇茂（茂曾縱施琅、成功欲殺之而無由）。擢周全斌為左先鋒。十二年五月，會兵部右侍郎張煌言兵，大舉北伐。進至台州港，後衝鎮劉進忠叛入海門所投清。國姓令周全斌追之，進忠夜半開西門逃去，全斌拔其城以歸。十三年五月，大軍發舟山，入長江，克瓜州，復鎮江。乃以周全斌、黃昭守鎮江，兵都事李徵知鎮江府，分詢屬邑，皆下之。」

同上書：「永歷十五年（公元一六六一）二月，攻取臺灣之議既決，遂令兵官洪旭、前提督黃廷、五軍總督王秀奇、戶官鄭泰輔世子經留守金廈兩島。以十五年二月初一日祭江，即日督率文武官親軍武衛周全斌、何義、陳蟒、提督馬信、鎮將楊富、蕭拱辰、黃昭、陳澤、吳豪、林瑞、張志等，乘坐戰艦，自料羅灣放洋，向臺灣進發。二十四日抵澎湖。四月初一日天明，至臺灣外沙線，進至鹿耳門。乃令馬信等屯紮臺灣衛，困守不攻。十二月，臺灣（荷蘭）夷長揆一 Fredrick Coyett 以（臺灣）城降，遂改名其城曰東都。溯自明（熹宗）天啓四年（公元一六二四），紅夷佔有臺灣以來，凡三十八年，至是始復為我所有。」

同上書：「永歷十六年三月，忠勇侯陳豹畏罪降清。豹驕傲專制，數數違令。國姓密令周全斌調銅山、思明（廈門）兵攻南澳，欲擒而治之。豹見兵至，即揚帆入廣東降清。清封為慕化伯，未幾病疫而死。十六年四月，世子經奉令守金廈兩島。妻唐氏，尚書唐顯悅之女孫也，不相能，而通於四弟之乳母陳氏，生男。顯悅發其奸，國姓以行同禽獸，大怒，即命楊都事持令箭往思明諭兄泰，使監斬世子經及陳氏母子並董夫人，以其教子不嚴也。乃議殺陳氏及所生孫以復命，國姓不許。部將蔡鳴雷以罪懼

責，乞假赴廈搆之曰：『藩主勢必盡誅，否則罪及監斬者，已密
諭南澳周全斌將兵來。』（洪）旭等益駭，乃調兵守大擔，誘全
斌而執之。（筆者案：清阮旻錫海上見聞錄謂全斌求救於董夫人
得免）國姓接諸將公啓，知金廈諸將拒命，大恚，疾遂革。五
月，明延平王國姓成功薨。世子聞報大駭，即召諸將計議；一面
出全斌為五軍都督，遂率兵而東，問計於周全斌，全斌曰：『前
紅毛人所恃者，安平砲臺，黃昭（擁成功弟鄭襲繼王位者）必以
兵守之。我軍當從潦港、洲仔尾登岸擊之。今先遣人齎諭從安平
入，過赤崁城，通告諸將以叔姪至親，蕭（拱辰）、黃構扇將士
逼脅之情，令悔過倒戈。』世子從之。遂進兵潦港，甫成列，而
昭已破營入，全斌大呼曰：『今背水而戰，退復奚益？大丈夫寧
死於戰，豈甘死於水乎！』身先陷陣。世子射昭殪之。全斌又大
呼曰：『世子已到，黃昭已死，諸軍尚不倒戈耶？』諸將悉解甲
投戈，表示服從。世子抱襲而哭曰：『幾為奸人離間！』待之如
初。」

　　同上書：「永歷十七年十月，清與紅夷合攻廈門，世藩（鄭
經）集議防禦。周全斌曰：『海澄之師，未敢猝進。惟泉州清兵
合紅夷甲板而來，其勢甚銳，若能破之，則各路氣奪，不戰自退
矣。』洪旭曰：『先王破（清）達素，悉空廈門，背城而戰，卒
以勝利。』是月癸丑，兩軍遇於金門之烏沙。時紅夷甲板十餘
艘，均高大如山，並裝有大砲。全斌以二七餘艨艟（戰艦），往
來奮擊，剽疾如飛。（清）馬得功坐中軍船，全斌以為（張）鳴
駿也，直前攻之；得功不支，投海死。既而探知，歎曰：『吾欲
擒獐，乃得一虎！』世藩以眾寡不敵，遂退守銅山。十八年正
月，世藩東歸臺灣，命全斌與（黃）廷殿後。二人意不相能，遂
先後降清。」

　　阮旻錫海上見聞錄：「永曆十八年（公元一六六四）正月，世藩駐銅山，諸軍乏糧。周全斌率衆投誠。入京封伯。八月，清議取臺灣，遣施琅掛『靖海將軍』印，即以周全斌副之，整舟師。二十一年，部議分撥海上投誠官兵移駐外省，召周全斌入京歸旗。其標下官兵及別鎮兵各給行糧，分駐各省屯墾荒田；給以牛種，免其六年租稅。其將領或督墾，或撥各衙門效用；文官赴部候補。三十五年（公元一六八一），世藩殂於承天府行臺。三十七年（公元一六八三）六月，（施琅）諸將進攻澎湖，（鄭將劉）國軒既敗，施將軍又厚撫降卒以誘之。世子（克塽）又令人求撫，云：『惟命是聽！』施將軍令侍衞吳啓爵等宣布德意，於是俱剃頭歸順。」

　　國防研究院版清史五百三十八：「永曆二十六年（公元一六七二），康熙十一年四月，清之周全斌病故。清廷故示優渥，爵其嗣子，以廣招徠。」

　　金門志十二人物志四章武績：「周全斌，字邦憲，浦邊（鄉）人。有文武才略，嘗爲刀筆吏於漳州。康熙元年，（金廈）兩島破，海師多歸命，全斌亦遣子入質福州，率所部從鎮海衞歸清，封承恩伯。」

　　綜觀周全斌半生行事，可謂智勇過人。可惜晚節不保，投降滿清，爲金門人留下污點，實在可惜。倘若他是在戰役中喪生，或兵敗自裁，自然不失歷史上「忠烈」地位。清統一中國後，開科取士，到清末廢科舉、立學堂，其間金門人參加科舉而作官的，比比皆是，後世史家並不深責。我們如以這事實標準來看，則對周全斌可予體諒。況且他當時如果能從海上逃歸臺灣，尚可有一番作爲；但是由銅山要浮海到臺灣，困難實在太大了。

林釬（lim下平　han下去）──<u>金門</u>有科舉、官階以來成就最高者一探花、丞相。

舊<u>金門志</u>十七列傳：「<u>林釬</u>，字<u>實甫</u>，號<u>鶴臺</u>，<u>甌隴</u>（鄉）人。由<u>龍溪</u>籍舉<u>萬曆</u>（四十年）壬子（公元一六一二）鄉貢，丙辰（四十四年、一六一六）成進士，殿試一甲第三名，授<u>翰林院</u>編修。歷<u>國子監</u>司業，遷祭酒。監有銅鼎銅缸，爲臨雍（天子臨學宮）會食及貯水備火之器。<u>魏璫</u>（<u>忠賢</u>）欲假鑄錢，<u>釬</u>持不與。時<u>璫</u>擅權烜赫，立祠幾遍天下。監生<u>陸萬齡</u>請以<u>忠賢</u>配<u>孔子</u>，<u>忠賢</u>父配<u>啓聖公</u>（<u>孔子</u>父<u>叔梁紇</u>）。其疏曰：『<u>孔子</u>作<u>春秋</u>，廠臣作典要；<u>孔子</u>誅<u>少正卯</u>，廠臣誅<u>東林黨</u>人；禮宜並尊。』執牒詣<u>釬</u>請定判。<u>釬</u>問云何？對曰：『<u>魏公</u>功德巍巍，宜立像<u>太學</u>。』<u>釬</u>曰：『<u>孔聖</u>，嚴師也，禮有人主北面之尊；<u>魏</u>，人臣也；若並列坐，他日皇上入<u>學</u>謁奠，君拜於下，臣偃於上，能安之乎？』明日，遂稱病去。

迨<u>莊烈帝</u>（<u>崇禎</u>）即位，聞之，歎曰：『危行言孫（遜），君子也。』召復原官，晉<u>禮部</u>侍郎，兼侍讀學士。七年，以枚卜（以卜擇人）與<u>劉宗周</u>同時召對<u>文華殿</u>，陳用人、理財、靖寇、綏邊四策。即日拜<u>東閣</u>大學士（即丞相），御書『淡泊甯靜中正和平』八字以賜。首輔忌之，困以繁劇，遂以疾卒於官。賜祭葬，謚<u>文穆</u>，祀鄉賢。

<u>釬</u>冲淡和平，廉介自守。<u>鄭芝龍</u>受撫，奉千金爲壽，卻之。復其書曰：『成人之美，君子也；因之以爲利，非君子也。』<u>芝龍</u>亦爲歎服。」（原注：通志、府、縣志、漳州府志、通鑑輯覽、劉子全書）

<u>金門志</u>十四叢談<u>林釬</u>著述：「<u>林文穆</u>相國<u>釬</u>，氣節足千古，

而著述不少概見。惟漳州嘉濟廟聖蹟碑記石刻一篇，係萬曆四十六年（公元一六一八）相國撰，同郡李宓書。所載後漢太原石眞君報父仇事，頗爲神異，而文甚古奧，書法亦遒勁。碑今尙存漳州廟中。」（原注：舊志）

民國翁國樑漳州史蹟五慧眼方房：「按陳天定字祝皇，與相國林釬爲中表，嘗師事之，（熹宗）天啓乙丑成進士。」同書六瑞竹巖：「在城（龍溪）東三十里，五代僧楚熙在岐山上，刳竹引泉，枯竹皆生筍，因名所居曰瑞竹巖。明林釬、陳天定讀書其中，林釬築『介石雲巢』，天定鑿山通道，門徑幽絕，懸崖之上，鐫『海日紅春』四字。山頂築有石城，前有林文穆公祠，祀明大學士林釬，今廢。按明史載：『萬齡欲建（魏）閹祠，具簿釀金，強釬爲倡。釬援筆塗抹；即夕挂冠櫺星門，徑歸。忠賢矯旨削其籍。』」同書九萬松關：「在岐山間。崇禎二年（公元一六二九），知府施邦耀築關，顏曰『天寶維垣』，其堞可見海，大學士林釬爲之記，題爲施公新築萬松關記。（漳州府）志載：『萬松關爲城堡關隘，明崇禎間知府施邦耀築，里民王必標董其役，助工萬餘。大學士林釬聞於朝，錫以官。』」同書五二嘉濟廟：「在東坂後街，祀眞君石敬純。里人林釬爲記，李宓書石。今碑尙存廟中，漳人貴而珍之。建棚四圍，以防損壞。」

金門志十三明代詩選，錄林釬詩五首：登天中巖、遊靈通巖、靈通巖、題銅山石室、和李義民巖頭拂水四首。茲錄二首於下。

題銅山石室

洞門六六鎖煙霞，碧水丹山第一家。

夜半寒泉流出月，曉天清露滴松花。

和李義民巖頭拂水之四

最愛因風起，搖搖不可攀。

一滴入清冥，前山與後山。

林釬除了考中探花、官至丞相值得喝采外，最令人敬佩的，是他敢冒生命危險抗拒權閹魏忠賢，（當時抬轎者對魏的頂禮膜拜，肉麻無恥、愚昧病狂的程度，可與漢王莽的歌頌者比擬。）不成功便成仁，於義理正道的信守，始終不渝。雖然他僅留下極少量的詩文，但在忠奸之辨這一點上，於中國歷史中最爲不可多得。

邱葵（kʻu 上平　kui 下平）——宋末元初金門小嶝嶼的清高儒者詩人。

舊金門志二十儒林：「邱葵（公元一二四三——三三二），字吉甫，號釣磯，小嶝嶼人。爲諸生。風度凝然，如振鷺立鶴。蚤有志於紫陽（朱熹）之學，初從辛介甫，繼從信州吳平甫受春秋。親炙呂大奎、洪天錫之門最久。宋末科舉廢，絕意進取，刻志勵學，耕釣自給，不求人知。（端宗）景炎元年（公元一二七六），大奎遇害，葵痛憤忘生。爲詩感激壯烈，益自韜晦。遣子隨張世傑入粵勤王。晚一意著書，所著易解疑、詩直講、春秋通義、禮記解、四書日講、經世書、聲音既濟圖、周禮補亡。元遣御史馬伯庸來徵，託種圃自匿。已而率達魯花赤（州府長官）齎幣至家，力辭。有卻聘詩一首。其遺書爲人取去。今惟存周禮補亡及釣磯詩集。卒年九十。配享朱子祠，入祀鄉賢。門人呂椿克（字之壽、見林霍釣磯詩集序）紹其學。」（原注：通志、閩書、縣志、廣輿記、續宏簡錄、滄湄文稿）

金門文獻委員會金門先賢錄第一輯三高風亮節的邱葵：「據傳邱葵有四子，長子勤王流寓海南島，遂占籍焉。明代孝宗時，曾任禮部尚書兼大學士之邱濬，即爲其裔。大金門邱氏，係其次

子之後，散居舊金城及後浦、湖南（鄉）等地。清提督邱良功即
其裔。此支亦繁衍於臺澎等地。」邱葵墓在小嶝嶼（今屬中共領
土）。

　　邱葵的老師呂大奎，南安人，南宋理宗淳祐進士，知漳州
軍。時泉州人蒲壽晟為梅州（今廣東梅縣）知府，密令其弟（知
州蒲壽庚納款於元、並欲投降）令呂大奎署降表。大奎不從，變
服逃入海，壽庚追殺之。邱葵聞訊，悲痛欲絕，作哭呂樸卿先生
詩悼念：

　　　　已擬侍荷橐，俄抽似葉身。

　　　　甘為南地鬼，不作北朝臣。

　　　　屋壁遺文壞，鄰舟戰血新。

　　　　劫灰飛未盡，碑碣託何人。

　　宋史四十七：「（南宋端宗〔趙〕）昰殂於碙洲。衆又立衛
王昺為主，以陸秀夫為左丞相。昺徙居厓山（廣東新會縣南大海
中）。文天祥走海豐，被執於五坡嶺。（元世祖至元）十六年
（公元一二七九）正月，（元將）張弘範兵至厓山。二月，陸秀
夫度不得出走，乃負昺投海中。後宮及諸臣多從死者，七日浮尸
出於海十餘萬人。已而（張）世傑亦自溺死，宋遂亡。」時邱葵
四十歲。（筆者案：明金門盧若騰弟子林霍釣磯詩集序，謂三十
九歲，誤。）

　　元泰定帝泰定三年（公元一三二六），邱葵八十四歲，帝遣
御史馬伯庸來徵，不應。又率達魯花赤送重禮至家，邱葵堅決辭
謝。作御史馬伯庸與達魯花赤徵幣不出詩以見志（釣磯詩集七言
律）：

　　　　皇帝書徵老秀才，秀才懶下讀書臺。

　　　　張良本為韓仇出，黃石特因漢祚來。

太守枉勞階下拜，使臣空向日邊回。

床頭一卷春秋筆，斧鉞胸中獨自裁。

明同安人林霍，字子瀁，向邱家借得釣磯詩集鈔本，呈其師盧若騰，若騰手予訂正錯字；師弟並各作一序。上述的辭聘詩，據林霍辨正說：「偶閱（明蔣一葵）堯山堂外紀，見『洪武初，太祖將召楊維楨用之，令近臣促入京師。維楨托疾固辭，作詩曰：「天子來徵老秀才，秀才懶下讀書臺。商山肯爲秦嬰出？黃石終從孺子來。太守免勞堂下拜，使臣且向日邊回。袖中一卷春秋筆，不爲傍人取次裁。」』不知外紀何從得此？按，洪武三年（公元一三七〇、維楨）至京師，有疾，得請歸。非終不出者。乃敢有『秦嬰』等語，比擬不倫耶？」林霍的辨正，確鑿有力；我們可以認定此詩是邱葵所作，不是楊維楨。

上引舊金門志謂周禮補亡尚存；但金門志十三藝文志存目，則說周禮補亡（又名周禮全書）已佚，惟存一自序，其序文：「周禮一書，周公爲天地立心，爲生民立命，爲萬世開太平之書也。（南宋）葉水心（適）謂周禮晚出，而（西漢）劉歆遽行之，大壞矣。善乎（南宋）眞西山（德秀）之言曰：『有周公之心，然後能行周禮；無周公之心而行之，則悖矣。』夫冬官未嘗缺也，雜出於五官之中。漢儒考古不深，遂以考工記補之。至我朝宋（孝宗）淳熙間，臨川兪庭椿，始著復古篇。」

筆者案：周禮一書的作者，自漢至民國，學者提出許多看法。一、認爲是周公作，以鄭玄、朱熹爲代表；二、作始於周公，但有後人添加的部分，以劉歆、何休爲代表；三、是劉歆僞作，以南宋洪邁、清康有爲爲代表；四、以爲出於戰國時人，以清毛奇齡、皮錫瑞爲代表；五、以爲作於戰國秦漢時人，考工記比前五篇早，以民國梁啓超、張心澂爲代表。以上五種主張，當

以最後一種較爲合理。至於葉適謂「劉歆遠行之」，說法有誤；案劉歆僅爲周官立博士，見東漢荀悅漢紀二十五。眞正實行部分周禮的是王莽，見漢書王莽傳中。

又案：邱葵贊同兪庭椿說法，謂周禮不缺。隋書經籍志禮類序：「（西）漢時有李氏得周官，上於（武帝弟）河間獻王，獨闕冬官一篇。獻王購以千金，不得；遂取考工記以補其處，合成六篇。」四庫提要批評「兪庭椿以下紛紛割裂五官，均無知妄作耳。」我們當以隋志和四庫提要之說爲準。

邱葵旣不屑事於元朝，故其一生心力盡萃於詩。他的詩，五言學陶潛，七言介在唐、宋之間，其成就當爲古今金門詩人第一。詩一方面是文學精品，同時又是史實與性情的紀錄。以下筆者取材於他的詩集，以瞭解這位品節崇高的詩儒的立身處世及心聲。

國家亡了，旣不想望仕於僞朝，不如長期和青山綠水作伴，以寄託心底的寂寞虛空。如：

泛舟

泛舟遊碧渚，避世作漁翁。

試問千鍾祿，何如一釣筒。

雨添春後水，帆漲晚來風。

緡（釣絲）捲看魚上，停橈（船）倚荻叢。

過野塘用杜老韻

蛙浮成出字，雨點作圓紋。

荷葉多於草，炊煙遠似雲。

水清魚可數，邨（村）近鴨成群。

何日營茅屋，來茲避世紛。

田間行樂

一年又朱夏，殘生如白鷗。

未須愁熱去，且得及清遊。

數點雨初下，千溝水盡流。

誰家田萬頃，綠到海西頭。

雨中宿章法院

瀟瀟一江雨，涼氣入山扉。

離舍本不遠，連朝亦忘歸。

紫荊成子落，黑蟻化蛾飛。

看盡浮生事，終輸破衲衣。

閒居

樹月紛紛白，溪流練練（色白）青。

畦蔬先雨種，徑草未春生。

井近通鄰汲，橋崩斷客行。

閒居寂無事，觴咏敘幽情。

雖然寄身物外，視功名富貴如糞土草芥。但詩人的感情豐富，故難免時有亂離家國之悲。如：

哭呂樸卿先生之三

斯文天何喪，疑義有誰祛？

無復諄諄誨，空令咄咄書。

秋風壇上木，夜月墓邊廬。

每與諸孤道，相看淚滿裾。

塵世

塵世無暇日，偷閒到野亭。

橋陰界水綠，燒跡斷山青。

石瘦牛磨角，簷空雀墜翎。

暮笳風外急，愁坐若為聽。

春日閒遊過石所山

　　盎盎（滿盛）春流水，微微風動蘋。

　　江山一片石，童冠兩三人。

　　落魄從渠笑，逍遙得我真。

　　百年渾是客，一月幾佳晨？

浮名

　　不起浮名想，都緣耐寂寥。

　　小齋坐聽雨，野渡立看潮。

　　歲月吟邊過，憂愁醉裏消。

　　早知書分淺，悔不學漁樵。

　　作為一位儒士詩人，遭逢亂世，除了寄情詩酒，有時亦嚮往於佛、道，以排解心底處的抑鬱苦悶。如：

江邊晚景

　　茫茫江水荻花秋，家在江邊得自由。

　　穉子學漁攜小網，行人爭渡賃輕舟。

　　伴殘霞去無孤鶩，向晚潮來有白鷗。

　　獨立沙頭誰共語？斜陽照破古今愁。

晚道過鏡山寺借憩未及曙而返

　　晚風殘照岸烏巾，小借禪床憩旅身。

　　坐對新花忘故我，行看古月照今人。

　　聊為江畔騎驢客，難會雲間駕鶴賓。

　　泡沫風燈成一笑，近來東海又揚塵。

　　筆者案：唐張懷瓘書斷中：「（三國）吳處士張弘，字敬禮，吳郡人。篤學不仕，恆著烏巾，時號『張烏巾』。」李白把酒問月詩：「今人不見古時月，今月曾經照古人。」靈異錄：「（唐玄宗）開元中，校書正字，俸祿微少，孤寒英傑者居之。

正字騎驢入省，而太祝奉禮，每月請明衣絹布及胙肉。」商芸小說：「有客相從，各言所志：或願爲揚州刺史，或願多貲財，或願騎鶴上昇。」

獨行

孤煙落日是何邨？向晚鐘聲隔水聞。

白鳥遠來全似蝶，紅霞淡處卻成雲。

愁當落葉飛無數，詩比秋山瘦幾分。

客寄他鄉原寂寞，獨行不是故離群。

自（金門）湖尾至後崎邨，一丘松竹。步入其間，乃白蓮堂。有一老嫗，揖客而坐，道人云：「此師長娘也。」堂前有兩樹梅，青腴可愛，徘徊久之，不覺日暮。

笑踏冬晴過一邨，誰家松竹護柴門？

初來猶似行婆（修佛老婦）室，良久方知鹿苑（說佛法處）園。

煮茗相邀論白業（善業），據梧不覺到黃昏。

娟娟梅樹梢頭月，不待開花已斷魂。

邱葵雖然活到九十歲，又是朱熹理學的數傳弟子，可恨身處於福建的彈丸島上，很少交遊廣闊大陸的人士，理學方面也沒有著作。僅有的詩集，子孫又不懂得彫板印行，所以如同短壽的金門第一才子明會元許獬一樣，埋沒於南方偏僻的小島一隅，不能知名於中原與後世的全中國，極可歎惜。

青盲胿阿（ts'ĩ 上平　mi 下平　p'oŋ 上去　a 上平）——民國四十四年左右在世的金門盲眼算命師。

古字書無「碰」、「揙」二字。「碰」字始見於紅樓夢，故此字似造於清朝的北方人，意爲「碰撞」或「相遇」，例如打麻

將要吃子時喊「碰！」「碰」、「挵」意義相同。另有「蓬」、
「胮」，都是「隆起」、「豐滿」意。形容事物此二義，即須寫
「蓬」、「胮」，而不可用「碰」、「挵」。蓬萊米，臺胞全誤
讀「蓬」音為「逢」，其實正確的讀音是（pʻoŋ下平）。

　　這位算命師是金門後浦南門人，當時約四十多歲，不知其
姓。因為眼瞎，閩南人的習慣常把人的特徵加在名字前面，或他
從小有些肥胖，故被綽號「青盲胮阿」。他的盲眼或是童年時生
病、意外造成。雙目中有一眼深陷見底。少年時拜泉州師傅學算
命，因此說話有泉州腔。

　　他天天出門，左手拿著手杖和牛角，右手握一根竹枝敲打牛
角，沿大街小巷兜生意。在路上，常常有頑童從背後捉弄他，他
亦回頭破口罵粗話。背袋裏藏著一本圖文並茂的占卜書，看命時
叫人用手翻任何一頁，他就憑書頁的缺角記號知道是那一面，根
據那一面的圖文含義斷定吉凶。先父洪百得在世時於大街開設五
穀店洪得記，某次請他來算全家人的命，他還曉得叫「百得
叔」。所以有人說那隻沒有深陷的眼睛可能有二三分視力。算到
筆者時，猶豫一下，慢慢地嫌著說：「這個屬猴的人，命中注定
會得一種很難醫治的古怪病（當時我已發病）。」我在二十歲和
二十六歲時兩次遭受重大刺激，以致精神失常，形成「精神官能
症」，即「強迫思想與行為」。來臺後，三十五歲時嚴重爆發，
受盡難以語文形容的苦楚；如是別人，恐怕早已自殺。直到去年
（七十二歲）纔大致脫離，總共纏病三十七年，世上罕見。中間
看遍臺灣大小醫院中西醫，無法治癒，花掉半個財產。後來讀了
不少這一類的醫書，並受人指導，實行「打坐」，兼作「吐納
法」；雖已近痊癒，卻不能完全根除。至此，不得不佩服「青盲
胮阿」算命術的精湛，準確性達到百分之百，異常驚人。

國民黨軍隊自民國三十八年大陸戰敗，部分退到金門，除縣城後浦街道商店外，實行強占全島民房駐軍。偏巧「青盲胈阿」家屋雖小，也占住著一個上尉軍官杜大知。時間久了，大家就像一家人。上尉是很愛民的，經常贈送盲人一些禮物。盲人上街討生活，上尉便來幫忙家務，如洗、掃、買物、修補牆壁上的老鼠洞等，大獻殷勤，眞是愛民無所不至，有一天竟修補到盲人妻子的肚子上去了。俗語說得好：「事欲人不知，除非己莫爲。」不久盲人發覺情形不對，認爲是家醜，不敢告訴他人，上尉手上有鎗械又不能得罪，毫無辦法解決。明眼的鄰居將事情看在心裏，不便介入。盲人痛苦難熬，趁著某日家裏沒人，摸來繩子一條，懸梁自盡。

數年後，大陸傳來消息：上尉留在故鄉的妻子，別的男人也替上尉「添丁」了。老子七十三：「天網恢恢，疏而不漏。」杜大知上尉實在幹得好事：一是自己的獸慾獲得發洩；二是給他人的妻子換口味；三是讓盲眼人解脫了悲傷；四是自身的太太又添了兒子；作好事，當然會有好報。

筆者有一位許妗母，前水頭鄉中界人，黃姓舅舅婚後下南洋。家中除了她，只有外婆和幼小表弟。國民黨軍隊占住中、後進三大廳房。果然有一個剃頭兵林慕苟來照顧，勾搭成姦。另一位妗母薛姓，珠山鄉人，嫁給官裏鄉的許姓舅舅，民國三十年左右許舅舅就到南洋去了。軍隊來了後，同屋住有一個劉北諸中尉，便來死纏薛妗母，竟也成姦，懷了孕。中尉著急，土法打胎，引起血崩，薛妗母死亡。寫到此處，不禁爲兩位名節被毀的妗母默哀一分鐘。

胡璉金門憶舊四：「五萬官兵，已夠臺灣運輸補給了，再加上三萬七千居民。」三萬七，女性就有一萬八千五百人。扣起老

人幼童三分之一，四十歲以下、十八歲以上的<u>金門</u>女子當有六千人。丈夫到<u>南洋</u>去的最少有四千人。這四千名婦女，和沒有門板阻隔的<u>國民黨</u>軍隊同屋而居，其複雜髒亂情形可想而知。在乾柴烈火的引誘下，遭<u>國民黨</u>軍隊姦淫的數目，有良心、有正義、有人性的聰明讀者，可以自行估算。「軍隊強住民房，是一種不可原諒的罪惡。」古今<u>中</u>外，筆者第一人講出這一句話。

洪旭（aŋ下平　hiok上入）──追隨鄭成功起義忠貞不二的將官。

　　<u>金門志</u>十二人物列傳：「<u>洪旭</u>（公元？－一六六九），字念衷，（<u>民國陳炳容金門的古墓與牌坊</u>二章三節謂旭原名<u>忠珠</u>，字弘藎，號念衷。）<u>後豐港</u>（原名<u>洪門港</u>）人。<u>明</u>末，<u>鄭鴻逵</u>、<u>黃道周</u>迎<u>唐王聿鍵監國福州</u>，改元<u>隆武</u>。旭以軍功得官，為<u>鄭成功</u>所重。<u>唐王</u>陷<u>汀州</u>，清師誘執（<u>鄭</u>）<u>芝龍</u>北上。<u>鄭成功</u>謀起師，旭與<u>陳輝</u>、<u>張進</u>、<u>施顯</u>、<u>陳霸</u>等九十餘人從焉。收兵<u>南澳</u>，旋據<u>金廈</u>。（<u>桂王朱由榔</u>）<u>永曆</u>八年，<u>漳州</u>千總<u>劉國軒</u>獻城歸降（後任<u>明鄭</u>中提督），<u>成功</u>遣<u>洪旭</u>入城安輯。九年，<u>成功</u>設六官，授旭為戶部。五月，進旭為水師右軍。十二年，<u>成功</u>謀大舉攻<u>金陵</u>，以旭為兵官，<u>鄭泰</u>為戶官，留守<u>金廈</u>。<u>成功</u>圍<u>金陵</u>失利，歸兩島，進取<u>臺灣</u>；以旭留守有功，累官中提督，（<u>永曆</u>十二年）封太子太師忠振伯。

　　<u>成功</u>（公元一六二四－一六六二）卒，子<u>經</u>嗣。清兵攻取兩島，<u>鄭經</u>退守<u>銅山</u>。<u>洪旭</u>言曰：『<u>金廈</u>新破，<u>銅山</u>難守，不如退守<u>東都</u>（<u>臺灣</u>），以待後圖。』<u>經</u>從之。至<u>澎湖</u>，旭巡視諸島，建壘<u>媽公</u>，令<u>薛進思</u>、<u>戴捷</u>、<u>林陞</u>守之。十九年正月，<u>經</u>聞（降清的<u>成功</u>之將）<u>施琅</u>疏請攻<u>臺</u>，集諸將議，旭曰：『前者荷人失守，恃其礮火，憑其港道，而不防備<u>澎湖</u>，故我先王一鼓而下。

夫澎湖為東寧門戶，無澎湖是無東寧也。今宜建築安平礟臺，以礟船十隻，防守鹿耳。別遣一將鎮澎湖，嚴軍固壘，則敵不易渡也。』經曰：『善。』乃以楊祥守鹿耳，顏望忠守澎湖。施琅調兵攻擊，不克。清遂召琅歸北京。二十年，（於臺南）建聖廟，經率文武行釋菜禮，廣設學校。旭諫曰：『有文事者必有武備。今施琅雖出軍未定，而心不忘我。當訓勵將士，以待其變。』復命各鎮以時操演。

旭事成功父子，盡效誠悃，始終不貳。永曆二十三年，旭勞疾卒。經感悼，親為治喪。授其子磊為吏官，兼理戶官事務。永曆二十八年，經應耿精忠援，重蒞思明（廈門）。兵餉給取，仍仰東寧。磊承父志，獨助餉銀十萬兩，大振士氣。」（原注：小腆紀年、海記輯要）

陳炳容金門的古墓與牌坊二章三節：「永曆二十二年，洪旭得寒疾，加以年老又憂瘁過度，於是年八月病逝。（案：金門志謂在永曆二十三年，不知誰是。）鄭經大慟曰：『經何不幸，喪此元老！』原葬於臺南，康熙二十二年（公元一六八三），清占領臺灣後，將在臺的鄭氏族人之墓遷回大陸，洪旭歸葬金門。傳說葬地共有十八處，僅有一真塚。其後裔所年年祭掃的是位於后豐港南郊之墓。」

金門志二、四篇二章二節：「明伯爵洪旭故宅，在后豐港，為三進巨宅。海濱另一屋，亦洪旭之特建，原有三進，今存其兩，俗傳有九十九窗；謂鄭成功故里之南安石井住屋，有九十九門。洪氏為鄭之將，或仿其制為九十九窗以比九十九門云。」

據清阮旻錫海上見聞錄，永曆四年三月，成功至潮陽，令洪旭駐鎮。五年，廈門幾乎為清馬得功所占，成功甚怒，斬鄭芝鵬及阮引，命洪旭管理中左（廈門），參軍潘庚鍾追鄉紳助餉銀。

七年，漳州千總劉國軒遣人約降，成功遣洪旭、甘輝等前往受降。十二月，旭入城安輯。九年，成功委戶官洪旭任水師右軍，進爲總督，北攻舟山，取之。次年八月復失。十一年七月，成功興師北上，委忠振伯洪旭水路四鎭兵防守思明州。五月，以前提督黃廷防守思明州，與兵官洪旭同商機務。十六年四月，成功發覺世子鄭經私通乳母生子，遣兵官楊都事持令箭到思明州，殺董夫人及鄭經。洪旭不肯奉令箭，殺楊都事。五月初八日，成功薨，年三十九。提督馬信及諸鎭將黃昭等議以成功弟鄭襲（後降清）護理大將軍印。報至思明州，鄭泰、洪旭、黃廷等立長子經爲嗣。十月，洪旭、鄭泰以兵千餘人配船，送鄭經入臺灣。十七年正月，鄭經駐思明州，時洪旭守思明，鄭泰守金門。九月，紅夷荷蘭糾集甲板船十六艘、夷人數千，會靖南王耿繼茂、李總督同攻兩島。十一月，鄭經率周全斌等會兵船於金門，周全斌率兵船與紅夷及清馬得功戰，勝之。海上不知得功之死，竟棄兩島（時鄭泰已死）。

依民國余宗信明延平王臺灣海國紀，永曆九年十二月，洪旭入台州港，清將馬信率所部棄城揭眷來歸，授爲中權鎭。十年四月，清王庶子濟渡自泉州港率船隻進窺廈門，遭遇洪旭哨船，乘波酣戰，敗回泉州港。十五年，成功進兵攻取臺灣之議旣決，遂令兵官洪旭、前提督黃廷、五軍總督王秀奇、戶官鄭泰等輔世子經留守金廈兩島。六月，清兵入銅山，兵官洪旭、忠勇侯陳豹合兵擊之，清兵敗退。

明盧若騰留庵詩文集重建孚濟廟記：「浯州牧馬王廟，廟前後七座，極壯麗，傾圮（毀）多年。吾里忠振伯念衷洪公，觸目動心，亟捐貲新之，意存經久，故不敢宏敞，而取堅緻。」同書重建太武寺碑記：「海上名島，浯州最著；諸島名山，太武最

著。（南）宋（度宗）咸淳中始建巖宇，祀樂山通遠仙翁。嗣後
屢圮屢葺，而規模漸縮於初。忠振洪公，慮名區之蝕晦，期勝事
之蟬聯，倡議鼎新，率先檀施（獻款施築）。」同書浯州節烈祠
碑記：「斗門陳膺授，字彥受，通家子也。居恆語予曰：『海島
科第輩出。節烈之婦，相望不斷。顧名半逸於記載，而事漸沒於
風煙。』余韙之，爰有節烈傳之作。維時海印（寺）鼎新，（太
武山）巖工告竣，彥受復以前說慫恿，忠振伯洪公亦韙之，爰有
節烈祠之建。」洪旭和盧若騰是同時人，意氣相投；旭一生追隨
成功父子，若騰則效忠明廷；二人時常交往，故聲氣相通。從以
上若騰所作的碑記看，更可見洪旭的關心鄉梓古蹟與文化事業。

　　清夏琳閩海紀要下：「永曆三十六年（公元一六八二）二
月，鄭克塽以吏官（旭子）洪磊兼理戶官事務，諭曰：『念爾清
操，兼有長材，是用授爾爲吏官，兼協理戶官事務。爾其合內外
而酌盈虛，兼有無以準輕重。但不能畜聚斂之臣，以阜吾民，則
用人、理財合而爲一；更念旣富方穀之義，以植國本，則養賢、
致民，道亦在其中矣。敬哉！』」同書：「鄭經（公元一六四二
－一六八一），字賢之。工詩賦，善弓馬。推誠待人，敬禮明室
遺宗。嗣王位十九年，雖得七郡，雄據一方。自廈門歸，溺於酒
色；無復西征之意，東寧之業遂衰。永曆三十五年（清康熙二十
年）正月二十八日薨，年四十。初鄭經未有子，嬖妾生女，密取
他人子代之，即克𡒋也。世藩（經）不知。甚愛之，立爲監國。
世藩臨終，授以劍印，命中提督劉國軒輔之。（馮）錫範以克𡒋
非世藩子，且欲立其壻克塽；乃與國軒及諸公子請於董太妃，收
還劍印，尋縊殺之。二月，明董太妃命世孫克塽嗣延平王位；仍
稱『招討大將軍世子』。克塽，世藩世子也，時年十二。」

　　永曆三十七年（公元一六八三）六月，清水師提督（成功舊

將）施琅自銅山率兵攻臺。閏六月，克墺降。從鄭成功起義兵抗清，至世孫凡三世，奉永曆正朔三十七年，到此，明朔亡。

許獬（k'o上上　hai下去）──世稱明朝許會元，有科舉以來金門地位次高者，僅次於甌隴鄉人探花林釬。

　　舊金門志二十文苑：「許獬（公元一五七○──一六○六），原名行周，以夢揭魁榜，更今名，字子遜，號鍾斗。九歲能文。年十三，淹貫經史。見羅李公材倡學於閩，往從焉，深得修誠之旨。慕李公繪文章，徒步至晉江，從之遊。神宗萬曆丁酉（公元一五九七）舉於鄉。（萬曆二十九年、公元一六○一）辛丑會試場後，果獬居首。殿試二甲一名，改庶吉士，尋授編修。館課出，人爭抄傳。嘗自勵云：『取天下第一等名位，不若幹天下第一等事業，更不若做天下第一等人品。』閩苦稅，璫（魏忠賢）有奸人，勸璫上書，分括山海利。獬移書溫、林二御史寢其事。居久，以思親成病，假歸，囊僅數十金。未幾卒，年三十七。獬夙聘顏氏，及笄得病而眇。妻父欲易以他女，獬執不可。及娶，情好甚篤。爲孝廉時，有巨姓（筆者案：今古寧頭鄉李姓）橫鄉里，痛繩其非。巨姓伏衆擊之途，獬亟避。海內傳誦其文，曰『許同安』（案時金門屬同安縣轄）。所著有四書（闈旨）合喙鳴、易解、叢青軒（詩）文集（叢青軒小題祕旨）、存笥稿制義五百餘首。祀鄉賢。」（原注：閩書、通志、府、縣志、晃巖集、滄湄集）

　　獬，異物志：「東北荒中有獸，名獬豸，一角，性忠，見人鬥則觸不直者，聞人論則咋（責）不正者。」淮南子主術訓：「（春秋）楚文王好服獬冠，楚國效之。」東漢高誘注：「獬豸之冠，如今御史冠。」可見許氏改名「獬」，取義即希望自己能

如同獬豸的正直無私，亦能像御史（如今監察委員）敢於勸諫皇
帝和彈劾百官。果然他的立身處世，忠直無畏。在朝廷，敢於請
御史阻止奸閹魏忠賢攫取福建的山海之利。在家鄉，中選孝廉
後，勇於批評凶猛巨姓的恃衆橫行。其次，聘定盲女爲妻，絕無
翻悔。至於他想作「天下第一等人品」，對自身的要求相當崇
高。

　　許獬的著作，筆者只約略翻過四書闡旨合喙鳴，許氏的同年
狀元張以誠作序，說：「許君淵泓奧郁，瘂寐墳典，素以興起斯
文爲己任。遂取諸家講說，揣摩簡鍊，大都衆言淆亂，拘以一
理，而尤以朱傳爲宗。傳註所發，未詣精透者，則更加體認增附
以羽翼之。」許獬自撰的凡例中說：「發明者，通章講說已完
全。但意之淵涵，愈出愈有，有淺言之不足，又深言之；虛描之
不盡，又實證之。剖疑者，或傳註之所著，未肯本旨；或儒先之
所述，有戾傳註；或章申前後照應，語意疑似；凡此，一加剖
析，令承學不沉疑府。補略者，講語具肯本文，行乎其不得不
行，止乎其不得不止；其血脈聯絡處，一氣融貫；中有遺略，則
別補之。」這部書沒有說明寫作年月，但篇幅不小，作者似須費
時數年纔能完成，當是居住北京時所撰著。書中文字以文言爲
主，但雜有語體文，清晰明白，有如朱子語類。此書雖耗去相當
精力時間，但到許獬的時代，四百年來，朱熹的四書集註朝廷列
於學官，科舉考試又以朱註命題，天下讀書人皆精讀朱註；故許
獬此書，根本沒有人去看，因此知名度不高，十分可惜。

　　叢青軒詩文集和其他著作多已絕版或散佚，找書困難。金門
志十三，有許獬老師李光縉叢青軒集序，中說：「其爲文，包羅
左（傳）、國（語），吐納莊（子）、（離）騷，出入揚
（雄）、（司）馬（遷），鞭笞（王）褒、（揚）雄。」許獬的

同年進士熊明遇同書序：「載觀子遜詩，則逸聞清氣，動與天遊；論，則雲行波立；策，則氣塡膺激；表，則刻羽引觴；序，則揆權規搆；柬，則眞摯朗發。」師友的序文，多半講求應酬贊揚，極其稱美；對許獬的詩文，未免過於誇張些。

筆者約在民國四十五年受教於後浦北門塾師陳明德，曾選讀許獬古硯說一文。文中說：「吾之所謂好古者，學其道，爲其文，思其人，而不得見。徘徊上下，庶幾得其手澤之所存而觀玩焉，則恍然如見其人也，是以好之而不厭。故夫古之爲好者，非以其物，以其人也。」此文是藉觀賞古硯而發出一大段議論，以譏諷一般好古物的庸俗人。大凡一時代有一時代的文學，後人怎樣模倣揣摩古人作品的神氣風格，都不可能趕得上古人的水準。故許氏的古文，實在難和左傳、國語等的成就相提並論。

許獬的詩，金門志十三曾引載數首，舉例如下：

秋夜憶早朝

　　柝靜城頭聽漏聲，涼涼瑟瑟入危旌。

　　鳳池魚醉露初重，麟殿香浮月正淸。

　　夢裏乍疑金鑰動，覺來只見銀河明。

　　誰人借得回天力，問夜如何朝未盈。

清河微雨

　　微風吹雨動淪漪，春去還如春在時。

　　巧透化工三五點，新添生意萬千枝。

　　冷將玉露零僊掌，細和爐煙出禁帷。

　　折柳初驚衣袖濕，雲間彷彿見朝曦。

這種詩風，眞如前引熊明遇的評語「逸聞淸氣」；筆者的看法是「輕淸可喜」，稍欠數分的眞情灌注；讀者回頭品味一下本書前引邱葵的詩，可證明我所說不謬。許獬的詩仍屬明詩的範

疇，很難與白居易、杜牧的詩相比。

　　許獬是金門後湖鄉人，此事新舊金門志都失載。明朝時，縣城原在今舊金城鄉，清初總兵陳龍遷於今治。明時倭寇為患，島民在後浦築城寨防倭，稱「後浦堡」，原亦有數千居民。許獬年輕時在後浦今衙門廢署（當時未建）民房居住讀書，書齋名「叢青軒」。大概成秀才後，獲選孝廉。他於神宗萬曆二十五年（公元一五九七）中舉人，時年二十八歲。次年二十九歲往北京禮部會試，落第歸。三年後三十二歲（公元一六〇一），得中會元（即進士第一名）。留北京五年，因病回金門，萬曆三十四年（公元一六〇六）死，享年三十七歲。據民國陳炳容金門的古墓與牌坊載，許獬和其妻蔡氏，合葬在山前鄉後石獅山麓，俗稱此墓風水為「石獅披甲」。

　　民間流傳有關許獬故事不少。他在兒童與少年時期都很頑皮。臺北金文圖書公司七十二年出版中國民間傳說大展二集許獬的故事，記載著以下三則：一、他有一位叔父要納妾，嬸母不肯。許獬替叔父想計，某日拿著一枝尺，來叔父家東量西量，嬸母問他幹甚麼？他說叔父無嗣，將來死了家產由他所得，故先來丈量家宅。嬸母大驚，於是允許丈夫娶妾，希望生子，以保住家產。二、有意要看嫂嫂下體，某天嫂嫂命他共同扛水，他故意搖動水桶，使水濺濕了嫂嫂的褲子。水扛好，他迅速跑去躲在嫂嫂房中床底下。嫂嫂不知情走來「床頭巷」（金門民俗，睡床旁邊留數尺空間，用布簾遮掩，中放置有木架的馬桶，供女子應用，洗浴亦在此。）換褲子，果然私處被許獬看到了。三、在北京作官時，皇帝的某位隨身太監得罪他。恰巧某天夜裏有人在殿角拉了一堆糞，許獬有意於糞上插旗，上寫「是我拉」。天亮上朝，臭味傳來，皇帝命那太監查看，回來報告說：「是我拉。」皇帝

大怒，令太監將糞吃光。筆者案：這三個故事，粗淺而不合情理，絕不可靠。書上只印「編輯部編輯」，無作者姓名，又不注明出處，是一種不負責任的態度。

金門志卷三四篇一章：「傳許會元鍾斗，入後浦觀音亭，曾以摺扇撾（敲）佛首。後湖許姓，獨不作佛事，至今猶然。」筆者案：這記載也不合理。佛祖塑像很高，又在佛座臺上，許獬人在平地，要怎樣用扇子敲擊佛頭？流傳最廣的是：因觀音亭佛祖很靈驗，許獬來看，用摺扇一指，說：「怗怗阿興，纔會久。」「怗怗阿」（tiam 下去　tiam 下去　a 上平）意為「慢慢的來」。金門話稱「靈驗」為「興」，臺語叫「靈感」。

許獬的盛名，全由於能在禮部會試考中首名，極為不容易。但亦僅限於金門一地，最多及於同安縣（金門屬轄），並不能知名於全中國。明朝取士用八股文，故其遺著有存笥稿制義。他的文章當日曾受人傳鈔，是讀書人要多讀八股範文（有如現在補習班的講義）。許獬的學問詩文成就本不止如此；關鍵在於壽命太短的緣故，很可痛惜。

盧若騰（lo 下平　liok 下入　t'iŋ 下平）──古今金門人士中最富正義感的明代史筆重臣儒者詩人。

舊金門志十九忠烈傳：「盧若騰（公元一五九九──一六六四），字閑之，一字海運，號牧洲，賢聚（鄉）人。（明思宗）崇禎丙子（九年、公元一六三六）舉人，庚辰（十三年、一六四〇）進士。御試召對稱旨。時中外多警，上雅意邊才，授兵部主事，譽望大起。黃道周、沈佺期、范方引為同志，以氣節相尚。會閣臣楊嗣昌督師湖廣，請刊布法華經祈福。若騰疏參嗣昌不能討賊，只圖佞佛。時論壯之。陞本部郎中，兼總京衛武學。

三上疏劾定西侯蔣維祿。有惡其太直者。外遷浙江布政司左參議，分司甯、紹巡海兵備道。途次疏糾權璫田國興。居官潔己惠民，剔奸弊，抑勢豪。峻絕餽遺，輕省贖鍰。值山賊胡乘龍竊發，平之。士民建祠以奉，有『盧菩薩』之稱。

　　福王（朱由崧）立，召爲僉都御史，督理江北屯田，巡撫盧、鳳，提督操江（官名、掌江防）。嘗與劉宗周書，云：『天下有亂形，有亂根。今日文武不和，而文又與文不和，武又與武不和，此亂形也。人心之生死，分於理欲之消長。盈世界盡汩沒於利欲之場，而絕不體認天理，此亂根也。』明年夏，行次錢塘，而南都（京）亡。唐王（朱聿鍵）授以都察院右副都御史，巡撫溫、處、台、甯。時已命孫嘉績、于潁矣，又命若騰，因權不專，疏辭。不許。將赴任，請以總兵何君堯，統靖海營水師；以其弟遊擊若驥，扼守盤山關要害。時紹興諸臣，奉魯王（朱以海）監國，誠意伯劉孔昭、總督楊文驄，分據台、寧、處州；若騰所撫，惟溫州一府而已。督師黃道周軍婺源，以沈有茲、徐柏齡隸其麾下。致書有云：『聞至浙東，喜而不寐。不特聲氣可通，亦且形勢相起。』是年溫州大饑，若騰設法賑恤。加兵部尙書；（唐王）手書『無不敬』三字賜之。秋，率師次平陽，大兵逼，七疏請援，不應。溫民擁署呼曰：『願公爲百萬生靈計！』若騰曰：『若欲降耶？先殺我！』民涕泣散。夜叩紳士王瑞栴、周應期門，議城守。瑞栴曰：『人心已死，非口舌可挽。』相持痛哭。城破，驅家人巷戰，腰臂各中一矢，遇水師救出。

　　（成功族親）鄭鴻逵招回閩。尋入瀿州，圖起兵，道出寧波，父老迎謁，垂涕遣之。見事不可爲，仍回閩之曷山，與郭大河、傅象晉輩，舉義屯兵望山寨。時漳州守將王進，招之以書，若騰復書卻之。嗣同葉翼雲、陳鼎入安平鎮，鄭成功待以上賓。

復轉徙鷺江（廈門），偕王忠孝、沈宸荃、許吉燝、辜朝薦、徐孚遠、郭曾一、紀許國輩，居浯島（金門）上，自號『留庵』。永明王（即桂王朱由榔）因閣部路振飛疏薦，召拜兵部尚書，道阻不得達。成功卒，張煌言貽書復奉魯王監國。會王薨。康熙三年（公元一六六四），將渡臺灣，至澎湖，病亟，夢黃衣臣持刺來謁。忽問今是何日？侍者以三月十九對；矍然曰：『是先帝（崇禎）殉難之日也！』一慟而絕。遺命題其墓曰『自許先生』，年六十六。」

金門志十四二篇一章叢談：「浙江鄞城東渡河有祠，祀盧牧洲先生。康熙間，當道重修，丹青壯麗，額曰『德馨民社』。先生孫勗吾聞之，作詩記事，有『廉吏當年惟茹蘗（食糙米），桐鄉異代尚認魂。』句。」（原注：戲餘草）

前引金門志十九又載：「若騰風情豪邁，當時士大夫幸博一第，則近地山海之饒，率擁為世業（金門有俗語：山海歸士夫）。或以為言，夷然不屑。晚一意著述，自天文、地理，下逮蟲魚、花草，宏博通雅。品藻古人成敗得失，反覆淋漓，斷制嚴謹。至於身世感遇憂愁憤懣之什，皆根於血性注灑。所著有：方輿互考、浯州節烈傳、留庵詩文集、學字與耕堂值筆、島噫集、島居隨錄、島上閒居偶寄，各若干卷。」（原注：通志、府、縣志、臺灣府志、諸羅彰化縣志、石齋文集、臺灣外紀、鮚埼亭集、續閩書、小腆紀年、林霍詩話、蠡測彙鈔、歗雲文鈔）

國防研究院版清史五百三十七鄭成功載記一：「（成功族親）鄭彩之殺熊汝霖也，眾畏其勢莫敢言，若騰直揭其罪，朝士振悚。帝（唐王）英明果斷，有知人鑒。而鄭芝龍專權，日事驕奢。大學士黃道周惡之，奏請出師，窺江西，途次以門生為託。若騰復書相勉許。已而道周殉難，紹興之師亦潰。桂王（朱由

榔）立肇慶，改元永曆，若騰上表賀，溫諭下答。」筆者案：劉宗周，明山陰人，字起東，號念臺。神宗萬曆進士。嘗受業於東林書院，其學以誠敬爲主，慎獨爲功，學者稱蕺山先生。杭州失守，絕食二十餘日死。熊汝霖，字雨殷，浙江餘姚人。崇禎辛未進士。爲劉宗周弟子；宗周臨歿，遺命奉魯王以海。永曆二年（公元一六四八），魯王在閩安鎮，鄭彩專橫，五月十七日夜，縛汝霖幷幼子投海中（見清邵廷釆東南紀事五）。清查繼佐魯春秋永曆二年：「建國（公）鄭彩專與大學士熊汝霖隙，令子夢龍誘（霖）殺之，家口十八人盡。」盧若騰島噫詩四，有哭熊雨殷老師詩。

明顧炎武明季三朝野史一上：「福王弘光元年（公元一六四五），盧若騰爲右僉都御史，巡撫鳳陽。」清汪光復航海遺聞：「（弘光元年），魯王至舟山，威遠侯黃斌卿拒而不納。次普陀，惟督師閣部熊汝霖、孫嘉績、錢肅樂、沈宸荃、馮元颺、盧若騰從焉。」同書：「戊子（公元一六四八），十七日，彩兵與熊兵偶競。質之彩，彩令送之霖，霖笞而逐之。夜分，賊黨百人破門縛熊，沉之江。義興伯鄭遵謙不平，彩令人持帖請話，亦投之江。其妾金四姐大哭撞死。魯王大怒，曰：『殺忠義以斷股肱，生何益耶！』欲跳水，左右與彩力勸止。惟熊之門人盧若騰申揭聲罪而已。」

廈門志八寓賢：「李茂春，字正青，龍溪人。領明末鄉薦，寓居廈門。甲辰（康熙三年、公元一六六四），同盧若騰、郭貞一諸鄉紳扁舟渡臺，居永康里。王忠孝，惠安人。崇禎元年戊辰進士。居廈門曾厝垵者十三年，尋徙浯之賢聚村，後徙後豐港。康熙三年，偕盧若騰入臺。」明末，南安縣鄭氏諸人手中有強兵，又占地利，根本不把流亡的諸帝和王族看在眼裏，故專橫非

常。當時盧若騰手下無兵，只憑過去為官立功的資望，勇於發言，力持正義，鄭彩亦不敢如何。盧若騰臨終前（康熙三年）要與李茂春、王忠孝入臺灣，到澎湖病篤，遂即逝世，實際並未到達臺灣。葬於澎湖馬公島太武山下，後歸葬金門賢聚鄉北郊。

　　盧若騰的老師有二位：一為熊汝霖，見清邵廷采東南紀事；一為曾櫻，字仲含，號二雲，江西峽江人，神宗萬曆丙辰進士。唐王敗，挈其子則通，避居金門所城，轉徙廈門。辛卯（筆者案：當為癸卯、永曆十七年、康熙二年、公元一六六三）島破，自縊死。（見舊金門志二十流寓）盧若騰島噫詩有哭曾二雲師相詩。

　　盧若騰的弟子有十幾位。載於盧著島噫詩的，有林壽侯、林升甫兄弟、蔡生、林霍（子濩）、卞生；見過曷山舊隱、贈諸門人繼隱其中者諸詩。留庵詩文集喜達集序：「余起義武安時，諸生相從者十餘輩，郭子大河其一也。」同書卷上五言律詩有寄門人戴某（時在臺灣）。他這些弟子，除林霍常與其師以詩唱和外，其他弟子的生平與事業都不清楚。廈門志列傳八寓賢：「林霍，字子濩，號滄湄，同安欖里人。博洽能文，究心等韻之學，問詩於盧若騰、姚翼明。稱遺民終身。著有：雙聲譜、鷗亭詩草、滄湄文集、滄湄詩話、荷樓詩選、續閩書。」

　　盧若騰的性情，忠直堅毅，明辨是非，疾惡如讎，富同情心。金門志本傳說他「風情豪邁」，故交遊廣闊。從他手作的詩中，最可流露真正的情性和處世風骨。列舉數詩如下：

多悔

　　樂道人之善，筆墨無匿彩。

　　所期勵姱修（美而修長），臭（氣）味芬蘭茞。

　　多少深情者，抵掌笑吾駭（愚）。

吾自存吾厚，雖悔不忍改。

冷竈

眾方悅諧媚，而余孤且峭。

每懷杞人憂，持論中其要。

腐儒吟

我本海濱一腐儒，平生志與溫飽殊。

蹇遭百六（厄運）害氣集，荏苒廿年國恩辜。

未忘報國棲荒島，愀（謹）慎嫌疑不草草。

達人休恨眼無青，覽鏡自憐髮已皓。

庚子（永曆十四年）元旦

輪番歲月催人老，鼎沸乾坤值我貧。

黃金青史都無用，惟有靈明足自珍。

獨醒

彼醉醉視我，我言詎足聽？

彼醉醒視我，我乃眼中釘！

拗歌

狐死兔悲亦何益？後視今猶今視昔。

此翁留得記性在，雖無急性總無偏。

在盧若騰詩集中，最可珍貴的是很多作品能作為當時的史實讀；於同代的一些金門文士詩人著作裏是極少有的。古今來一般作者和讀者的毛病，都只注意時局的變遷、戰爭的慘烈、人物的崇拜及歌功頌德；而忽略許多民生的實況、人民的悲哀無告。廈門志十六舊事志紀兵：「順治七年（永曆四年、公元一六五〇）秋八月，成功并（鄭）彩、（鄭）聯軍，據金廈。」故以這年為界線；前此駐金門者為鄭彩、鄭聯的軍隊，後此為鄭成功的軍隊。鄭成功的大名，後人尊號「民族英雄」，聲譽震於中國，蹟

業垂於萬世；但卻無人留心相反的一面－他的軍隊駐紮金門時的無惡不作，恣意霸道橫行，與盜匪無異，殘害金門的老百姓。鄭氏身後所有的金門志書，除了「許初娘慘案」外，連一字對鄭軍軍紀的敘述記錄全沒有，遑論公正的評判。這豈不是愚弄欺騙代代的金門人子孫嗎？天幸還有盧若騰的不朽詩篇，坦然地予以揭發指摘其種種罪行，不計個人利害，堪稱秉正不屈的史詩巨筆。以下謹從留庵詩文集、島噫詩兩書選錄若干首，作為鐵證。

老乞翁

　　老翁號乞喧，手攜幼稚孫。

　　久之拭淚訴，世居瀕海村。

　　義師與狂虜，抄掠每更番。（如今人所說「中國兵匪不分」）

　　一掠無衣穀，再掠無雞豚。

　　甚至焚室宇，豈但毀籬藩。

　　時俘男女去，索賂贖驚魂。（官兵、盜匪擄人勒贖）

　　倍息貸富戶，減價鬻（賣）田園。

　　株守供敲扑，殘喘豈能存？

　　舉家遠逃徙，秋蓬不戀根。

　　我聽老翁語，五內痛煩冤。

　　人乃禽獸等，弱肉而強吞！

荒蕪

　　薄田僅數畝，而不免荒蕪。

　　世亂多豪強，兼并恣狂圖。

　　膏腴連阡陌，猶復爭區區。

　　我雖不得食，何愧首陽夫？

庚子（筆者案：永曆十四年、公元一六六〇）元夕

悍卒猛於虎，縱橫任叱咤。

晝而攫（奪取）通衢（大路），夜即掠廬舍。

哀我島上人，如獸在罦攫（獵禽獸之具）。

翻羨草無知，豈憚沙蟲化。

借屋

借屋復借屋，屋借惡客主人哭。

本言借半暫居停，轉瞬主人被驅逐。

亦有不逐主人者，日饜主薪食主穀。

主人應役如奴婢，少不如意遭鞭扑。

或嫌湫隘再遷去，便將主人向人鬻。

加之警息朝夕傳，土著盡編入冊牘。

晝不得耕夜不眠，執殳荷戈走僕僕。

筆者案：此詩末四句完全類似三百年後，國民黨軍隊強驅金門壯丁操練民防隊。但鄭氏是抗拒異族滿清，國民黨軍隊卻是和中共進行內戰。

甘蔗謠

豈料悍卒百十群，嗜甘不惜他人苦。

拔劍砍蔗如刈草，主人有言更觸怒。

翻加讒螫恣株連，拘繫榜掠如命縷。（可與國民黨軍隊媲美）

主將重逢士卒心，豢（養）而縱之示鼓舞。（一如國民黨軍隊司令官）

蕃薯謠

根蔓莖葉皆可啖，歲凶直能救天災。

奈何苦歲又苦兵，遍地薯空不留荄（根）。

島人泣訴主將前，反嗔細事浪喧豗（隨便吵鬧）。

加之責罰罄其財，萬家饑死孰肯哀。（金門民眾死盡，有
誰來憐？）

田婦泣

海上聚兵歲月長，比來各各置妻房。（國民黨軍隊亦多娶
金門女子爲妻）

去年只苦兵丁暴，今年兼苦兵婦強。

兵婦群行掠蔬穀，田婦泣訴遭踵傷。

更誣田婦相剝奪，責償簪珥及衣裳。（如國民黨軍眷之仗
勢暴惡）

抱兒行

健卒徑入民家住，雞犬不存誰敢怒。（如國民黨軍隊強占
民房）

三歲幼兒夜啼饑，天明隨翁採薯芋。

採未盈筐翁未歸，兒先歸來與卒遇。

抱兒將鬻（賣）遠方去，手持餅餌誘兒哺。

兒擲餅餌呼爹娘，大聲哭泣淚如雨。

鄰人見之摧肝腸，勸卒抱歸還其嫗。

嫗具酒食爲謝卒，食罷咆哮更索賂。

哀烈歌（原注：爲許初娘作）

烈婦之冤天地愁，鬼神環視皆泣血。

幼承閨訓本儒風，長尊禮義無玷缺。

結髮嫁得名家子，有志四方遠離別。

別壻歸寧依父母，晨夕女紅忘疲苶（憊）。

豪家攪入爭巢穴，瞥見如花似玉人，多銜金珠買歡悅。

不成歡悅反成嗔，羅敷有夫詞決絕。

夜深豪客強相逼，拒戶罵賊聲不輟。（如國民黨軍隊欲強

　　姦婦女）

　　一時喧譁鄰里驚，客翻賴主勾盜竊。

　　舉家拷掠無完膚，女呼父母從茲訣。

　　夫壻歸來訟婦冤，婦冤不白夫縲紲（囚禁）。

　　舊金門志二十二烈婦：「許氏初娘，後浦文衡女，美姿容。年十八，適陽翟陳京。京貧，順治十二年（公元一六五五）從軍去。初娘歸甯其父，父留焉。秋，大兵復晉江，安平諸豪攜家居後浦，奪民廬居之。文衡宅分前後院，前院爲鄭泰（成功之族兄、戶官）家奴所據。初娘恐遭侮，啓文衡局其門，於屋後門戶出入。一日奴窺初娘美，以告泰子纘緒，大悅，遣女奴致金珠通殷勤，初娘拒之。纘緒度不可利誘，謀於奴，夜踰牆直抵其寢。初娘聞聲喚父，大呼有賊。鄰人皆縕火（點火把）至，纘緒懼而逸。且日命僕毀垣裂笥，報泰言室亡金，訪盜由文衡引。旋拘文衡，拷掠陷獄。紿（騙）母呂氏拘初娘至，初娘指呂罵曰：『爾子盜人妻不得，反誣人盜，眞盜不若也！』呂怒以白泰，命諸惡奴叢擊之。初娘流血被體，厲聲曰：『我死當爲厲鬼，滅汝門！』泰益怒，踢之立死。已而京歸，控於官，京坐誣得重譴。尋呂見初娘來索命，暴卒。越二年，泰自縊死。纘緒爛喉死。」

　　筆者案：從盧氏的詩篇與縣志的實錄，可徹底瞭解，狠毒如盜匪的鄭成功軍隊強占民房居住所產生的罪惡，實足令人髮指，傷痛無限。

　　清阮旻錫海上見聞錄：「永曆十六年（公元一六六二）五月初八日，國姓招討大將軍（成功）殂於東寧（臺灣），年三十有九。提督馬信及諸鎮將黃昭等議以其弟鄭世襲護理大將軍印。報至思明州（廈門），鄭泰、洪旭、黃廷、工官馮澄世、參軍蔡鳴雷等立長子經爲嗣。永曆十七年六月，世藩（鄭經）以通書黃昭

事面質之（泰），遂交與洪旭監留。（鄭）鳴駿倉卒與泰之子纘
緒率將士八十餘人向（清）總督李率泰投誠。泰聞之，自縊。」
至於鄭泰妻呂氏是否確如縣志所說「暴卒」，史無考。

今天我們回頭讀杜甫的詩，詩中很多都是唐時的社會實錄，
故世稱「詩史」。如兵車行、前後出塞、新安吏、潼關吏、石濠
吏、新婚別、垂老別、無家別、哀江頭等皆是。有的寫人民當兵
的痛苦、官吏的凶悍虐民、民眾因戰亂而離散等。舉例於下：

兵車行

　行人弓箭各在腰，爺娘妻子走相送，塵埃不見咸陽橋。牽
　衣頓足攔道哭，哭聲直上干雲霄。況復秦兵耐苦戰，被驅
　不異犬與雞。信是生男惡，反是生女好。君不見青海頭，
　古來白骨無人收。

石壕吏

　有吏夜捉人，老翁踰牆走。

　吏呼一何怒！婦啼一何苦！

　三男鄴城戍，一男附書至，二男新戰死。

　室中更無人，惟有乳下孫。

又如唐元結賊退示官吏：

　使臣將王命，豈不如賊焉？

　今彼徵斂者，迫之如火煎。

又如唐杜荀鶴時世行：

　夫因兵亂守蓬茅，麻苧裙衫鬢髮焦。

　桑柘發時又納稅，田園荒盡尚徵苗。

　時挑野菜根和煮，旋砍生柴帶葉燒。

　任是深山最深處，也應無計避征徭。

拿以上的詩，與盧若騰的詩比較，明末金門百姓受戰爭和官

兵的殘害之烈，真是超過<u>唐朝</u>十倍不止。更不禁令人聯想上列三<u>唐</u>人與<u>盧</u>氏，倘生存在<u>蔣中正</u>統治下的<u>臺灣</u>，寫那樣的詩，必定難免抓去關禁洗腦。

　　<u>盧若騰</u>生不逢辰，偏身體多病，家境貧困。帶兵之際，手握軍餉十數萬金，分文不取。<u>安宗簡皇帝朱由崧弘光</u>元年（公元一六四五）八月初一日，<u>若騰</u>上<u>疏紹宗襄皇帝朱聿鍵</u>，辭<u>浙撫</u>，說：「夫欲復<u>兩京</u>（<u>北京、南京</u>），先復<u>兩浙</u>；欲復<u>浙西</u>，先復<u>浙東</u>；此萬不容緩之勢也。臣初成進士，蒙先帝（<u>思宗崇禎</u>）召對<u>文華殿</u>，特授<u>兵部</u>主事。去冬蒙<u>聖安</u>（<u>宗</u>）<u>皇帝</u>簡擢<u>江北</u>屯撫僉都御史；今蒙陛下超遷<u>浙東</u>巡撫副都御史。惟是積虛積弱之疾，瘁可實未有期。」<u>紹宗隆武帝</u>御批：「不准辭，更勿再陳。」八月二十五日二次上<u>疏</u>，請專任責成，說：「先是陛下嘗因詞臣<u>劉以修疏</u>報，特命<u>紹興</u>鄉紳<u>孫嘉績</u>巡撫<u>浙東</u>矣；復允吏部之請，用原任<u>紹興</u>守道<u>于穎</u>，巡撫<u>浙東</u>，而改臣巡撫<u>浙西</u>矣；及臣請給敕印，仍蒙欽定『<u>撫聯浙東恢復浙西</u>』關防；而此時<u>浙東</u>遂有三撫臣矣。伏乞亟敕廷臣會議，就<u>孫嘉績</u>、<u>于穎</u>、並臣三人中，確擇一人，畀以『<u>撫聯浙東</u>、恢討<u>浙西</u>』之任，庶事權不相牽制，而功業較便責成。」<u>帝</u>御批：「明委事權，還當如何，柄不二操而事不窒礙，該<u>部</u>從長酌議。」九月二十一日又奏：「<u>魯</u>（<u>王</u>）藩意在率衆禦虜，並無耦尊之心。夫以十餘萬之兵，當三四千烏合之衆，反以為危急而大可憂，則何以故？兵多而不精，食難為繼；將多而無統，渙不可使也。伏懇陛下亟遣德望夙著、膽略素饒之閣臣，兼中樞銜，賜<u>尚方劍</u>，星馳至<u>紹</u>，大申節制。有逗遛不前者，即以賜<u>劍</u>從事。」<u>帝</u>御批：「<u>魯</u>藩何無表到？朕待<u>王</u>如左右手，果能率衆禦虜，大家文武須聯絡為一。<u>黃道周</u>已出關，果堪斯任。」

　　其後若騰又五次上疏，內容主要爲：兵餉不足，積欠數月。
向民不斷預征賦稅，民衆無法負擔。朝廷所派督師黃鳴俊及各方
將官均向溫州索餉。誠意伯劉孔昭受魯王之劍，其心不爲陛下
用。自強之策，莫如進取；進取之著，莫如用水師。宜乘五月間
南風正起，直搗蘇、淞。

　　滿兵侵犯東甌，若騰七次上疏請派援兵；援兵不至，溫州遂
於隆武二年（公元一六四六）七月十二日失陷。二年九月，清兵
陷福州，隆武帝殉社稷。十月，兩廣總督丁魁楚、廣西巡撫瞿式
耜立桂王朱由榔於廣東肇慶，是爲永曆皇帝。十一月，大學士蘇
觀生、何吾騶，布政使顧元敬等奉迎隆武帝四弟朱聿鐼於廣州，
進位皇帝，改元紹武。十二月，清兵襲廣州，紹武帝自縊。

　　永曆十五年（公元一六六一）四月十五日，若騰上疏：「臣
自永曆元年（公元一六四七）舉義，歷今十有五載，了無寸功；
而得與諸臣蒙皇上一視同仁，溫綸屢賜，捫心自責，愧恧奚堪！
十三年夏，勳臣周金湯、監臣劉之清至閩，臣奉特敕勉延平王鄭
成功率師入粤。其時延平王業先進兵浙中，旋入長江，復瓜鎮，
圍金陵，雖未克而還，亦可稱今日僅見之舉矣。」明朝末年，自
崇禎帝殉國後，進入南明，繼起的皇族共有六位：潞王朱翊鏐、
福王朱由崧、唐王朱聿鍵、桂王朱由榔、魯王朱以海、唐王朱聿
鐼。潞王無甚成就。福王、二唐王在位短，皆被殺或自殺。桂王
在位最長，後遭逆臣吳三桂弒於昆明。只潞王和魯王善終。

　　魯王於弘光元年，由台州徙於紹興。八月，行祭告禮，不奉
隆武正朔。在紹興一年多；紹興陷，走廈門三年。永曆三年秋七
月又駐台州。永曆六至十五年共十年，均在金門。永曆十六年
（清康熙元年、公元一六六二）十一月薨於金門，享壽四十五
歲。（從民國胡適「跋金門新發現『皇明監國魯王壙志』」）總

計魯王住金門十一年，這段期間末期若騰亦正在故鄉，他處在延平王鄭成功、魯王中間，關係微妙。成功與若騰都奉永曆年號，若騰對待二王，皆崇敬有加。於留庵詩文集中，有三首詩和魯王有關：一是魯王將入粵賜詩留別次韻奉呈，二是恭瞻魯王「漢影雲根」石刻，三是辛丑（永曆十五年）仲夏恭賀魯王千秋。鄭成功手掌重兵，威權在握；魯王以曾任監國的皇室寄人籬下，自然時感心情鬱悶。至於世傳「成功沉魯王於海」，首見清康熙四十八年王鴻緒明史稿。其後欽定的明史一百六十魯王檀傳謂：「以海入海，久之，居金門，鄭成功禮待頗恭，旣而懈。以海不能平；將往南澳，成功使人沉之海中。」其他史書亦持同說的，有清趙翼廿二史箚記三十六明末僭號者多疎屬、清南沙三餘氏南明野史二魯藩等。但舊金門志、清查繼佐魯春秋並不載其事。民國四十八年八月，在金門舊金城鄉東發現魯王眞墓，底有壙志，明記魯王「素有哮疾，壬寅（永曆十六年、公元一六六二）十一月十三日，中痰而薨。」到此可以確定：「成功沉魯王於海」，絕非事實。

明末，同安人莊潛著石函錄，紀許國作序：「嗟乎！國事之壞，有由來矣。當熹廟間，逆閹擅柄，姦黨陵熾，世之忠臣正士，誅斥殆盡。崇禎之時，君子小人，進退數驟。及乎末年，權貴人狠愎邪懦，視公家事如傳舍；所爲兵馬、糧糈、山川險塞、生民阽危休戚之故，毫不存於胸中。即有一二正守之人，亦多厄於掣肘孤立，或膠於故常而不知權；故國政日亂，國勢大削，蓋小人之害極矣。」（見廈門志十三列傳下寓賢）

總之，在金門有史以來的人物中，盧若騰可說是全國知名的頭一位。雖然他的詩文極好，卻並不恃以出名，而是潛心奮力於抗清不懈的大事業。故他的英名，出現在大儒顧炎武明季三朝野

史一上、<u>清</u><u>全祖望</u><u>鮚埼亭集</u>九明故權兵部尚書兼翰林院侍講學士
鄞張公神道碑、同書三十一明故太僕斯庵沈公詩集序等文章中。

第三章　天時

九月九浡風（kau 上上　gət 下入　kau 上上　kaŋ上去　huaŋ上平）——九月海水高漲海風強大。

　　金門志二氣候概說：「季秋（九月）之月，天高氣爽，時已進入旱季，雨量絕少，而風力漸強。偶或狂飆疊發，捲葉飛沙，俗謂『九降風』；而海潮亦隨之高漲，謂之『漲九降』。時或天色晦冥，密雲連旬而不雨，俗謂『九頭烏（黑）』。」民國連橫臺灣語典三：「九降，謂九月之風。臺灣志略：『九月朔風初起，或至匝月，謂之九降。行船者最忌。』」是金臺的情形相類似。

　　書大禹謨：「帝（舜）曰：『來禹，浡水儆（警懼）予，成允（信）厥功。』」南宋蔡沈集傳：「浡水者，洪水也。古文作『降』。孟子（告子下）曰：『水逆行，謂之浡水。』禹奏言而能踐其言，試功而能成其功。」朱熹孟子集註：「浡水，浡洞無涯之水也。」

　　筆者案：上引金門志寫作「漲九降」，「降」當用「浡」較合。依「浡水」字義，「浡」雖是「逆行之水」，但古人解作「洪水」，「洪」是「大」意。九月間，海水爲全年中漲得最高，風也吹得極大，故寫作「漲九浡」較勝。至於蔡傳說「古文作降」，古文尚書是東晉梅賾僞本，不足據。

涍（涸）旱（kʼo 上上　huã 下去）──旱災。

廣韻上聲三十二晧：「涍，水乾。」梁顧野王玉篇水部：「涸，水竭也。」莊子大宗師：「泉涸，魚相與處於陸，相呴（吐沫）以濕。相濡以沫，不如相忘於江湖。」是「涍」和「涸」意義上可相通。

水是生命的來源之一，沒有水，就沒有生命。月球上無水，以致沒有生物，即是明證。在古代，農人完全靠天吃飯，一年二年不下雨，別說農作物活不了，連人都要吃人。即使在今天，長期沒有雨，河川和水庫勢必乾竭。而抽取地下水，也不能持久，將使地層下陷。人造雨又難於普遍而有效。故到今日，長期不下雨，就要向天祈雨，一如古時的「雩」。

筆者在日據童年時代，金門很久沒有一滴雨水，於是民眾在縣城後浦城隍廟戲臺上設置香案，請來城隍爺為首的四門境眾神神像，僧道輪流念經作法，以訴求天公降甘霖。說亦奇怪，求了不久，果然下起雨來了，或者是巧合。說文：「雩，夏祭樂於赤帝，以祈甘雨也。」段注：「禮記月令：『仲夏之月，大雩帝，用盛樂。』許（慎）獨云『赤帝』者，以其為夏祭而言也。」

秋凊（tsʼiu 上平　tsʼin 上去）──涼爽。秋天的涼氣。

說文：「秋，禾穀熟也。」爾雅釋天：「秋為收成。」漢武帝秋風辭：「秋風起兮白雲飛，草木黃落兮雁南歸。」昭明文選三東漢張平子（衡）東京賦：「飛雲龍於春路，屯神虎於秋方。」唐李善注：「（洛陽）德陽殿東門稱雲龍門，德陽殿西門稱神虎門。易（乾文言）曰：『雲從龍。』為水獸。春路，東方道也。秋，西方也。」唐羅隱中元夜泊淮口詩：「秋涼霧露侵燈

下，夜靜魚龍逼岸行。」由以上的徵引，明瞭中國大陸氣候的秋天特色：一是農作物收成的時候；金門貼近大陸，故相同；和亞熱帶及熱帶的臺灣一年三熟迥然不同；二是方位以秋配西方，金門的秋天，正是西風吹起之時；三是陰曆八月初一起，金門天氣開始涼爽，故稱「涼爽」爲「秋凊」；不像臺灣的秋天要等到陽曆十一月中起；草木黃落雁南歸，正可爲金門的秋天作證；不像臺灣一年到頭草不黃、葉不落、蒼蠅蚊子到處有，也很少聽見高空雁鳥南飛的叫聲。

　　說文：「凊，寒也。」禮記曲禮上：「凡爲人子之禮，多溫而夏凊。」鄭玄注：「溫以禦其寒，凊以致其涼。」元郭居敬二十四孝扇枕溫衾：「（東）漢黃香年九歲，失母，一意事父。夏天暑熱，爲扇涼其枕簟（竹席）；多天寒冷，以身煖其被褥。有詩爲頌：『多月溫衾煖，炎天扇枕涼。兒童知子職，千古一黃香。』」正是禮記所說的實行者。

　　金門話「秋凊」有二含義：一是指「秋天的涼氣」；一是指某地方涼爽，不一定在秋天，常於夏天裏說。臺語只說「涼」，從不說「秋凊」；但亦說「流凊汗」。金門話又講飯菜「冷」爲「凊」，臺語則無此說法。民國章炳麟新方言釋天：「福州謂寒爲凊，若通語言冷矣。」

暴頭（po 上去　t'au 下平）——氣候突變起暴風或變冷。

　　金門志二氣候概說：「暮春之（三）月，然當寒暑交替之際，又常多暴風（自注：俗稱暴頭）。諺謂『三月有三十六暴』，蓋倏起倏息，一日之間而氣候不齊耳。仲夏（五月），天氣尚不甚酷熱。俗稱正、二、三、四月發者爲颶（自注：即暴頭也），五、六、七、八月發者爲颱。（清施鴻保）閩雜記云：

『海中大風曰暴，蓋即詩（邶風終風）「終風且暴」，毛傳云：「暴，疾也。」（唐孔穎達）疏云：「爲風之暴疾，故云疾也。」諸書有作「報」者，音近誤耳。又有謂即颶風者，亦非。颶乃海中災風，四面風俱至也。連江縣志亦云：「颶風多發於夏秋，其風或行北，或行東北、西北，必回向南方止。或行南，或行東南，必回向北方止。與暴之行以東北，行以西南，止即隨止者不同。」惟云「暴多發夏季」，則亦不然。據郁永河稗海紀遊備載海中暴期，自正月初四至十二月二十九，固無時不有也。』又（明楊愼）丹鉛錄云：『颶之甚者爲颱。』臺灣府志云：『颶多條發條止，颱則常連日夜；颶驟而禍暫，颱緩而禍久。』」

民國連橫臺灣語典三：「報頭，謂風信也。風信曰暴，亦曰報。初起時謂之報頭，行船者忌之。臺灣誌略有玉皇暴、媽祖暴、烏狗暴等數十名，各有期日。」

筆者案：上述閩雜記中所引詩的毛傳、孔疏，文字頗有錯誤，筆者已據原文訂正。依我自己住在金門的數十年經驗，暴頭的發生多在春夏之交，也就是陰曆的三、四月間，五月亦有。在逐漸感覺天氣溫暖的時候，吹著南風或東南風；忽然間，轉爲北風或東北風，天也變得很冷；常因減穿了衣服，一時抵不住寒冷，而得到感冒。於時間上，亦不似上引的書所說快來快去，通常須持續好幾天，纔會再轉爲暖和。

關刀水毒（kuan 上平　to 上平　tsui 上上　tok 下入）——陰曆五月十三日爲關帝誕辰，傳說此日下雨對農作物不佳。

金門志氣候概說：「是（五）月亦常有局部陣雨，每於天氣晴朗之下，忽然片雲飛過，則驟雨紛落如石子，刹那間遂止。是時天氣已入梅，常有細雨如毛，終日霏霏。然雨量甚小，而氣候

異常潮濕，物品諸多生霉，俗稱『落夏霉』。」

　　依照民間傳說，五月十三日當然也有不下雨的；如果下雨，因為關帝生前有武器關刀，庶物異名疏：「關壯繆青龍偃月刀，一名冷豔鋸。」由關刀流下含有鐵鏽的水，當然會有毒素，可能使今年整個夏天蚊蟲特別多。田裏的蟲類亦必大量繁殖，於農作物自必造成損害。在古時沒有農藥的情況下，確是如此。

第四章　外語

甲必丹（kak 上入　pit 上入　tan 上平）——南洋殖民地時代，被西洋官員任命爲華僑領袖者。

　　「甲必丹」原文是英文 captain，意爲「首領」，流行於從前西洋各強國占據中南半島及南洋群島諸地區的殖民地，由華僑傳回金門使用。被任命爲「甲必丹」的人，通常是該地有錢有勢的土著，或受過相當教育的華僑工商界領袖。他們必須聽命於當地的西洋總督 Governor 或高級官員，頒布政令，指導土著或華僑，納稅與守法等等，實爲殖民地統治者的政治工具。

沙因（sa 上平　in 上平）——簽名。

　　「沙因」一詞，流行於南洋群島及中南半島一帶，由金門華僑傳回故鄉使用。它的原文是英文 sign，作動詞用，意爲「簽名」、「畫押」；作名詞用，是「記號」、「符號」、「徵兆」。名詞的「簽名」，是 signature。凡公務或商務的成立，中國人習慣使用「蓋章」，西洋人則一律採行「簽名」，以具有法律的效果。sign 的名詞同義詞另有 mark 一字，多用作「商標」或「符號」，流行於臺灣，由從前日本人傳入，讀成譌音「ma 上平　ku 上去」。

區里（ku 上平　li 上上）——苦力。挑夫。小工。搬運行李的腳夫。

　　「區里」原爲英文 coolie 的音譯，約在清末民初由南洋群島

的金門籍僑民傳回故鄉，從此成爲金門的外來語之一。古時的金門人到南洋謀生，大多是文盲或識字很少的。抵達僑居地，受雇於西洋人做爲熱帶作物栽培業的工人，例如種植、收成、曬乾胡椒、椰乾、咖啡、煙草、橡膠、稻米等，付出血汗勞力，取得工錢；這些人，通通被稱爲「區里」。其中有少數人省吃儉用，盡量積蓄，漸至成爲小量的資本，然後辭職，自行經商，變作小富，匯款故居家人生活用；甚至起蓋洋樓或四合院大厝。民國李乾朗著有金門民居建築一書，圖文並茂，讀者可從其中一睹兩百年來華僑用血淚換來的洋樓大厝，或親身到金門一遊；因爲那種洋樓與大厝，臺灣是見不到的。

裰（kʻut 下入）──大衣。

　　廣韻入聲八物：「裰，短衣。」梁顧野王玉篇衣部：「裰，袾裰也。」西漢揚雄方言四：「自關而西，秦、晉之間，無緣（邊飾）之衣謂之袾裰。」東漢官修東觀漢記世祖光武皇帝：「見更始（帝）諸將過者，已數十輩，皆冠幘，衣婦人衣，諸于繡擁裰，大爲長安所笑。」唐皮日休悲遊詩：「荷爲裯兮芰爲襬，荃爲裰兮薜爲褳。」

　　此處筆者借用「裰」字，意思自然不同。英文「大衣」的原文是 coat，又稱 overcoat，也是由中南半島和南洋群島傳回金門使用的語音，不過發音不是很準確。本來金門話亦直接可說「大衣」，但語言總會混同應用。臺胞叫「大衣」爲「奧麻」over，是 overcoat 的省說字，其實這是不對的；然而它卻是日本人轉說英文的字，再變成臺灣話。

第五章　生物

石花菜（tsiok 下入　hue 上平　ts'ai 上去）——可食用的海中藻類植物。

石花菜屬紅藻類，石花菜科。生長於海中巖石上，分歧爲多數之枝，各枝更生出纖細扁平的小枝，排列爲羽狀，高四五寸，色紅紫，曝乾呈黃白色。明李時珍本草綱目石花菜：「石花菜生南海沙石間，高二三寸，狀如珊瑚，有紅白二色，枝上有細齒。一種稍粗而似雞爪者，謂之雞腳菜，味更佳。二物久浸皆化成膠凍也。（東晉）郭璞海賦所謂『水物即玉珧海月，土肉石華。』即此物也。」所謂「珧」，即今所稱「江瑤柱」，是可上筵席的美食之一。

金門所產的石花菜，是在近海海水退潮後所採。筆者童年時代，夏天在金門縣城大街上，向小販買吃過不少煮好後加糖水切碎的石花凍，至今印象深刻。臺灣所產的尤多：有日本石花菜、山田氏石花菜、安氏石花菜、傘房石花菜、匍匐石花菜等。

企牛倒馬（k'ia 下去　gu 下平　to 上上　be 上上）——牛不倒臥而長久站立，馬喜倒臥而不長久站立，都是有病的徵象。

「企」是「站立」意。在古今中外的農業社會裏，馬和牛是人類最重要的家畜。除了野牛野馬不受人支配外，牛的性情是怯懦的，容易役使，利用它的大力來負重、耕田、拉車，不得一日欠缺。馬雖略具野性，但可馴服，利用它善跑耐跑的優點，用作

交通工具。可騎著跑遠路，或成爲騎兵及拉挽兵車的良伴，亦可耕田、馱載。在近代，更可運用馬的高智慧，作爲馬戲團的表演者。牛與馬都是草食獸，飼養它們成本低廉。世界各國皆吃牛肉，惟印度人例外，認爲牛是「聖獸」，不能侵犯。只有西洋人也吃馬肉。

金門人（或閩南人）經千百年飼養，發現一個通則：馬日夜都是立著，睡眠亦是；如果突然改爲倒臥，即是生病的表示。牛除進食立著外，其餘時間樂於倒臥；倘若長久站立，就是患病的表態。內臟的病，牛馬皆可灌飲中藥湯，現代獸醫可用打針。皮膚病可以塗藥。最不幸的是骨折，在難於治療的情況下，爲免其折磨受苦，通常都予宰殺。

牛馬和人類相處可追溯到數十萬年前。中國是古老的農國族，牛在神農氏時代便用來耕田。西漢武帝時，趙過爲搜粟都尉，教不知牛耕的民衆用牛，生產量大增。（見漢書食貨志）故古來就有許多專家對牛馬進行研究，著爲專書。如隋書經籍志載，東漢的王良、高堂隆各有相牛經二卷。春秋秦穆公時人孫陽，又名伯樂（音博勞），善相馬。呂覽分職：「夫馬者，伯樂相之，造父御之，賢主乘之，一日千里。」造父，古之善駕馬車者。韓愈雜說四：「世有伯樂，然後有千里馬；千里馬常有，而伯樂不常有。」清趙翼陔餘叢考四王良即伯樂，謂孟子滕文公下的王良（非東漢王良），亦即左傳哀公二年的郵良、郵無卹；左傳的郵無卹，即國語的郵無正，本一人，而伯樂是其字。陔餘叢考十九，又謂孔子弟子冉耕字伯牛，是牛耕之證。

拍（pʻat上入）——馬、牛、羊、驢、雞、犬、豬、鴨、兔等之雌雄交配。

馬、牛、羊、驢等大型動物有一年一次的發情期，金門話叫「風」。甚至虎、豹、獅、象、鹿等也一樣稱「風」。在發情期中，性情變得暴躁凶猛，容易傷害人畜。雄性的最富有侵略性，時常會為占有雌性而雙雄纏鬥一番。人亦是獸類的一種（說動物是為好聽些），決難逃出此一獸類法則。不論男女，為了爭奪異性，同性的兩方使用手段以傷害情敵，比上述獸類更加殘忍，甚至殺死。

清文康兒女英雄傳九：「走到大路上，算一群逃難的，還是算一群拍花的呢？」「拍花」一詞，即是北京話裏江湖上暗稱「拐帶女子」的用語；故筆者認為「拍」字似乎對人類仍然適用。

東江蟳（tah上平　kah上平　tsim下平）——肥大多肉美味之蟳。

金門海產最著名的有黃魚、螃蟹（蟳）、梭子蟹等。日常佐飯食的有青鱗魚、黃脊魚、白帶魚、魟魚等。其他龍蝦、鱸魚、鰮魚、鰱魚、嘉臘魚亦名貴，產量不多，價格不便宜，有錢人或宴客時纔用。黃魚在金門叫紅花魚，肉質多而甜美，多外銷臺灣飯店筵席上使用。

很可注意的是螃蟹和梭子蟹。前者深綠色，雙邊呈圓形，閩南語叫蟳（tsim　下平）。後者鐵灰色，兩旁尖形如織布機的梭子，稱蠘（tsʻit下入），盛產期在陽曆十一月到翌年二月。梭子蟹不是金門近海所產，而要到臺灣海峽中央（俗稱澎湖溝）以網捕捉。據金門志六統計，五十四年達十四萬七千二百公斤。金門

有俗語說：「冬節（至）前後，蟳上好吃。」正指這段時間，蟳肥大多肉結塊，並有大量的仁、膏，一個人吃兩隻就飽了。不像臺灣近海所產，全是空殼，瘦得無肉，有肉亦稀泥，更別說有仁、膏。

　　至於蟳，產地也在澎湖溝，金門志統計六十五年所產僅有一千五百三十九公斤。但肥大味美，又勝過蟳，只是價格比蟳昂貴許多。上述二種螃蟹，都可製蟹醬。把蟹洗淨後，連殼斬成碎塊，除去蟹糞，加入食鹽和蒜泥，裝進容器，數天後用來佐飯吃，極為爽口。

肥膴膴（pui 下平　t'ut 上入　t'ut 上入）──胖嘟嘟的。

　　說文：「膴，牛羊曰肥，豕曰膴。」段注：「按人曰肥，獸曰膴。」西漢揚雄方言十三：「膴膴，脛膴（肥胖）也。」東晉郭璞注：「膴膴，肥充也。」禮記曲禮下：「豕曰剛鬣，豚（小豬）曰膴，羊曰柔毛。」唐孔穎達疏：「膴即充滿貌也。」北宋李昉太平廣記四百二十九引戴孚廣異記：「（張）魚舟走出，見一野豕膴甚，幾三百斤。」明謝在杭五雜俎地部二：「不過苦諸縉紳公子，體膴骨弱者耳。」

　　基上所引證，可知「膴」多指動物肥胖，但至遲明朝時亦可指人。金門人經常戲說：「汝看這隻豬，給我弓（kiŋ上平、盡量給吃）到（ka 上平）肥膴膴。」

長尾的（tŋ下平　bə上上　e上去）──老鼠。

　　「老」字為語助詞，無義。鼠屬於哺乳綱嚙齒目，體小尾長，無犬牙，門齒發達，毛褐色或黑色，種類甚多，繁殖力強。金門俗語說：「鼠一，貓二，豬三，狗四。」母鼠一個月可生產

一胎，可知其繁殖速度之快。鼠能傳布疾病，咬壞家具衣物，挖牆作洞，盜吃糧食及農作物，是危害侵擾人類的動物之一。

詩召南行露：「誰謂鼠無牙？何以穿我墉（牆）！」西漢劉向說苑政理：「夫社（稷壇）束木而塗之，鼠因往託焉。燻之則恐燒其木，灌之則恐敗其塗。此鼠所以不可得殺者，以社故也。夫國亦有社鼠，人主左右是也。」漢書賈誼傳：「里諺曰：『欲投鼠而忌器。』此善喻也。鼠近於器，尚憚不投，恐傷其器；況於貴臣之近主乎！」這是成語「投鼠忌器」的由來。東晉葛洪抱朴子外篇清鑒：「虎尾不附狸身，象牙不出鼠口。」唐寒山詩三百三首之二百六十八：「老鼠入飯甕，雖飽難出頭。」通觀古人所說，對鼠絕無良好的評論。

老鼠危害人類最可怕的威脅，就是鼠疫。病因爲一種桿狀菌，寄生於鼠，人亦易被感染，潛伏期爲三至七日。發病症狀有三種：一、腺鼠疫：發燒、背痛、手腳僵硬、淋巴腺腫脹；二、肺鼠疫：寒戰、發燒、咳嗽、氣喘；三、敗血性鼠疫：全身血液充滿病菌。總之，鼠疫到今天，仍是不治之症。西洋人稱爲「黑死病」black death。預防的辦法，只有盡量滅鼠。不過方式要留意：用糖衣毒餌，怕小孩、貓、狗誤食；以汽油潑燒，易引起火災；置食物於鼠籠或鼠夾，是可行的辦法。民國三十六年，筆者十六歲，在廈門求學，金門發生鼠疫，有鄰居死亡，我家幸無恙。

閩臺地區有俗語說：「老鼠趖（so 下平、爬行）過街，人人都喊拍。」可知老鼠受人厭惡的程度。金門傳說老鼠極爲聰明，能聽懂人語，故匿稱爲「長尾的」，以免被它聽曉是在講它。從前家家戶戶養貓，並非當作寵物，而是利用它的「天敵」來殺鼠，這是明智選擇。老鼠的靈巧和令人可恨，常常對撒在地

上的米粒不吃，偏去咬破布袋吃袋裏的米。

　　金門人還有一個趣味的匿稱，叫蚊子爲「靪皮（膚）的」，也是怕它聽懂而飛跑。「靪」（tiam上平）的意義原是「釘補鞋子」，在此移作「叮咬」之意。

娘（孃）阿（nu下平　a上平）──蠶。

　　蠶是昆蟲鱗翅類的幼蟲，有十三環節，胸腹部有腳八對。成蟲的蠶蛾，只胸部有腳三對。蠶初出時，體小，黑色，有毛，叫蟻蠶。經蛻皮四次，眠四次，停止進食，吐絲作繭，蠶在繭裏漸變爲褐色短肥之狀，稱蠶蛹。

　　說文：「蠶，任絲也。」段注：「言惟此物能任此事，美之也。」另有柞蠶，南宋羅願爾雅翼：「廣志云：『有柞蠶，食柞葉，（其絲）可作棉。』」別有天蠶，體黃綠色，多瘤狀突起，生粗毛，長約二寸餘，食櫟樹、櫧樹之葉，造綠黃色繭。成蟲雄黃褐色，雌橙黃色，腳密生軟毛。又有冰蠶，南宋高似孫緯略十冰蠶：「（唐段安節）樂府雜錄曰：『康老子嘗買一舊錦褥，有波斯（人）見之，乃曰：「此冰蠶絲所織。暑月陳于坐，則滿室清涼。」』（前秦）王子年（嘉）拾遺記曰：『東海圓嶠山，有冰蠶，長七寸，有鱗角，以霜雪覆之，始爲繭，其色五朵，織爲文錦，入水不濡，入火不燎。』」亦有山蠶、水蠶，清王士禎池北偶談二十四水蠶：「吾鄉（濟南）山蠶，食椒、椿、檞、柘諸木葉，而成繭。唐小說載（憲宗）元和八年，大軫國載神錦衾，水蠶絲所成。云：其國以五色石，墼（築）池塘，採大柘葉，飼蠶於池中。始生若蚊睫，游泳其間。及長可五六寸。池中有挺荷，蠶經十五日，即跳入荷中成繭，自然五色，亦謂靈泉絲。」更有火蠶，清兪樾茶香室三鈔二十九火蠶：「國朝陸次雲八紘譯

史云：『高昌（今新疆吐魯番縣）物產有火蠶，其棉絮衣一襲止用一兩，稍多熱不可耐。按（唐蘇鶚）杜陽雜編云：「同昌公主有火蠶，得之炎洲。絮衣一襲用一兩，稍過度則燻蒸之氣不可近也。」』」

蠶繭產量最大的一年有八次，緯略六、八蠶：「（西晉）左思吳都賦曰：『國稅再熟之稻，鄉貢八蠶之綿。』（唐）李善注曰：『劉欣期交州（今兩廣及越南）記曰：「一歲八繭蠶出日南（今越南南部）。」』按吳錄曰：『南鄉郡一歲蠶八績。』（唐）李賀詩：『將餧（飼）吳王八繭蠶。』正用此事。海物異名記曰：『八蠶綿者，八蠶共爲一大繭。』」

北宋劉恕通鑑外紀：「（黃帝四妃嫘祖）始教民育蠶，治絲繭，以供衣服。」北宋高承事物紀原二先蠶：「周禮內宰，詔王后蠶於北郊，齋戒先蠶（最早教民養蠶之神）。禮（記）亦雜記其事。然禮之紀，多商、周之制。及其餘群小祀，俱爲周典云。」同書九蠶絲：「（東晉干寶）搜神記曰：『上古時，有人遠征，家惟一女與馬。女思父，戲馬曰：「汝能迎得吾父，吾將嫁汝。」馬乃絕韁去，得父還。後馬見女輒怒，父怪之，女俱以答。父大怒，殺馬，曝其皮。女至皮所，忽蹶（起）然卷女而行。後於大樹枝得女及皮，盡化爲蠶。既死，因名其樹曰桑。桑，喪也。此蠶桑之始也。』皇圖要記曰：『伏羲化蠶爲絲。』」（筆者案：女馬之事載於今本搜神記十四女化蠶。高承加以節述刪改，非原文。）

明郎瑛七修類稿十九蠶：「故乘異集載：『蜀中寺觀，多塑女人披馬皮，謂之「馬頭娘」，以祈蠶也。』予意化蠶之說荒唐，而西陵氏（嫘祖）養蠶者爲是，但世遠不可稽也。若干寶所記，但因馬頭娘一事，遂駕空而神其說。所謂馬頭娘者，本荀子

蠶賦『身女好而頭馬者與』一句。但蠶乃馬精所化，故古人禁原蠶，恐傷馬也。白殭蠶擦馬齒，馬即不食，可見矣。古者后妃享先蠶；先蠶，天駟也；非馬之精而何？」筆者案：郎氏一面說干寶「馬頭娘」為無稽；一面又說蠶為東方蒼龍七宿之一的天駟星馬精所化，實在自相矛盾。

　　明馮夢龍醒世恒言十八施潤澤灘闕遇友，談到養蠶的祕訣：十體：寒、熱、飢、飽、稀、密、眠、起、緊、慢（餵飼時的緊慢）。三光：白光，向食；青光，厚飼，皮皺為飢；黃光，以漸住食。八宜：方眠時宜暗；眠起以後宜明；蠶小并向眠，宜暖；蠶大并起時，宜明；宜添；向食，宜有風；宜加葉緊飼；新起時怕風，宜薄葉慢飼。三稀：下蛾，上箔，入簇。五廣：一人，二桑，三屋，四箔，五簇，都應寬廣開廓。

　　金門話所以稱蠶為「娘阿」而不敢叫「蟲」的原因：一是蠶吐絲供應人類絲綿的大貢獻；二是有「馬頭娘」的浪漫故事；三是對蠶的神化表示崇敬。此外，用蠶絲織成的棉被，冬天蓋起來比一般棉被輕而溫暖，只是價錢不便宜。筆者童年時，曾養蠶數隻作為戲耍。有時捧它在手上玩，不慎蠶跌落地上，濺出綠色血漿而死，使我又怕又憐。但當蠶作繭自縛和化蛹變蛾的經過，看了則驚喜交集。

桑梔（sɦ 上平　tsai 下平）——桑樹的果實。

　　唐李瀚蒙求下：「漢蔡順少孤，事親至孝。遭王莽亂，歲荒不給，拾桑椹，以異器盛之。赤眉賊見而問之。順曰：『黑者奉母，赤者自食。』賊憫其孝，以白米三斗、牛蹄一隻與之。有詩為頌：『黑椹奉萱幃，饑啼淚滿衣。赤眉知孝意，牛米贈君歸。』」赤椹味酸，黑椹味甜。

說文：「葚，桑實也。」詩衞風氓：「于嗟鳩兮，無食桑葚。」唐陸元朗釋文：「葚，本又作椹，音甚，桑實也。」桑的果實又寫作椹。爾雅釋木：「桑辨有葚、梔。」東晉郭璞注：「辨，半也。辨音片。」北宋邢昺疏：「（西漢郭）舍人曰：『桑樹一半有葚，半無葚，爲梔。』」

桑是溫帶果樹，有數丈高，金門從前頗有栽種。縣城後浦北門舊有前清秀才傅錫琪花園，周圍環植高大而稠密的竹叢作籬笆，園中有多株桑樹。筆者七八歲時，乘夏天桑葚成熟，從竹籬縫隙潛入，爬到樹上偷探，揀取黑色成熟香甜的「桑梔」（金門話不叫葚），隨採隨吃，味甚甘美。怕主人發覺，吃得過癮隨即逃跑，不敢多採帶回家，亦怕不慎自樹上摔跌下來。以後住臺灣幾十年，水果中極少看到桑葚；到近幾年纔有，或是從外地引進種植所產。

海麵線（hai 上上　mi 下去　suã 上去）——龍鬚菜。

本草龍鬚菜：「集解（明李）時珍曰：『龍鬚菜生東南海邊石上，叢生無枝葉，狀如柳根鬚，長者尺餘，白色。以醋浸食之，和肉蒸食亦佳。（西晉張華）博物志之「石髮」，似指此物，與石衣、石髮同名也。』」金門志六、三篇三章海藻：「龍鬚菜生長於沿海之潮帶，即低潮線下四公尺處至滿潮線前五至一百公尺淺海均有生長，藻體直立或伏生於較大沙粒、碎石上。分枝叉歧狀，圓體或扁闊，色爲赤黑色。本縣自水頭、后豐港、夏墅（下市）、埔下、湖下、古寧頭、后沙、瓊林、浦邊、洋山、官澳、上林等海灘均有生長。」

金門所產的「海麵線」，確如金門志所說的赤黑色，不像李時珍所謂白色。洗淨後下鍋煮，只加少量的水，不可放鹽，因它

已自有鹹性，攙些花生粉，相當脆韌美味好吃。如多吃，會使人有生飫的感覺。臺灣亦有，但很短小，又不好吃。

蛀子（tsiu 上去　tsi 上上）——果核小而果肉多。

廣韻去聲十遇：「蛀，蛀蟲。」北宋丁度集韻遇韻：「蛀，蠹也。」「蛀」字的本義指寄生於動植物的蛀蟲或蠹蟲，能侵蝕。動物的牙齒也有蛀蟲，只是小得見不到，不似植物蛀蟲肉眼可以看清。凡被侵蝕過的物體必多蛀孔，因此脆弱不堪，容易斷折損毀。

北宋沈括夢溪筆談二十四：「閩中荔枝核有小如丁香者，多肉而甘。土人亦能為之，取荔枝木去其宗根，乃火燔令焦，復種之，以大石抵其根，但令旁根得生，其核乃小。種之不復牙，正如六畜去勢，則多肉而不復有子耳。」沈氏所述，是荔枝樹的特別栽培法，能使果核變小而果肉厚。

在金門（閩南）話，包括荔枝、龍眼、桃、李、棗、橄欖、梅等，其果核自然生得小，也叫「蛀子」，卻不是由於蟲蛀的緣故。

本草荔枝：「集解，頌曰：荔枝生嶺南及巴中，今閩之泉（州）、福（州）、漳州、興化軍，蜀之嘉（州）、蜀（州）、渝（州）、涪州，及二廣州郡皆有之，其品以閩中為第一。其木性至堅勁，土人取其根作阮咸槽及彈碁局。」由上說，得知中國荔枝的品質，以福建為第一，當中尤以漳州所產者最佳。其樹木更可製作樂器和棋器，兼可作稱秤的稱桿，實在可貴。後漢書和帝紀元興元年：「舊南海獻龍眼、荔支，十里一置，五里一候，奔騰阻險，死者繼路。」於是和帝下令不再受獻。因由南方運送荔枝，正是夏天，須要日夜跑快馬，到達河南洛陽時纔不致腐

敗。唐書七十六：「（楊貴）妃嗜荔支，必欲生（鮮）致之；乃
置騎傳送，走數千里，味未變，已至京師（陝西長安）。」筆者
推測當亦是漳州所產。

斑枝（脂）（pan 上平　tsi 上平）──木棉樹。

　　木棉爲木棉科常綠喬木，結長形果實，種子有白色長毛，又
名斑枝花、古貝、吉貝。明李時珍本草綱目：「木棉有二種：似
木者名古貝，似草者名古終，或作吉貝者，乃古貝之訛也。交
（州）、廣（州）木棉樹大如抱，其枝似桐，其葉大如桃葉，入
秋開花，紅如山茶花，黃蕊，花片極厚，爲房甚繁，短側相比結
實，大如拳；實中有白綿，綿中有子。今人謂之斑枝花。」

　　明張萱疑耀六木棉：「余鄉（廣東博羅）多木棉，樹高至於
十丈，其枝如桐，葉如胡桃葉而稍大，花如今之玉蘭花，紅如渥
丹，一樹常數千枚，春夏放花，其紅燄燭天。花謝乃結子，剖之
如酒匜（杯），其殼堅硬，其中有絮皓白，故曰木棉，今名攀枝
花。唐李琮詩：『腥味魚中墨，衣裝上木棉。』則此棉亦可作衣
絮。今只充袍褥而已。（北）宋方勺泊宅編，稱海南蠻人以此紡
織爲布，布上出細字，雜花卉，尤工巧，名曰吉貝布；則古白氎
布也。第余鄉旣未有以木綿爲布者，卽詢之海南諸蠻，亦不知其
制何似。或云，曹溪六祖（慧能）所傳信衣曰屈眴布，乃西域木
棉心所織者。余嘗見之，實類褐，豈西域木棉與中國不同耶？范
政敏遯齋閒覽又云：『林邑（今越南南部）等國出吉貝布，木棉
爲之。』不知六祖信衣，卽林邑等國所產否？（明）陶九成（宗
儀）輟耕錄又云：『閩、廣多種木棉，紡織爲布，名曰吉貝。
（江蘇）松江東去五十里許曰烏泥涇，多種之。彼初無踏車椎弓
之製，率用手刮去子，線絃竹弧置案間，振掉成劑，厥功甚艱。

國初有一嫗名黃道婆者，自崖州（廣東崖縣）來，乃教以紡織之
具。』據陶說，道婆崖州人；則泊宅編謂海南蠻人能爲此布，其
言不誣。若六祖信衣，果西域木棉心所織者，則其法當爲如洮間
織褐。」

清趙翼陔餘叢考三十木棉布行於宋末元初：「古時未有棉
布，凡布皆麻爲之。（禮）記（禮運）曰：『治其絲麻，以爲布
帛。』是也。（明）邱文莊（濬）謂元時始入中國；而張七澤潯
梧雜佩引通鑑『梁武帝送木棉皂帳』事，據史照釋文：『木棉以
二三月下種，至夏生黃花結實。及熟時，其皮四裂，中綻出如
綿，上人以鐵鋌（小矛）碾去其核，取棉以小竹弓彈之，細管如
筒，就車紡之，自然抽緒，織以爲布。』則梁武帝時已有此布
矣。說者謂漢書注，（魏）孟康曰：『閩人以棉花爲吉貝。』而
（明張自烈）正字通及（明張以智）通雅，俱云：『吉貝，木棉
樹也。』南史林邑傳亦云：『吉貝者，樹名也。』是六朝以前，
木棉布乃吉貝樹之花所成，係木本，而非草本。但其花袛可絮
褥，而不可織布。其初謂之木棉者，蓋以別於蠶繭之綿，而其時
棉花未入中土。迨（北宋）宋子京（祁）修唐書時，已知爲草
本，故不曰木，而曰草耳。史照宋人，又在子京之後，幷習知其
碾彈紡織之技，故注解特詳。以此推之，則梁武帝木棉皂帳，即
是草本之棉所成，而非木棉樹也。禹貢：『厥篚織貝。』（南
宋）蔡九峰（沈）註：『今南夷木棉之精好者，謂之吉貝。』則
夏之織貝，亦即今草棉布，是三代時已有之矣。何以邱文莊謂元
初始入中國？蓋昔時棉花布唯交、廣有之，其種其法，先傳於
粵，繼及於閩，元初始至江南，而江南又始於松江耳。」筆者
案：趙氏誤認書經禹貢一篇爲夏禹時文；其實禹貢是遲至春秋的
儒家述古之作，參閱民國屈萬里尙書釋義。

清乾隆重修泉州府志安溪縣：「北多山嶺，民附谷以居，甲乙相失，無復聚落。桑柘少植，惟種木棉。」廈門志七關賦略（出口）關稅科則：「棉，番花、斑枝花，百斤例二錢。」

閩南民間傳說，北宋名相韓琦未出生前，其父韓光弼任泉州知府。某日，官舍前的一棵榕樹忽然開花像斑枝，而斑枝花像蘭。老夫人無子息，以為是吉兆，因而命婢女連理採斑枝花獻給老爺。韓光弼熟記左傳宣公三年，春秋鄭國文公有賤妾燕姞，燕姞事先夢見她祖上伯鯈告訴她：「蘭有國香；你將來生子，像蘭。」文公用蘭花送她，和她同房，竟懷了孕，生下一子，名蘭，就是後來的鄭穆公。因此韓光弼依這典故與連理同房，纔生下韓琦。這些情節，都和斑枝花有關。

金門縣城後浦的舊衙署，後園有一株高數丈、幾人可合抱的巨大木棉樹，種植的時間不詳，當有數百年之久。筆者自小住在大街，每到秋天，木棉花的白色棉絮，陣陣隨風飄來街上，也吹進我家。也曾至圍牆外靠近仰頭觀看，果然其花酷似蘭花，橙黃色的花房脫落，散布於圍牆裏外的道路上。這樹實在太高大了，附近有四五家民房，長年皆籠罩在它的樹蔭下，以致屋內一片陰暗，對居民不利。金門的故老傳說，若要殺它也容易，只須用肉桂樹木削一木釘，由此樹的根部釘入，便會乾枯而死。但始終沒有人敢這樣做，大概是怕它已有神了罷。

蘆黍（lo下平　sue上上）──高粱。

事物異名錄蔬穀黍：「穀譜：『蜀黍，一名高粱，一名蜀秫，一名蘆粟，一名木稷，一名荻粱。以種來自蜀，形類黍稷，故有諸名。種不宜卑下地。』」

古時金門並無高粱，金門志物產穀之屬：「日據時期，從東

北運來豆餅（乾黃豆壓成機車輪大的餅狀塊）。偶粘有高粱種子，落田間，發芽滋長，爲山外（鄉）農人發現試種。」筆者見聞有不同：七七事變前，約民國二十四年，我四歲，我家後浦大街五穀店洪得記已販賣由廈門轉運而來的東北豆餅，故特別在店前地上鋪築石板，供工人肩負豆餅卸下之用，以免砸壞紅磚。家兄亦記得：高粱最早是由烈嶼（小金門）種植，後再傳播到金門本島。金門志說法有誤。

　　高粱是大陸北方的溫帶作物，因金門氣候具大陸性，正好適合栽種，成長極快，可達一丈多高，穀實多而美。近來臺灣也試種，但矮小長不高，穀實瘦而小，釀酒品質不好，也證明臺灣是熱帶地區，終年氣候酷熱，不適宜種植高粱，大小麥亦是。早期金門的高粱並不釀酒，而是食用，可拌在米粒中蒸飯，或混米燉稀粥，卻不普遍。

　　民國四十一年左右，金門軍政府設立金門酒廠，大量生產高粱酒，並禁止民間酒商私造。到今天五十多年，所釀的酒馳名中外，爲金門政府賺進無數金錢。

　　北宋李昉文苑英華載有唐沈既濟枕中記，又稱黃粱夢。謂唐玄宗開元七年，有道士呂翁行邯鄲道中，息邸舍。遇一少年盧生，共席而坐。生自嘆貧困；呂翁取一青瓷枕使生睡臥。時主人方蒸黍（高粱飯）。生歸家，數月，娶清河崔氏女。明年舉進士，轉渭南尉，知制誥，徵爲京兆尹。除御史中丞，河西節度使。大破戎虜，斬首七千級，開地九百里。轉吏部侍郎，遷御史大夫。大爲時宰所忌，貶爲端州刺史。不久，任同中書門下平章事，稱爲賢相。同列害之，制下獄，減罪死，投驩州。數年，帝知冤，復追爲中書令，封燕國公。生五子，皆有才器。出入中外，徊翔臺閣。五十餘年，崇盛赫奕。年八十，病將歿，帝令驃

騎大將軍高力士就第候省。是夕薨。盧生欠伸而寤，見其身尚臥於邸舍，呂翁坐其後，主人蒸黍未熟，觸類如故。生蹶然而興，曰：「豈其夢寐也？」翁謂生曰：「人世之事，亦猶是矣！」

　　筆者案：這篇小說用意在諷世，人生如夢，凡事不須過於計較。根據現代科學實驗，作再長的夢，實際上也不過幾秒鐘。數十年前筆者的閩南語古文老師陳明德，晚年生活諸多失意，曾作詩自寬解：「年來消瘦有誰知？鏡裏生涯恨覺遲。畢竟黃粱春幻夢，幾人清醒幾人癡。」

蠹（tai 下平）──侵蝕木器衣物書籍的害蟲。

　　說文：「蠹，木中蟲。」段注：「在木中食木者也，今俗謂之蛀。」梁顧野王玉篇虫部：「蠹，白魚。」左傳襄公二十七年：「韓宣子曰：『兵，民之殘也，財用之蠹，小國之大菑也。』」荀子勸學：「肉腐出蟲，魚枯生蠹。」唐李賀堂堂詩：「十年粉蠹生畫梁，飢蟲不食堆碎黃。」

　　蠹有很多種類。說文舉的是「食木之蟲」。但能毀蝕衣服、被席、書籍的又有「蠹魚」，身有白粉，形狀如魚，即玉篇所說的「白魚」。還有一種，不是蠹魚，身體比蠹魚小得多，黃白色，專門齧食書冊，亦附生在年久的書頁中，不仔細看幾乎很難發覺，人手翻書時纔跑出來。依筆者的經驗，數十年前住在三重市，於租來的舊屋裏，半夜常聽到蠹蟲齧咬樓板的很大聲音，後來終於被我挖出捉住，原來是一條短小的黃軟蟲。

　　最令我困擾的，後來任教國立臺東師範學院，教員宿舍沒有書架，我把許多書堆放在一張床上有厚墊的稻草席子上。時間一久，拿起書來看，那些書和席子接觸的部位，都被蛀蝕成大小深淺的洞，要抓蟲又見不到，大概就是上述的黃白色小蟲。這種蠹

蟲，如果人睡在席子上，也會遭叮咬得皮膚紅腫痛癢。不管那一類的草席子，一定須於夏天的大太陽下曬晾一整日，還要用竹枝使力鞭打，蛀蟲纔能清除；又用濕毛巾擦拭過，便可安心睡用。

第六章　各業

三指落（sã 上平　tsãi 上上　lok 下入）——中醫師。

　　中醫師替病人看病，其中一項重要的診察方法，就是用食指、中指、無名指三個手指頭併合，按住病人左右手頸處的動脈血管所在，有深淺、輕重、久暫等法，故金門話戲稱中醫師職業為「三指落」，又叫「候脈」。民國林金鈔閩南語探原六十二，寫作「抹脈」，筆者未曾聽過，大概是臺胞的講法。

　　我國醫學淵源極早。清張澍輯世本作篇：「說文云：『古者巫彭初作醫。』當時兪跗察明堂，識陰陽表裏之病機；雷公究息脈，詳炮炙之藥性；桐君定本草，採金石草木之藥材；岐伯作太素之八十一問難，作內經，而藏府別、經絡彰。」周秦越人扁鵲著難經，發明黃帝內經古旨，凡八十一篇。難經漢書藝文志不載，首見於隋書經籍志和新舊唐書藝文志。稱為難經，謂內經經文有疑，各設問難以明之。歷代注家多失其本。元朝滑壽所著難經本義融會諸家之說，而以己意折衷之，最為精覈。

　　東晉王叔和取東漢張機傷寒雜病論的一部分編次成書，凡六篇，三百九十七法，一百一十三方，共十卷，中醫治外感病法，皆根據此書，為學中醫者所必讀。

　　中醫診病，有望色、聞聲、問狀、切脈四法。難經六十一難：「望而知之之謂神，聞而知之之謂聖，問而知之之謂工，切脈而知之之謂巧。望而知之者，望見其五色以知其病；聞而知之者，聞其五音以別其病；問而知之者，問其所欲五味以知病所起

所在也；切脈而知之者，診其寸口（兩手脈會），視其虛實，以知其病在何藏府也。」

清汪昂本草備要註釋序：「醫學之要，莫先於切脈。切脈不眞，則虛實莫辨。攻補妄施，鮮不夭人壽命者。其次則當明藥性，如病在某經當用某藥，或有因此經而旁達他經者。是以補母瀉子，扶弱抑強，義有多端，指不一定。自非兼貫博通，析微洞奧，不但呼應不靈，或反致邪失正。」

王叔和又著有脈經十卷，其書敍陰陽表裏、辨三部九條、奇經八脈、五臟六腑等，皆可按用，凡九十七篇。北宋林億取素問、靈樞、太素、難經、甲乙經、千金方諸書校之，刪除重複，補其脫漏。

人體的疾病有千百種，古今中外亦有很多的庸醫密醫。故國民政府於三十二年九月制定醫師法，規定不論中西醫都須經考試及格，纔能執業。該法歷經三十七、五十六、六十四、六十八、七十年五度修增訂，更趨嚴密。爲保護國民健康及購藥者安全與權益，於三十二年九月同時制定藥師法，歷經三十七、六十八年兩度修正，西藥房和中藥店的執業，亦須由合格的藥劑師擔任。

三間阿（sã上平　kãi上平　a上平）——妓院。見本章「搝紅燈阿」條。

拍空（孔）阿（pʼat上入　kʼaŋ上平　a上平）——掮客。

魏張揖廣雅釋詁三：「拍，擊也。」閩南語說「打」爲「拍」；有時連「打算」也說「拍算」。其他還有搏、撲、扑、攴，都是「打」意，亦就是「拍」。讀者千萬勿誤會「拍」爲「輕打」；再重的擊打仍然叫「拍」。

說文：「空，竅也。」段注：「今俗語所謂『孔』也。」史記五帝本紀：「舜穿井爲匿空旁出。」唐司馬貞索隱：「（空）音孔。」可見空、孔通用。旣是「孔洞」，可從此進出，也即是「機會」。三國志吳書周魴傳：「今此郡民，雖外名降首，而故在山草，看伺空隙，欲復爲亂。」「空隙」就是「孔洞」，亦就是「可乘之機」。

歸納上述「拍」、「空」二字，意思是「尋找機會」，「阿」是助詞。合起來說，「拍空阿」即是「專門（替人）尋找機會的人」。

社會上有「空頭」（「頭」是語助詞）一詞，國語和閩南語都有。國語另有一義，是「僞假」意，如「空頭支票」。但照上面「空」是一種「機會」來說，「空頭」便是一個商業名詞，等於「有機會而可以投機」之意。換句話說，即是「這裏有一個發財或可得到某種好處的機會，不可錯過。」故不論在那一種行業中，都有「流動的經紀人」或「捐客」，英文叫 broker。

四十多年前，先父覺得我們全家人都搬來臺灣，留著金門後浦大街的洪得記三樓店屋沒有用，要賣出去；消息傳出，在金門的先父友人許師舜就自動當起「拍空阿」，書信往返，果然成交，撮合賣給瓊林鄉蔡姓居民，許師舜由買賣雙方獲得一筆不小的佣金。而臺北這邊，親友也知道先父身邊有了錢，於是全上門來，誇口這裏有一個「空頭」，那邊有一個「空頭」；說穿了，不是要騙錢，便是要爭取佣金，再不然就是要招爲股東合夥作生意以從中取利。

茶桌阿（ te 下平　 tok 上入　 a 上平）──茶館。茶室。

說文無「茶」，而有「荼」字；段注：「後世茶、荼皆用此

字。」茶又稱「苦荼」。民國張亮采中國風俗史一編:「荼發明於殷、周時,周人用之者多,齊晏嬰甚愛賞之。」爾雅釋木:「檟,苦荼也。」東晉郭璞注:「樹小如梔子(梔樹),多生葉,可煮作羹飲。今呼早採者為荼,晚取者為茗,一名荈,蜀人名之苦荼。」民國呂思勉中國通史十三:「三國志吳志韋曜傳說:孫皓(孫權之孫、後降晉封歸命侯)強迫群臣飲酒時,『常密賜(曜)茶荈以當酒。』」

北宋高承事物紀原九蠟茶:「(北宋)楊文公(億)談苑云:『蠟茶出建州(福建建甌縣)。(唐)陸羽茶經,尚未知之,但言福建等州,未詳。其味極佳。江左日近方有「蠟面」之號。』歐陽修歸田錄亦云出福建。按唐氏諸家說中,往往有『蠟面茶』之語,則是自唐有之也。」明王三聘古今事物考七茶:「(唐李肇)國史補云:『劍南有蒙頂石花,湖州有顧渚紫筍,峽州有碧㵎明月。』宋有龍鳳石乳茶,南唐有京鋌茶。」

清施鴻保閩雜記:「漳泉各屬,俗尚『功夫茶』。茶具精巧,壺有小如胡桃者,名孟公壺;杯極小者,名若深杯;以武夷小種為尚。飲必細啜久咀,否則相為嗤笑。」潮嘉風月記:「工夫茶烹治之法,本諸陸羽茶經,而器具更為精緻。爐及壺盤各一,唯杯之數則視客之多寡。先將泉水貯鐺(三足溫器),用細炭煎,至初沸,投閩茶於壺內沖之,蓋定後復澆其上,然後斟而細呷之,氣味芳烈,較嚼梅花更為清絕。」唐朝時傳入日本,成為「茶道」,日本人保持至今。

自古以來,福建以產茶馳名全國,其中尤以武夷「鐵羅漢」最為特出;如人感冒發燒,多喝可以降熱。一九九九年,臺中市有線電視TVBS頻道某節目曾報導:武夷茶中「大紅袍」,僅有生在武夷山上某處山腰巖石縫裏的一株最為名貴,因產量稀少,

每斤售價竟高達新臺幣二千萬元，看後令人咋舌。

　　金門縣城很早以來就有「茶桌阿」賣茶。清朝時代筆者不知道，入民國後有幾家。舊時北門街（今中興路）的一家，老闆為陳英廣。他的茶具很講究，但茶葉用普通的，因為太貴茶客便買不起。七七事變前，茶葉皆由福建內地來，有名的叫「鐵觀音」等。日據時，茶葉纔從臺灣輸入，亦有「鐵觀音」與「香片」。臺灣的茶樹當是數百年前隨著移民傳入，其製法也是世代相承。

　　從前金門的茶客多半是老人，除了回家用三餐，幾乎整天都在茶館裏品茶談天、下棋、吹彈樂器、講故事，因此「茶桌阿」又被稱作「閒間阿」，意為專供閒散人談天說地的悠閒處所。至於臺灣的妓院，叫做「茶店阿」，這是臺胞特殊的講法；但對於原本清高雅致的茶店來說，真是十分的不幸。

粞膏焿（人）阿（tsĥ上平　ko 上平　aĥ下平〔laĥ下平〕　a 上平）——捏麵。

　　舊金門志三名勝：「靈濟寺，在後浦東門，舊名觀音亭。道光四年十二月，廛舍失火，延及寺外，亭壓，寺無恙。林俊元等勸捐重修。」這寺始建於宋朝，奉祀觀音佛祖，故稱觀音亭。此寺的前庭，日夜都有老人小孩於庭中休憩遊玩。寺內外亦經常有小販擺設攤子賣物。筆者童年時代，時常到這裏玩。小販售賣的，如：熟小芋頭、熟海螺、捏麵、焿阿煎、歕（pun 下平、吹）糖焿阿、圓阿湯（甜湯圓）、棗阿炸（乒乓球大炸糯米皮包甜花生餡）、油條、馬花炸（油炸狀如領花的糯米甜粿）等。日據時代不禁止賭博，故此亭內外亦有「六面阿」、「十二面阿」等。在夏天清閒的晚上，請一位老先生在廟口講善書。

　　六十多年前，有一個小販林森木會捏麵。用糯米磨濃漿煮熟

後，揉合五顏六色的食用色素，捏些小龜、花、鳥、魚、蝦、人物等，栩栩如生，當中都包甜花生餡，然後用可握持的小竹枝插牢，插得滿架子都是。小孩見了極喜愛，買了後玩一陣子，最後纔把玩物吃了。所謂「粧膏尪阿」，是指被捏的麵，不是指捏麵者。此外，他還會作「尪阿煎」和「歕糖尪阿」。前者用長柄兩邊可開合的人形凹鐵模，先在炭火上烤熱，凹模擦些花生油，倒進用麵粉、酵母、糖拌合的漿，然後雙面緊合，在炭火上翻來覆去，不久就熟了。取起，就成一個人形的甜粿。後者在一個多格鐵槽中煮沸著數種顏色的麥芽糖，用鐵匙挖出一小塊，稍冷，拿在手上，插進一枝小吹管，以刻有多種形狀的兩面木凹模夾住，吹氣使膨脹，再分開木模，可玩可吃的糖果完成了。黏上竹枝，插在架子上，等待小孩們來買。

　　另一個印象極深刻的啞巴<u>林天助</u>，綽號「<u>啞狗助阿</u>」，<u>佛祖</u>誕辰寺口演戲，觀眾多，他賣包有小塊蜜餞的甜湯圓；平日則擺設「六面阿」聚賭。在一隻空碗裏放著六顆骰子，一顆骰子有六面，共是紅、黑二色的將、士、象、車、馬、砲。蓋上碗蓋，上下搖了幾下停住。碗前有一塊平放木牌，上面也寫著以上十二個字，畫線隔開，供人下注。碗蓋掀起，如押中某字，單就賠單，雙就賠雙。押不中則錢被吃。初賭時我押黑砲，連中數次，他很不甘心。我野心越大，把一堆疊得高高的銅板孤注黑砲；這回他的搖法不同，改為斜搖，黑砲一個亦沒有，錢全被吃了。

　　年節時，廟口有「十二面阿」。用鋸齒作暗號的長方形小木牌十二個，上面各刻有紅、黑二色的將、士、象、車、馬、砲，放在小布袋裏，用手摸也摸的，憑鋸齒知道是那一塊，裝進木盒中，取出放在身前仍分格寫著十二字的押板邊緣，供人下注；押中某字，賠十倍。其餘押不中的，通通收吃。我也常贏，但錢的

數目不大。第二次出現同一塊牌，叫「蠻」。據說從前某主賭者曾經「連蠻十八擺（次）」，很出人意外，亦極大膽，成為一個出名的故事。因為只要「蠻」一、二次，再出牌，賭客都看賭主的臉色，臉色平靜如常，賭客未必敢再押同一字；萬一賭主見到有人再押同一字，因驚慌而臉色大變，那就完了，賭客們一窩蜂將身上所有賭本全部下注同一字，賭主就非破產不可了。

　　日據時代又鼓勵人民種植罌粟。有一位來自鄉下的缺了一枝腿的老人（據說是在南洋遭鱷魚咬掉），來亭中設攤磨製罌粟刀出售。那刀如指甲刀大小，刀的前部高起約半公分，用小鋼銼往下切磨，磨成五細片直豎的薄利刀片，旁邊有刀鞘可以旋轉開合。當罌粟成熟時，用這種刀把罌粟蕾割破，使汁液流出。汁液逐漸變成黑而濃，以瓷鍋收集汁液，論斤賣給政府，再集中運到廈門煉製鴉片。煉成後分裝成罐如牙膏，然後於全淪陷區供中國人吸食。金門後浦有煙館二處：一在觀音亭旁邊，一在橫街阿內；童年的筆者常常駐足觀看那些躺在床上吸食的癮君子快樂逍遙神態。這種劃破罌粟蕾的小刀片，叫「鴉片劙（kuit 上入）」。

　　那斷腿老人不知怎的，一連磨壞了好幾枝；連忙抬頭向佛祖說他作人誠實不欺，請佛祖勿責備。心一慌，又連續磨壞，直要落淚。我在旁邊看得很難過。現在六十多年後想起，瞭解他只是緊張的心理在作祟而已。

撟紅燈阿（kiak 下入　aŋ下平　tiŋ上平　a 上平）——色情媒介者。

　　「撟」是「舉」意。男女色情的買賣，極古就有。清康熙字典：「洪涯妓，三皇時人，娼家托始，見萬物原始。一曰：古未有妓，至漢武始置營妓，以待軍士之無妻室者，見漢武外史。」

詩召南小星:「嘒彼小星,維參與昴。肅肅宵征,抱衾與裯,寔命不猶。」朱熹集傳:「衾,被也。裯,襌被也。猶,亦同也。」抱著被褥,夜裏到處跑,即是妓女現象,難怪要感歎命運和別人不同。

中外古今,皆無法使妓女斷絕。孟子告子上:「告子曰:『食、色,性也。』」禮記禮運:「飲食、男女,人之大欲存焉。」臺灣除去近年纔興起的「午夜牛郎」男被女嫖以外,都是男嫖女。原因是,女人可用原始本錢,進行她「不願意」的性交易而取得報酬,男人則辦不到。

舊金門志八建設,記明太祖洪武二年(公元一三八七),江夏侯周德興建造金門城。入清後,總兵陳龍在康熙初遷於今治後浦。金門志:「同安(縣)志云:『後浦叢雜,街市有巡哨不及之患。』」金門原屬同安轄,民國四年纔獨立設縣。在後浦,大概成為縣治以後,當即有私娼的存在。民國二十六年,筆者六歲,就聽人說西門有「三間阿」。(小屋二、三間,娼館的代稱。)妓女多為外地人。中國政府和日本政府是不干涉的,故妓女戶可公開營業。有兩種情形:一叫「開茶盤」,嫖客花錢,妓女先倒茶於杯中,再放在茶盤裏端出來招待,抽煙喝茶,談笑,唱歌曲;妓女可坐在嫖客懷中供撫摸作樂。二是進入房中進行性成為,價格比「開茶盤」要高出許多。這如同今天臺灣的公娼。北京指南食宿遊覽妓館:「客入妓家品茗,為打茶圍。」民國連橫臺灣語典一:「盤,盤桓也。謂妓女之待客也。」此又是一解說。

至於「搖紅燈阿」,是另一種祕密的民戶淫媒。那種燈,是紅色木框長方形的四角油燈,如同七月普度掛在大門口供「老大公」照路用的類似。舊時金門人民普遍生活困苦,沒有丈夫或夫

婿不在身邊的女子操這行業是萬不得已的，故多在夜深人靜時進行，收費很高；如是處女，代價更高。筆者探知，直到民國四十幾年，南門還有人操這行業，但事情極其謹祕，須要有熟人穿針引線，纔有門路。民間良家婦女所以特別吸引人，「乾淨」是唯一優點。「搞紅燈阿」人替嫖客帶路，會向那婦女「抽成」。至於「三間阿」，在那時沒有保險套和定期衛檢之下嫖妓，男的中毒經常有。

筆者又知道：大街上有一位我很熟悉的蔡姓名中醫，年約五六十歲，並早有妻子兒女。或是好色喜新，果然暗中找到南門一民婦淫樂。不久竟患了喉症，自己無法醫，看西醫治療亦不見效，病了數月即逝世。他的死，是否與嫖婦有關，則難理解。但據當時的老輩轉述，蔡醫師的妻子嫌責丈夫會得喉病，就是因為嫖女招來的。

第七章　身體

大嘏（tua 下去　kɔ上上）——大個子。

　　西漢揚雄方言一：「嘏，大也。秦、晉之間，凡物之壯大，謂之嘏。」同書同卷：「周、鄭之間，謂之暇。」民國馬光宇校釋：「彙函、（清盧文弨）抱經堂本『暇』作『嘏』，（清戴震）疏證作『假』。按假、嘏二字相通。暇乃假、嘏之假。」

　　筆者案：道地的金門話正作「大嘏的」。臺語有「大塊（kʻɔ上平）的」，但意爲「胖子」。金門有時亦說「大塊的」，意思仍是「大個子」。「大個子」和「胖子」並不相同。大個子是身材高大，而不一定肥胖。胖子是滿身肥肉，身材或矮短。金門話稱大胖子爲「大肥的」；而少叫「大塊的」。比較起來，金門話比臺灣話分得清楚而合理。臺語又稱高個子爲「大叢（tsaŋ下平、枝）」，金門沒有。

柴杠（tsʻa 下平　kaŋ上平）——人的身體舉止堅硬不柔軟之狀。

　　說文：「杠，牀前橫木也。」西漢揚雄方言五：「牀，其杠，北燕、朝鮮之間謂之樹。自關而西，秦、晉之間謂之杠。」竹、木的竿、柱也叫「杠」，爾雅釋天：「素錦綢杠。」東晉郭璞注：「以白地錦韜旗之竿。」北宋丁度集韻江韻：「杠，旌旗竿。」木棍或扁擔亦稱「杠」，民國周樹人（魯迅）阿Q正傳：「他翻身便走，想逃回舂米場，不圖這支竹杠阻了他的去路。」

　　「柴」是「木」；那麼「柴杠」就是「木杠」。用「柴杠」

形容人，可知這樣如木竿一樣的人，自然像木柴一般的堅硬不容易屈伸，當由於疾病或外傷所造成。

胿（kui 上平）——大肚腹。

廣韻上平聲十二齊：「胿，臍胿。」梁顧野王玉篇肉部：「臍胿，胅（肉突出）腹也。」民國陳修臺灣話大辭典：「胿，頷頣（頸部）曰胿。大頷胿，所謂頷下生瘤。雞胿，雞之軟胃囊。」

「胿」字單獨使用，是人的前頸部或雞的軟胃囊。筆者的一位已去世的許妗母，不幸中年時前頸部長了血瘤，越長越大，直如冬瓜那樣，手術割除又不可能，外婆戲稱她為「腫頷的」，竟以此終老。「臍胿」是「大腹肚」，金門話叫「大腹肚胿」。

閩南語和金門話都有「歕（pun 下平、吹）雞胿」的話，意即「吹牛」。金門話還有「掛（kuã 下去、提）胿」一詞，意為「心中不時替某人煩惱」，多用在親族裏。

溜額（liu 上去　hiak 下入）——頭的前、頂部禿髮。禿頭。

說文：「禿，無髮也。倉頡出，見禿人伏禾中，因以制字，未知其審。」段注：「因一時之偶見，遂定千古之書契。禿人不必皆伏禾中，此說殆未然矣。廣韵（入聲一屋）『禿』下曰：『說文云：「無髮也。」』則知古本無倉頡以下十七字。（詩）周南（卷耳）曰：『我馬虺隤。』（段謂今詩作『隤』，誤字。）（爾雅）釋詁及毛傳曰：『虺隤，病也。』禿者，病之狀也。」左傳成公元年：「（魯大夫）季孫行父禿。聘於齊，齊使禿者御禿者。」新五代史楊光遠傳：「光遠既病禿，而妻又跛其足也。」

　　「溜」是「高」，也含有「光」意。「高額」即頭的前、頂部沒有頭髮，最爲常見，因頭的雙邊與後腦的頭髮不易脫落。整個頭部頭髮全部掉光的較爲少見。頭髮是人儀表的一種裝飾，故禿頭總嫌不雅觀。禿頭算是一種病，有遺傳性。其次是因患有肺結核、麻瘋、花柳病等所致。此外，皮脂腺分泌過盛，頭屑過多，癬疥疾病，亦會禿髮。遺傳性的禿髮無法再生。因病而禿髮的，包括癌症，病好後頭髮會重生。保養之道，要使頭部保持清潔，沒有頭垢，充實營養。還有，女人不易禿髮；這是造物者的特意安排，使女人一生保持美麗罷。

第八章　事物

柴柿花（ts'a 下平　p'ə 上去　hue 上平）——鉋刀鉋下的薄木片。

　　說文：「杮，削木札樸也。陳、楚謂槆爲杮。」段注：
「杮，削木朴也。各本作『削木札樸也』。今依（唐）玄應書卷
十九正。朴者，木皮也。」北宋丁度集韻旨韻：「杮，削木餘
也。」北齊顏之推顏氏家訓書證：「後漢書楊由傳：『風吹削
杮。』此是削札槆之杮耳。古者，書誤則削之。」司馬光資治通
鑑陳長城公禎明元年：「（隋主）命大作戰船，人請密之。隋主
曰：『吾將顯行天誅，何密之有！』使投其杮於江。」元胡三省
注：「杮，斫木札也。」

　　上述所引，說文段注說「杮」是「木皮」，正是鉋刀鉋木而
生的薄片。資治通鑑「使投其杮於江」，「杮」亦是刀斧削木時
的零碎薄木片。

　　金門話「柴」即是「木」；「柴柿花」一般都指由鉋刀鉋下
的薄片，有時成爲蜷曲狀；和刀斧所砍削的稍厚碎木片不大相
同；但皆可稱爲「杮」。「花」即捲曲之狀。

瘈（癡）輦（ts'i 上平　lian 上上）——信徒扛抬神輿時的搖擺奔突
癲狂狀態。

　　閩南地區迎神賽會時，常把神像裝置在神輿裏，用繩子捆
牢。遊行到半路上，扛抬的人忽然身不由己，前後衝闖，左右狂
奔，據說這是神靈顯聖附體所致。另一說是扛抬者的自我催眠作

用，因而橫衝直撞。這些習尚，遠自千百年前傳入<u>金門</u>，四百年前傳進<u>臺灣</u>。

<u>明梅膺祚字彙</u>：「瘈，狂也。」<u>左傳襄公十七年</u>：「國人逐瘈狗。」<u>明徐渭海上生華氏序</u>：「予有激於時事，病瘈甚，若有鬼神憑之者，走拔壁柱。」<u>閩南</u>、<u>廈</u>、<u>金</u>、<u>臺</u>的廟宇神明有「關童乩」，意即要新抓乩童，主事者只日夜在廟中燒香、禱告、打鑼鼓，幾天裏，新乩童就自動跳著進廟來，頭搖，眼半閉、手擊桌，口中喃喃說著聽不懂的話，如同癲狂狀態。

「瘈輦」的「瘈」，寫「癡」亦可。<u>明張自烈正字通</u>：「癡，（<u>西漢揚雄</u>）方言借稱『顛狂病』。」<u>漢書韋賢傳</u>：「今子獨壞容貌，蒙恥辱，爲狂癡，光晻（暗）而不宣。」

<u>北宋高承事物紀原二輿駕羽衛部</u>：「輦，<u>通典</u>曰：『<u>夏后氏</u>末代制輦，<u>商</u>曰胡奴車，<u>周</u>曰輼車。<u>隋</u>制輦而不施輪，以人荷之。』注云：『<u>秦始皇</u>去其輪而輿之，<u>漢</u>代遂爲人君之乘。』」

<u>金門</u>的「輦」是神轎，常見的有三種：一是由兩個人扛抬，轎的形狀像交椅，沒有轎蓋，俗稱「畚斗輦」（見<u>稻田</u>版<u>楊天厚</u>、<u>林麗寬</u>合著<u>金門歲時節慶圖三五</u>）。這種輦起狂最爲可怕，奔突失控，速度極快，同隊人馬和觀眾要走避。二是由四個人扛抬，輦較高大而美，有轎蓋，成長方四角形，油漆紅色，有如一座小宮殿。瘈的時候都左右向，幾乎作一百八十度的傾側，插在輦頂四角的籐旗時常觸地。好在整個輦與神像皆用繩子捆緊，不然會解體。瘈數回後停止，繼續前行（見同上書圖三一）。三也是由四個人扛抬，稱爲「馴轎」，大概古代轎底裝輪子，以馬拉曳，後世去輪改用人抬。轎形比輦大許多，裝潢精美，處處刻有圖畫，轎蓋四邊有黃色穗狀流蘇，爲<u>關帝</u>、<u>媽祖</u>、<u>城隍爺</u>乘坐。此類轎子不瘈；但在<u>臺灣</u>迎<u>媽祖</u>時亦瘈，只在一個小範圍內作上

下滷跳（見同上書圖三三）。「畚斗輦」和「輦」乘坐的神多為「王爺」。

金門全島性大迎神是農曆四月十二日，縣城後浦城隍爺誕辰。可分大迎、小迎；小迎每年一次，大迎三年一次。小迎時，東西南北四門境的主神須隨隊遊行，並有乩童，神像都移到城隍廟裏供奉幾天；遊行路線限於城區的大街小巷。大迎時，全島各鄉鎮重要廟中諸神像全被抬來參加，路線擴及「前面」與「後面」。「前面」十三鄉：下市、后豐港、前水頭、舊金城、古區、官路邊、官裏、東洲、庵前、上后垵、下後垵、古崗、珠山。「後面」十三鄉：頂堡、下堡、湖南、安崎、西浦頭、頂埔下、下埔下、埔後、埔邊、后盤山、東堡、西堡、榜林。古時不論大、小迎，主事者並須請來閩南內地戲班，在廟前戲臺演戲三天酬神。居民皆在自家大門口擺設香案及祭品，拜敬城隍爺派出巡邏的神將陰兵，叫作「犒軍」。

燈花（tiⁿ上平　hue 上平）——油燈或蠟燭的燈芯結成眾多顆粒如花瓣狀，俗謂將有喜事。

唐釋玄應一切經音義十八引西京雜記：「（西漢）陸賈曰：『燈火花，得錢財。』」西京雜記三：「樊將軍問陸賈曰：『自古人君皆云「受命於天」，云有瑞應，豈是乎？』賈應之曰：『有之。夫目瞤（跳）得酒食，燈火華（花）得財，乾鵲噪而行人至，蜘蛛集而百事喜。小既有徵，大亦宜然。故目瞤則呪之，火華則拜之，乾鵲噪則餧（餵）之，蜘蛛集則放之。況天下大寶，人君重位，非天命，何以得之哉！』」明馮夢龍醒世恒言八喬太守亂點鴛鴦譜：「慧娘見燈上結著一個大花兒，笑道：『嫂嫂，好個燈花兒，正對著嫂嫂，可知喜也！』玉郎也笑道：『姑

娘休得取笑，還是姑娘的喜信。』」越劇李亞仙與鄭元和第八場榮歸：「報子甲：『報！貴府鄭元和老爺，今科高中一甲一名狀元及第！』」（元和父鄭）儃唱：『怪不得昨夜燈花開，果然今日喜訊來！』」」（見民國劉振魯輯當前臺灣所見各省戲曲選集）

　　筆者童年時，家裏晚上有時用蠟燭，有時用帶玻璃管的煤油燈。常常也都結了燈花。點蠟燭時，燭火火焰頂端不停抖動，先母就向我說：「你看，燭火在數錢哩！」事隔六十多年，到底家中有沒有發生喜事或得財，已記不清楚了。

第九章　俗語

十八棚頭變了了（tsap 下入　puet 上入　pĭ 下平　t'au 下平　pĭ 上去　liau 上上　liau 上上）——甚麼花樣都玩遍了。

　　「棚」是戲臺，「頭」是戲齣，「變」是玩或弄，「了了」是全完了。這一句俗語通常是大人批評小孩子的話，但大人對大人依然適用。意思是：無論做動作，玩把戲，唱歌，跳舞，說笑，滑稽，很多伎倆全玩光了，幾乎難以爲繼，也應該停止了。

　　「十八棚頭」一詞出自南管戲。南管的「大梨園戲」因地域的緣故，分爲「上路」和「下南」二派；「小梨園戲」則自成一派。這三派的劇目，都有所謂「十八棚頭」。即使劇目相同，戲的情節可能稍有差異。「上路」有荊釵記（王十朋）、琵琶記（蔡伯喈）、捉王魁、孟姜女、朱壽昌、殺狗勸夫、蘇秦、蘇英、姜明道、劉珪、尹弘義、劉文龍、朱買臣、孫榮、朱文、王祥，已亡佚的有趙盾、曹彬、林招得等。「下南」有呂蒙正風雪破窰記、鄭元和、凍蘇秦等。「小梨園戲」有陳三五娘（荔鏡記）、呂蒙正風雪破窰記、王月英月夜留鞋記、雪梅教子、白兔記、漢宮秋（昭君出塞）、玉簪記（陳妙常）等。

　　試舉三國魏才子曹植爲例。三國志魏書王粲傳，劉宋裴松之注引魏略：「會臨菑侯植亦求（邯鄲）淳，太祖（曹操）遣淳詣植。植初得淳甚喜，延入坐，不先與談。時天暑熱，植因呼常從取水，自澡訖，傅粉。逐科頭拍袒，胡舞五椎鍛，跳丸擊劍，誦俳優小說數千言訖，謂淳曰：『邯鄲生，何如邪？』於是乃更著

衣幘，整儀容，與淳評說混元造化之端，品物區別之意；然後論
羲皇以來賢聖名臣烈士優劣之差；次頌古今文章賦誄及當官政事
宜所先後；又論用武行兵倚伏之勢。乃命廚宰，酒炙交至，坐席
默然，無與伉者。及暮，淳歸，對其所知歎植之材，謂之『天
人』。」上述曹植面對邯鄲淳的表演，可說五花八門，無奇不
有，精彩至極。用這故事說明「十八棚頭變了了」，最為恰當。

記得筆者七八歲時，在冬天的寒夜裏，母親和我與妹妹坐於
鋪有軟褥的床上談天。妹妹和我就在床上演練學校老師所教的唱
歌、跳舞來。過一陣子，兩個小孩都臉紅氣喘，確實已疲累了。
母親便笑著說：「你們看，十八棚頭變了了啦！」

十奓九獸，無獸便是好將才。（sip 下入　hai 上平　kiu 上上 tai 上平　bo 下平　tai 上平　pian 下去　si 下去　ho 上上　tsioŋ 上去 tsai 下平）──癡肥的大個子，十有九獸，不獸會是好將才。

廣韻上聲十六哈：「奓，大貌。呼來切。」閩南語和金門
話，都稱「巨大」為「奓」。這俗語皆用來訕笑高大又肥胖的
人，即時下的人所說：「四肢發達，頭腦簡單。」男人天不怕、
地不怕，就是怕人指他「傻瓜」；女人甚麼都不怕，頂怕的是人
家笑她「老而醜」。

漢書王莽傳下：「天鳳六年（公元一四），夙夜（今山東文
登縣）連率（太守）韓博上言：『有奇士，長丈，（腰）大十
圍，來至臣府，曰欲奮擊胡虜，自謂「巨毋霸」。軺車（兵車）
不能載，三馬不能勝（堪）。即日以大車四馬，建虎旗，載霸詣
闕。霸臥則枕鼓，以鐵箸食。此皇天所以輔新室也。』」古時的
尺寸較現在英尺短，但一丈最少也有八英尺。「圍」有三種解
釋：五寸、一尺、兩手手指頭圍攏合抱；筆者贊成第三種。腰大

十圍，其巨大可以想像。王莽得巨無霸後並未重用，留在新豐
（今陝西臨潼縣東），改其姓爲「巨母氏」。不料韓博遭莽處
死，責他譏諷篡位。史書上沒有記明「巨毋霸」的智愚；但體格
實在巨大罕見。

民國三十八年國民黨撤退到臺灣的軍隊中，有巨人張英武，
身高七英尺三英寸，體重三百多磅，至少要中吉甫車纔能運載，
衣服、鞋襪、帽子、床鋪都須特製，擔任掌旗兵。因生活不便，
退伍，進入馬戲團表演維生，沒有結婚。某年世界重量級拳王喬
治路易士George Louis訪臺，和張合照，拳王還差他一頭之地。
後接近老年，身體衰病，駝背，矮了數寸。某次自立晚報描述他
的巨大情狀，一怒之下，將報社搗毀。他只是性情暴躁，不癡
獃。未久去世。

筆者幾十年來喜看電視西洋摔角節目，有黑白混血的美國巨
人安德Antre The Giant，身高七英尺以上，重五四六磅，現已退
休。目前是美國白人巨人大字佬 Big Show，身高七尺二寸，重
五百磅。比賽時，單臂輕易把二三百磅的對手舉起並拋出擂臺
外。臺灣比較出名的武術家「北港六尺四」，亦能單臂舉起一個
六七十公斤的男人。他某年在三重市因故遭人殺傷，稍後也去
世。現今金氏世界紀錄 Guinness Records 女巨人珊蒂 Allen San-
dy，身高二三〇公分，重數百公斤，美國白人。曾來臺灣訪問，
因太巨大，走路須用鋼製拐杖支撐。以上三巨人，心智亦正常。

也著神，也著人。（ia 下去　tiok 下入　sin 下平　ia 下去　tiok
下入　lin 下平）──人生了重病，一方面拜求神明保祐，同時亦必須
延醫診治。

漢書地理志下：「（越王句踐）後五世爲楚所滅，君服於

楚。後十世，至閩君（羋）搖，佐諸侯平秦。漢興，復立搖為（閩）越王。」可見在秦漢時，福建屬於越（粵）國。禮記王制：「天子祭天地，諸侯祭社稷，大夫祭五祀。天子祭天下名山大川，諸侯祭名山大川之在其地者。」又載：「天子七廟，諸侯五廟，大夫三廟，士一廟，庶人祭於寢。」廟用來祭祀其先祖。周朝封建時代，祭鬼神的人分等級，不得踰越。所謂「寢」，就是屋中的「居室」，即現在的廳堂。換句話說，老百姓只能在家裏祭祀自己的祖先，其他鬼神都不准祭。

　　禮記祭法：「大凡生於天地之閒者皆曰命，其萬物死皆曰折，人死曰鬼。」這是「祭鬼」的起源，包括天子至庶人。苻秦王嘉拾遺記：「庖（伏）犧使鬼物以致群祠，以犧牲登薦百神。」但拾遺記所記事蹟多荒誕不足信。後漢書明帝紀：「（永平）五年（公元七二）春三月，（帝）幸孔子宅，祀仲尼及七十二弟子。」這是孔子和七十二弟子以「人鬼」的資格接受皇帝祭祀的開始。祭法又記：「夫聖王之制祭祀也，法施於民則祀之（如神農氏之子柱），以死勤事則祀之（如后土、玄冥），以勞定國則祀之（如帝嚳、舜），能禦大菑則祀之（如禹），能捍大患則祀之（如契、湯、文王、武王）；非此族也，不在祀典。」這是「祭神」的起源。

　　進入春秋，封建制度逐漸崩潰，許多禮法不能維持。論語述而：「子疾（重）病，子路請禱。子曰：『有諸？』子路對曰：『有之。誄（禱累功德以求福）曰：「禱爾于上下神祇。」』子曰：『丘之禱久矣。』」這一段話，大概就是中國人生病求神保祐的很早紀錄。天神叫「神」，地神叫「祇」。孔子雖曾作過魯國的大夫，但沒有資格祭祀天地，此是時代的演變、禮法寬弛的緣故。

前述祭法的話，到今天仍可取得印證：廈門有「水仙宮」，奉祀大禹；臺灣有「五穀先帝」，即神農；金門後浦南門有「嶽帝廟」，奉祀東嶽泰山、南嶽衡山、西嶽華山、北嶽恆山、中嶽嵩山五座山的山神。而歷代帝王祭泰山及五嶽，皆見於史書。

中共徐曉望福建民間信仰源流三章一節：「漢書地理志評論東南（閩）越人的習俗，用了一句『信巫鬼、重淫（雜多）祀。』的評語。」同書四章一節：「隋、唐、宋閩中神廟多，神靈多。南宋漳州學者陳淳說：『淳竊以南人好尚淫祀，而此邦（漳州）尤甚。自城邑至村廬，淫鬼之有名號者，至不一。而所以為廟宇者，亦何啻數百所。』」五章一節：「道光福建通志評述各地民俗時說：『邵武人信巫鬼，疾病則巫、醫幷用。』明代長樂名士謝肇淛說：『今之巫覡，江南為盛；而江南則又閩、廣為甚。』」

金門志三人民志宗教：「至奉祀於廟宇者，則三教（儒、道、佛）雜糅，品類繁夥；區區小島，其奉祀神道，近有百種之多。其對象可分九類：一為與地緣、血緣有關之神；二為我國傳統之神；三為閩省地域傳統奉祀之神；四為出於歷史之神；五為出於稗官野史之神；六為佛教之神；七為道教之神；八為庶物之神；九為雜神。村必有廟，亦有一村數廟者。」

「也著神，也著人。」「著」是「必須」。金門人自古以來的習慣，生內外科的小病，看醫生吃藥糊藥就會好。若是心腹之疾、手腳骨折、皮膚惡瘡腫瘤等大病，除了找醫生治療，還須要經由乩童、女巫問神，請神指示是否有惡鬼纏身（金門話叫「隶」〔tə上去〕、隨附）？如果是，單靠醫藥就無能為力，需要請神明王爺和鬼魂談判，答應履行惡鬼所提的條件後，再加醫藥的輔助，雙管齊下，或者有痊癒的希望。這些風俗，包括閩

南、臺澎，完全相同。在現代人看起來，「求神」屬於民俗療法，其實算是「心理作用」，使病人與家屬精神負擔減輕，有時亦有效果；正如同基督教徒禱告上帝、聖母、耶穌，回教徒禱告眞主阿拉 Allah 和聖人穆罕默德一樣，並無基本的相異。

千金買厝，萬金買厝邊。（ts'ian 上平　kim 上平　bue 上上　ts'u 上去　ban 下去　kim 上平　bue 上上　ts'u 上去　pĩ 上平）——購買房屋除了留意合住，更重要的須選擇良好的鄰居。

論語里仁：「子曰：『里，仁爲美；擇不處仁，焉得知（智）？』」魏何晏集解引鄭玄：「里者，民之所居。居於仁者之里，是爲美。不處仁者之里，不得爲知。」孔子所說和鄭玄所解，即是說：居住的地方，要選擇風俗仁厚的群鄰，纔能算是有智慧的抉擇。

西漢劉向列女傳一：「鄒孟軻之母也，號孟母。其舍近墓。孟子之少也，嬉戲爲墓間之事，踴躍築埋。孟母曰：『此非吾所以居處子也。』乃去，舍市傍。其嬉戲爲賈人衒賣之事。孟母又曰：『此非吾所以居處子也。』復徙舍學宮之傍。其嬉遊乃設俎豆揖讓進退。孟母曰：『眞可以居吾子矣。』遂居之。及孟子長，學六藝，卒成大儒之名。君子謂孟母善以漸化，詩（鄘風干旄）云：『彼姝者子，何以予之。』此之謂也。」

筆者先父洪百得，民國十九年從印尼經商回國，次年在金門縣城後浦大街尋購店屋。恰巧在舊衙門斜對面有一座三樓店屋是政府公產，出租給隔壁黃瑞美。政府要賣屋，先父和黃瑞美競價，被先父高價買下。自此黃瑞美店主黃進注、黃九塔父子懷恨，見面不理睬、不交談。姓黃的屋頂平坦交界處建瓦牆碎玻璃尖阻絕。二十六年日本占領金門前街道拓寬，兩店店前二樓有共

用支撐陽臺的鋼筋水泥直梁一根，按理須各出一半價款，黃進注不理會。當年農曆除夕，先父差遣店員向他討帳，黃進注大怒，握起手杖進我店要毆打先父，先父閃開，劈地一聲，手杖打在櫃檯上。那時我六歲，嚇得往內跑。從此直到黃進注父子死亡，與先父形同路人。

　　七十三年，筆者購買一所住屋在臺中市安順東十街一棟五樓公寓的二樓。搬進去後，纔發現我的書房隔巷有三家鄰居的廚房排煙筒，臭油煙由窗戶吹進來；去找這幾家屋主說可否把煙筒換個方向，對方拒絕。三樓住著一對夫妻，那太太發動她的縫製塑膠皮包的機器，日夜軋軋地響轉著，使我住屋震動，心神不安。這震動和噪音，竟能穿越我家，直透地下停車室；這夫妻根本不想到是否吵了別人。本打算去說，反想他們以此爲生，說亦白費。書房對面住著一個工人，大大方方地將他和我相向的房間朝前擴建二次，再加一個大冷氣機，吹向我書房的窗子，相距不到兩公尺。他不知道甚麼叫做違章建築，更不管對面還住著鄰居。想找他講理，無法預料他不會亮刀亮鎗。這些鄰人加給我家的災害，逼得我不得不再搬遷。

　　搬到大容東街十二號二樓的一幢公寓（原因是透天厝買不起），四樓住著一雙夫婦。有一天我回家，纔發覺忘記帶樓下大門的鑰匙，從門口按電鈴，拜託他們壓一下開門鈕讓我進去。對講機中費了半天脣舌，門纔勉強開了；可是夫婦立刻來二樓找我吼叫，命我以後不准再要他們開門。那個很像受過大學教育的男子，兩手叉腰，怒氣滿面，作成要打架的模樣；我怕了，只得賠不是，並答應今後不再煩他們，夫婦纔倖倖離去。這樣，所謂「社區守望相助」，在那裏呢？

　　到此，我得到一些教訓：在擁擠的都市中，絕對不可購買預

售屋，一定要看建好的，最好能一個人先試住三日夜，待瞭解周圍的環境和鄰居後，然後決定買或不買，纔不致吃虧悔恨。

大蝦房（tua 下去　kʻo 上平　paŋ 下平）──喜好吃人筵席而不顧羞恥的人。

「蝦」是「巨大」意。這裏「大蝦」是綽號，意為「個子高大。」大蝦房，大概是清朝時的金門後浦人，名房，不知其姓。相傳這個人貪吃成癖，也從不管甚麼叫做「不好意思」。凡是後浦有人娶妻、嫁女、喪事（舊時喪事亦須請客）、喜慶、壽宴、新屋落成、七月普度等，無論和主人認不認識，他就來了，一屁股坐在筵席桌旁椅子上，等待吃喝。別人娶妻，他只買一對便宜裱好的紅紙喜聯題字後帶去；嫁女，方法一樣；喪事，到冥紙店買一捆「庫錢」冥紙；喜慶或壽宴，購一軸紅紙中堂；新屋落成，相同；從前後浦普度四門境分日舉行；今天這裏吃，明日那邊喝，簡直吃喝得不亦樂乎。古時民性溫和善良，明知他來意，雖不相識，卻不便拒絕；反正他一個人所吃不多，所以裝胡塗歡迎。他在筵席間和身邊的陌生人交談甚歡。他的吃法又很霸；有所謂「舖、路、顧。」舖，是口裏已在嚼食；路，是另一塊肉魚用筷子夾在半路等待；顧，是兩眼注視著桌面中央盤碗裏的某一塊頂大的肉魚。填飽一肚子的酒肉佳肴，半醉地得意回家。

「大蝦房」以大方坦然的態度吃遍四方，煞有介事。從此他的綽號和大名變成俗語，全島聞名，用來嘲笑所有「好吃而不顧體面的人」。

五月雨，驚查某。（ gɔ下去　gət下入　hɔ下去　kiã上平　tsa上平　bo上上）──陰曆五月多突如其來的急雨，婦女爲收集晾曬戶外的衣服農作物等擔驚受怕。

金門志卷二五篇一章氣候概說：「金門屬亞熱帶之海洋氣候，燠而不瘴，寒不至冱，全年降雨多在（陽曆）四月至八月，颱風則多於七八月。」換算陰曆，前者爲三至七月，後者爲六七月。同書同章二節夏季：「俗謂：『五月無善北』；夏至有北風，則曰：『北風送夏至』。舊志海防篇風信云：『夏至後，有北風必有颱信，風起而雨隨之至。』（清施鴻保）閩雜記云：『海中大風曰暴，蓋即詩（邶風終風）「終風且暴」。毛傳云：「暴，疾也。」疏云：「（東漢）孫炎曰：陰雲不興，而大風暴起。」諸書有作「報」者，音近誤耳。又有謂即「颶」也，亦非。』」依筆者居住金門數十年的經驗，陰曆三月起即吹南風，但有時突然轉北變涼，叫作「暴頭」；有時有雨，有時無雨，人極容易受涼感冒。陰曆三至七月雖是雨季，但時下時停，並不固定。金門有俗語說：「四月芒種雨，五月無乾土；五月芒種雨，六月火燒埔。」所謂「芒種」，指有芒刺的稻麥所需要的節氣雨。芒種本在五月節，如提早在四月下，五月就多雨；如在端午節左右下，那麼六月的天氣必定相當炎熱。

金門志又記：「今按康熙字典無『颱』字。據謝金鑾臺灣縣志云：『臺人謂颶風挾雨四面俱至，旋轉空中，如篩雨狀，故曰「篩風」。土音「篩」同「台」，諸書遂加風旁作「颱」，其實即颶也。』此說與金門同。」筆者案：謝氏說須要作一點修正：即颱風雨決不會「四面俱至」，是風速大挾雨橫掃的錯覺。據現代科學的氣象分析：颱風多在東南太平洋中形成，通常爲西北

向、西向、北向、東北向，風有大有小。受害的地區，以日本、韓國、臺灣、福建較常見。但吹到金門，已成強弩之末。其實「颱風」是閩南語，與前述南向吹的「暴頭」絕對是兩回事。陰曆六七兩月，有無打雷是重要關鍵，故有俗語說：「六月一雷止九颱，七月一雷九颱來。」

金門志又載：「是（五）月亦有局部陣雨，每於晴朗天氣之下，忽然片雲飛過，即驟雨紛落如石子，剎那間遂止，諺曰：『五月雨，驚查某。』查某，婦女也。有時東家落雨紛紛，婦女忙於收拾所晒衣物；而隔巷西家無滴雨者，見者常笑之。」陰曆十月的白天最短，卻是東半球的普遍現象，下午五時天就黑下來，故金門另有俗語說：「九月（天）狗齩（nau 上上、咬）日，十月日生翅，濫爛查某理未（煞）直。」「濫爛」是懶惰怠慢。理未直，很多事情都來不及作完。

欠債怨財主（kʻiam 上去　tse 上去　uan 上去　tsai 下平　tsu 上上）——債務人難於還債，反而怨恨債權者。

西漢劉向戰國策十一齊四：「齊人有馮諼者，貧乏不能自存，使人屬孟嘗君，願寄食門下。後孟嘗君出記（欠債者名簿），問門下諸客：『誰習計會，能為文收責（債）於薛（孟嘗君封地）者乎？』馮諼署曰能。於是約車治裝，載券契而行，辭曰：『責畢收，以何市（買）而反（返）？』孟嘗君曰：『視吾家所寡有者。』驅而之薛，使吏召諸民當償者，悉來合券，券遍合，起矯命以責賜諸民，因燒其券。民稱萬歲。長驅到齊，晨而求見。孟嘗君怪其疾也，曰：『以何市而反？』馮諼曰：『臣竊計君：宮中積珍寶，狗馬實外廐，美女充下陳。君家所寡有者，以義耳。』孟嘗君曰：『市義奈何？』曰：『今君有區區之薛，

不拊（撫）愛其子民，因而賈利之。臣竊矯君命，以責賜諸民，因燒其券。」後期（週）年，孟嘗君（被齊襄王所逐）就國於薛，未至百里，民扶老攜幼，迎君道中。孟嘗君顧謂馮諼：『先生所為文市義者，乃今日見之。』」

春秋戰國時大夫的封地，百姓必須按年繳納賦稅給大夫。封地越大，得稅越多，並不歸國家所有，一直到漢朝（侯王國）都是一樣。馮諼顧慮孟嘗君未必長為齊相，故在薛地替他買下民心，預留安穩的退步，勝於金錢百倍。不久馮諼遊說於魏昭王（史記孟嘗君傳謂是秦王），昭王以黃金千斤、車百乘聘孟嘗君為魏相。又向齊襄王分析利害，於是襄王又以重禮聘回孟嘗君為相。

西漢宣帝時的公羊博士疏廣，官至御史大夫，又是元帝的業師，功成名就後即退休回家，每天和故舊賓客飲宴，花費甚大。他的子孫敦請族中長老勸疏廣用錢多買田宅。疏廣說：我家舊田宅不缺，如此子孫纔會勤力其間，和鄉民相同，不可留太多金錢使子孫怠惰不作事。「賢而多財，則損其志；愚而多財，則益其過。且夫富者，眾人之怨也。」（節述漢書本傳）像疏廣這番話，可算是精明的處世哲學。本傳全篇最有價值的話就是「富者眾人之怨」。英文裏有一個很妙的字 envy，既是「羨慕」，又是「嫉妒」，一般人對富翁看法如此。明馮夢龍醒世恒言十七張孝基陳留認舅引俗語：「水平不流，人平不言。」人人財產差不多，你有的我也有，社會自然平安無事。負債的人難免會抱怨：為甚麼你那麼富有？我這麼窮！

古今中外任何國家最大的問題便是「貧富不均」。中國自商鞅開放土地自由買賣，貧富不均從此產生。漢書食貨志上載董仲舒的話說：「富者田連仟佰，貧者無立錐之地。」故仲舒建議武

帝「限民名田，以澹（安）不足。塞并兼之路。」但作不到。何況財富源於土地。歷經<u>王莽</u>、<u>師丹</u>、<u>王安石</u>等努力，二千多年來始終無法解決，故<u>中共</u>統一<u>中國大陸</u>後，採行激烈手段，將「全國百分九十土地霸占在十分之一人口」的不公平現象打破。<u>中共</u>土地改革成功，這是擊敗<u>國民黨</u>的最佳保證。再看<u>孫中山</u>的「平均地權，節制資本。」土地越要平均，土地越歸於少數人所有（炒地皮）；資本越要節制，財富越集中在少數（富豪與財團）人的手裏。故<u>中共</u>批判「<u>民生主義</u>」是一種空想，事實也是這樣。在古代，皇帝和皇親、國戚、寵臣結合；於現代，政府與財主、貪官、富紳連成一氣；根本無從改革。今日的<u>臺灣</u>社會，幾個大富翁列名於世界有錢者榜上，卻任何角落日夜都可見到撿拾破爛活命的人。

　　筆者不否認<u>臺灣</u>的銀行業對國家社會經濟發展的貢獻；但廣大的低收入者最害怕購屋貸款。多年前利息很高，納房貸每月要費去大半收入。近來利率調低，須貸款者提出申請，卻要收取手續費新<u>臺</u>幣五千元；不然照納高利貸。這不是吮人骨髓嗎？五千元在中高收入者不算甚麼，於貧窮者確是大事。正如同<u>西洋</u>的「吸血鬼」vampire 一般無二。況且攘取人的血汗錢，並無法律的根據（如<u>銀行法</u>），只是<u>銀行公會</u>自行定奪。

出頭損角（ts'ut 上入　t'au 下平　sŋ上上　kat 上入）──世事不論大小，帶頭作領袖的人常為罪過災難的箭垛。

　　很多物品，特別是木器，在整齊平坦的表面，如果有某處高出一些，或突出一塊，木匠就會將它鉋平或削除。這便叫作「出頭損角」。人群相處亦是如此。小自兩個人，大至一個民族，<u>中國</u>人講究「冤可解，不可結。」以息事寧人。<u>中國</u>歷史上有不少

的盜匪擾亂，其實大多數是盲從的饑民無飯可吃，不得不成群搶劫、殺人；如被官兵平定，帶頭的人一定遭到斬首。倘若亂事更加擴大，蔓延國土的大部分，最後王朝被推翻，領導倡亂的人也就成為新王朝的皇帝。新建的王朝政治穩定，所有的亂源受到安撫，一切照常。幾百年或數十年，由盛而衰，眾多的人民又沒有飯吃，天下盜賊再起，又進行一如從前的循環。

　　中國和西洋民性不同。中國少數人相爭，雙方對嚷互罵，有和事佬出來，大家了事。西洋人則一言不合，大打群架，死傷在所不惜。若果是大群人民，中國的情形就如上一段所述。西洋人家家戶戶持武器上街頭，奮戰到底；故西洋各國的革命比中國多得太多了；如果成功，國家的領導者就換新人；不幸失敗，為首的難逃絞刑或上斷頭臺。中西相同的，引起革命的根源常非由人民，而是來自宮庭或軍事將領的政變。

　　老子二十：「我愚人之心也哉？沌沌兮，俗人昭昭，我獨昏昏；俗人察察，我獨悶悶。」言外之意，大家都自以為聰明，要這要那朝前衝；我卻很笨，裝作不懂，留在原地或退後。如此，任何險惡凶災皆輪不到我頭上來。莊子德充符：「山木自寇也，膏火自焚也。桂可食，故伐之；漆可用，故割之。人皆知有用之用，而莫知无（無）用之用也。」同書山木篇記莊子某次帶著徒弟們作客，主人殺雁招待，卻要殺那隻不會啼叫的，會啼叫的留著。徒弟們問莊子似此人須如何自處？莊子回答說：願處於「材與不材之間」。換句話說，在左、右、前、後、上、下都危險時，寧可選擇「中間」，當可存活。

好人，否人累。（ho 上上　laŋ下平　p'ai 上上　laŋ下平　lui 下去）──人群中壞人多，拖累好人也無辜不受人所信任。

　　說文：「否，不也。」段注：「否者，說事之不然也。」易鼎初六爻辭：「鼎顛趾，利出否。」唐陸元朗釋文：「否，惡也。」朱熹本義：「鼎而顛趾，（同卦九四爻辭有『鼎折足，覆公餗〔𫗧〕。』）悖道也。」釋文解「否」爲「惡」，「惡」就是「不好」，「不好」即是「壞」。西漢揚雄太玄積：「冥積否。」晉范望注：「否，不善也。」「不善」即是「惡」，也就是「壞」。筆者在拙著文史哲版閩南語考釋九章「好否」條中，曾提出，世俗寫「壞」音作「歹」或「壞」皆誤，應作「否」爲是。

　　「好人，否人累。」的實例：筆者於民國五十幾年間，有一晚到臺北市衡陽路某鐘錶行看手錶，當時近九點鐘。我一進門，老闆立刻命火計關上鐵門，把我鎖在店裏，然後拿錶給我看。我感覺很屈辱而生氣，就不看，出來。但老闆沒有錯，因爲晚上鐘錶行的搶劫案很多。去年（九十二）某日，白天經過臺中市大墩路，因手腕上的石英錶電池沒電，想換一塊，剛好路邊有鐘錶店，頭上戴著騎機車的安全帽就走進店去，不料那老闆命我先脫下安全帽，再談其他。這老闆亦無錯，因爲騎機車搶劫的人都戴著安全帽和口罩。

　　民國六十七年，我到美國亞利桑那州立大學 Arizona State University 進修，抵達舊金山機場，通關時，一聽是「學生」，關員只看一下護照，行李一概不檢查。那關員沒錯，因爲各國來美的學生受到信任。等到住旅社，我問負責人要事先付費或明早再給？那人直說「事先」。他也沒錯，因爲有旅客住宿不付費就

跑了。後來回到桃園中正機場，搜查行李很嚴，把一個收音機東搖西敲，怕我裏面暗藏毒品。那關員更沒錯，因為美國到臺灣的旅客走私毒品案件不少。

死神驚活神（si 上上　sin 下平　kiã 上平　uat 下入　sin 下平）——有權有勢的活人，連鬼神都要退讓。

　　動物中只有人類信仰宗教並崇信鬼神，因為宗教和鬼神連結在一起，使人不得不畏懼。和宗教無關的鬼神，也是一樣。西洋人不敢拆毀基督教堂；伊斯蘭教徒不敢拆除清真寺；中國人不敢拆毀寺廟，但帝王與國民黨軍隊例外。如北魏太武帝拓跋燾（公元四○八－四五二）、北周武帝宇文邕（公元五四三－五七八），都曾先後禁民出家，毀佛像、佛經；中國佛教史上稱為「二大劫」。唐憲宗元和十三年（公元八一八）十二月，帝遣中使迎鳳翔法門寺佛指骨入禁中，刑部侍郎韓愈上論佛骨表諫，其中說：「（東）漢明帝時，始有佛法。明帝在位十八年耳。其後亂亡相繼，運祚不長。宋、齊、梁、陳、元魏以下，事佛漸謹，年代尤促。惟梁武帝在位四十八年，前後三度捨身施佛，其後竟為侯景所逼，餓死臺城。由此觀之，佛不足事亦可知矣。夫佛本夷狄之人，與中國言語不通，衣服殊製。況身死已久，枯朽之骨，凶穢之餘，豈宜令入宮禁？」表上，憲宗大怒，將抵以死，崔群、裴度、戚里諸貴皆為愈言，乃貶潮州刺史。於是韓愈作左遷至藍關示姪孫（韓）湘詩以寄感慨：

　　　　一封朝奏九重天，夕貶潮陽路八千。

　　　　本為聖朝除弊政，敢將衰朽惜殘年？

　　　　雲橫秦嶺家何在？雪擁藍關馬不前！

　　　　知汝遠來應有意，好收吾骨瘴江邊。

　　民國四十六年間，金門守將胡璉下令清除縣城後浦東門外大路崎、西門尾至同安渡頭一帶無數疊積數百年的墳冢，有主的家屬把屍骨領回，連帶無主的都一律遷葬於離城較遠的公墓墓園。當年筆者曾到現場觀看。也見著一明朝古墓，棺材紅漆完好，形狀如同一印章匣子，棺蓋由暗榫裏抽開。骨骸穿了一襲五彩圖紋衣袍，色緻鮮麗；奇怪的是一與空氣接觸，瞬間變成一堆齏粉。遍地墳墓之區，白天夜晚都令人畏縮，誰敢去挖掘他人的塋墓？但卻沒有聽說過，鬼魂因不願搬家而去找胡氏算帳。後浦西門的城隍廟，在四十幾年時被由軍隊組成的警察局占住，局長何洪印。神座前有一前庭，遭用木板牆把神座隔開封住，兩邊只留小門出入，前庭用作辦公室。因稍不便，香客減少。城隍爺是「陰府的縣官」，清朝時的縣老爺和民國初的知事，每逢初一、十五日，須前去焚香禮拜。被軍隊占住，也並未發現城隍爺顯靈抗議。軍隊拆毀寺廟，則難於計數。

　　四十七年，筆者和族叔洪景炎同住在永和市另一族叔洪怡祥處。洪景炎曾面告我一椿奇事：前幾年他擔任縣城北門里里長，某晚忽然作夢，夢見北門玄天上帝宮後殿一尊土地公訴苦，說他住的神龕遭占住的軍隊用紙糊起封住，請里長要救救他。筆者案：像這些事實，豈不是足以證明「死神驚活神」的確不假嗎？

江湖一點訣，講破不值錢。（kaŋ上平　ɔ下平　tsit下入　tiam上上　kuat上入　koŋ上上　pʰua上去　ɘm下去　tat下入　tsĩ下平）——以特殊技藝飄泊四方維生者皆有神奇祕術，如其術公開或被識破，實是平凡而容易。

　　這裏所謂「江湖」，意指「技藝」。到處奔波謀生活的人，包括密醫、打拳賣藥、賣唱、野臺戲子、算相命、卜卦、風水以

及一切具有特技表演者如吃火、吐火、吞劍、走鋼索、耍兵器、口技、翻筋斗、雜技、魔術等皆是。目前全世界聲譽最隆的魔術師首推美國的大衛考伯菲，他曾使紐約港口的自由神像瞬間消失，自己閉目打坐在亞利桑那州大峽谷 The Great Canyon 上空騰身飛行，將一架飛機化爲烏有，不用遮蔽自身受電鋸鋸爲兩截，在中國長城牆邊穿牆而過等。錄影帶中所見，教筆者最感十分神奇的，他曾於美國有名無人能逃的離島艾卡特茲（又稱死亡島）監獄，隔著堅牢的鋼柵門，雙手持被單於柵外，上下舉起遮身三次，人已在鋼柵門外，令人百思不解。又從破紙箱中變出一隻貓，幫他逃過二頭篤賓狗的攻擊，最後抱貓自屋頂乘坐直昇機越獄成功。

英文 magician 這個字譯爲「魔術師」，亦可譯作「法師」，表示法力無邊，神通廣大。

公元二〇〇〇年間，美國另有一位專門破解魔術的「蒙面魔術師」，先後表演公開許多魔術的訣竅，使觀衆看來，神妙的魔術原來如此簡單。例如斷頭臺切人頭、口接射來的鎗彈、躲過由上落下的釘床、飛刀拋插數公尺外女郎身旁的木板等，大都是暗中動道具的手腳或配合助手機械達成，毫無破綻。觀衆一看就學會的，如左手以快速手法握住一根像食指頭大的紅蘿蔔，再用一條黑手帕包住；右手不斷用寸長的利針插進黑布包住的食指，又全拔除，然後掀去手帕，展示左手的食指毫髮未傷；其實利針戳的是紅蘿蔔，並非食指。

筆者在少年時代，朋友教給我一個簡單的魔術。人坐於桌後，左右手各拿著一個銅板，將銅板在近身桌邊上推來推去，乘觀衆一不留神，把銅板都放落在夾緊的腿褲上。緊握的雙手作勢，左手假將銅板交給右手；左手伸進桌下，撿起兩枚銅板，同

時右手故意使力把銅板在桌面上一壓，這時左手的錢使它們相撞發聲，觀衆看起來眞的像錢被壓穿過桌面下去一般。

來不赴清明，去不赴七月半。（lai 下平　əm 下去　hu 上去

ts'ĩ 上平　mia 下平　k'ï 上去　əm 下去　hu 上去　ts'it 上入　gət 下入
　puã 上去）——南洋的燕子，清明節後成群飛來金門，中元節前又飛返。

　　金門志二、五篇氣候：「金門位於東經一一八度一九分至一一八度二八分，北緯二四度二五分至二四度二八分，屬於亞熱帶之海洋氣候。」但因貼近大陸，和大陸氣候相同，四季分明，每季各三個月。以陰曆說，一二三爲春，四五六爲夏，七八九爲秋，其餘三個月爲冬。陰曆的創設雖以月亮與太陽相會爲主，然總定立於溫帶地區。「清明」是一年中二十四節氣之一，通常在三月節（陽曆四月五日或六日），準確無比。二十四節氣爲居於溫帶的中國人所發明，最早見於汲冢周書時訓解。（此書於晉武帝時發現於今河南汲縣、傳說周公作）「立冬」這一天在陽歷十一月七日或八日，金門非常寒冷，故須「進補」；而屬於熱帶的臺灣仍是悶熱不堪，臺胞也在「進補」，豈非怪事？每看見臺胞也使用二十四節氣，筆者只覺得十分無知可笑。

　　說文：「燕，玄鳥也。」燕屬於鳴禽類，因它的背部羽毛黑色，故稱玄鳥。詩商頌玄鳥：「天命玄鳥，降而生商。」史記殷本紀：「殷契（商之始祖）母曰簡狄，有娀氏之女，爲帝嚳次妃。三人行浴，見玄鳥墮其卵，簡狄取吞之，因孕生契。」這當然是古帝王誕生與衆不同的神話。詩邶風燕燕：「燕燕于飛，差池其羽（張舒其尾翼）。之子于歸，遠送于野。瞻望弗及，泣涕如雨。」唐孔穎達疏：「隱三年左傳曰：『衞莊公娶于齊東宮得

臣之妹，曰莊姜，美而無子。又娶于陳，曰厲嬀，生孝伯，早死。其娣戴嬀生桓公（完），莊姜以爲己子。』四年春，州吁殺桓公。由其子見殺，故戴嬀於是大歸（永回其娘家）。莊姜養其子，與之相善，故越禮遠送於野，作此詩以見莊姜之志也。燕燕往飛之時，必舒張其尾翼，以興戴嬀將歸之時，亦顧視其衣服。」

閩南語「赴」是「來得及」。燕是一種候鳥，隨季節的變化而遷居。它的原住地爲南洋群島。金門的燕，在清明節以後不久飛來，以避免夏季將到的南洋酷熱。因在清明後，故俗語叫「不赴」。於金門逗留數月後，又於七月中元節前飛回南洋，因爲秋天已經到來。陰曆八月初一起，氣候逐漸涼冷，燕很敏感怕冷，所以提早飛返故鄉。因趕在中元節前，故亦叫「不赴」。臺灣氣候類似南洋，夏季甚至比南洋還要熱。臺灣也有燕，是否來自南洋，不清楚。

燕喜愛在所遷居之處的人類屋簷下築巢，明年再來，輕易找著舊巢，絲毫不誤。北宋晏殊浣溪沙詞：「無可奈何花落去，似曾相識燕歸來。」即詠此事。

燕在中南半島、南洋群島故居，多建巢於高高的雨淋不到的巖石崖下。有一種金絲燕，從海濱啄食藻類，然後又成條吐出，用來築巢，含有膠質，乾燥後成爲堅硬的窩，有白、黃、紅數種顏色。其中以紅色最爲名貴罕見，白、黃色次之。土著冒險攀爬石壁採得，再賣到中國。金門的中藥店或甘味店都有出售，稱爲「燕窩」，浸水散開後夾除燕毛雜質，加上佐料上筵席，叫作「燕菜」，爽口好吃，性質又清涼退火。亦可雜冰糖燉甜湯，十分名貴。

孤囝未（獪）掠龍（kɔ 上平　kiã 上上　bue 下去　liak 下入　liəŋ 下平）——只生一個獨子，有緩（緊）急無濟於事。

古代農業社會，生活的憑依就是男耕女織。種田需要眾多的男丁，不論犁田、耘草、播種、澆水、施肥、除蟲、收成、打穀、舂穀、磨粉等，常以男人居多。如果雇人，便要花費一筆不小的工資，對生計不划算。故舊日有所謂「三多」：多財、多壽、多男子的人人祈望的吉慶。反過來說，女性體格軟弱，多生女兒不但不是福，將來又要負擔不能避免的嫁妝，所以古時包含金門在內的中國，「生女輒殺」是稀鬆平常的事。作於數千年前的詩小雅斯干：「乃生男子，載寢之牀，載衣之裳，載弄之璋。乃生女子，載寢之地，載衣之裼，載弄之瓦。」朱熹集傳：「寢之於牀，尊之也；衣之以裳，服之盛也。寢之於地，卑之也；衣之以裼，即其用而無加也。」重男輕女，顯然可見。

傑出的女子不是沒有，總是太少。西漢劉向列女傳六齊太倉女：「漢太倉令淳于（意）公之少女也，名緹縈。淳于公無男，有女五人。孝文皇帝時，淳于公有罪當刑，公罵其女曰：『生子不生男，緩急非有益！』緹縈自悲泣，而隨父至長安。上書曰：『妾傷夫死者不可復生，刑者不可復屬（連）。雖欲改過自新，其道無由也。妾願入身爲官婢，以贖父罪。』書奏，天子憐悲其意，乃下詔曰：『其除肉刑。』」

在從前，金門人稱贊「五男二女」是生子的楷模。一大片土地，五個男丁足以耕耘如意；女婿不能沒有，兩名剛好。有了五位兒子，家中發生事故，不怕沒有人承擔；唯獨僅有一個兒子，本事再大，終也覺得力量單薄，窮於肆應；因此纔有「孤囝未掠龍」俗語的產生。「掠」是「獲得」，「龍」表示「大利」。

東加博，死較快活。（toḡ 上平　ka 上平　puat 下入　si 上上　kʻa 上平　kʻuǐ 上去　uak 下入）──備有場所賭具供人賭博收費的主人，自己也參賭，實太過分又未必包贏。

左傳僖公三十年：「晉侯（文公）、秦伯（穆公）圍鄭，（鄭大夫）燭之武見秦伯，曰：『若舍（捨）鄭以爲東道主，行李之往來，共（供）其乏困，君亦無所害。』」「東道主」，旅行時東路上的主人。南宋洪邁容齋隨筆七北道主人：「鄭人謂秦盍舍鄭以爲東道主，蓋鄭（在今河南）在秦（在今陝西）之東，故云。」這個「東」字，就是後世用作「主人」意思的起源。例如船東、店東、房東等皆是。甚至請客，也是說：「今晚我做東。」「行李」又稱「行理」，古時稱外交官或代表國家出門理事的人。今天則專指旅行時所攜帶的箱袋等物。

動物中只有人類富有「賭性」，而且極狂熱。因爲賭可以不勞而獲，有時甚至致富。世事禍福相倚。利益越大，風險越高，故爲賭而負債、破產、妻離子散、自殺的，古今都有。金門有一句俗語：「繳（即賭）燴重鎗傷。」賭博通常有下注，經由賭具決勝敗，敗者所下的注錢全數被勝者所吃，故叫「繳」。「燴」閩南語指「火氣」，如發炎、腫脹、發燒、痛楚、焦躁等皆是。鎗傷是致命的傷害，「繳燴」重於「鎗傷」，可見賭的狂熱與危害的可怕，但世上的賭徒卻全樂此不疲。

「東加博，死較快活。」用來嘲諷賭場主人。設賭場者要供應賭客們的場地、賭具、燈火、茶水、點心、香煙等，故須收費，叫「東」。或以「局」向賭勝者收費，或以「場」向參賭者收費。如果主人也參賭，又要冒賭輸的風險，所以用這俗語諷刺主人的野心過大和患得患失的心情負擔。

　　公元一九三七年至一九四五年的日據時代，金門政府鼓勵民衆種植與吸食鴉片及賭博。在後浦南門舊「德興當鋪」的庫房改設大型賭場（民國四十年起爲國民黨軍「軍人之友社」），供全島民衆賭博，各式賭具都有，日夜開放，使人民癡迷其中，不會想到「抗日」。

柚柑隶尾甜（iu下去　kam上平　tə上去　bə上上　tĩ上平）——勸慰苦命人堅忍眼前的苦楚，日後自然會轉爲幸福快樂。

　　柚柑，不是指柚子和橘子，而是一種較小的柑果。外皮堅硬，圓形，生時綠色，成熟後有黃、橙、紅等色，中皮乳白色或淺黃色。內皮成薄膜狀，分爲八至十餘室，每室成爲一瓣，含有多量汁液。因外皮堅硬，吃時須用刀切開，口感稍嫌酸澀，但吃後會有餘甜留在口齒間。北宋丁度集韻隊韻：「隶，從後及之也。」「隶尾」，就是「到最後」之意。閩南語又稱「跟隨」爲「隶」。

　　筆者的先母徐惠香，原籍當在泉州離海不遠（迄今不能確定何縣何鄉）。民國二年生。家中父母外，有一個不務正業成天遊蕩賭博的哥哥；欠人一大筆賭債，種田的年老父親無力代爲清還；在債主逼債下，不得已於民國八年，把七歲大的獨女徐惠香出賣給人口販子，得銀元五十元。人口販子用小帆船偷運至金門瓊林鄉海邊登陸，同船另有小男女三名。當時的北洋政府雖禁止人口買賣，但民間照常進行。先父洪百得那年二十八歲，娶金門前水頭鄉中界黃廷參女兒黃秀吟爲妻，軟弱懶作，於是買下徐惠香爲婢女。次年（民九）先父挈眷到印尼北加浪岸Pakalongan經商，十九年回金門後浦。因黃秀吟不能生育，先父留徐惠香爲妾。二十一年生筆者。黃秀吟生性多疑、善妒、凶惡、殘忍。自

徐惠香七歲進門起，單獨操勞家事不算，又專找些小事肆意加以毒打；手痠了，俯身用口咬。一直到生了筆者，還時常追著要打。徐惠香曾肩揹著三歲大的我逃亡廈門二次，又被找回。兩度自殺不成功。我這位生身的母親，善良不識字，不懂得向警局或法院控訴，或計較分居，每天流淚過日。先父在南洋賺了一筆錢，回金後在縣城中街購屋開設五穀店洪得記，尚有餘錢可買一座三或四合院住屋另居。但他不善籌畫，甘願把不少的中國銀行著名「紅底拾圓」國幣成堆收藏在保險櫃裏，又寄存伍仟圓（約值今新臺幣五百萬元）於廈門中國銀行備作將來給家兄和我受教育用。不幸抗日八年勝利，當時所有這些票面最大的拾圓國幣貶值成為廢紙。徐惠香慘受百般虐待，他也未能阻止黃秀吟的暴行。生母的積年怨氣無處發洩，於是轉向三個兒女與兩個養女洪玫瑰、洪佩蘭不時打罵；尤其筆者童少年時更遭毒打，造成對我的個性心理嚴重傷害。

當生母被黃秀吟虐待時，族叔洪怡祥乘間勸慰她說：「香花（惠香小名）啊，汝且忍耐，將來祐阿（指筆者）大漢（長大），會成人成器，給汝快樂歡喜，柚柑隸尾甜！」

全家在四十八年遷臺。筆者父母先後過世，但生母徐惠香活到九十一歲的高壽，於九十二年夏病逝。總歸來說，她的晚景可喜，精神物質皆甚如意，內外子孫對她都有孝心，親友鄰居待她亦很友善，確實應驗俗語「柚柑隸尾甜」。

狀元天下福，會元天下才。（tsioŋ 下去　guan 下平　tʼian 上平

　ha 下去　hɔk 上入　hue 下去　guan 下平　tʼian 上平　ha 下去　tsai

下平）——古時士子於禮部會試錄取進士第一名稱會元；皇帝再行殿

試，一甲一名稱狀元。

　　唐杜佑通典選舉：「隋文帝開皇七年（公元五八七），制諸

州歲貢三人，工商不得入仕。開皇十八年（五九八），又詔京官

五品以上，及總管刺史，並以志行脩謹、清平幹濟二科舉人。」

這是舉薦官吏的優秀者，還不是科舉的科目。明顧炎武日知錄十

六明經：「唐制有六科：一曰秀才，二曰明經，三曰進士，四曰

明法，五曰書，六曰算。當時以詩賦取者，謂之進士；以經義取

者，謂之明經。」（原注：「〔唐劉肅〕大唐新語：『隋煬帝置

明經、進士二科。國家因隋制增置秀才、明法、明字、明算，並

前為六科。』」）唐時秀才地位最高，和明代起的秀才不同。同

書秀才：「唐登科記：『（唐高祖）武德至（高宗）永徽，每年

進士或至二十餘人，而秀才只一人、二人。』杜氏通典云：『初

秀才科第最高，試方略策五條。玄宗御譔六典：「凡言貢舉人，

有博學高才，強學待問，無失俊選者為秀才；通二經以上，為明

經；明閑時務、精熟一經者為進士。」』」同書同卷舉人：「舊

唐書高宗紀：『顯慶四年（公元六五九），二月乙亥，上親策試

舉人，凡九百人。』自本人言之，謂之舉進士；自朝廷言之，謂

之舉人。不若今人以鄉試榜謂之舉人，會試榜謂之進士。」（原

注：「趙氏曰：『今會試中式者，禮部放榜，但云會試中式舉

人；必俟殿試後，賜進士及第出身、同出身，始謂之進

士。』」）同書同卷經義論策：「（明）太祖實錄：『（洪武）

十七年（公元一三八四），令禮部頒行科舉成式：第一場，四書

義三道、經義四道。第二場，論一道、詔課表內科一道、判語五條。第三場，經史策五道。」」周武則天天綬元年（公元六九〇），武后策貢士於洛陽殿，為皇帝「殿試」的創始。到宋太祖開寶年間，帝親臨講武殿，覆試進士宋準等；自此成為常例，直至清末。

明史選舉志：「三年大比，以諸生試之直省，曰鄉試，中式者為舉人。次年以舉人試之京師，曰會試；中式者，天子親策於廷，曰廷試，分一二三甲，以為名第之次。一甲止三人，曰狀元、榜眼、探花，賜進士及第。二甲若干人，賜進士出身。三甲若干人，賜同進士出身。」

歸納來說，明朝起，一般男性讀書人無論老少，稱為「童生」。每三年春天一次，在縣城考試三場，及格者稱為「秀才」（也叫「進縣學生」、秀才不得稱「中」）。每三年春天一次，集各縣秀才於各省省城考試三場，及格者稱為「舉人」。舉人第一名稱為「解元」。每三年春天一次，集各省舉人在北京禮部會試三場，及格者稱為「進士」。進士第一名稱為「會元」。由主考官（通常為丞相）閱卷，選取若干名參加皇帝的廷試，由皇帝親自閱卷，評定一甲取三名，即狀元、榜眼、探花。從宋朝開始，又有不限定時間舉行的「恩科」，如：朝廷有慶典、新帝登基、太上皇、皇太后壽慶等。自唐代至清末，全國獲得狀元、榜眼、探花最多的，為江蘇、浙江二省。

金門許獬（公元一五七〇－一六〇六），明朝後湖鄉人。少年時在後浦今廢衙署（當時是民房）讀書，書房名叢青軒。神宗萬曆二十五年（公元一五九七），二十八歲，至福州考試，中舉人。二十九年（一六〇一），三十二歲，到北京考試，登進士榜首會元。殿試二甲一名，授翰林院編修。錄取進士，是由學者宰

相閱卷評定，考生須要有眞才實學，尤其是會元，最爲難得，故俗語說「會元天下才」。殿試是由皇帝閱卷，皇帝的學養不及宰相，評定等第未必中肯，故俗語說「狀元天下福」。

後浦人驚食，鄉下人驚掠。（au 下去　pʻɔ 上上　laŋ 下平　kiã 上平　tsiak 下入　hiũ 上平　e 下去　laŋ 下平　kiã 上平　liak 下入）——日據時代，金門海運遭盟軍封鎖，物資缺乏。故縣城後浦人怕客人來吃；鄉下人土產不缺，但膽小怕被唬嚇官府要抓。

「掠」是「抓捉」意。金門的日據時期和抗戰相終始（公元一九三七至一九四五），共八年。特別是一九四一年珍珠港事變，美國對日本宣戰，封鎖臺灣海峽，所以一向仰靠臺米與漳泉米的金門，糧食特別缺乏。臺米偶然來金，但嚴重不足。金門全島的農民種田，主食番薯、大小麥、花生不欠缺。後浦人多田少，故連番薯簽乾、麥粉都視同寶物，鄉下人挑來賣的農產品價格又貴。所以後浦人頂害怕有客人來住吃幾天，因此「後浦人驚食」這一句絕妙的譏笑俗語終於產生。鄉下人少接近官廳，聽說警察來了就害怕，故說「鄉下人驚掠」。抗戰末數年，鄉下人連後浦人都瞧不起，如有人到鄉下去，就被譏笑說：「後浦乞食來了！」並把後浦綽號爲「乞食營」。

要守，守其清；要嫁，嫁其明。（bə 上平　tsiu 上上　tsiu 上上　ki 上平　tsʻiŋ 上平　bə 上平　ke 上去　ke 上去　ki 上平　biŋ 下平）——寡婦如欲守寡，要守得清白無瑕；若要嫁，須嫁得公開分明。

詩鄘風柏舟：「汎彼柏舟，在彼中河。髧彼兩髦（西周衛世子年少時梳兩束頭髮至眉），實維我儀（匹配）。之死矢靡它；母也天只，不諒人只。」詩序：「柏舟，共姜自誓也。衛世子共

伯蚤（早）死，其妻守義。父母欲奪而嫁之，誓而弗許。故作是詩以絕之也。」朱熹集傳：「雖至於死，誓無它心。母之於我，而何其不諒我之心乎！」「只」是語助詞。

　　西漢劉向列女傳五代趙夫人：「（春秋）趙簡子之女，襄子之姊，代王之夫人也。簡子既葬，襄子未除服，北登夏屋，誘代王。使廚人持斗以食代王及從者，行斟，陰令宰人各以一（有柄銅）斗，擊殺代王及從者。因舉兵平代地而迎其姊趙夫人。夫人曰：『吾受先君之命，事代之王，今十有餘年矣。今代已亡，吾將奚歸？且吾聞之：婦人之義無二夫。欲迎我何之？』遂泣而呼天，自殺於靡笄（今山東歷城縣南）之地。」趙夫人的夫婿代王，被她的弟弟趙襄子殺害，趙夫人因此亦殉夫而死。

　　古時的習俗，女子夫死再嫁的也常有。後漢書列女傳：「陳留董祀妻者，同郡蔡邕之女也，名琰，字文姬。博學有才辯，又妙於音律。適河東衛仲道。夫亡無子，歸寧于家。（獻帝）興平（民國戴君仁詩選注謂「初平」之誤）中，天下喪亂，文姬為胡騎所獲，沒於南匈奴左賢王，在胡中十二年，生二子。曹操素與邕善，痛其無嗣，乃遣使者以金璧贖之，而重嫁於祀。祀為屯田都尉，犯法當死，文姬詣操請之，乃追原祀罪。」文姬第二次嫁於匈奴王，是由於戰亂的不得已。可是她前後嫁了三夫，當時及後世，並沒有人因此看不起她。

　　文姬曾作悲憤詩二章，其中說：

　　　平土人脆弱，來兵皆胡羌。

　　　馬前懸男頭，馬後載婦女。

　　　感時念父母，哀歎無終已。

　　　己得自解免，當復棄兒子。

　　　兒前抱我頸，問母欲何之（往）？

「人言母當去，豈復有還時！」

見此崩五內，恍惚生狂癡。

號呼手撫摩，當發復回疑。

既至家人盡，又復無中外。

託命于新人，竭心自勖勵。

流離成鄙賤，常恐復捐廢。

這詩描寫胡兵的殘暴、回國前與子離別的悲悽、再嫁後的擔憂，使人如同目睹，令人感傷。她又善於琴曲，作胡笳十八拍；蔡琰別傳：「春月登胡殿，感笳之音，作詩言志曰：『胡笳動兮邊馬鳴，孤雁歸兮聲嚶嚶。』」後來胡人思慕文姬，乃捲蘆葉為吹笳，奏哀怨之音。

金門志十二列女：「許氏，後浦邱志仁妻，年未三十夫歿。遺孤良功，生纔彌月，艱辛撫養，守節三十餘年。（清）嘉慶間，良功官浙江提督，奏請旌表，建坊，封一品夫人，祀節孝祠。」許氏夫死守節，撫養良功有成，平定閩海寇盜蔡牽，晉封男爵。嘉慶皇帝賜建的許氏石坊表，迄今已二百年，仍矗立於後浦東門境內，政府核定列為國家一級古蹟。邱良功的府第亦尚存。筆者童年，邱府大門口和「石坊腳」，都是好玩的地方。石坊聘泉州師父以泉州白石與青斗石建成，堂皇堅固美觀，為臺灣所罕見。

本條所述的幾個故事，很是感人。反觀現代中外的不少婦女，逢到夫死，既不明嫁，又不清守，過著和許多男人暗昧廝混的生活，豈不令人為她們愧死。

食一，睏兩，做工課三。

（tsiak 下入　tsit 下入　kʻun 上去　lŋ 下去　tsue 上去　kʻaŋ 上平　kʻ 上去　sã 上平）——享受的，人越少越好；勞力辛苦的，人越多越好。

這一句俗語流行於金門島中部一帶。吃食物或美味的佳肴，一個人獨享最為理想。睡覺（應指夫妻）不多不少為兩人，不但有情趣，冬天睡起來也較溫暖而不孤單。至於從事費力流汗的工課（作），頂少三人，甚至愈多愈好，分工合作，輕鬆又較快完成。

孟子梁惠王下：「（孟子）曰：『獨樂樂（獨自欣賞音樂的快樂），與人樂樂，孰（那一種）樂？』（齊宣王）曰：『不若與人。』曰：『與少樂樂，與眾樂樂，孰樂？』曰：『不若與眾。』」孟子和齊宣王的對話，以現在的「聽音樂會」為例，似乎「單獨欣賞」不如「與別人一起欣賞」來得快樂；但「和很多人一起欣賞」，則未必像宣王所講的快樂。固然目前人們聽音樂演奏會，大多肅靜聆賞；但有時亦會出現「人多嘴雜、喧嘩吵鬧、邊吃東西」的場面，使有識者不快。

食老求（一步）好死

（tsiak 下入　lau 下去　kiu 下平　〔tsit 下入　po 下去〕　ho 上上　si 上上）——人老活盡天年，但求身心毫不痛苦地無疾而終。

書洪範載商太師箕子告周武王：「五福：一曰壽，二曰富，三曰康寧，四曰攸好德，五曰考終命。六極：一曰凶短折，二曰疾，三曰憂，四曰貧，五曰惡，六曰弱。」南宋蔡沈集傳：「攸好德者，樂其道也。考終命者，順受其正也。凶者，不得其死也。短折者，橫夭也。惡者，剛之過也。弱者，柔之過也。」考

終命，是長壽而善終。惡是性情太過剛烈，常會招致患難，也能損壽。弱是作人過分軟弱，一生無能有所成就。

人來到世間，都是天地父母所強生，自己作不得主。經歷幼年、童年、少年、青年、壯年、老年，終須一死。其中又必須經過「疾病」這一關的苦痛熬煎。千古艱難惟一死。人類因為智慧最高，大概十歲左右就曉得自己有一天要「死」；故人越近老年，越會有「死亡的恐懼」，別的動物則沒有。世上許多宗教，都是為解決人死後的問題而產生。如果能把生死看得開，死的恐懼便會減輕。

莊子大宗師：「夫大塊（天地）載我以形，勞我以生，佚我以老，息我以死。故善吾生者，乃所以善吾死也。」照莊子的觀點，人活著的時候都要負擔身心各方面的操勞。老年來臨雖為人所不願；但因有子孫代勞，卻也樂得安逸。到了死，那便是造物者要讓我們永遠安息。同書盜跖：「人上壽百歲，中壽八十，下壽六十；除病瘦死喪憂患，其中開口而笑者，一月之中，不過四五日而已矣。天與地无（無）窮，人死者有時。操有時之具，而託於无窮之間，忽然无異騏驥之馳過隙也。」所以人活在世上，非常短暫，須要適時尋求樂趣，纔不致枉過一生，但不能以害人為手段。

民國名學者兼臺灣商務印書館創辦人王雲五，筆者曾親身聽他演講二次。報載他畢生早睡早起，從無失眠之苦。晚年鬚髮盡白，有一天他說：希望死於心臟病突發，很快過去，沒有痛苦。王氏的學生－中央研究院院長胡適博士，在五十一年二月二十四日，於臺北市南港中研院院士酒會上心肌阻塞症突發去世，前後纔幾秒鐘，享年七十二歲（公元一八九一－一九六二）。當時的教育部長程天放博士曾說：一位學者如果能活到八九十歲，學問

會造詣更高，爲國家留下更多的文化資產。王雲五的逝世病因尚待查證。胡適謝世相當可惜；但死法倒令人羨慕。

今天七十歲以上的金門後浦人應該都認識王廷植。他是當地的紳士，讀書不多，但得人望，曾在日據時期擔任金門縣長多年，並曾至日本謁見天皇昭和。他又名基，因身材高大，被綽號「大塊基」。八十九歲某天，他對家人說很累，想上床休息，纔閉眼，不久就去世了。這叫作「自然的死亡」，是造物者特賜於他的鴻福。

食番薯，配海魚。（tsiak 下入　an 上平　tsï 下平　pə上去　hai 上上　hï 下平）——金門人的主食，藉重番薯和魚類。

金門舊屬泉州府同安縣轄，泉州府志風俗志引黃河清文集：「泉郡宅於山海間。山而居者，歲食其山之入，猶出其餘，以貿易於海；海而居者，亦食其海之入，舉得而有焉；蓋山海之利，居田之半也。」明何喬遠閩書風俗志同安：「（金門）島曰浯洲，風沙所生。其民敦儉。士多讀書，取高第不成者，去而之刀筆。」清乾隆間重修泉州府志風俗志亦引何氏的書：「懸島絕嶼，以網罟爲耕耘。附近之山，墾闢磽确（貧瘠地），植蔗煮糖。地狹人稠，仰粟於外。」

金門志二地理地質：「當本島花崗片麻巖之頂蓋經侵蝕達老年期時，亦以此時隨之而下降，河川所挾之泥沙、巖礫，即行沉積於此平緩之侵蝕面上。此種沉積物之頂部，因受極度風化作用之結果，而成爲紅土。」故金門土地貧薄，田產不豐。同書六篇物產：重要穀物有小麥、大麥、高粱、花生、番薯。魚類有馬鮫、嘉臘、黃魚、鱸魚、鰣魚、魟魚、帶魚、黃脊魚、青鱗魚等。黃魚、鰣魚價格貴，常吃的是黃脊、青鱗，味極美，臺灣吃

不到。此外就是大量的牡蠣。

　　金門河川短而水量少，故不產水稻，古來米都由外地供應，多半自漳泉轉廈門販運，價錢常高。抗戰起改食臺米。從前的人因苦儉樸，一般家庭在年節、迎神賽會、祖先忌辰、拜地基主神等，纔捨得煮乾米飯，平日三餐全是稀米飯，其中又間雜番薯塊、番薯簽，或銅剗刀剗生番薯條等。佐飯的菜，除蔬菜類外，幾乎家家戶戶皆用黃豆作成豆醬，黑豆作成豆豉、蔭豉，配合切豆乾細塊混煮。近數十年來，經濟改善，三頓飯也吃得好些了。

　　金門爲海島，沿海四周產魚，魚類所含的營養豐富，牡蠣更含有多種維他命與荷爾蒙，嘉惠金門人，這是天意。金門的牡蠣多是樹立石條（稱爲「蠔株」）讓它們附生，肥大而味美。臺灣無花崗石，只用竹片，故所產牡蠣較小又不好吃。至於番薯，望文生義即知非中國土產。據明李時珍本草綱目，明末首先出現於交州（今廣西境）、廣州、珠厓（今廣東瓊山縣東南），稱爲甘藷 sweet potato。原產地在中美洲。廣東吳川人林懷蘭由交趾（今越南北部）得其種，遍種於粵省，稍後傳入福建，數百年來逐漸成爲閩、臺人民的主食。後人追思林氏功大，在廣東電白縣築懷蘭祠祭祀，題匾爲「番薯林公廟」。

　　番薯種類有紅、白、紫數色。清兪樾茶香室續鈔二十三蕃薯：「國朝周亮工閩小記云：『蕃薯（明）萬曆中閩人得之外國，瘠土砂礫之地皆可種之。初種於漳郡，漸及泉州及莆（田），近則長樂、福清皆種之。蓋閩南而南有呂宋，其國有朱薯，中國人截取其蔓尺許以來，種之下地，數日即榮。』」此處說番薯來源，和前引所說不同，兼錄之以備參考。亦就是番薯有「不擇地」的優點，故能在金門大量種植，直到今天還是如此。

厝內三項物件未（獪）留得：屎、死人、查某囝。（ts'u
上去 lai下去 sã上平 haŋ下去 mŋp下入 kiã下去 bue下去 lau
下平 tet上入 sai上上 si上上 laŋ下平 tsa上平 bo上上 kiã上
上）——三樣事物不可久留家中：大便、死屍、女兒。

　　這句俗語流行於金門島中部一帶。古時西洋肥料粉未傳進中
國以前，水肥是農作物的主要肥料，故農民在自己家大門口都放
置大瓷缸以便傾倒水肥，所以大小便皆是每天要清的，豈能存放
家裏？另找空地建大糞坑，供男人使用。後浦人種田的很少，按
月把人糞賣給農民。又在小巷、寬闊地建有公廁供大衆方便，建
廁的人即有權利收集水肥應用。

　　死屍，有時連親人都害怕，金門俗語說：「死人活虎。」在
冬天，遺體可放置兩整天，第三天就要入棺，夏天第二日便須入
棺。周禮天官凌人：「凌人掌冰，歲十二月，令斬冰，三其凌
（三倍其冰），大喪共（供）槃冰。」可知周朝時凌人之官多天
採冰藏於冰窖，天子喪事可作護屍用。國君、大夫亦用冰，見於
禮記喪大記。士的喪事也用冰，見於儀禮士喪禮。下到漢朝，皇
帝大喪時用冰，見於後漢書禮儀志下。禮記王制：「天子七月而
葬，諸侯五月而葬，大夫、士、庶人三月而葬。」這已是「大
斂」（入棺）以後的「殯」（停棺）的情形。史記齊太公世家：
「桓公病，五公子各樹黨爭立。及桓公卒，遂相攻，以故宮中
空，莫敢棺。桓公尸在床上六十七日，尸蟲出於戶。」尊王攘
夷、九合諸侯、一匡天下的齊桓公，死後因兒子們爭位，無法用
冰護屍或早入棺，落得如此的下場。

　　元王實甫西廂記草橋店夢鶯鶯：「常言道：『女大不中
留。』」女兒養大，在適當的年齡和有合意的對象，便須將她嫁

出，纔不致耽誤青春，招人閒話。女兒自己亦可獲得心理的平衡。在數十萬年前人類半人半獸的時代，尚無婚姻制度，同一群人男女相交，事屬平常。歷經長期的觀察與經驗，發現「男女同姓，其生不蕃（多）。」（左傳僖公二十三年）婚姻制度確立以前，又經過「搶婚時代」，寫作於三千年前的易屯六二爻辭：「屯如邅如，乘馬班如，匪（非）寇婚媾！」民國余永梁認爲即是「掠婚」的風俗（見民國顧頡剛古史辨第三册上編余永梁卦爻辭的時代及其作者二）。現代人的研究，又知道近親結婚會生下低能或五官肢體不全的嬰兒，故我國民法第九百八十三條第三項已修正「表兄弟姊妹」不得結婚。但「同姓結婚」則不設限，理由是同姓和異姓已經過相當時期的混血。依優生學的觀點，血統距離越遠的男女結婚，越能生出很健康聰明的後代，甚至異國結婚更好。

烏龜做公，客兄滅亡。（ɔ 上平　kui 上平　tsue 上去　koŋ 上平　k'ek 上入　hiã 上平　biat 下入　boŋ 下平）——戴綠頭巾的人抱子孫，姦夫落得絕嗣。

　　清梁同書直語補證：「明俗稱妻子外淫，其夫爲烏龜。」元曲單鞭奪槊：「如今學得烏龜法，得縮頭時且縮頭。」後人移指男子怕妻不敢管束，任其有外遇。明謝在杭五雜組人：「今人以妻之外淫者，目其夫爲烏龜。蓋龜不能交，而縱牝（雌）者與（雄）蛇交也。一云：『污閨』之訛耳。」其實龜能相交，這是古人觀察錯誤。

　　清趙翼陔餘叢考三十八綠頭巾：「明制，樂人例用碧綠巾裹頭，故吳人以妻之有淫行者，謂其夫爲綠頭巾，事見（明郎瑛）七修類稿。又知新錄云：『明制，伶人服綠色衣，良家帶用絹

布，妓女無帶，伶人婦不戴冠子，不穿褙子。』然則伶人不惟裹綠巾，兼著綠衣。按唐史及（唐封演）封氏聞見記：『李封爲延陵令，吏人有罪，不加杖，但令裹碧綠巾以恥之，隨所犯重輕，以定日數。』吳人遂以此服爲恥。明之令樂人裹綠巾，或本諸此也。」

　　閩南語稱姦夫爲「客兄」，「客」是「外人侵入」的意思。有人寫作「契」，這是不對的。「烏龜」和「客兄」，古今都有。少數的臺胞與原住民，不是將妻子或女兒逼迫賣給妓女戶嗎？甚至有大中學的女生自甘墮落的。筆者認識兩位，全是金門人。一位是前輩，患有早洩（金門叫「雞型」），物色幾個美男子和他妻子私通，生下二個眉目清秀的兒子，抱出來玩，面貌沒有一絲毫像他本人。他則與這些男子共床而眠，讓他㞗姦，（㞗姦不早洩。因同音，俗遂誤「㞗」爲「雞」。）那些「客兄」若不是自己家裏結婚生子，豈不是要絕嗣嗎？另一位和筆者同輩，來臺後，姘上一個有夫之婦，但須按月供給家費。那「烏龜」拿了錢歡喜出門，對其妻不聞不問。

　　左傳桓公十八年：「（魯桓）公會齊侯（襄公）于濼（水），遂及（桓公夫人）文姜如（往）齊，齊侯通焉。夏四月丙子，享（宴請）公，使公子彭生乘（以車載）公，公薨于車。魯人告于齊曰：『寡君畏君之威，不敢寧居，來修舊好。禮成而不反（返），無所歸咎，惡於諸侯。請以彭生除之。』齊人殺彭生。」同書莊公八年：「冬十二月，齊侯游于姑棼（今山東博興縣東北），遂田（打獵）于貝（今山東博興縣南），見大豕，從者曰：『公子彭生也！』公怒，射之，豕人立而啼。公懼，隊（墜）于車。傷足，喪屨。反，誅屨於侍人費。走出，遇賊于門。門請先入，伏公而出，鬥，死于門中。見公之足于戶下，遂

弑之。」齊襄公和自己妹妹魯桓公夫人文姜私通，乘桓公飲醉，使力士彭生拉斷肋骨死亡。魯人不滿，襄公殺彭生謝罪。打獵時，彭生化成一野豬，襄公驚嚇跌傷。襄公鞭打侍者費未找回失落的鞋子，但為避賊，還幫襄公藏匿，自己戰死。襄公終遭賊發現而被殺。這故事雖稍涉鬼怪，但證明通姦者必無好結果。

真男假女（tsin 上平　lam 下平　ke 上上　lï 上上）──女人的身體看似高大健壯，實際上仍差男人許多。

　　造物者的神妙之一，就是大體上將生物（特別是動物）分為雌雄或男女，令他們相吸相愛而結合，以延續種族及取得樂趣。誰違反這自然律，那麼懲罰即是及身絕種「沒有後代」。除了極少數格外堅強而抱獨身的人士，世上任何事物都可想開或放棄，唯獨無偶或失戀永遠得不到解脫；因為造物者會催迫，使他們痛苦煎熬。

　　最大多數的實例，皆是雄的男的體格長得高大強壯，雌的女的顯得嬌小或軟弱。就人說，單看女的，像是高大了；可是和她丈夫或男友站立在一起，就會小了許多（特別高大與女巨人例外）。從天性說，極少身材高挑的女子願意嫁給比她矮小的男人。按必須使用力氣的工作說，男子也遠勝女人（女大力士例外）。故西洋人稱女子為「弱性」weak sex 或「美性」fair sex。

　　進一步說，打架，男人占絕對勝算（女武術家例外）；相罵，男子一定屈居下風或全輸；這便是造物者特意賜給女人一張伶俐機敏的嘴，以補償體弱與生產痛苦的優惠。無論古今中外，女子可以勝任許多工作，不乏女皇帝、女總統、女總理、女政治家、女學者、女作家、女運動家等等，但成就總比不上男的，此便是女人體質軟弱的緣故。最卓越的烹飪師、裁縫師、律師、法

官、科學家、文學家、學問家、武術家、軍事家等，都是男性。古往今來，還沒有產生一位女聖人。掌握殺人或被殺的兵士也全是男人；到眼前為止，尚沒有一個國家成立一支專門打仗的女軍隊，這也是受體質軟弱所限制。造物者的微妙設計，女子不但生殖系統不同，體格的構造也比男人脆弱。大致說，包括思想、感情、安全等，都必須倚賴男性的保護。

新金門志政事五篇軍事：「金門縣政府設民防總隊部，以下鄉鎮設民防大隊及婦女中隊，婦女隊由十七至三十（歲）之婦女組成，其餘各任務隊由十八至四十五男子組成，各配有輕重武器，每年按期訓練。」唐書平陽公主傳：「（主）下嫁柴紹，初高祖兵興，（主）招南山亡命，得數百人，以應帝，號娘子軍。」可注意的是，平陽公主的女兵是「招募」，金門的女兵是按戶「強迫」。前者的女兵在敗隋後解散，金門的女兵則一隊隊無限期的持鎗操練。古人處於專制時代；金門女兵則假民主之名強迫女性去當國共內戰的砲灰，以替蔣某一人奪回大陸再作領袖。居心殘忍惡毒，泯滅人性。國民黨的女兵制度，實為犯法。憲法第二十條：「人民有依法律服兵役之義務。」但未明指女性有此義務。兵役法第十七條第一項第一款：「初期國民兵役，以男子滿十八歲者服之。」則女子亦無此義務。金門徵女兵，「依」甚麼「法律」？不過是國防部或金防部的一紙「行政命令」罷了。（筆者案：目前金門從廢除「戰地政務」起，已不設民防隊。）

筆者有一位劉姓朋友，其兄名鼎銘，被徵為民防隊員，步鎗實彈帶回家保管。五十年左右，某次受精神刺激，就用步鎗自殺身亡。這何異金防部間接殺人。

真藥醫假病，真病無藥醫。（tsin 上平　iok 下入　i 上平　ke 上上　pĩ 下去　tsin 上平　pĩ 下去　bo 下平　iok 下入　i 上平）——輕病容易醫，眞正的重病無藥可治。

　　自由出版社民國蕭天石清宮祕方大全例言：「溯自上古神農始嘗百草，黃帝首垂醫經，迄伊尹而湯液之劑備，迨岐伯而砭艾之法精。中古如長桑、扁鵲、陽慶、倉公、張機、華陀，晉、宋如王叔和、葛稚川、皇甫謐、陶隱居、孫思邈之流，皆號稱醫聖，著爲經方，以爲萬世法。本書乃段旭晨先生於清宮太醫院時光緒二十六年按原書抄錄，祕藏數十年，視爲稀世珍籍，擬作爲傳家至寶者。」此書分爲十六門，共四百二十五方，都是實驗過的有效方劑精華。

　　俗語說人類有「生、老、病、死」四大關口，皆無法避免。人生病必須找醫生診治，這是天經地義的事。前引蕭氏書序又說：「醫之爲道，有三乘境界。一曰凡醫，凡醫只知治病，治有形之病；對症施藥，著手成春，便爲不世良醫。二曰儒醫，儒醫假醫以行儒，體儒以行醫；以醫隱於世，外醫而全儒，而以救人救世爲懷。再超而上之，則能透出樊籠，以天地物我爲一體，以壽夭生死爲一條；本天地生生之心，以存其天地之仁，而行其天地之道；斯則可上超於『神醫』境界，而與道合眞。」

　　傳說神農著本草經。王莽於平帝元始四年，徵天下通知本草教授者，皆詣公車。隋書經籍志著錄神農本草八卷，梁有神農本草五卷、神農本草屬物二卷。歷代以來，研究本草成就最高的，首推明李時珍所著本草綱目五十二卷，歷時三十年，至今仍通行於世，爲學中醫者所必讀的藥物學。時珍蘄州（今湖北蘄春縣）人，官楚王府奉祀正。

　　臺北五洲版民國盧宏民編著本草藥性大辭典例言：「本書凡載一藥，先述品狀，繼詳性味，後言歸經，次明功效，次專研究，次申禁忌，次標用量，次論炮製，終求配合。如經化學分析而有成分者，及實驗而有一定之作用者，均盡量採入，以資研究。」

　　筆者引述上列諸書，用意在強調中國醫藥的源遠流長，精深博大。現代很多大學醫學系兼授中西醫術，融合所長爲一；並逐漸得到西洋人的重視，可以造福全人類。總之，預防重於治療；不幸得病，必須盡早醫治，以快速獲得康復。

眾人嘴毒（tsiŋ上去　laŋ下平　ts'ui上去　tɔk下入）——衆口鑠金，積毀銷骨。

　　西漢劉向戰國策秦二：「昔者曾子處費，費人有與曾子同名族者而殺人。人告曾子母曰：『曾參殺人。』曾子之母曰：『吾子不殺人。』織自若。有頃焉，人又曰：『曾參殺人。』其母尚織自若也。頃之，一人又告之曰：『曾參殺人。』其母懼，投杼踰牆而走。夫以曾參之賢與母之信也，而三人疑之，則慈母不能信也。」這個故事，是戰國時秦武王的左相甘茂勸說王不可攻伐韓國宜陽郡時所引，譬喻衆人謠讒之言的可畏。

　　漢書王嘉傳：「里諺曰：『千人所指，無病而死。』臣常爲之寒心。」這是丞相王嘉上書書中引當時里諺，欲諫止漢哀帝過於寵封倖臣董賢。意指董賢並無才德功勳，哀帝卻一再封侯賜爵益戶。恐大衆指責，反於董賢不利。現代學者研究，原來哀帝和董賢爲同性戀的關係。哀帝亦無子女。

　　論語子張：「子貢曰：『紂之不善，不如是之甚也。是以君子惡居下流，天下之惡皆歸焉。』」漢書班固敍傳，記載他的祖

伯父班伯於漢成帝時任定襄太守，帝「設宴飲之會。時乘輿幄坐張畫屏風，畫紂醉踞妲己作長夜之樂。上以伯新起，數目禮之，因顧指畫而問伯：『紂為無道，至於是乎？』伯對曰：『書(泰誓下)云：「酒用婦人之言。」何有踞肆於朝？所謂「眾惡歸之，不如是之甚。」者也。』」世上的人物，太好與太壞的，常常成為眾人的箭垛；在中國，好的常歸給黃帝、孔子，壞的常歸給夏桀、殷紂。

船過水無痕（tsun 下平　kə 上去　tsui 上上　bo 下平　hun 下平）——
——勸解男人其妻子或女友遭他人姦淫，不須視為嚴重的婉轉語。

　　數年前，偶然在電視上看到幾位藝人講論臺灣俗語，把「船過水無痕」解成「過河拆橋」之意。當時筆者就發覺他們說錯了。不久又翻閱民國魏益民臺灣俗語集與發音語法第二部臺灣俗語集，也把上述的俗語解釋為「指人忘恩負義。」意思和「過河拆橋」相同，亦解錯了。民國連橫臺灣語典一：「駛，義取於御，即『容成（黃帝史官、善採陰補陽）御女』之意。按今人曰駛車，古曰御車。」筆者案：「御女」是專用詞，等於「和女子交合」。連氏將「御女」比喻「駛車」，擬於不倫，也屬錯誤。開車輾路，其情狀根本與男女私事沾不上邊。民國臧汀生臺灣閩南語歌謠研究五論結構，收有一首古時的民歌：「哥仔現時真歹運，仰望娘仔牽（筆者案：「牽」為「看」之誤）成君；牽成吾身若出運，不敢船過水無痕。」細察末句的含義，仍誤為「忘恩負義」。同書四章抒情作用又有一首：「赤菊開花紅吱吱，娘仔看哥笑咪咪；是你看哥玉如意，推帆起碇不可啼。」此歌看似斯文，事實上是很露骨淫穢的描寫。但把性交暗喻為「駛船」，卻講對了。筆者指以上的人解「船過水無痕」錯誤，有兩點考慮：

一是臺灣對該俗語作「忘恩負義」，是本省特別的解法；然而這俗語起源於閩南，不應另有含意。二是「水」和「船」，那一邊算「忘恩負義」？無論從那一邊說，都講不通；故「忘恩負義」之說，絕對錯誤。

記得四十多年前，有一位金門地方法院的崔姓推事，中年喪妻很久，續弦當晚與熟友聊天，筆者亦在場。他走後，一位老輩玩笑說：「伊今暝要『盡帆拼』了！」「盡帆拼」，就是將風帆升到最高，全力行駛。案「駛」字，即泉州人掛在口中的「駛汝娘」三字經，和臺胞掛在嘴裏的「姦汝老母」同義。

「性」是人類的大問題之一，靠它延續人種，也憑它取得最大的樂趣，絕沒有任何世事可以比擬或替代。可是古今大多數學者對「性」的問題都不願意談，怕讀者會輕視作者的人格。但文藝作家卻相反，甚至故意以專書盡量描摹。例如：唐大詩人白居易之弟白行簡天地交歡大樂賦、元王實甫西廂記、明蘭陵笑笑生（或謂即王世貞）金瓶梅、楊愼雜事祕辛、無名氏隋煬帝艷史、方汝浩襌眞逸史、後史、呂天成繡榻野史、無名氏如意君傳、無名氏痴婆子傳、清李漁肉蒲團、蒲松齡聊齋志異、無名氏株林野史、無名氏燈草和尚、無名氏杏花天、民國張競生性史等皆是。但後來許多朝代政府都列爲禁書，或被刪改不全，或失傳再由日本傳入。清嘉慶時，將燈草和尚、肉蒲團列爲禁書。不過這一類的淫書是禁不絕的，自然有人偷鈔偷印，流傳到今。

史家爲存眞實，也直書不諱。史記呂不韋傳載：秦始皇父莊襄王爲太子時，與陽翟（今河南禹縣）商人呂不韋交好；生母夏姬爲不韋寵姬，有身，獻與莊襄王。及王爲秦王，不韋爲相，姬爲后。莊襄王死，立姬所生子政爲秦王。王年少，「太后時時竊私通呂不韋。始皇帝益壯，太后淫不止。呂不韋恐覺禍及己，乃

私求大陰人嫪毐爲舍人，拔其鬚眉爲宦官，太后私與通，絕愛之。始皇九年（公元前二三八），有告嫪毐非宦者，常與太后私亂，生子二人；事連相國呂不韋。九月，夷嫪毐三族，殺太后所生二子。呂不韋恐誅，乃飲鴆而死。」

　　清梁紹壬兩般秋雨盦隨筆五武后：「則天朝，右補闕朱敬則上書切諫：『陛下內寵，已有薛懷義、張易之、昌宗，固應足矣。近聞尚食奉御柳模，自言：「子良賓，潔白美鬚眉。」左監門長史侯常，自云：「陽道壯偉，過于薛懷義，堪充宸內供奉，云云。」』則天勞之曰：『非卿直言，朕不知此。』賜綵百段。」武后病，張氏兄弟皆被殺。

　　爲了辨明前引諸書解釋本條俗語的謬誤，不得不加以說明。船，暗示男人生殖器，女人則用水譬喻。船一下水，船底本來就是吃水的；船一旦行駛，便會切開水面；船越大越重，越會深衝入於水中；船速愈快，割水亦愈急，浪花也愈大。但船駛過後，停一段短時間，水面切開的水紋又逐漸密合，終不留痕跡。所以「船過水過痕」的美妙含意在此。故金門人用這句話來解勸別人的妻子遭人姦淫無關緊要，較易想得開。筆者有一位前輩，七七事變前時常參加抗日活動；日軍將攻取金門以前，他逃往福建內地避難，家中乏人照顧，妻子竟紅杏出牆。八年抗戰勝利，可惜他的家庭卻破碎了。母親勸他和妻子重圓，即是用「水過水無痕」這俗語；但他堅決拒絕，不願綠巾壓頂，遭人竊笑。胡適博士有一篇短文：論女子爲強暴所污－答葉宜森：「（女子被污），正如我們無意中砍傷了一只手指，或是被毒蛇咬了一口。社會上的人應該憐惜他，不應該輕視他。」（遠東版胡適文存一集）

　　說文：「姦，私也。」清畢沅釋例：「私淫曰姦；引申爲一

切姦宄字。俗乃用奸為姦，而姦專為姦宄字矣。」前引連橫同書另一條：「幹，交媾也，猶言幹事也。」連氏說大誤。閩南（含臺灣）罵人語音「幹」，絕對即是「姦」字無疑，「幹」與「姦」毫無關聯。

王實甫對「性」有露骨的描寫，西廂記七酬簡：「（崔鶯鶯）羞答答，不肯把頭抬，只將鴛枕捱。（張君瑞）我將你鈕扣兒鬆，我將你羅帶兒解，軟玉溫香抱滿懷。春至人間花弄色，柳腰款擺，花心輕折，露滴牡丹開，蘸著麻上來。更復連動之，魚水得和諧。嫩蕊嬌香恣蝶採，你半推半就，我又驚又愛；遂大動之。」西廂記取材於唐朝大詩人元稹的短篇小說鶯鶯傳（又名會真記），張君瑞實即元稹本人的化身。可見才子多風流，一點不假。蒲松齡聊齋志異二伏狐：「太史某，為狐所祟，病瘠，大懼。一日，止於涿門外，有鈴醫，自言能伏狐。入授以藥，則房中術也。促服訖入與狐交，銳不可當。狐辟易（驚而退縮），哀而求罷；不聽，進益勇；狐展轉營脫，苦不得去，移時無聲，視之，現狐形而斃矣。」聊齋一書曾被譯成英文，廣受西洋讀者喜愛。

明陶宗儀輟耕錄十鎖陽：「韃靼（今新疆省）田地野馬或與蛟龍交，遺精入地，久之，發起如筍，上豐下儉，鱗甲櫛起，筋脈連絡，其形絕似男根，名曰鎖陽，即肉從容之類。或謂里婦之淫者就合之，一得陰氣，勃然怒長。土人掘取，洗滌去皮，薄切曬乾，以充藥用，功力百倍於從容也。」此段描述令人震驚。同書十一狎娼遭毒：「姑蘇鄭君輔，放浪不羈。為漕府小吏，時督運至直沽，狎遊群娼，挑達太甚，殊弗堪之。或有進藥於鄭，曰：『此助陽奇劑也。』鄭試傅（貼）之，數日後，陰器消縮，若閹宦然，竟以此終其身。漫書為後人戒。」這一例的壯陽藥不

是用吃的，而是糊貼，比較罕見。用貼的藥膏，現在西藥房還買得到，效果大小不同而已。不過那位姓鄭的是受騙，使他的命根子變小而陽萎；這故事很有警世的意味。大概是妓院的人或方家替妓女報復他的「挑達太甚」（要求過苛）。筆者從前聽老輩說：有一位婦女得知其夫有外遇，就使用一種祕方－番石榴樹根燉肉湯－混在餐食中給丈夫吃，吃後果然陽倒。尚好發現得早，她丈夫急找醫生治療，纔得痊癒。

很古以來，我國的皇帝壽命長的相當少，而短命死的極多。原因之一，便是縱慾。皇宮中妻妾百數，大半又是美豔誘人，任他一人所欲。人的身體爲血肉之軀，難免力不從心，御醫又進補藥，也抵不過長期縱慾的虧損，終致喪生。遜清末代皇帝溥儀，自小在宮中縱慾，形成終身陽萎，他的后妃無異掛名。如在現代，可能有法治癒。

對男人來說，女人雖可愛，但過度好色必死。左傳昭公元年：「晉侯（平公）求醫於秦，秦伯（景公）使醫和視之，曰：『疾不可爲（治療）也。是爲近女室，疾如蠱（惑）。非鬼非食，惑以喪志。』公曰：『女不可近乎？』對曰：『節之。女，陽物（女陰隨男陽）而晦時（夜男女同寢），淫則生內熱惑蠱之疾。今君不節不時，能無及此乎！』」果然十年後，晉平公薨。清翟灝通俗編十八：「後漢書楊秉傳：「（秉）嘗從容言曰：『我有三不惑：酒，色，財也。』（明）王禕華川厄辭：『財者，陷身之阱；色者，戕身之斧；酒者，毒腸之藥；人能於斯三者致戒焉，災禍其或寡矣。』按明人益以『氣』爲四。」「氣」即豪氣、氣派。

棺柴扛上山，不燒也著埋。（kuã 上平 ts'a 下平 kəȠ上平 tsiũ 下去 suã 上平 əm 下去 siou 上平 ia 下去 tiok 下入 tai 下平）——死者靈柩出葬上山，非燒即埋，不得又抬回家。

說文：「棺，關也，所以掩屍。」小爾雅廣名：「有屍謂之柩。」故「棺」是空木，裝屍以後叫「柩」。本條因是俗語，自不必在字面上拘泥。

書洪範有「五福」，第五種稱「考終命」，「考」是長壽，「終命」是享盡天年而善終。人不論富貴貧賤，若是凶死或夭壽，決不可叫做「福」。所以任何人享高壽，好端端死於家中，到達人生終點，妻子兒女爲他辦喪，便是很大的幸福。

孟子滕文公上：「蓋上世嘗有不葬其親者；其親死，則舉而委之於壑（山坑）。他日過之，狐狸食之，蠅蚋姑嘬（咬食）之。其顙有泚（其子額頭流汗愧疚）。蓋歸，反虆梩（回家取籠裝土）而掩之。」這當是人死必須埋葬的起源。西藏人將死屍讓禿鷹啄食，稱爲「鳥葬」或「天葬」，這種葬法豈但不文明，非人道，並且觸犯我國刑法第二百四十七條第一項：損壞、遺棄、污辱屍體罪，可處六月以上五年以下有期徒刑。

禮記檀弓上：「國子高曰：『葬也者，藏也。藏也者，欲人之弗得見也。是故衣足飾身，棺周於衣，椁（外棺）周於棺，土周於椁。』」易繫辭下二：「古之葬者，厚衣之以薪，葬之中野，不封（積土爲墳）不樹（種樹以標其處），喪期無數（哀除則止、無日月限數）。後世聖人易之以棺槨。」此是「葬」進入文明時代的開始。

南宋王偁東都事略太祖紀載：火葬後，藏灰於骨塔，於宋代由印度傳進中國，非我國所固有。太祖建隆三年，有詔禁之。明

清兩代懸爲厲禁；但因費用較省，民間仍舊採行。明顧炎武日知錄十五火葬：「火葬之俗，實行於江南，自宋時已有之。宋史：『（高宗）紹興二十七年，監登聞鼓院范同言：「今民俗有所謂火化者；生則奉養之，惟恐不至；死則燔爇而捐棄之。國朝著令：貧無葬地者，許官地以葬。」』而或者乃以焚人爲佛法；然聞佛之說，戒火自焚也。今之焚者，戒火邪？人火邪？自焚邪？其子孫邪？佛者，外國之法；今吾所處，中國邪？外國邪？有識者爲之痛惋久矣！」

　　中國人很重喪禮，故聖賢在周代已著成儀禮一書，中有士喪禮一篇，作爲規範上自天子下至庶人的喪禮指南。出葬前要「筮宅」；即以卜筮決定墓地，同時也和風水有關，漢書藝文志有堪輿金匱書，堪（天）輿（地）即風水。次卜葬日；今天亦有擇日師負責選擇吉日吉時。禮記王制：「天子七月而葬，諸侯五月而葬，大夫士庶人三月而葬。庶人縣（懸）封（以繩束棺下穴），葬不爲雨止。」禮記曾子問：「孔子曰：『昔者吾從老聃助葬於巷黨，及堩（路），日有食之。老聃曰：「丘，止柩就道右，止哭以聽變，旣明反，而後行。夫柩，不蚤（早）出，不莫（暮）宿。見星而行者，唯罪人與奔父母之喪乎？」』」周代時出葬，不得太早，不得過晚，只要見到太陽就可。老聃不贊成「見星」，是怕太暗發生意外。

　　廣韻去聲六至：「隧，墓道也。」左傳僖公二十五年：「夏四月戊午，晉侯（文公）朝（周襄）王，請隧，弗許。」唐孔穎達疏：「去壙遠，而闕（掘）地通路，從遠地而漸邪（斜）下之。故隧爲王之葬禮，諸侯皆縣柩而下，故不得用隧。」古代天子的墳墓，是利用整座大山，由山腰下挖掘地道，直達山底的中央壙室，靈柩入於壙室，然後把整條隧道封密，使人難以發掘盜

墓。天子以下，皆不得應用「隧」葬。

　　金門人於明清以來，到民國三十八年與大陸隔絕為止，下南洋謀生的人眾多；如果家鄉父母過世，常因僑居地商務纏身，不便立刻回國奔喪。家裏只好緩葬等待，將靈柩時常油漆保密，擱置三、五年是常事，稱為「打桶」。甚至有因故數十年未安葬的。凡出葬時逢大雨，葬禮照常進行。古時從天子至平民，出葬時用馬車載柩，車的兩旁各有長索一條，供親友送葬時以手拉握，叫作「執紼」，直到今天仍是如此。現在金門已設公墓，供人民土葬，亦有火葬和骨塔。

菜頭救人無人情（ts'ai 上去　t'au 下平　kiu 上去　laŋ下平　bo 下平　lin 下平　tsiŋ下平）——白蘿蔔是粗賤的蔬菜，雖有治病之功，卻仍不為人重視。

　　爾雅釋草：「葖，蘆萉。」東晉郭璞注：「萉宜為菔。蘆菔，蕪菁屬，紫花大根。」北宋邢昺疏：「今謂蘿蔔是也。」清汪昂本草備要四穀菜部：「萊菔，俗作蘿蔔。宣，行氣，化痰，消食。治吐血、衄（鼻出）血、欬嗽、吞酸。利二便，解酒毒，制麵（大麥）毒豆腐積。生搗治噤口痢，止消渴，塗跌打湯火傷。」民國謝觀評校：「王荊公（安石）患頭痛，搗萊菔汁，仰臥。左痛注右鼻，右痛注左鼻，或兩鼻齊注，數十年之患，數注而愈。」謝觀是清末民初的名學者，曾主編商務版辭源、中國醫學大辭典，迄今仍為暢銷書。

　　筆者年輕時，在金門聽老輩相告：凡傷風感冒發燒，用白蘿蔔切成塊狀或籤狀，和米粉煮湯；如嫌味淡，加些瘦肉、蝦米，吃幾次就好了。數十年來，筆者若患感冒，照這辦法，功效如神，不須看醫生吃藥，值得廣為傳播，造福同胞。

　　傳說大儒<u>朱熹</u>任<u>同安縣</u>主簿時，曾至<u>金門</u>視察，見沿路田園中多種植花生，恐引致痲瘋患者；又前行，發現有「菜頭」（即白蘿蔔）；遂以爲花生的「熱毒」，可被菜頭所破。（見<u>金門縣文獻委員會</u>版<u>金門先賢錄第一輯</u>）筆者聽到的傳說不同：<u>朱子</u>看見的是「芋頭」和「生薑」；芋頭性質冷毒「塞竅」（阻人智思），幸有「通神」的生薑可破。花生亦約在<u>朱子</u>時由外國引進<u>中土</u>，清<u>檀萃滇海虞衡志</u>：「落花生，宋元間與棉花、番瓜、紅薯之類，<u>粵</u>估從海上諸國得其種歸種之。」

矮人厚倖（ue 上上　laŋ 下平　kau 下去　hiŋ 下去）——身材矮短的人多智巧之思，常有令人料想不到的言行。

　　<u>廣韻</u>上聲三十九耿：「倖，儌倖。」「幸，吉而免凶也。」可知「倖」和「幸」意義相近。「厚」是「多」。<u>東漢蔡邕獨斷</u>上：「幸者，宜幸也。世俗謂幸爲儌倖。車駕所至，民臣被其德澤，以爲儌倖，故曰幸。」古時天子每到一地，稱爲「幸」；人民本不預料天子會來，果眞來了，即是此地的榮幸；也就是意外得到，故亦叫「儌倖」。相反的，本該陷於災難，而竟獲免，也稱爲「儌倖」。<u>論語雍也</u>：「子曰：『人之生也，直；罔之生也，幸而免。』」<u>朱熹</u>集註：「<u>程子</u>（<u>頤</u>）曰：『生理本直。罔，不直也；而亦生者，幸而免耳。』」<u>中庸</u>：「故君子居易以俟命，小人行險以徼幸。」<u>朱熹</u>章句：「居易，素位而行也。俟命，不願乎外也。幸，謂所不當得而得。」

　　本條俗語的含意，和上引古書不相同；特別是在嘲諷矮個子的人富於智思，鬼主意多，常會使人有措手不及之感。「幸」與「倖」本是上聲，此讀去聲，是依習慣而改。<u>史記管晏列傳</u>：「<u>晏平仲嬰</u>者，事<u>齊靈公</u>、<u>莊公</u>、<u>景公</u>，以節儉力行重於<u>齊</u>。其

在朝，君語及之，即危言；語不及之，即危行；國有道，即順命；無道，即衡命。以此三世顯名於諸侯。」「危言」是「謙讓」，「危行」是「增脩業行」，「衡命」是「衡量是否可行」。傳文又載：「晏子爲齊相，出，其御（車夫）之妻從門閒（間）而窺其夫。旣而歸，其妻請去。其夫問故。妻曰：『晏子長不滿六尺，身相齊國，名顯諸侯。今者妾觀其出，志念深矣，常有以自下者。今子長八尺，乃爲人僕御，然子之意自以爲足，妾是以求去也。』」古時的六尺，約等於現在的五尺不到，是罕見的矮子。晏子春秋六內篇雜下六：「晏子使楚，楚人以晏子短，爲小門于大門之側而延晏子，晏子不入，曰：『使狗國者，從狗門入。今臣使楚，不當從此門入。』儐者（相禮人）更道，從大門入，見楚王。王曰：『齊無人耶？使子爲使。』晏子對曰：『齊命使，各有所主。其賢者使使賢主，不肖者使使不肖主。嬰最不肖，故宜使楚矣。』」從這些作事和應對中，可看出矮個子的晏子的超人機智。

　　法國人拿破崙 Napoleon Bonaparte 1769 — 1821 的身高不見記載，但由圖片與傳說顯示，和他的同國男人比起來，是很矮小的。他出生於科西嘉島 Corsica Island，習陸軍，任砲兵少校有功。公元一七九五年率兵侵意大利，破奧地利，入埃及，滅回教國。一七九九年歸國組新政府，自任首領，改革制度，編纂法典。一八〇四年登帝位，稱拿破崙第一。仍以武力稱雄，曾入俄國。後爲英國所敗，放逐於聖海倫島 St. Helena 而死。他所編纂的拿破崙法典 Code of Napoleon 於一八〇四年頒布，凡二二八一條，內容採取羅馬法，參酌近代思想。當他全盛時，法域遍及全歐洲，爲歐美各國立法的圭臬。無疑的，他可稱爲西洋矮人中的傑出者。

路置嘴（lo下去　ti 上去　tsʻui 上去）──路在口中（問路靠嘴）。

論語微子：「長沮、桀溺耦而耕，孔子過之，使子路問津（渡河處）焉。」孔子周遊列國，要由楚國回到蔡國，因爲迷途，故差使子路去詢問正並肩而耕的長沮和桀溺。豈知二老人故意不告訴子路，反說你老師旣是聖人孔丘，孔丘自必知道路怎樣走。這是二隱士不滿孔子到處跑，無道的天下是不可救治的。同篇又記：「子路從而後，遇丈人，以杖荷蓧（用竹器除草）。子路問曰：『子見夫子乎？』」這一次子路走得落後，遇見一正在田裏耘草的老人，問：你看見我老師孔子嗎？那老人非但不告，還搶白了子路一頓，此亦是不贊成孔子從事不能實現的夢想。

韓昌黎文集三答陳生（商）書：「足下求速化之術，不於其人，乃以訪愈，是所謂借聽於聾、求道於盲，雖其請之勤勤，教之云云，未有見其得者也。」這是陳商寫信請教韓愈如何以捷徑修養品德？韓愈自謙等於和聾子談話和向眼瞎的人問路。此亦是「問道於盲」成語的由來。唐杜牧清明詩：「清明時節雨紛紛，路上行人欲斷魂。借問酒家何處有？牧童遙指杏花村。」

閩南語「置」是「在」的意思。「路置嘴」意即「不知道的路就在自己的口中」。某些閩南語專家把「嘴」寫作「喙」（古字書多釋爲「鳥獸之口」），筆者不贊成。任何人到達外地或居住在廣闊的地區，有時難免路徑不熟，須要向人請問；當地的人除非自己也不曉得，大都樂於指引。西洋各國人士，皆會熱心回答。日本人重禮，如他本身正空閒，甚至樂意帶著問路者到達目的地。

稱頭是路頭（ts'in 上去　t'au 下平　si 下去　lo下去　t'au 下平）——

——賣物斤兩不欺，即是最佳的廣告，買物者都會聞名順路而來。

　　說文：「稱，銓也。」清王筠句讀：「稱本動字，謂稱量之也。」廣韻下平聲十六蒸：「稱，知輕重也。」北宋丁度集韻蒸韻：「稱，權衡也。俗作秤。」易謙象辭：「君子以裒多益寡，稱物平施。」朱熹本義：「裒多益寡，所以稱物之宜而平其施。」管子明法：「有權衡之稱者，不可欺以輕重。」唐尹知章注：「以權衡稱之，輕重立見。」諸葛亮雜言：「吾心如秤，不能爲人作輕重。」世所稱「度量衡」，「度」是長短，「量」是多寡，「衡」是輕重。「權衡」，「權」是稱錘，「衡」是稱桿。

　　「頭」是語助詞。「稱頭」就是「賣物的正確斤兩」，「路頭」等於「聞名而來本處交易的路標」。顧客最重視斤兩不欺；欺他一回，下次他不來了。斤兩充足甚或超重，顧客還會一傳十，十傳百，樂意上門來買。至於物的「品質」，和斤兩同樣重要；價格可以調整，品質則絕不可變差。

親生男兒，不值身邊兩百錢。（ts'in 上平　sĭ 上平　lam 下平 li 下平　əm 下去　tat 下入　sin 上平　pĭ 上平　lŋ下去　pat 上入　tsĭ 下平）——身旁存些錢作不時之需，比伸手向有孝兒子拿方便。青壯年時努力賺錢儲存，老年時兔於對人乞求。

　　動物爲繁衍種族，都必須雌雄相配生子，纔不致斷絕後代，人類也是一樣。中國古時農業社會中，人手越多越好，以幫助種田或作工。故民間的祝福語有「三多」：多財、多壽、多男子，就是閩南舊式廳堂裏中央牆上懸掛的「福祿壽圖」，人的一生所

追求的目標實不過如此。「福」即多子，以居中的周文王爲代表，明許長琳封神傳謂文王有一百個兒子。「祿」即多財，以居右的西晉石崇爲代表，崇以航海經商致大富；南宋沈作喆寓簡三，謂崇殺巨商取其財。「壽」即長命，以居左的商朝彭祖（籛鏗）爲代表，世傳他活了七八百歲。

清趙翼陔餘叢考四十二多子：「史記，秦穆公子四十人，田常子七十餘人，田嬰子四十餘人。漢書，中山王（劉）勝好內，有子四十二人。宋書，胡藩子六十人。梁書，鄱陽王（蕭）恢男女百人。北史，吐谷渾有子六十人，馮跋有子百餘人。唐書，邠王（李）守禮有子六十餘人，球王（李）琰五十五子，靖恭太子（李）琬男女五十八人。宋史，錢昱生子百數。（明）王弇州（世貞）皇明盛事：慶成王（朱濟炫）九十九子。」

後漢書荀淑傳：「荀淑字季和，荀卿十一世孫也。有子八人：儉、緄、靖、燾、汪、爽、肅、專，並有名稱，時人謂之『八龍』。」三國志魏書武文世王公傳載：曹操生二十五子，其中以魏文帝曹丕、三子陳思王曹植最爲傑出。南宋區適子或王應麟三字經：「竇燕山，有義方。教五子，名俱揚。」賀思興注：「竇禹鈞，北京幽州人也。因其地名屬燕，故名燕山。義方，是有義方之訓。五子：長曰儀，次曰儼，三曰侃，四曰偁，五曰僖。按禹鈞，係五代後晉時人。五子聯科之時，有侍郎馮道贈詩一首云：『燕山竇十郎，教子以義方。靈椿一枝老，丹桂五枝芳。』」以上所引述，是說明多子和兒子的成就卓越。但在古時閩南的貧苦家庭裏，多子反成爲父母沉重的負擔。故金門和臺灣都有俗語說：「跋（跌）落囝兒坑」、「諉（tsue下去、多）囝餓死爸」。

清俞樾茶香室叢鈔五、一產三十六子：「國朝朱象賢聞見偶

錄云：『康熙五十四年，蘇州民郭庭桂妻，一胎產三十六子，其大如鼠，見風即與凡兒等。巡撫趙宏燮雇乳母三十五人，幷其母以哺之。』」清王士禎池北偶談二十一、生七子：「明（熹宗）天啓中，大名民家，一生七子。俱成立。每疾病，則七人同之。王比部令少寓天雄，猶及見其第三子云。」以上是說一胎多子與同胎的人的一些奇特情狀；尤其前者同胎竟多達三十六，極爲驚人，遠比豬、狗、兔、鼠等動物生得多。

　　唐元稹憶遠曲詩：「嫁夫恨不早，養兒將備老。」明馮夢龍警世通言二十二宋小官團圓破氈笠：「自古道：『養兒待老，積穀防饑。』你我年過四旬，尚無子嗣，光陰似箭，眨眼頭白，百年之事，靠著何人？」所以天性生成，除了傳宗接代，希望有兒子，年老可以倚靠生活，疾病照顧，逝世辦理後事。故普天之下，人格健全的父母沒有不疼愛子女的。金門俗語說：「爸母痛細囝，公媽痛大孫。」巴不得孩子快快長大成人。萬一兒子不孝，對父母的一切毫不關心，那便是「好囝好迡迌，否（p'ai 上上、壞）囝不如無。」「飼囝歎世情」！

　　就算不是不孝，兒子有幾個，通常最關心的是父親的產業，以便在老人死後繼承。亦有很多在父母生前分家，兄弟輪流奉養，叫作「吃火頭」，每個兒子養父母一個月，期滿換人。故俗語纔說：「爸母飼囝無論飯，囝飼爸母算頓。」倘若只生一男一女，男婚女嫁；兒子、媳婦對待老人不大好，媳婦總必須準備三餐，故俗說又說：「不孝新婦三頓燒（熱），有孝查某囝路裏搖。」女兒有孝，當然不便長住娘家；不幸路遠，舊時交通不便，那便須在路上來回奔波。年老時除了肚子飽，也免不了要用錢；除非兒女富有而有孝，沒人提醒，自動按月拿錢給父母用得充裕；不然，豈不是要次次伸手向子女索取嗎？所以本條「親生

男兒，不值身邊兩百錢。」確是深合世事人情的警語。這兩句俗語意義引伸，自然亦是勸人「青壯年時努力賺錢儲存，老年時免於對人乞求。」

諢某無諢祖（kun 上上　bo上上　bo 下平　kun 上上　tso上上）——口頭開別人妻子玩笑可以，開祖宗玩笑則不可。

　　論語爲政：「孟懿子問孝，子曰：『生事之以禮，死葬之以禮，祭之以禮。』」又學而：「曾子曰：『愼終追遠，民德歸厚矣。』」俗語說：「萬惡淫爲首，百善孝爲先。」從以上三段話中，可瞭解古來中國人「尊敬祖先」的傳統觀念是何等深刻。尊敬祖先就是孝的一端。我國的經典十三經裏，專門發揚「孝」的道理的孝經便占了一經。西洋人因爲民族、民性、歷史背景、文化等的不同，沒有尊祖敬宗的觀念，但在學術上仍有「宗譜學」genealogy，專門研究家族的繁衍歷史。至於「孝道」the principle of filial piety 不是沒有，故在社會上亦有「孝子」devoted child 一詞。不過他們特別重視「個人」individual，所以沒有傳宗接代的思想，「孝」的理念也較淡薄。

　　金門人稱「玩笑」爲「諢」。「某」是「妻子」。「諢某無諢祖」，意思是，對於他人的妻子，盡可向他在口頭上開玩笑，他可以忍受；但對方的祖先，卻不許作不禮貌的評論，否則對方必定非常生氣，可能因此發生衝突。古人認爲「孝」是一切良好品德的根本，實際上也是如此。一個人倘若「不孝」，對自己的父母家人尙且不聞不問，甚至暴行相加；在社會上，亦難望會是一位好國民，而有犯罪的傾向。後漢書韋彪傳引孝經緯：「求忠臣必于孝子之門。」確是不移的名言與至理。金門人對過往祖先的忌日都舉行祭祀，包括遠祖在內，稱爲「總忌」；臺胞只對去

世的父母，頂多到祖父母；再往上就不祭祀了。但清明節拜掃祖墳還保留，這或者是受工商業發達的影響。

　　數十年前，有雜誌潮州文獻二卷四期，刊載筆名「干城」所作「韓文公蘇東坡給與潮州後人的觀感」一文，說韓愈「曾在潮州染風流病，以致體力過度消耗，及誤信方士琉璜鉛下補劑，果卒於琉璜中毒。」我國刑法第三百十二條：「對於已死之人，犯誹謗罪者，處一年以下有期徒刑、拘役或一千元以下罰金。」於是在臺灣的韓愈直系三十九代孫韓思道向臺北地方法院按鈴控告。北宋陶穀清異錄：藥、火靈庫：「昌黎公愈，晚年頗親脂粉，故事服食，用琉璜末攪粥飯啖雞男，不使交，千日烹庖，名火靈庫。公間日進一隻焉，始亦見功，終致絕命。」北宋孔平仲珩璜新論三：「韓退之晚年，遂有聲樂而服金石藥。張籍祭之，云：『乃出二侍女，合彈琵琶箏。』白樂天（居易）思舊詩，云：『退之服硫黃，一病訖不痊。微之（元稹）煉秋石，未老身溘然。』」可見韓愈晚年確曾為好女色，在古代醫藥不發達的情況下，求助於方士的壯陽藥；但因琉璜有毒，長期服用，終致送命。

　　當年那場官司，法官在社會衛道之士的強大壓力下，判決原告勝訴，雜誌社除公開道歉外，又被判罰鍰。那時的名學者薩孟武（筆者臺大政治系業師）在報上撰文，指法院判決不公。薩氏說：韓愈是歷史人物，歷史人物不論是誰，只須合於事實，後人便可批評，不算犯法。譬如曹操，劉宋劉義慶世說新語識鑒記錄，東漢靈帝時太尉橋玄，曾當面指責曹操說：「君實亂世之英雄，治世之姦賊！」如照法官所判決，那麼後世亦不能引用世說新語的話批評曹操了。

　　後漢書孔僖傳記載一則類似的故事：崔駰和同學孔僖在洛陽

太學讀書，論及「春秋吳王夫差畫龍不成反爲狗、漢武帝好大喜功損害國力民命。」同舍生梁郁說：「如此，武帝亦是狗邪？」遂上書漢明帝告發崔、孔二人「誹謗先帝，刺譏當世。」孔僖畏懼官吏不明而遭處死，亦上書明帝：「凡言誹謗者，謂實無此事而虛加誣之也。至如孝武皇帝，政之美惡，顯在漢史。是爲直說書傳實事，非誣謗也。」明帝遂不追究。

當日有關韓愈的官司，輿論界分成左右兩派，論戰甚爲精彩，筆者曾剪報作爲資料；但最佩服薩孟武的正義清流。令人可惜的是，那位判決雜誌敗訴的法官，其見識反不及專制時代站在法律之上的漢明帝。

貓徙宿（niau 上平　sua 上上　siu 下去）——母貓生子後爲顧全其子女，時常更換貓窩。對經常搬家之人的取笑語。

不論家貓或山貓，以及熱帶、亞熱帶、溫帶的虎、豹、獅等猛獸，在動物學上皆屬於貓科，都是肉食獸。頭如半圓球，腳中庸長，走路用腳趾，前肢五趾，後肢四趾，生有尖利的鉤爪，平時收藏在皮鞘中，捕食或戰鬥時能自由伸縮。口有尖牙，威力強大。後腳長而有力，善跳躍。貓、豹還會爬樹。體型以西伯利亞虎最大，次爲獅，再次爲豹。山貓的身體和兩耳都較家貓長大。所謂「爪牙」，是貓科動物最凶猛的武器。閩南山區有虎，臺灣只有動物園裏纔有。

家貓原亦生息於草原或森林，以獵殺小動物如兔、鼠等維生，大概比犬類稍後的萬餘年前，被人類所捕捉而養馴，利用它的天性天敵，以捕殺偷吃人類住處食物的鼠類。到了現代，住屋中大部分已少有鼠可捕，家貓從此反而成爲最受歡迎的寵物之一，與狗爭衡。和人類同食飯菜，甚至享用科學配方的乾糧，遍

及全世界。

　　家貓的性情不一，優點之一爲喜愛潔淨，終日以口舌洗刷自己的皮毛、手腳、耳臉，大小便有固定的場所，不像狗隨地便溺，不講衛生。優點之二爲神態形狀可愛，很像小老虎，足供觀賞。優點之三爲眼睛的瞳仁隨光線強弱而變化，白天中午成爲豎直形一線，然後逐漸擴大，到半夜，形如黑圓珠；故古時無鐘錶，看貓眼爲準，藉知道時辰；而且兩眼黑暗中能見物，與犬相同。有的喜愛受人抱持，有的不喜而以利爪傷人。

　　母貓生子後，通常一至三隻，會尋找一個隱密的地方作窩巢，閩南語叫「貓宿」，「宿」即巢或窩。此時特別害怕人類窺探，如被發覺，誤會是要對它的子女不利，常用口以適當力量唧住小貓的上頸部，不掉落亦不咬傷（此和虎、豹、獅相同），遷徙它認爲更安全的處所；有時連搬數次，直到它完全放心爲止。因爲太常遷徙，故被稱爲「貓徙宿」。母獅、母豹、母虎也是一樣。

　　俗語說：「虎毒不食兒」，這是不確的。西洋的動物學家和探險家曾深入非洲大草原，暗中觀察獅群的生活狀況，發現母獅生產後，常棄小獅於不顧。公虎或母虎，當發覺有不安全感時，就會將虎兒吞食。母貓亦是如此；倘人類不斷窺探，照樣把小貓吃掉。「貓徙宿」，也可用來嘲笑經常搬家的人，他們豈不仍是帶著兒女換「窩」嗎？更進一步說，新聞媒體常報導，父母因故殺死自己小兒女的亦常見，中外相同。

頭一關，就去遇著紅毛番。（tʻau 下平　tsit 下入　kuan 上平 tsiu 下去　kʻï 上去　tu 上上　tiok 下入　aŋ 下平　mɔ 下平　huan 上 平）——鴉片戰爭為近代中國對西洋人的首次大戰，卻不幸慘敗在西洋 紅毛番之手。初次作某事，就遇上凶惡的不速之客。

中國在古時和全世界任何國家比起來，文化與武力絕不落 後，甚至超前。西洋人通常指歐洲，在中古時的政教學術受日耳 曼族的摧殘，故希臘、羅馬的燦爛文明被湮沒。公元一四五三年 （明代宗景泰四年），東羅馬帝國為土耳其所滅，避難的希臘學 者在意大利研究、傳播古典學術，史稱「文藝復興」Renais-sance。演變到十八世紀末、十九世紀初，引起「工業革命」In-dustrial Revolution，從此科學發達，機械生產工業品，財富日 增，各國國勢日強，武力大進。反觀中國閉關守舊，國力軟弱又 妄自尊大，仍把西洋人當作古代的四夷之一。

雖然我國所產的絲綢，早已記載於聖經舊約以賽亞章（約與 孔子同時），而稱中國人為「絲人」Silk Men，但實際上那時西 洋人對中國毫無所知。同樣的，中國人對西洋的一切也是茫然不 解。後漢書西域傳：「大秦在海西，亦曰海西國，其人長大平 正，有類中國，故謂之大秦。」據後漢書桓帝紀：延熹九年（公 元一六六）九月，（東羅馬）大秦王安敦 Marcus Aurelius — An-tonius 121 — 180 遣使自日南（今越南）至洛陽，奉獻象牙、犀 角、玳瑁等物；但此時已晚到公元以後了。原因在於歐亞陸路艱 遠難行，海路巨洋阻隔所致。故中西訊息的傳遞，商品的貿易， 都是從西域（今新疆）、中亞，經由波斯、阿拉伯人作媒介。大 秦和中國的海上交通，大致也始於東漢。隋唐起，陸路取道西域 安西（今新疆吐魯番縣）、張掖、武威（所謂「絲路」Silk

Road），因較近於國都長安。海路則由廣州。

　　民國張伯驥中西文化交通小史五西方文化對中國之影響，列有天文、數學、因明學（似邏輯學）、醫藥、語言（音韻學為主）、樂舞、娛樂（如乞寒戲〔嚴寒時、少年只穿短褲、結隊跳舞、觀者以水潑之〕、馬戲）、擊鞠（球）、雙陸（博戲之一）、美術、工業（如釉料、葡萄酒、床椅）、寶石、服飾、動植物（如駝鳥、鸚鵡、獅、象）等。

　　筆者案：尤可注意的，中國的樂器很多皆是古時由西域引進，如胡琴、胡笳、琵琶等是。西洋的小提琴和鋼琴，其音色之美，音量之大，音域之廣，我國樂器如編鐘、編磬、琴、瑟、塤等，根本不堪一比。

　　同前書七中國文化之傳播西方，列舉蠶絲、造紙術、印刷術、植物與草藥、娛樂（如骨牌、風箏）、鑄鐵、合金、鑿井、工藝（如瓷器、織錦）等。

　　張氏遺漏中傳西而又很重要的，如火藥、指南針等；西傳中的現代鎗砲、飛機、造船等。直到眼前，中國人能百分之百自造一艘航空母艦嗎？臺灣連車輛的火星塞還不會製作，需要美國或日本輸入。

　　中國最強盛朝代有漢、唐、元，故全球在當時亦稱中國人為漢人、唐人、蒙古人。西洋有「黃禍」Yellow peril 一詞，當起於元代西征。民國金兆豐中國通史外交編六元明對外政策：「始世祖（忽必烈）之西征也，率其子尤赤、察哈臺、窩闊臺、拖雷、西向自也里的石河源，渡忽章河，侵入花剌子模，其王謨罕默德走死。因分兵征欽察，尤赤大將哲別等，更緣裏海西岸，踰高加索山，襲其部（散居西伯利亞之北突厥）。南方阿羅思諸侯王（時俄行封建制）悉援之，蒙古兵逆擊於阿速海附近之阿里吉

河畔，大破之。」於是將所得土地分封三個兒子，世稱三汗國。「至太宗（窩闊臺），欽察亦叛。尤赤次子拔都，陷莫斯科。俄境既定，益驅其餘勢，以逼歐洲內地。一軍自馬札兒渡禿納（多惱）河，一軍自孛烈兒（今波蘭土）侵細勒西亞（今德國東部）。歐洲北部諸王聯軍逆擊之，皆爲所挫，歐洲全土震動。」此時元朝國土橫跨亞、歐，白種人極爲恐慌。但因蒙古人文化低淺，故僅享國八十八年。一九四九年中共建國，到今五十五年間，躍居世界強國之一，並握有核子飛彈，白種人已有「二次黃禍」的隱憂。

　　前文談到西洋自工業革命後，英、法、德、意、荷、葡、西班牙等列強先後崛起，侵略亞、非二洲。在亞洲，英國占領印度、馬來半島，法國占據越南，荷蘭進占印尼，葡萄牙租借澳門，西班牙占有菲律賓。這些西方帝國主義者霸占黃、褐種人的土地，掠奪其物產財富，奴役其人民。十六世紀時，英、法、荷、葡皆在印度設立「東印度公司」East India Company，表面上推銷商品，實際作爲侵略殖民的前衛站。

　　鴉片 opium 舊稱罌粟或波畢 poppy，或名阿芙蓉。唐朝時始傳入中國，回族人帶其種子來華。宋仁宗時始用爲藥材，功效能止瀉痢，壯元陽，通氣血，醒睡助陽，斂氣濇精，固脫止痛，其成分主要爲嗎啡 morphine。大宗鴉片來自印度。起初葡人壟斷東方貿易，販鴉片來華。其後英國東印度公司開始增多售量。清雍正七年（公元一七二九），詔禁販賣熟煙，時每年輸入二百箱。乾隆時重罰內地販商，惜無效果。嘉慶元年（一七九六）又詔禁鴉片；五年（一八〇〇）增至四千餘箱。至道光十五年（一八三五），英國從印度輸入鴉片，每年竟達三萬餘箱。十八年（一八三八），道光皇帝詔湖廣總督林則徐爲欽差大臣，到廣州查辦。

次年，勒令英商交出鴉片二萬二百八十三箱，在虎門焚燬，每箱給茶葉五十斤作爲抵償。更令各國商船出具「夾帶鴉片，船貨充公，人即正法。」的甘結。時葡、西、荷、美諸國皆簽字承認，唯獨英國商務監督義律 Charles Elliot 拒絕。

十九年（一八三九）七月七日，外國水兵醉酒暴動，於九龍尖沙村以木棍打死村民林維喜，村人指爲英兵，粵官令義律交出凶手，不肯，求援於英艦長史密斯 H. Smith，逐率軍艦二艘駛向虎門。次年一月三日抵川鼻島，水師提督關天培率兵船二十九艘駛向英艦，雙方開砲，清兵船傷及沉者四艘，餘逃入虎門。林則徐知英人必再來，乃命造大砲，兩廣總督鄧廷楨築虎門砲臺。

義律報告英政府，九月抵達倫敦。英國工商界主張出兵，政府黨議員亦倡言宣戰，其主戰原因：爲侮辱英國國旗，妨礙商業，強取財產。國會通過宣戰。英女王維多利亞 Alexandrina Victoria 1819 － 1901 任命懿律 George Elliot 爲和議專使。道光二十年（一八四〇），英國海軍指揮官伯麥 Gordon Bremer 宣告自六月二十八日起封鎖廣州，有軍艦十六艘，大砲五百四十門，陸軍四千人。知廣東有備，轉攻福建；福建亦戒備，乃進犯浙江，攻陷定海。英使坐艦駛入渤海，進迫北河，要求接受照會，直隸總督琦善奏報清廷。八月，命琦善爲欽差大臣赴廣東查辦，林則徐、鄧廷楨革職。琦善盡撤兵備，許賠煙價六百萬元；英人欲割香港，不果，英軍攻陷廣州砲臺。清廷因琦善措施失當，革職，命奕山率師赴廣東。英軍先據香港，連攻虎門、廣州。奕山懼，更訂休戰條件，先償軍費六百萬元；對於煙價及香港問題，隱而不奏。時道光皇帝轉而強硬，飭伊里布攻定海，及琦善上奏許義律要求，因詔革去琦善大學士，並調兵入粵。二月二十六日砲臺燬陷，虎門失守，英艦駛進黃浦江內，燬林則徐購置的軍艦，水

師敗散。四月，英內閣罷免義律，代以樸鼎查 Henry Pottinger，率軍艦十艘、汽船四艘、大砲三百六十門、陸軍二千五百人，攻陷廈門、定海、鎮海，進占寧波。五月，英援軍到，攻乍浦，駛近吳淞，老將陳化成戰死。不久攻下上海，陷鎮江，艦隊直抵南京。清廷命耆英、伊里布與樸鼎查議和，簽字於英艦，是爲南京條約。

　　清道光二十二年七月二十四日（公元一八四二年八月二十九日），雙方簽訂萬年和約（又名白門〔南京〕條約、江甯條約），共十三條要目。二至三，開廣州、廈門、福州、寧波、上海五口通商，並設領事，割給香港一島。四至六，償煙價六百萬元，商欠三百萬元，軍費一千二百萬元；廢粵省額設公行，聽英商任便交易。八至九，釋放中、英二國罪犯。十，議定英納稅例並進口後華商轉運英貨納稅例。十一，議定中英官商往來文書式。

　　今天，我們對「頭一關，就去遇著紅毛番。」的感想是：一，「紅毛」最初指荷蘭人，嗣後泛稱所有西洋人。二，中國人的自高自大，頭一遭受到無情的挫折和教訓；武力相差有如天壤，根本不是外國的對手。三，中國從古以天朝上國自居，豈知那時西方已是平等的國際社會。皇帝與官員基本上對國際情勢惘然無所知，不足以肆應十九世紀的複雜外交關係。四，全國大小官場有無數的陋規，於外商時常給與不盡的刁難，並公然接受賄賂，纔能進行貿易。五，成功的外交，必須有強大的國力爲後盾。故弱國無外交，實爲現代國際社會的眞理。六，當時，英國是世界第一強國，暢所欲行。名爲「貿易」，爲何不將鴉片運一部分內銷英國本土，教英國人也吃鴉片？鴉片是一種麻醉劑，如大量服食，或服時過久，能使大腦完全麻醉，全身知覺喪失，心

跳變慢，呼吸迫促而死，故鴉片可用來自殺。七，江甯條約損失鉅大，除金錢外，爲「協定關稅」，失去關稅自主權；約中連「禁止鴉片再輸入」，都忘記訂下了。八，近現代的中國，東方受日本欺凌；西方欺侮最重大的就是英國。

「頭一關，就去遇著紅毛番。」這句俗語後來意義引伸，可形容人開始對外作某事，便逢上蠻橫不講理的對手，而吃了大虧。例如，首次作生意，第一個顧客竟然憑他的地位、權勢、武力，進行以虧本價大量強買，在無可奈何之下，只得忍痛接受。

顡顡食三碗半（həmt 下入　həmt 下入　tsiak 下入　sã 上平　uã 上上　puã 上去）——作客沉靜少言語，卻令人意外地吃了三大碗半米飯。舉止斯文客氣，卻使人料不到有大慾望。

說文無「顡」字。廣韻上聲四十七寑：「顡，切齒怒也。」西漢揚雄方言十三：「顡，怒也。」東晉郭璞注：「顡顡，恚貌也。」北宋丁度集韻寑韻：「顡，一曰：『顚顡，懦劣。』」清畢沅釋名釋疾病疏證：「（顡）當作『噤』，口閉也。」以上諸字書，以畢沅的解釋最近於閩南語的含義。可知「顡顡」就是「不大開口說話兼客氣膽小」的意思。

「顡顡食三碗半」是金門人常用的玩笑語。譬如，有一些客人來訪，其中一個非常客氣少話；餐食時間到了，邀他一齊同吃，他辭謝已吃過；主人力邀，不料他卻一口氣連吃三大碗半的米飯。臺灣也有此語，叫「恬（tiam 下去、靜）恬食三碗半。」和本條含意相同。由此意義引伸，成爲「舉止斯文客氣，卻使人料不到有大慾望。」金門另有俗語「看無刣（殺）出重」，原指豬販憑長期觀豬經驗，預料這頭豬屠宰後可得多少斤肉；想不到屠宰後，卻比預估的超出許多。這句話和本條可互相發明。

　　傳說<u>唐朝</u><u>八仙</u>之一<u>呂巖</u>（<u>洞賓</u>），爲試驗人心厚薄，某次故意裝成賣熱甜湯圓的小販，在人多的市場裏販賣，聲明：「一錢一核，兩錢濫糁（隨意）掘（吃）。」意爲：一枚銅錢，只能買一顆湯圓；兩枚錢，湯圓任你吃到飽。<u>洞賓</u>用仙術變化，很多顧客包圍著買吃，那鍋湯圓就是吃不完。賣到黃昏客散，仙人要收攤，旁邊站立著一個悶聲不響的小孩子不走；此時拿出兩枚銅錢給仙人，要把整鍋湯圓端回家去。

第十章 時空

<u>酉堂</u>（iu 上上　tͻŋ下平）——清嘉慶間富商<u>黃俊</u>所建別墅，在<u>前水頭鄉</u>。

<u>金門志</u>二、三篇二章第宅：「<u>黃氏酉堂別業</u>，在<u>前水頭村</u>，清嘉慶間富商<u>黃俊</u>建，爲課子弟之社學，有園林池沼之勝，舊址猶存。」<u>民國</u>八十四年<u>金門縣政府</u>出版<u>水頭厝風情壹水頭</u>是個好地方：「擁有十八艘『三支桅』的船王<u>黃俊</u>，在<u>乾隆</u>三十一年（公元一七六六）興建了<u>金門</u>唯一的園林－<u>酉堂</u>。」同書<u>參水頭尋根之旅</u>：「列爲國家二級古蹟的<u>酉堂</u>（附有<u>酉堂</u>大門圖片）。」同書<u>肆水頭厝眞美</u>：「<u>酉堂</u>『<u>日月池</u>』的清麗，文人雅士的吟唱似乎在耳邊響起，華屋主人正享受著富裕的桑榆生活。」同書<u>肆水頭厝選美</u>：「<u>黃俊</u>是<u>水頭</u>人在前<u>清</u>時代的首富，人稱『<u>黃百萬</u>』（筆者案：百萬洋銀元相當於今日新臺幣六十億）。<u>黃俊</u>是<u>金水黃長房小宗派</u>下十三世的子嗣，<u>乾隆</u>四十年捐銀八百兩添建<u>黃氏大宗祠</u>的前落，並在『<u>中界</u>』營建此具有池臺亭樹的<u>酉堂</u>，充作塾教場所。今從大門上丙戌（<u>乾隆</u>三十一年）荔（六）月<u>陳秉衡</u>所題的『<u>酉堂</u>』匾，可知其落成年代。<u>黃俊</u>身後葬在村郊『<u>兩水會</u>』，墓碑刻有『封誥奉直大夫』字，可知其後代有仕宦者。」

筆者的外祖父<u>黃廷參</u>生前僑居<u>印尼麻里吧板</u>經商，<u>民國</u>十九年，在「<u>中界</u>」建有大厝。同書同篇：「<u>黃廷參</u>是<u>金水黃長房五樹派</u>下十八世的子嗣。五十餘歲（筆者案：當爲六十四歲）返鄉

定居，耗銀一萬三千元（約今天新臺幣一億），經歷三年，建此三落大厝（有圖片），是今日<u>水頭</u>獨一無二的。此宅前兩落是<u>閩南</u>傳統式，第三落造型有<u>西洋</u>風。前落的鏡面石堵大量應用<u>日本</u>製彩瓷面磚。山牆上的懸魚有細膩的泥塑及<u>交趾</u>陶人物像，脊堵有靈活生動的花鳥靈獸剪黏作品，脊塞裏有耀武揚威的泥塑獅子。後落正廳的步通有花鳥，<u>麟</u>斗座的細木座，漆色豔麗，都是難得一見的作品。」筆者從幼、童年起，常隨先母到<u>水頭</u>作客，在外祖父此屋中和前後周圍附近，盡情遊玩。印象特別深刻的，是用手撫摸著鏡面石堵的瓷面磚上的仙桃，與玩伴戲說採仙桃吃。<u>民國</u><u>李乾朗</u><u>金門民居建築</u>一書的封裏，曾以<u>黃廷參</u>此屋列爲插圖之一。

　　筆者一直到少年時還常去<u>水頭鄉</u>玩；也走到附近的「<u>酉堂</u>」，在大門外築有石曲橋的「<u>日月池</u>」瀏覽欣賞，可惜始終沒有進大門裏參觀，於今想來，頗覺遺憾。

即（tsū 上去）──在。當。

　　因時勢的推移和命運的逼迫，據說到<u>民國</u>九十年爲止，<u>金門</u>人遷居<u>臺灣</u>的數目，已在十萬以上。其中有一個不是問題的問題，就是語言。<u>金門</u>話與<u>臺</u>語，根源都來自<u>閩南</u>；但不只腔調差異，話的講法也有很多不相同。筆者遷<u>臺</u>到今四十六年，經過長期向<u>臺</u>胞學習、自我訓練和模仿，我能說一口標準的<u>臺灣</u>話，與<u>臺</u>胞接觸交談，單憑講話，很少能識破我不是本省人。語言能力較差的，一開口，<u>臺</u>胞便聽出你不是本地人；如同我們在<u>金門</u>聽<u>臺</u>胞說話一樣。若是眼力較敏銳的，只看相貌，他們就可判斷你是外省人（包括<u>大陸</u>各省人）；我即曾被<u>臺中地方法院</u>的某位法官指我是「外省面」，也另有人據外貌一開始便和我說國語。這

便毫無辦法偽裝了。從人的五官形貌，確可分別出「臺灣面」或「外省面」。我亦有幾分眼力，能多少分辨出「大陸各省人」、「客家人」、「臺灣福佬人」。

　　金門人最常用的話，例如說：「我下晡育（io上平）汝去超級市場。」「醬（tsũ 上去）下晡纔來去。」臺灣人聽起來覺得真怪。他們甚至反問：「我是大人，敢著（豈須）汝育？」「是豆醬？還是豆豉？」原來「育」為「要」或「邀」的音變，意思是「要約」或「邀請」；「醬」就是「即」，是指「在（或當）」某段的時間裏。

將軍泉（tsioɲ上平　kueɲ上平　tsuã 下平）——金門前水頭鄉金龜尾的甘美巖泉水。

　　南宋高似孫緯略一（唐）陸羽水品，介紹陸羽品水共有十二等，然後說：「六一居士（歐陽修）曰：『陸羽茶經，其論水，曰：「山水為上，江水次之，井水為下。」』」舊金門志二山海：「將軍泉，在金龜尾，源出兜鍪山麓石壁間，上鐫『將軍泉』三字，旁鐫『汴泉』二小字。」明盧若騰庚寅九日遊將軍泉詩：「兜鍪山下淺深龕，高興歡從僻處探。石壁湧開暟雪液，海門流合紫金潭。火試龍團歌七椀，泉同蟹眼誌雙甘。他山縱有菊花酒，爭似將軍茗戰酣。」（原注：浯人舊傳蟹眼、將軍兩泉最勝）又盧著留庵詩文集、記、浯洲四泉記：「予不能酒，而有茗癖，終日與泉作緣。曩緣舊聞，第知有蟹眼、將軍二泉耳。蟹眼出太武山巔，泉竅噓吸，象蟹眼之轉動。將軍出兜鍪山麓石壁間，故以為號。余家東北望太武二十里遙，蠟屐（穿塗蠟之木屐徒步）酌泉，未數數然。西南距鍪山四里而近，奚童（書僮）汲運不甚艱，遂得時時屬饜。去秋偶過華嚴庵，試其天井中石泉，

而善之，曰：『蟹眼、將軍而外，此其鼎之一足乎！』已而族人告予曰：『村北數百武，有龍泉焉，宋時龍起其地，泉湧石罅，迄今大旱不涸，吾里名龍湖。』汲以瀹（煮）茗，果大佳。因並致四泉而詳較之：蟹眼醇釀冽潔，赴喉之後，舌吻間尙有餘甘；龍井醇冽，不減蟹眼，所微遜者，蟹眼出於危石，旋湧旋瀉，汲者必以葉盛之入器，其鮮活之性，毫無所損；而龍井有窟瀨水，水始停宿，故入口始覺遲鈍；將軍居洲之尾，氣力發洩已盡，冽而不醇；華巖分太武之支，醇精未散，但庵堂旣高於井，而庵外稞地復高於堂，人跡所狎，不無飛塵所犯，遇久雨則客水注入，色同行潦矣。據現在而品之：蟹眼第一，龍泉第二，將軍第三，華巖第四。」民國八十四年金門縣政府出版水頭厝風情壹水頭是個好地方：「（明太祖）洪武末年，（水頭鄉黃姓始祖）黃氏（輔）也建築了六墅（高）大宗祠。同時，（明）戍卒也發現將軍泉（公元一三九〇年），因其源出兜鍪山麓壁間，故以之爲號。水清而冽，被盧尙書評列金門第三名泉。」此書第三十二頁並附有將軍泉的圖片二幅。

　　日據時代，民國二十九年秋，筆者九歲，就讀後浦金門公立第一小學，全校師生到水頭鄉遠足，也曾遊覽海邊金龜尾的將軍泉。吃過母親爲我準備的鹹的菜肉飯後，用雙手捧住將軍泉水往口裏送，覺得異常的清涼甘甜。今日臺灣市面上出售的各種礦泉水，根本無法和它相比。

　　水頭厝風情同上篇：「明太祖洪武二十年（西元一三八七），江夏侯周德興備兵金門，遍立城砦，建塔矛山，徑長一丈二尺，塔高連最頂端之葫蘆共九層，合三丈六，全以石板石塊接榫而成，爲一著名之航海標幟。可惜在民國五十年因軍方安全上的考慮而被拆除。」平心而論，所謂「安全上的考慮」，不外來

自中共的大砲作爲瞄準目標。但中共的陸地隔海三面包圍金門，全島任何角落都在射程以內，沒有石塔照樣可以發射，干石塔何事？拆掉這一座具有五百七十四年悠久歷史的著名古塔，兼又妨害金門漁民的航海指標。故毀塔只能算是國民黨軍隊的可笑愚蠢行爲。讀者如要進一步知道國民黨軍隊駐紮金門數十年來對古蹟的毀壞，除水頭厝風情外，可參閱陳炳容金門的古墓與牌坊、楊天厚、林麗寬合著金門寺廟巡禮，這些書皆是實地調查所得，翔實可靠。

鎗樓（得月樓）（ts'iń上去　lau 下平〔tit 上入　gat 下入　lau 下平〕）──舊時水頭鄉防禦內地「強摃賊」來攻之碉堡。

民國八十四年金門縣政府出版水頭厝風情印象之旅－水頭厝選美：「得月樓是金水黃長房五樹派下十九世的黃輝煌所建。黃輝煌少壯時在印尼麻里吧板從事百貨批發行業，致富後匯銀到家鄉所建，時耗銀達一萬三千銀元，匠師聘自金門古崗師傅陳南山司。得月樓高四層（合地下室一層），牆壁厚達四十公分，高達十一公尺餘。」此樓建於民國二十年（公元一九三一），樓匾由名書法家許維舟題字。它是當年全島最高的建築物。

民國徐志仁金門洋樓建築參一節傳統聚落中洋樓的座落及配置方式：「得月樓高四層，地下設有坑道可通往鄰棟，其寬度可供人川梭。一樓以碌仔石砌築，只留設一豎坑通往二樓，地下坑道則須由二樓往另一豎坑才可通達。一樓除了這兩道豎坑外，其餘部分皆爲實心。二至四樓壁體厚廿五至卅九公分，由紅磚砌築，外牆抹灰。各層地板結構以杉木支撐，上鋪紅色地磚，築有方形洞口以及交錯的方式設計，供樓梯攀爬逐層而上。防禦工事的設計，設有鋼製網狀射擊孔，以及圓球狀的鑄鐵射孔，並以推

拉式木板門（筆者案：也叫「輪錢門」）加以保護。鑄鐵射孔可以在壁體中靈活轉動，有益並附有覘孔輔助設置。」筆者以為：「鎗樓」為甚麼不建築地上四樓或五、六樓，豈不望得更遠？大概有兩個原因：一來金門冬季風大，守樓的人吃不消；二來樓過高，自己反成為被瞄準攻擊的目標。

金門志十二、三篇五章文苑：「許維舟，字允楫，後浦人。同安縣廩生。科舉廢後，遊印尼三寶壠 Semarang 經商。國父號召革命，遂入同盟會。民國肇建，曾膺選華僑代表至北平。魯王墓亭，即其募築。博學，工書，入二王（羲之、獻之）藩籬。金門人牌匾聯對，多出其手。抗戰軍興，避印尼，數年卒，時年蓋八十餘云。」上述「得月樓」匾額即其所題。筆者景仰的幾位鄉籍書法家如呂世宜、洪作舟、翁同文與許氏為同時人；我認為許維舟的書法當為金門有史以來第一。從前縣城北門圍後筆者的業師陳明德，其家中前廳後門楣上懸掛著許維舟鏡框題字，內容忘記，只憶得兩句：「只恐床頭金盡後，更無人伴可憐宵。」字跡清秀灑逸，健樸高雅，無與倫比。

清夜錄：「（北）宋范仲淹鎮錢塘，兵官皆被薦，獨蘇麟不見錄，乃獻詩云：『近水樓臺先得月，向陽花木易為春。』公即薦之。」這典故應是水頭鄉「得月樓」命名的由來，兼有文雅和吉利，甚為得體；但是否為許維舟所取名，則不得知。明李鶚的書齋亦名「得月樓」，不知是巧合或取自清夜錄的典故。李氏江蘇江陰人，字如一。著有洹詞記事鈔、明良記等書。

筆者因外祖父黃廷參家在水頭鄉中界，童年時常到外公家玩。離此百十步外，稱「黃厝頂」，順便走過「酉堂別業」與「鎗樓」，觀望一番。金門人從來都叫它「鎗樓」，絕無人叫「得月樓」。許多記載有關金門的書都寫建樓是為了對抗「海

盜」，十分錯誤。殊不知「海盜」是自己擁有盜船長期在海上劫掠商漁船，如明嘉靖時的泉州人林道乾、清嘉慶時的同安人蔡牽等是。「強摃賊」也多是漳泉人，或長時在陸地上作盜匪，或臨時起意，自己無船，要來金門搶劫，纔借用或奪取別人的船隻前來，劫後返回內地，再將船還給原主。故我們應說「大盜」、「大賊」、「強摃賊」，而不是「海盜」。所謂「強摃」，是「強行以巨石擊破門戶進入搶劫」，此不可不辨。至於世俗（包括今天臺灣所有的報紙、雜誌、電視等新聞媒體）所使用的「槍」字是十足的錯字！木材能鑄作鎗管嗎？戲臺上或武術家耍弄的纔叫「槍」；應寫「鎗」字纔算正確。

第十一章　起居

天窗（ tʻĩ 上平　tʻaŋ上平）——築連於屋蓋上有固定玻璃的小窗。屋頂開大窗口以斜向亞鉛門抽送開關型。

　　說文：「囪，在牆曰牖，在屋曰囪。」段注：「屋在上者也。」東漢王充論衡別通：「開戶內之日光，日光不能照幽；鑿窗啟牖，以助戶明也。」東漢王延壽魯靈光殿賦：「爾乃懸棟結阿（曲簷），天窗綺疎。」唐李善注：「天窗，高窗也。綺，文也。疎，刻鏤也。」杜甫絕句四首之三：「窗含西嶺千秋雪，門泊東吳萬里船。」

　　由古書上的記載，得知古人在屋頂的叫「囪」，在牆壁的叫「牖」。古代屋宇的形制不大清楚；但天窗的築法和命名應該相近。清李寶嘉官場現形記二十七：「晚生是個做買賣的人，全靠東家照應開這個店，那裏有甚麼錢？打開天窗說亮話，還不是等姓賈的過來盡點心。」可見古人屋頂上開著天窗，引光、通氣都方便；但必有窗蓋，下雨時可阻絕雨水。今天金門的天窗即是如此。夏天日夜打開（窗下屋頂有鐵柵可防盜），冬天與雨天關閉；但天窗蓋上仍留有一塊面積較小的厚玻璃，可以採光。一個屋頂最少有二至三面天窗，有的是厚玻璃封死，長年不開的，僅供採光。早在漢朝，已有琉璃，琉璃亦可透光，和現代玻璃相差不遠。清趙翼陔餘叢考三十三琉璃：「按漢書西域傳：『罽賓（今印度西北喀什米爾）有琥珀琉璃。』（唐顏）師古注曰：『大秦國（羅馬）出青、黃、黑、白、赤、紅、縹（淡青）、紺

（天青）、紫、綠十種琉璃。」（清）呂藍衍（名種玉、著有言
鯖）以爲此蓋自然之物，非藥石所爲者。然穆天子傳，天子西
征，有采石之山，取以鑄器。則鍊石爲琉璃，自古已然。王充論
衡：「陽燧（取火器）之取火也，五月丙午日中時，消鍊五石以
爲器，仰以向日則火至。」蓋即琉璃也。又魏太武時，有大月支
國人至京師，能鑄石爲五色琉璃；於是採礦山中，於京師鑄之；
旣成，光澤乃美於西來者。此亦鑄石爲之之證，並非藍衍所云自
然之物也。」可知玻璃或琉璃爲用其礦石配合其他化學品所煉製
而成。

　　清吳敬梓儒林外史十四：「老實一句：『打開板壁說亮
話』，這事一些半些，幾十兩銀子的話，橫豎做不來，沒有三
百，也要有二百兩銀子，纔有商議。」「板壁」是木板窗裝在牆
壁上，可開可關，但沒有玻璃。（參閱稻田版拙著金門話考釋頁
一二〇「天地合店窗」條）

屋（kʻap 下入）——門半閉。門雖關而不上閂。

　　說文：「屋，閉也。」段注：「士喪禮注曰：『徹帷屋之事
畢，則下之。』（禮記）雜記注曰：『旣出，則施其屋。鬼神尙
幽闇也。』據此二注，屋爲『褰舉』之義；與（東漢班固）東都
賦『袪黼帷』同，疑『閉』當作『開』。一說『屋』在開閉之閒
（間）；故兼此二義。」清徐灝說文解字注箋戶部：「屋之，謂
以帶約之，故旣出則施之。施者，弛也，解也。衣袂謂之袪，亦
其可約而上也。屋之義於戶爲閉，於帷爲約。兩旁褰舉，則其中
開矣。」明湯顯祖紫簫記話別：「門兒屋著暗咨嗟，燭心懸著生
疼熱。」

　　由上引段注「屋在開閉之閒」，正與本條所釋「門半閉」、

「門雖關而不上閂」相符合。

通（t'oŋ上平）──鋼筋水泥長方梁。

　　中國的建築主要材料爲磚、木、瓦、石灰之類，故不耐久。金門產花崗石，因此舊式大厝的地基和牆基都使用石材。任何堅固的屋宇，屋頂經過五十年就須要翻修一次。北京故宮經明清二代皇家的經營，雖也是磚木瓦灰，但採用天下最好的材料、最傑出的建築師，故連皇帝祭天的天壇迄今四五百年，屋頂尚且不會漏雨。

　　自清朝中葉起，金門人下南洋開創事業，致富後常匯款回鄉建造舊式大厝或洋樓。洋樓的架構模仿西洋的鋼筋混凝土，較講究的大半爲橫梁和柱子部分；比較差的仍應用紅磚砌牆，屋頂則以杉木作梁，紅瓦作蓋。數十年風吹、雨打、日曬，也是屋頂先壞，即須修葺。

　　縣城後浦大街街道於民國二十六年拓寬，拆掉店前有磚柱支撐的二樓，有兩部分採用鋼筋水泥：一是店前支承二樓正面牆壁的橫梁，叫作「通」；一是兩根直向凌空支撐由二樓延伸的騎樓，稱爲「撟」（kia 上上、舉）。迄今已達六十七年之久，完好如初，可見其耐用。鋼筋混凝土是西洋人發明，約在明末清初傳入中國。從此以後，中國的建築物顯然堅固許多。

閒間阿（ãi下平　kãi上去　a上去）──供衆人坐臥閒談之所，多爲茶座、煙館之類。

　　在民衆活動中心興起以前，閩南地區的民俗大致相同，從古流傳到金門、臺灣。閒人經常聚集的場所，不外寺廟和茶館。特別是老人，三餐吃飽後沒事，最喜愛至上述兩種場所消磨終日。

談天，講故事，喝茶，下棋，彈奏樂器，甚至小賭；日據時代金門還有鴉片煙館，供人吸食鴉片。臺灣稍有不同，即茶室兼營色情業。舊時金門除另有公娼院外，茶座絕對是純粹飲茶的地方。

　　後浦的城隍廟也時有老人聚集，不過對奉祀神明的地方比較拘謹，只談天、下棋、說故事等。民國三十八年前後，有南門塾師馬心廣常在廟中邊吸旱煙，邊高談闊論，說他年輕時於南洋曾加入同盟會，孫中山是他好朋友。東門的觀音亭前庭則是小販賣吃的較多，日據時代可在此或附近公開賭博。夏天晚上，常請來一位老先生在亭前高坐講說善書勸世。

塌宿（t'ak 上入　siu 下去）——舊時四合院古屋前落大門前的凹形小前庭。

　　「塌」是凹入。魏張揖廣雅釋詁二：「塌，墮也。」墮即凹陷意。明史食貨志：「命於三山諸門外，瀕水為屋，名塌房，以貯商貨。」凡房屋必有空間，這空間就是塌房，纔能夠容物。

　　說文：「宿，止也。」段注：「凡止曰宿夜，止其一耑（端）也。（詩周頌有客：『有客宿宿，有客信信。』）毛傳：『一宿曰宿，再宿曰信。』」由段注，可明白「宿」是可以睡臥的地方，也就是空間（受）。

　　金門全島的四合院，皆築有塌宿。普通屋前有大廣場，都是用花崗石板鋪築，利於披曬打擊農作物。大門前例有石階一級，踏上石階，便是塌宿。因屋宇有大小，故塌宿的面積亦不一定。左右兩牆，即是前落二房間的牆壁；正面即是大門，大門雙邊的牆和二房牆全都刻意作瓷片或磚石的圖案裝飾，相當美觀。

　　「塌宿」的用途很廣：遮陽、避雨以外，晾曬在廣場的農作物，黃昏時掃集，裝入布袋或籮筐，堆疊在塌宿，隔天一早天氣

好，再逐一倒散於廣場晾曬。

樓井（lau 下平　tsĩ 上上）——縣城店鋪隔樓地板上採光通風與探望的窗井。

　　所謂「井」，是指四邊高起的空間。例如國語的「天井」，春秋孫武孫子行車：「絕澗，天井，天牢。」曹公（操）注：「四方高、中央下為天井。」閩南語稱為「深井」，意和「天井」同。在古厝三合院或四合院，屋與屋、屋與圍牆中央的地面都較低，形狀如井。

　　「樓井」即隔樓地板上預留穿透的橫寬各數尺的空洞，再裝上有格條的木窗（以人足踏上不致陷落為準）。金門人全是漳泉二府的移民後裔。大概僅有縣城和沙尾鎮的舊店屋纔有；近來全島各地模仿臺灣新建的樓屋「透天厝」，已沒有「樓井」的設備。

　　「樓井」的設施，當是傳自閩南內地。筆者最欣賞它的好處之一是通氣。夏天不用任何遮蓋；冬天風冷而大，纔蓋上翕開的布袋，空氣照樣可以通過。好處之二是採光，引進的光線雖不大，但樓下室內可不致黑暗。好處之三，可從二樓的樓井，看穿到樓下的人的行動及聽到講話，被觀聽的人根本無從發覺。數十年前，後浦大街金勝源布莊，一二樓之間開留的樓井長約一丈，寬約六尺，周圍有欄杆。布匹可由樓井上下搬運，人也可相對交談，方便極了。

　　筆者由金遷臺到今四十六年，除了短期住過親戚的獨棟平屋別墅（通氣採光無缺），長期住的以公寓居多。地板既無樓井通風，屋頂亦無天窗設備，令人覺得氣悶與光線不足。店鋪或透天厝，如夾在中間，除前後外，中段因無窗戶，使人不只呼吸不

暢，而且黑暗，須要開燈。短短的多天尚可忍受，漫長的八個月夏天就很難捱了。

檷錢（ni 下平　tsĩ 下平）——宗廟或精緻四合院屋檐的錢形瓦裝飾。

　　西漢揚雄方言十三：「屋梠謂之檷。」東晉郭璞注：「即屋檐也。」說文：「梠，楣也。」東漢劉熙釋名釋宮室：「梠，旅也；連旅旅也。」魏張揖廣雅釋宮：「楣，檐，檷，（上簷下零），梠也。」就是在屋頂邊緣連續築接的成列錢形瓦，一為美觀，二供漏水，金門稱為「檷錢水」。

　　錢形瓦築連在屋頂凸形瓦座的邊緣，雨水從兩個錢形瓦中間的凹槽滴流下來到地面。新式洋樓收集雨水較為講究，它通常在屋蓋周圍邊緣留下連環不斷的水泥瓦凹槽，雨水沿槽流進下方承接的半圓形鐵彎槽，再流進四邊直立鐵管灌進地下溝去。臺北雄獅版民國李乾朗金門民居建築及稻田版民國陸炳文金門祖厝之旅、民國徐志仁金門洋樓建築等書，除文字外，都有精美圖片可供參考。

第十二章　鬼神

池王爺（ti 下平　uoŋ 下平　ia 下平）——傳說爲福建同安縣武進士，食瘟神毒藥死以救民，上帝敕封爲代天巡狩。

金門志三、四篇三章寺廟：「代天府，在後浦東門，祀池王爺。按馬巷廳志云：『相傳神爲武進士，池姓，耆老於夢中得之。後現像里社，鄉人鳩資建廟。遇有疾病，禱告甚靈，時稱爲池王爺。』民間俗傳神名連陞，將赴任所。月夜泊舟某處，聞鄰舟議某日將以毒置某處。知爲瘟神，乃請觀其藥，取而食之，遂卒，全身靛（藍）色。鄉人感其仁，建廟祀之。」

稻田版民國楊天厚、林麗寬合著金門寺廟巡禮二、一節東門里寺廟與居民的歲時生活：「據東門代天府重建碑記載，則此廟始建於明（神宗）萬曆年間。民國八十四年七月八日，該廟管理委員會還以高達七十二人次的龐大隊伍前往大陸馬巷請火。代天府據說是遠自大陸馬巷池王爺宮分靈而來，目前馬巷誌中也有這一段記載。廟前現有戲臺一座，臺址以前原本是一座魚池。廟中主奉六位王爺：一爲溫王爺（大千歲）；二爲溫王爺（二千歲）；三爲溫王爺（三千歲）；四爲池王爺（大王），六月十八日聖誕；五爲池王爺（二王）；六爲池王爺（三王）。」

聯亞版民國文蔚細說中國拜拜中國人全年拜拜神誕譜二道教神誕譜：「二月初一日－金湖四使爺誕辰。臺北市歲時記：『金湖四使爺名氏不詳。云自泉州金湖遷臺，奉祀廟宇爲三清宮。從祀溫、李、池、朱、鍾、林、蕭、邢等諸府王爺。二月二十三日

一邢王爺誕辰。民間多以朱、池、李、蕭等十三姓中的三姓或五姓合祀在一座廟中。』」

日本鈴木清一郎臺灣舊慣習俗信仰三歲時與祀典:「此堂別名『婦人媽廟』,主神是祭祀江、吳、徐、黃、金、李、顏等七夫人。配祀有邢、玉、朱、池等四王爺。(嘉義縣)東石鄉東石庄的富安廟,是以觀音佛祖爲本尊。另外還有池王爺、伍王爺。」(民國高賢治、馮作民譯)

目前金門全島奉祀池王爺的廟宇如下:後浦東門代天府。南門睢陽廟。湖下鄉海濱代天府。前山前鄉修文殿。賢厝鄉六姓府廟(現稱泰安宮)。珠山鄉大道公宮。古寧頭鄉南山鎮西宮。東洲鄉孚佑廟。瓊林鄉孚濟廟。庵邊鄉土樓廟。東村鄉滄龍宮。中蘭鄉金榮殿。後水頭鄉汶源宮(俗稱下宮)。田墩鄉西嶽廟(亦稱頂宮)。雙口鄉拱福宮。以上神廟或主祀池王爺,附祀較多,總共十五處。

據金門志三、三篇禮俗載:抗戰勝利後,後浦人倪增鎭、顏西林等倡設珠浦票房,聘廈門平劇名武生郭連生、乾旦呂慶福來金門教戲,云云。三十五年陰曆六月十八日,東門池王爺誕辰,廟前搭臺,當晚郭、呂等登臺演出。時筆者十五歲,在現場觀賞獻演斬經堂一齣,郭連生飾演東漢「吳漢殺妻」,邊唱邊舞劍,不料一個手滑,竟將劍丟落臺下,幸好是悲劇,觀衆纔不笑,急忙把劍取還,繼續演唱。過不久,忽然下起大雨,觀衆亦四散,持傘再看的已經不多,這算是少爲人記憶的軼事。呂慶福身材矮小,被綽號「矮阿呂」,他扮演花旦,妖豔異常,唱作都佳。又善於下象棋,棋藝相當好;曾和已故金門國大代表王觀漁對弈,不相上下,我都在旁邊觀戰過。顏西林迄今尙健在,年齡接近九十。呂慶福存歿不詳。王觀漁能作舊詩,筆者手邊有他的詩作金

臺笠影集。

　　我在少年時，常到東門代天府玩，廟貌不大，但親切可愛。逢到作神事，如關乩童、進金紙、進天府等，從頭看到底。某一年，竟在廟附近的「濁水溝」（縣城街道的大排水溝、現已蓋密）旁邊眼見廟中的太子爺乩童和白鬚公（即太武山海印寺的通遠仙翁）的乩童口角而欲打架的趣事，白鬚公不敵，逃回鄰近的後垵鄉。如果是池王爺要抓新乩童，被選中的乩童絕無法逃避，三更半夜也從家裏自動跳起，奔跑到代天府去；故鬼神之事，很難理解。

找三姑（ts′ə下去　sã 上平　ko上平）——由迎紫姑神演變而來的向女巫問陰間事。

　　梁宗懍荊楚歲時記：「正月十五日，其夕，迎紫姑，以卜將來蠶桑，并占衆事。」民國王毓榮校注：「紫姑，中國神話中的廁神名，亦作子姑、坑三姑、七姑娘（金門婦女在元宵有關七姑）、門角姑娘、廁姑、筲箕姑娘、籮頭姑娘、針姑娘、葦姑娘、茅草姑娘、瓢姑娘神等等。或云唐元宵請戚姑之神，蓋漢（高祖）戚夫人（被呂后害）死於廁，故凡請者，詣廁請之；今稱七姑，音近是也。紫姑顯異錄云：『紫姑，（山東）萊陽人，姓何，名媚，字麗卿。壽陽李景納爲妾，其妻妒之，正月十五，陰殺之於廁中。天帝憫之，命爲廁神。故世人作其形，夜於廁間迎祀，以占衆事，俗呼爲三姑，又云坑三姑娘。』」

　　北宋沈括夢溪筆談二十一：「舊俗，正月望夜迎廁神，謂之紫姑。亦不必正月，常時皆可召。（宋仁宗）景祐中，太常博士王綸家因迎紫姑，有神降其閨女，自稱上帝後宮諸女。能文章，頗清麗，今謂之仙女集，行于世。其書有數體，甚有筆力，然皆

非世間篆隸，其名有藻牋篆、芷有篆十餘名。綸與先君有舊，予與其子弟遊，親見其筆跡。其家亦時見其形，但自腰以上見之，乃好女子。其下常爲雲氣所擁。善鼓箏，音調淒惋，聽者忘倦。嘗謂其女曰：『能乘雲與我遊乎？』女子許之，乃自其庭中涌白雲如蒸，女子踐之，雲不能載。神曰：『汝履下有穢土，可去履而登。』女子乃踐而登，如履繒絮，冉冉至屋復下。曰：『汝未可往，更期異日。』後女子嫁，其神乃不至。其家了無禍福。此予目見者。」

清兪正燮癸巳存稿十三紫姑神：「歲華紀麗『上元』注云：『（南朝宋劉敬叔）異苑：「紫姑本人家妾，爲大婦所妒，正月十五，感激（感慨激忿）而死。世人於是日，作其形，於廁迎之，曰：子胥不在，曹姑已行，小姑可出。子胥，壻也。曹姑，姑也。」』今本異苑及（北宋李昉）太平廣記所載者，則曰曹姑其大婦也。（北宋高承）事物紀原謂時鏡新書引洞覽記云：『帝嚳之女胥死，生好音樂。正月十五日，可以衣見迎。』引爲紫姑事。其法，則稽神錄云：『正月望夜，江左風俗，取飯箕，衣之衣服，插箸爲嘴，使畫粉盤以卜。』遊宦紀聞云：『請紫姑，以箸插筲箕，布灰楪上畫之，皆男兒名字，或系僧徒。』（南宋郭彖）睽車志云：『臨安兩溪寨將請紫姑，岳侯降之。』（南宋洪邁）夷堅志有『臺州祝氏請紫姑，溫州樂清縣弓兵請紫姑，新建栗七官人請紫姑，皆男子所爲。』唐李商隱正月十五日聞京有鐙恨不得觀詩云：『身閑不睹中興盛，羞逐鄉人賽紫姑。』蓋男子賽卜之風久矣。今蘇州有田三姑娘、嘉興有灰七姑娘，皆紫姑類。」

清兪樾茶香室續鈔十九、三姑：「東坡集有仙姑問答一則，云：『僕嘗問三姑：「是神耶？仙耶？」三姑曰：「曼卿之徒

也。」欲求其事，爲作傳。三姑曰：「妾本（山西）壽陽人，姓
何名媚，字麗卿。父爲廬（平）民，教妾曰：汝生而有異，他日
必貴於人。遂送妾於州人李志處修學。不月餘，博通九經。父
卒，母遂嫁妾與一伶人，亦不旬日，洞曉五音。時刺史誣執良
人，置之囹圄。遂強娶妾爲侍妾。不歲餘，夫人側目，遂令左右
擒妾投於廁中。幸遇天符使者過見此事，奏之上帝。敕送冥司理
直其事，遂令妾於人間主管人局。」余問云：「甚時人？」三姑
云：「唐時人。」又問名甚？不敢言其名。又問：「刺史後爲甚
官？」三姑云：「後入相。」又問：「甚帝代時人？」姑云：
「則天時。」按此即所謂坑三姑也。」俗於正月望日迎紫姑，即
其神也。」

　　日本鈴木清一郎臺灣舊慣習俗信仰一臺灣民性與一般信仰觀
念十六巫覡術士的法術：「所謂『關落陰』（關三姑），又叫
『靈降』，乃是使靈魂通往黃泉之術，多半流行於婦女之間，少
數知識階級也有相信的。作術者多半是男法師（覡），他口唸咒
文，請羅吒太子出壇，把被術者的婦女，運用羅吒太子的神力，
領到陰曹地府，可以讓她看見親人死後的狀況。又可讓被術者的
婦女，看到活人在陰間的『元神』（靈魂），並且可以預知她自
己的命運、禍福與生育等。此外，婦女的元神是花樹，如經關落
陰而在陰間看到此花樹，可以判斷是否能生男育女。開白花時代
表生男，開紅花時代表生女。此外更可從花樹的是否茂盛，推知
該婦女運氣的好壞。」（民國高賢治、馮作民譯）

　　金門志三、三篇三章歲時：「正月十五日，入夜，婦女賽紫
姑，俗呼爲東施娘，其詞曰：『東施娘，東幼幼，教吾挑，教吾
繡，穿針補衣裳。東施娘阿東施施，教吾搉（舉）筆畫花枝，教
吾繡花好針黹，教吾刺鞋好鞋墩。東施娘阿東約約，教吾挑也教

吾刺。教吾好記池，教吾恔（gau 下平、能幹）煮食。東施娘阿東呼呼，教吾裁也教吾補，教吾煮也教吾炊，教吾好工藝。』」

　　由以上所引各說加以分析，王毓榮引或說謂是漢高祖戚夫人，此故事在漢初，又是實事（見史記呂太后本紀），最爲可信。其次引紫姑顯異錄，謂俗呼「三姑」，亦合於今日閩南語地區的金門和臺灣所稱。沈括所謂「亦不必正月，常時皆可召。」又與閩南民俗相符。但說紫姑爲上帝後宮諸女，此講法較少見。沈括謂紫姑降王綸家閨女，能寫世間所無的奇字，及欲和附身的女子駕雲出遊，則神話意味太重，令人不敢置信。俞樾說蘇東坡曾與紫姑神附身的三姑對談；然俞氏篇末謂他的東坡集是蜀中新刻本，恐不可盡信。（筆者案：今本世界版蘇東坡全集續集十二有「子姑神記」一篇，即記此事，但和俞氏所引不同。）至於鈴木清一郎所說「關落陰」須由男法師請羅吒太子出壇帶領，這或是舊時臺灣的情形如此。探花樹，則與金門相同。金門志所載爲古時風俗，現今已較少見。

　　筆者兒童時代，曾隨同母親到縣城南門「找三姑」，那女巫是以此爲職業的老婦人，人稱「查某嬤」，她丈夫名查某，忘其姓。查某嬤自己在廳中八仙桌旁邊燒紙錢，不久神附身，以右手不斷擊桌，問母親要在陰間找甚麼人？然後親人的靈魂藉查某嬤之口，談一些生前和母親相處的往事。末後又探視全家人在陰間代表每個人的「花叢」，看有無蟲害？是否青翠茂盛？有蟲害則人生病，不青翠則人不健康；須拜託三姑神順手捉蟲、澆水。母親在旁邊不停拭淚。查某嬤退神醒來，母親付她紅包，又道謝不止。眞是賠錢兼送眼淚。到我長大，又跟母親去一次，這回是要探問去世不久的外婆。細加觀察，纔發現原來是一場神棍的詐財騙局。金門稱這種女巫爲「倚三姑」，「倚」（ua 上上）就是

「神附身」的意思。

蘇王爺（ so上平　uoŋ下平　ia下平）──傳說爲唐牧馬侯陳淵部將，隨陳來金，死祀爲神。

　　金門志三、四篇三章寺廟：「觀德堂，在後浦東門，爲前清（筆者案：原創於鄭成功）內校場之閱操廳。民國五年（公元一九一六）經商會買建爲會所。堂原祀蘇王爺之神，從祀有邱、梁、秦、蔡諸神，爲清代營兵所供奉。後有營兵移防臺灣鹿港，隨營將蘇王爺之神像帶去。僅餘四神，故俗稱四王爺。今鹿港有金門館，即蘇王爺廟也。舊志云：『神屢著靈異。咸豐三年（公元一八五三），廈門會匪（太平天國小刀會）傾眾來犯，神先期占示，令各戒備，賊果大敗。被獲者供稱：「在海上，見沿岸兵馬甚多。」賊各奪氣，以是致敗。其祖廟在新頭（伍德宮），兩營官兵奉之甚謹。』又云：『神係隨牧馬王陳淵來者。』然（清林焜煌）浯州見聞錄云：『同來者十二姓，獨無蘇姓。』按，據清趙新（筆者案：新山西平遙人，光緒十二年進士。）出使琉球還，爲神請加封號表奏云：『臣等查詢閩省士民，據云：「神蘇姓，名碧雲，係福建同安縣人，生於明季（熹宗）天啓年間。讀書樂道，不求仕途。晚年移居海島，洞悉海道情形，海船均蒙指引平安。歿後，於海面屢著靈異，兵商各船，均祀香火。每歲閩省巡洋，遇遭危險，一經籲禱，俱獲安全。」』」以上金門志已有二種說法：蘇王爺是唐朝跟隨牧馬侯來金門；另說是蘇王爺乃明朝熹宗時的同安縣人，晚年移居金門。

　　聯亞版文蔚細說中國拜拜道教神誕譜：「四月十二日─蘇王爺誕辰。臺北市歲時記：『蘇王爺，不知爵里。據傳距今約百四十年前，艋舺萬安街王氏祖先，由泉州府同安縣金門官一同，奉

神像來臺,初祀於家。民前九年(公元一九〇三),值神誕,忽化身至市購祭典所用物品,及成交,忽失所在;而所收銀錢,俱化爲銀紙。嗣王氏於神座前尋得適纏市間所失物。遂哄傳神有靈驗,衆爲聚資建廟,越年而成。附近居民有所病患,悉求治,云有效。至今香火不絕。考唐南海人蘇妙,字歟妙。才思明敏,富有壯節。代宗廣德、大曆間,官泉州刺史,多惠政,泉民歌頌。卒後,築祠以祀。」此處說蘇王爺是唐代人,名妙,和前引金門志的講法又不相同。

稻田版民國楊天厚、林麗寬合著金門歲時節慶四月十二日:「據(新頭鄉金湖中小學)陳清南老師言:『唐牧馬侯陳淵抵金牧馬時,蘇永盛將軍即爲參謀。並與麾下邱、梁、秦、蔡四位將軍義結金蘭,共輔陳淵開發浯島。明朝時,五位將軍的神明屢次顯靈,終使騷擾浙閩沿海一帶的倭夷落荒而逃。五位將軍的神明也因功而獲賜爲「閩南五王」,今天一般善信即據此而暱稱彼等爲大王、二王、三王、四王、五王是也。聖誕之期依序爲四月十二日、八月初二日、十月初十日、三月十四日、七月十六日。五位神明聲靈赫濯,分爐處處:內地漳泉二府及新埠,大王、二王。臺灣鹿港景靈宮,三王。鹿港金門館,大王。(八十年版金門志:臺南安平、艋舺金門館,大王。)興化,二王。惠安,五王。澎湖,四王。此外尙遠及新加坡浯江館、馬來西亞吉隆坡浯州館等。』」筆者案:陳清南謂蘇王爺名永盛,是牧馬侯陳淵的參謀,又與前述三種說法有異。

金門志三、三篇五章雜俗:「民國三十一年,浯衆迎蘇王爺於城隍廟祈雨,無何,大雨滂沱。浯人遂行賽神,男女傾城,四鄉畢集,行列達於新頭。」

到目前爲止,金門全島奉祀蘇王爺的廟宇如下:後浦昭德宮

（即觀德堂）、宏德宮（原嘯德宮）。東沙鄉尾宮、廣濟廟。前山前鄉修文殿。古寧頭鄉南山伍德宮。湖下鄉代天府（王爺宮），已傾頹。后湖鄉昭應廟。安岐鄉龍塘古廟（俗稱下宮、又名王公宮）。新頭鄉伍德宮。陳坑鄉象德宮。瓊林鄉郊忠義廟。東村鄉滄龍宮。前埔鄉清秀山宮。呂厝鄉拱峰宮。陽宅鄉會山寺。下蘭鄉金德宮。山后鄉頂堡獅山寺。田墩鄉西嶽廟（又名頂宮）。后珩鄉景山宮。田埔鄉泰山廟（簡稱東嶽廟）。大浦頭鄉慈德宮。東坑鄉清雲祖師廟。黃厝鄉關帝宮。林邊鄉李府將軍廟。以上共二十五處，除湖下鄉代天府已傾頹外，共有二十四座廟宇奉祀蘇王爺，或主祀，或附祀，不能不算是香火鼎盛了。

民國二十八年，筆者八歲。時日據金門政府借用觀德堂作為公立第一小學校舍。某一天，我和同學們在四王爺神前追逐嬉戲，不慎滑倒，左頭部跌撞石柱，血流如注。同學趕快扶我回家，父親替我在傷處塗藥，數天後痊癒。但所留疤痕，至今七十三歲，仍長不出頭髮來，眞是笑談。

第十三章　情狀

凡勢（huan 下平　se 上去）——不一定。依情形而定。

　　說文：「凡，最括也。」段注：「（凡）括聚之謂，舉其凡，則若网（網）在綱。」西漢董仲舒春秋繁露深察名號：「號凡而略，名詳而目。目者，遍辨其事也。凡者，獨其大也。」漢書揚雄傳下：「僕嘗倦談，不能一二其詳；請略舉凡，而客自覽其切焉。」唐顏師古注：「凡，大指也。」西晉杜預春秋左氏經傳集解序：「其發凡以言例，皆經國之常制、周公之垂法、史書之舊章。」以上幾個「凡」字，皆是「大概」的意思。

　　金門人被問到「在甚麼情況下，會發生這種事？」他通常回答：「凡勢凡勢。」「凡勢凡勢」就是「不一定」或「依情形而定」。例如，被問及「金門和中共的關係，永遠都像現在一樣嗎？」回答便是：「凡勢凡勢。」

心悶（sim 上平　bun 上去）——懷念某人或某地。

　　說文：「悶，懣也。」即「心情煩悶而不爽快」。唐白居易日漸長贈周殷二判官詩：「賴得君來勸一杯，愁開悶破心頭好。」古文苑西漢賈誼旱雲賦：「湯（熱）風至而含熱兮，群生悶滿而愁憒（亂）。」

　　臺灣話中也有「心悶」一詞，含意和上引古書完全相同。但金門話「心悶」，只含有古書意義的一半，另一半與古書及臺語不同；那就是，專門形容對於感情親密的家族、親友的思念不

已，或對從前去過很可留戀的美麗地方的特別懷念不置。例如，筆者離開四十六年之久的故鄉金門，無限嚮往，時常在心頭，至屢入於夢境；雖然一張飛機票一個小時就到了，卻始終不願回去；怕事過境遷，人物全非，破壞了我未來臺灣以前對家鄉的許多美好印象。寧可捱熬著「心悶」金門，讓它長存在我的記憶深處。

　　清末民初的廣東人中日混血兒蘇玄瑛（曼殊），才華橫溢，其本事詩之三：「丹頓裴倫是我師，才如江海命如絲。朱絃休爲佳人絕，孤憤酸情欲語誰。」玄瑛之父逝世後，不被家人所容，少年時即剃度爲僧。因文名藉甚，曾結交孫中山、章炳麟等。他此詩懷念的丹頓 Georges Jacques Danton 1759 — 1794 是法國革命領袖兼文人，後爲政敵所嫉，被捕處死。另一位是英國大詩人裴（拜）倫 George Gordon Byron 1788 — 1824，婚姻生活不美滿，後到歐洲流浪，投身於意大利與希臘革命，死時僅三十七歲。蘇玄瑛懷念這兩位人物，有自喻的意味。

　　民國初年，徐志摩結識陸小曼。十四年，胡適作瓶花詩寄給小曼：「不是怕風吹雨打，不是羨燭照香薰，只喜歡那折花的人，高興和伊親近。花瓣兒紛紛落了，勞伊親手收存，寄與伊心上的人，當一封沒有字的書信。」胡適懷念好友徐志摩，自然也關心好友的愛人；更可藉此詩，使這一對才子佳人的感情倍加融洽。

行路躑躅叫（kiã 下平　lɔ下去　piaŋ上去　piaŋ上去　kio 上去）——走路步履重快而聲音大，虎虎生風。

　　「躅」字亦作「躘」。北宋丁度集韻證韻：「躘，躘躅，蹋地聲。」明宋濂篇海類編身體類足部：「躅，躘躅，蹋地聲。

躄，亦作躄。」

　　上引二種字書解釋「躄」或「躄」皆是「躡地聲」。「躡」
比「踏」的姿勢聲音都要強些。每個人走路各有其姿態習慣。除
了趕時間不算，有些人慢條斯理、輕聲躡步地走；某些人不急不
慢，步履穩健；另些人則跨大步，頓地有聲。速度無論快、中、
慢，腳踏地聲音不管響不響，都和將到達的地方目的不相干，因
爲走路皆是習慣成自然的。

　　本條「行路躄躄叫」，「叫」是「走路的聲音」，和嘴無
關。故本條的情狀，不分男女，近於上述的第三種走路姿態。有
人說走路的方式，可以判斷某人的個性：「快」的性急，「中」
的中庸，「慢」的則嫌拖拉；仔細思考，亦有其道理。

成（tsiã 下平）——甚。非常。

　　東漢劉熙釋名釋言語：「成，盛也。」清王先謙疏證補：
「成、盛聲義互通，見於經典者甚多，故成訓爲盛。」易繫辭上
五：「成象之謂乾。」唐陸元朗釋文：「『成象』，蜀才（即五
胡十六國成漢范長生）作『盛象』。」荀子非十二子：「成名況
乎諸侯，莫不願以爲臣。」清兪樾諸子平議：「成與盛通。」

　　依照古書的解說，得知閩南語「成」就是「很」或「非
常」。它是一個日常應用頻繁的字。在此它是形容詞，加在名詞
或形容詞的前面，可以形容任何事物的「很如何如何」、「非常
怎樣怎樣」，例如：「成大」、「成小」、「成厚」、「成
薄」、「成高」、「成低」、「成緊」、「成慢」、「成緣
投」、「成風流」等是。「成」的音義，金門、臺灣完全一致。

底時底日（ti 上上　si 下平　ti 上上　lit 下入）──何時何日。

「底」是代名詞，意思等於「何」。杜甫可惜詩：「飛花有底急？老去願春遲。」韓愈瀧吏詩：「潮州底處所？有罪乃竄流。儂幸無負犯，何由到而知。」白居易寒食日寄楊東村詩：「不知楊六逢寒食，作底歡娛過此辰？」南宋陸游秋興詩：「中原日月用胡曆，幽州老嫗著柘黃（以柘木染成黃赤色袍服）。滎河溫洛底處所？可使長作氈裘鄉。」

世人住在某個地方，或移居別處，倘若覺得不適合，又想搬走，但不知在「底」時？筆者從民國四十七年遷臺，到現在整整四十六年，卻始終不適應臺灣酷熱的水土氣候。臺灣的夏季長達八個月，約自陽曆三月中旬直至十一月中旬；秋天一個月，十一月中旬至十二月中旬；多天二個月，十二月中旬至次年二月中旬；春天一個月，二月中旬至三月中旬。這是筆者細心長期觀察的結果，並非如金門（或大陸）四季齊勻都是三個月。印象很深刻的，就是春節一過，夏天便到了。全年中，都有蒼蠅、蚊子、螞蟻、蟑螂。草木青綠，沒有落葉。對我來說，整年裏，無緣無故滿身疲勞，兩腳痠軟，胃不消化。想要搬離此地，但無處可去。不覺感慨寫一句：「底時底日，纔會離開臺灣呢？」

怗（tiam 下去）──靜。不講話亦少移動。

魏張揖廣雅釋詁四：「怗，靜也。」梁顧野王玉篇心部：「怗，靜也。」北宋李昉太平廣記四百五十六引廣異記：「又灌百斛，乃怗然無聲。」

金門話「怗」可兼指人的沉靜不語、身體少移動或不喜活動；人之外亦可稱動物。如說：「這一大群雞鴨，到下晡時（黃

昏），攏變得眞怙。」又如說：「許（hi 上平、那）個人成（tsiã 下平、很）怙，從來不開嘴講話。」「怙」臺灣話也有，含意相同，通常說：「怙去！」命別人不要講話。但世俗和臺語歌曲全誤寫作「惦」。「惦」是「惦記（憶）」，讀音亦不同，相差千里。

拑牆爬壁（k'ĩ 下平　ts'iũ 下平　pe 上上　piak 上入）——空手或利用器具爬越牆壁。

說文：「拑，脅持也。」段注：「拑，謂脅制而持之也。」清朱駿聲通訓定聲：「拑，以手曰拑，以竹箝（箝）拑曰箝，以鐵鉆（鉗）拑曰鉗。」（僞戰國王詡）鬼谷子「飛箝、可箝而從、可箝而橫」東漢高誘注：「拑，謂牽持緘束，令不得脫也。」照以上諸書解說，「拑」就是「用手或器具夾定某物體不使脫落」。故「拑牆爬壁」即「使手或利用工具緊緊攀牢牆壁而爬越過去」。重修臺灣省通志語言篇頁一一七，「拑」字不會寫。

民國二十九年（公元一九四〇）十月間，金門縣城後浦東門人黃戀鴨半夜從大街觀音亭旁邊的矮屋攀爬牆壁，上了店屋相連的平面屋頂，走到先父開設的洪得記店後間的棧房。由天井中抽起木梯，拔除屋頂天窗腐蝕的鐵條，將梯放下棧房二樓，進入店前二樓廳中，先把長桌案上神明和祖先神主龕前香爐的香灰，用手壓密。（傳說此術可使被偷人全家沉睡不醒）然後潛進廳後先父熟睡的房間，黑暗中摸得吊卦在床架上外衣口袋裏的鑰匙，到樓下開啓保險櫃，偷走國幣一萬多圓（約值現在新臺幣二千萬）逃逸。次早消息傳出，幾乎全島皆知。

黃戀鴨目不識丁，但偷竊我家設計周密精詳，事先演練一個

多月纔下手，令人佩服。臺灣有一句俗語：「賊計狀元才。」確有此事。他先前尾隨觀察：先父鑰匙放在口袋隨身，晚飯後到外面散步或找朋友閒談，十時左右回家就寢。其次研究如何攀爬牆壁、偷錢步驟等。某次正在店前窺探，先父突然回來，用鑰匙開啓店門內的下閂；黃戀鴨急忙關上上閂，迅速逃離。先父敲門叫醒家人來開門，還責怪是我們小孩（時筆者九歲、家兄十二）頑皮捉弄。經刑警隊偵查，久未破案。那些巨款，有一半是日本人開設公司的錢，日本人懷疑是先父私吞，慌報失竊，將他捉去偵訊，被重打耳光，關進牢獄；因有人檢舉，不久前目睹先父進出賭場；先父含冤莫白，曾在獄裏痛哭。政府不斷偵查，把黃戀鴨捕獲，身上搜出大批鈔票，正準備逃往廈門。日本人對付小偷，坦承最好，不然就是鞭打、線香燙、仰臥鼻灌水等刑罰，不像現在臺灣警察對竊賊客氣。筆者走筆到此，贊成政府應制訂「鞭刑」法令，凡橫行的流氓、竊盜累犯、不良少年騎機車殺人、搶劫、放火以及嚴重傷害社會良民等的現行犯，抓來，先給予一頓鞭打，再作其他處理。如顧慮「人權」，這些危害「別人」的犯人，還有甚麼「權」可說？日本人作事，值得我們借鏡的很多；抓著小偷，即是一頓鞭打，重打幾次，以後就絕不敢再偷；日據時代的臺灣便是如此。因為「姑息」足以「養奸」。黃戀鴨捱不過刑罰，又有證據，纔將偷竊過程全部供出，並在我家現場覆演，被判徒刑，後來死於廈門監獄。

　　有兩件事，筆者始終難於理解：一是小偷夜間進入人屋偷竊前，先用手把香爐的香灰壓蝕，能使苦主全家人昏睡難醒。事實證明確是這樣：遭偷那一晚，我們全家人特別酣睡；直到天亮，養女起床作飯纔發覺。二是算命：民國二十一年左右，廈門祖傳九代算命師游國源來金門執業，曾為先父「排流年」（將一生命

運好壞依次算到每一天），他警告先父須在民國二十九年初，請
人糊製一隻紙鴨子，拿到東門向東的溪水中，燒香祭拜後焚化，
以破除那年的一個大厄運。先父嫌麻煩不作，想「花錢消災」，
便帶一大筆錢去賭博，希望輸錢；奇怪的是，終是無法賭輸。至
竊案發生迄破案，竊賊竟是名叫「黃戀鴨」；任你怎樣解釋，不
能不佩服游國源算命術的精準，達到驚人的程度。游國源初次來
金門，根本對金門人一個也不認識。

　　這件竊案於苦主傷害極大。破案後，宴請政府人員、在店前
演戲三天慶祝、各項應酬開支；又關門不作生意坐著吃，到民國
三十四年抗戰勝利，家財已瀕於罄盡。六十四年前的往事，筆者
記憶歷歷。現在，我手上還收藏著當年有先父手澤的中國銀行紙
幣共一千零九十圓，亦是竊賊黃戀鴨的雙手撫摸過的。其中有著
名的綽號「（朱）紅底拾圓」的（那時票面值最大者）六百圓，
深紫色「伍圓」的四百九十圓。這兩種鈔票，「拾圓」分民國七
年印和民國十九年印二類，「伍圓」亦同時。都是「美國鈔票公
司」承印。與今天的新臺幣千元大鈔相比，票面較大，紙張較
厚，紙質優良許多。它們皆是「廈門中國銀行」發行，因輕便易
帶，彼時如要以「袁大頭」兌換，尚須貼水。這一千多圓的國
幣，論那時的價值，約可購買今天一棟公寓的小套房；可惜如今
已是廢紙古董。

　　民國四十五年（公元一九五六），我家隔街斜對面，開設著
一家國民黨軍隊的西藥房。我家的一位養女，嫁給藥房隔壁中藥
店主人為妾。養女年紀比我大五歲，嫁出即算是我的姐姐。軍隊
店員中有一個大塊頭，綽號「大蒼蠅」。西藥房也是我姐夫所
有，被強占使用；姐姐住後進二樓。姐姐心腸好，凡下午煮點
心，軍隊每人亦各有一分。不料大蒼蠅誤會對他有愛意，某夜竟

「扪牆爬壁」潛入姐姐房間，肆意姦淫。黑暗中姐姐誤為姐夫，事畢纔發覺有異。姐夫本來要向西門軍法處提出告訴，考慮上法庭要提出證物、回答詳細經過；等於須受到二次傷害，只得作罷。也白白讓這國民黨軍隊的獸行得逞。

虎（ho上上）──以欺騙手法超拿人應得之錢。交易上故意錢多誤算。買賣貨物，度量衡及品質有意差誤或減少。

虎在動物學上屬於貓科，為哺乳類肉食獸。體長五六尺，身材強壯。毛黃褐色，有黑色波紋。四肢都有五趾，生鋒利鉤爪，口大上下有尖牙。產於中國東北數省、印度、非洲，以西伯利亞虎體型最大。

虎的天性凶惡殘忍，瞻視威嚴，故有「虎視眈眈」的成語。面對百獸與人，皆發出咆哮怒聲以唬嚇，展露尖牙以示威，使對方退避。

金門話的說法，即「虎」具有壓迫性及霸儑性，令對方屈服。所以「虎」引用於人和人之間的買賣或金錢上往來的詐欺多取。交易中，錢數被多取，品質被降低；只要帳目算得清，貨的品質辨得明，對方理屈，亦會承認並退款或調換；但其「虎」的行為早已成立。

民國三十四年（公元一九四五）抗日勝利，不久政府在金門地區，借用縣城大街前日本的「開發公司」（店屋原是名人陳卓凡所有、七七事變陳逃大陸、被日人占用）場所，令民眾以汪精衛在南京成立的中央儲備銀行紙幣，兌換政府的鈔票使用。那時筆者十四歲，和家兄拿舊幣去兌換；不料那一位廈門派來的銀行行員誤算，多給我們兄弟不少。先父洪百得不要此不義之財，立即叫我們取去交還。倘若我們父子昧著良心不退還，這就是

「虎」了。

　　緊接著，<u>金門</u>與內地恢復交通，一時間各種土產大批湧至（特別是食米），我家本是米店，亦迅速賣起米來。父子三人忙著賣米；某日，有一位<u>古寧頭鄉</u>鄉民買了五斤，由我用竹籃（<u>閩南語</u>叫「笐阿」〔əɡ上上　a上平〕）盛裝，然後以稱秤秤重。那鄉民很細心，回家後重秤，發覺短少了十三兩。他跑遠路提米來計較；先父再秤，剛好連竹籃五斤。這證明是我一時粗心，忘記扣起竹籃的重量；於是先父向他賠不是，補足食米十三兩給他。假使那鄉民不重秤未發覺，那便是我「虎」了他了。

即時即迫（tsit上入　si下平　tsit上入　pit上入）──急性子的人，自己作事或要別人爲他作事，非立刻即刻不可。

　　<u>梁顧野王玉篇</u>皀部：「即，今也。」<u>清王引之經傳釋詞</u>八：「即，猶今人言『即今』也。<u>左傳僖公</u>二十四年：『蒲城之役，君命一宿，女（你）即至。』（<u>西晉</u>）<u>杜預注</u>：『即日至。』」<u>漢書高帝紀</u>：「<u>沛公</u>與（項）<u>伯</u>約爲婚姻，曰：『日夜望將軍到，豈敢反邪？願<u>伯</u>明言不敢背德。』<u>項伯</u>許諾，即夜復去。」<u>杜甫曲江陪鄭八丈南史飲詩</u>：「近侍即今難浪跡，此身那得更無家？」

　　<u>民國曲守約中古辭語考釋</u>：「即時，<u>南史江夷附敩傳</u>：『<u>紀僧眞</u>謂<u>帝</u>（<u>齊武帝蕭賾</u>）曰：「即時無復所須，唯就陛下乞作士大夫。」』核『即時』猶『當時』或『現時』也。」

　　<u>金門</u>人形容某人急性子，自己做事或要別人替他做事，立刻要辦，不辦不行，稱爲「即時即迫」。

查某體（tsa 上平　bo 上上　t'ue 上上）——男人女態。

　　說文：「（身）體，總十二屬也。」段注：「首之屬有三：曰頂、曰面、曰頤；身之屬三：曰肩、曰脊、曰尻（臀）；手之屬三：曰肱、曰臂、曰手；足之屬三：曰股（大腿）、曰脛（小腿）、曰足。」本條所謂「體」，是指一個人外在的「體態」和部分內在的「心理」。除包含全身外，連言語、聲音、舉止、動作、走路、眼神、儀態等都算在內。「查某」，閩南語意為女人。

　　造物者的巧妙，是將人體分成男女，各具有絕不相同的特徵。數量微小的天生陰陽人，其性徵亦是介於男女之間；但今天醫學發達，生理和心理皆可以矯正改造；甚至男女都可變性，遠勝古時的毫無辦法。人有天生的「男人女態」與「女人男態」。例如古樂府木蘭辭中所述，木蘭女扮男裝從軍，無人認出，「同行十二年，不知木蘭是女郎。雄兔腳撲朔（足不前），雌兔眼迷離；雙兔傍地走，安能辨我是雄雌？」這故事如果屬實，那麼木蘭一定是「女人男態」，纔有可能瞞過身邊的眾多火伴。著實看來仍有困難；固然古時服裝比較寬大，但只要觀察臀部，立刻可以分辨男女，因為女人的臀部比男人的大而豐滿許多。公元二〇〇一年，臺中市某有線電視臺報導：美國有一個下顎長滿髯鬚的中年女性薇薇安 Vivian，結婚四次，生有兩子。雖然身穿女裝，仍掩不住有男人的體態；我看後覺得真是奇事。另外，金氏世界紀錄 The Spectacular World Of Guinness Records，載有公元一八八四年另一女性生髯鬚，長達三十五公分半。

　　唐張讀宣室志：「英臺，（浙江）上虞祝氏女，偽為男裝游學，與會稽梁山伯同肄業。祝先歸，二年，山伯訪之，方知其為

女子。告其父母求聘，而<u>祝</u>已字<u>馬氏</u>子矣。<u>山伯</u>後爲<u>鄞</u>令，病死，葬<u>鄞城西</u>。<u>祝</u>適<u>馬氏</u>，舟至墓所，風濤不能進。問知有<u>山伯</u>墓，<u>祝</u>登號慟，地忽自裂陷，<u>祝</u>氏遂幷埋焉。（<u>東</u>）<u>晉</u>丞相<u>謝安</u>，奏表其墓曰<u>義婦冢</u>。」<u>梁祝</u>之事，亦見於<u>寧波府志</u>；爲我國古今家喻戶曉的悲喜劇。筆者案：<u>祝英臺</u>女扮男裝，和<u>梁山伯</u>共學多時，未被識破，也一定是「女人男態」的程度相當高，纔辦得到。

　　男扮女方面，首推<u>民國</u>著名的<u>京戲乾旦梅蘭芳</u>。不過他是裝扮女角色在臺上唱演時纔有女態，平日不演戲時是沒有的。不過他生成漂亮，則沒話說。有人謂<u>梅蘭芳</u>、<u>顧維鈞</u>、<u>汪精衞</u>、<u>郁達夫</u>是<u>民國</u>四位美男子。文藝作家<u>陳紀瀅</u>即斷言<u>梅蘭芳</u>的人和戲，「非但空前，亦將絕後。」<u>梅</u>氏曾到<u>美國</u>表演，極受歡迎；<u>哥倫比亞大學</u>並贈以榮譽文學博士學位。他演戲完畢，一些<u>美國</u>婦女進入後臺，詳細觀看他的雙手，欣賞手掌細白豐滿，簡直和女人的手沒有兩樣。戲臺上的他，面貌、身高、肥瘦、兩手、動作、唱白，與眞女子完全相同。

　　<u>明馮夢龍醒世恆言</u>八<u>喬太守亂點鴛鴦譜</u>，敍述<u>北宋仁宗景祐</u>年間，<u>杭州</u>有一人名<u>劉秉義</u>，妻子<u>談氏</u>，生有一男一女；男名<u>璞</u>，女叫<u>慧娘</u>。<u>慧娘</u>已受鄰居<u>裴九老</u>之子<u>裴政</u>之聘。<u>劉璞</u>亦聘定<u>孫寡婦</u>之女<u>珠姨</u>。<u>孫寡婦</u>另有一子<u>孫潤</u>，聘定<u>徐雅</u>之女。<u>劉秉義</u>急於替兒子<u>劉璞</u>成親，不巧<u>劉璞</u>得了重病。<u>劉媽媽</u>主張迎娶媳婦沖喜。<u>孫寡婦</u>想推辭暫緩，偏已拿了<u>劉</u>家的聘禮。<u>孫寡婦</u>一對兒女長得一般模樣又漂亮；於是用<u>孫潤</u>假扮<u>珠姨</u>嫁去，聲明三天內女婿病未好就要回家。過門後，不料<u>劉媽媽</u>怕新媳婦寂寞，叫女兒<u>慧娘</u>去伴嫂嫂睡覺，這一睡便促成男女通姦。<u>劉秉義</u>一氣之下，告到知府。<u>喬太守</u>瞭解上情後，判決：<u>劉璞</u>、<u>珠姨</u>仍爲夫

妻，慧娘嫁與孫潤，徐雅之女改配裴政；於是纔了結這樁奇案。案情的關鍵，出在孫潤「男人女態」，裝扮起來和女的完全沒有差異。裏外眾多人無法看出破綻，他的美麗竟能吸引前來伴眠的慧娘，破身後誓死要嫁他。

　　以前在金門，男人「查某體」的，筆者認識縣城的姜國和、杜溪水二位中年人，都已娶妻生子。姜國和的表態、說話、走路像女人，也喜歡參預一些女人事；但人長得矮壯，純粹是男人體格；心理上有些女性特徵，又愛好與俊美的男人親近。杜溪水則連身材、話音、儀態、表情、舉止等，沒一處不像女人；長年把手帕掛在唐人衫的右襟下，身灑香水，戴玉手鐲、金戒子、手錶，眞是女性化極了。

　　近年臺灣男歌手費玉清，唱歌風格輕盈柔美，音質實酷似「娘娘腔」；但咬字清晰，抖音得當，故令人百聽不厭。至於音域廣，音量大，音質雄壯富於男性美的，當推萬沙浪的「風從那裏來」一曲爲當代第一，無人能及。

挐（lï 下平）──煩亂不清順。

　　說文：「挐，牽引也。」段注：「挐字見於經者，『僖元年，獲莒挐。』三傳之經所同也。其義則（戰國）宋玉九辯曰：『枝煩挐而交橫。』（東漢）王（逸）注：『挐，糅也。』（西晉）左思吳都賦：『攢柯挐莖。』（唐）李（善）注曰：『許愼注淮南子云：「挐，亂也。」』凡若此者，皆於『牽引』義爲近。」北宋丁度集韻禡韻：「挐，亂也。」淮南子覽冥訓：「美人挐首墨面而不容。」東漢高誘注：「挐首，頭亂也。」

　　據上所引述，「挐」字意爲「煩亂」已十分明白。金門話「挐」字可應用在人、事、物各方面，是經常在說的。例如：人

和人的性關係不明不白，固然叫「挈」；事情作不好亂七八糟；許多物品雜放一堆不整理；也都稱爲「挈」。臺語似乎多說「花」，而少說「挈」。

氣人（kʻi 上去　lin 下平）──滑稽而好戲謔取鬧。

此處「氣人」並不等於國語「令人生氣」；而是某種人生成幽默多趣，或故意開玩笑，有使人哭笑不得的本事或技巧。他這些滑稽內容，常常介在是與非之間；怪又怪他不得，責備又沒有那麼嚴重。有時還沒有弱點可尋，而入情入理。

左傳閔公二年：「冬十二月，狄人伐衛。衛懿公好鶴；鶴有乘軒（車）者。將戰，國人受甲者皆曰：『使鶴！鶴實有祿位，余焉能戰？』衛師敗績，遂滅衛。」史記滑稽列傳：「楚莊王之時，有所愛馬，衣以文繡，置之華屋之下，席以露床（無帷幕的床席），啗以棗脯，馬肥病死。（優孟）對曰：『臣請以彫玉爲棺，文梓（良木）爲槨（外棺），楩楓豫章爲題湊（良木疊護於槨外），發甲卒爲穿壙，老弱負土；齊、趙陪位於前，韓、魏衛其後；廟食（祭）太牢（牛、羊、豕），奉以萬戶之邑。』王曰：『寡人之過，一至此乎！』」

前一例子，可惜那些受甲者的姓名不傳，然而衛懿公卻爲過度愛鶴而亡其國；受甲者的話，滑稽而深中情理。後一例子，莊王的愛馬死，要用棺槨大夫禮埋葬，群臣反對；莊王下令，有再諫諍者處死。於是優孟故意更誇大其辭以反諷，要用人君之禮埋馬，促使莊王醒悟。「優」這種人，原本就是朝廷中善於滑稽談論或演戲取悅國君的臣子。

莿（ts'iak 上入）——女人性情凶惡。

說文：「莿，刺也。」段注：「木芒曰刺，草芒曰莿。」爾雅釋草：「莿，刺。」東晉郭璞注：「草刺針也。關西謂之刺。」西漢揚雄方言三：「凡草木刺人，北燕、朝鮮之間謂之莿。」郭璞注：「山海經謂『刺』爲傷也。」

金門話或閩南語有「莿查某」一詞，意謂「凶惡的女子，像草的刺容易刺傷人。」「莿」極少用來形容男人的凶惡。一般的女人都很厲害，受過傷、吃過虧、領過教的男人皆能瞭解。凶悍的女人，一接近即有像被尖銳的芒刺刺傷的可能。女人的天性善變；一旦好起來是好得使人感動，故一個男人如能受到一位女子的深愛，是一種無上的幸福。反過來說，女子凶起來也是極可怕的；故有「最毒婦人心」這一句話。某年臺東曾有女子用磚塊擊殺小孩。

以往很多人誤寫「赤查某」；「赤」當寫作「莿」，較合於意義。俗語說：「惹熊惹虎，不通（可）惹著莿查某。」可見惹上凶悍女人的大麻煩。這句俗語臺灣亦有。

虔昵昵（k'ian 下平　ne 上平　ne 上平）——女性（或小孩）有意對男性（或大人）極其溫柔說話獻媚討好狀。

爾雅釋詁：「虔，固也。」清郝懿行義疏：「虔者，敬之固也。」梁蕭統昭明文選二（東漢）張衡西京賦：「豈伊（惟）不虔思于天衢（洛陽）？豈伊不懷歸于枌榆（漢高祖所建之豐社）？」紅樓夢五十：「薛姨媽笑道：『果然如此，算我的孝心虔了。』」可見「虔」是「對人恭敬不苟」的意思。

僞古文尚書說命中：「惟治亂在庶官，官不及私昵，惟其

能。」唐孔穎達疏:「周禮:『鄉大夫,三年則大比,攷其德行
道藝,而興賢者能者。』鄭(玄)云:『賢者,有德行者;能
者,有道藝者。』私昵,謂知其不可而用之。」「昵」和「暱」
同,是「親愛」意。昭明文選三十(南朝宋)謝靈運七月七日夜
詠牛女詩:「遐川阻昵愛,脩渚曠清容。」

　　金門話「虔」,和古書的用法稍有差異,是「討好獻媚」的
意思;相當於臺語的「撒賴」。所以「虔昵昵」,便是某個女人
向丈夫或情郎撒嬌獻媚討好的情景;或是孩童向其父母要錢要玩
物前,所作出的溫柔纏綿的樣子。金門話又叫「裝虔」;「裝
虔」,即「假裝獻媚令人憐愛」的意思。

唬(hă 上上)──威嚇。

　　說文:「唬,唬聲也。一曰虎聲。」段注:「唬,虎聲也。
虎亦聲也。」廣韻去聲四十禡:「唬,虎聲。呼訝切。」元施惠
幽閨記綠林寄跡:「哥,但是過我這山的人,少不得大膽說幾句
大話唬人。」紅樓夢七:「衆小廝見說出來的話有天沒日的,唬
得魂飛魄喪。」

　　「唬」是金門日常用語。凡大人對大人、大人對小孩、小孩
對小孩出言恐嚇,使對方心生害怕而聽從退讓,都稱爲「唬」或
「唬膽」。

振(tiŋ下去)──理睬。

　　廣韻下平聲十二庚:「振,振觸。」梁顧野王玉篇手部:
「振,觸也。」北宋丁度集韻庚韻:「振,揍也。或从長。」杜
甫四松詩:「終然振撥損,得愧千葉黃。」「振」、「揍」都是
「有所撞觸」,也就是「彼此交互影響」。

金門話「挀」，即是「理睬」，多用在反面的意思，例如說：「許（hi 上上、彼）個人狡（kau 上上）狡獪（kuai 上去）獪，免挀伊。」意即「那個人簡直胡鬧，不要理他就是了。」

閉思（pi 上去　sĭ 上去）──生性害羞而難於向人表白。

說文：「閉，闔門也。」「闔門」即「關門」，以隔絕內外出入。唐釋惠琳一切經音義二十六引考聲：「閉，藏也。」莊子繕性：「非閉其言而不出也，非藏其知而不發也。」北宋李昉太平御覽九引緯書春秋考異郵：「寒以閉也。」魏宋均注：「立秋之效也。閉，收也。」

「思」讀去聲。李白宣州謝朓樓餞別校書叔雲詩：「俱懷逸興壯思飛，欲上青天攬明月。」北宋王安石金明池詩：「斜倚水開花有思，緩隨風轉柳如癡。」

前引數說，「閉」是關閉、隱藏，「思」是心緒、情思；合起來說，「閉思」就是「因害臊把心意感情深藏，不輕易使人知曉。」

在金門，不論男女，凡性情羞怯、遇到事情總是放在心底不敢向人表露、動輒害羞臉紅的人，都稱為「閉思」。臺灣話裏亦有此詞。

超趫（ts'iau 上平　ts'it 下入）──愉快。快樂。

說文：「超，跳也。」東漢劉熙釋名釋姿容：「超，卓也；舉腳有所卓越也。」墨子兼愛下：「子墨子曰：『夫挈泰山以超江河，自古及今，生民以來，未嘗有也。』」是「超」有「跳躍」、「超越」的含義。莊子在宥：「雲將東遊，過扶搖之枝，而適遭鴻蒙。鴻蒙方將拊（撫）髀（腰臀處）雀躍而遊。」唐成

玄英疏：「雲將，雲主將也。鴻蒙，元氣也。雀躍，跳躍也。」梁劉勰文心雕龍樂府：「俗聽飛馳，職競新異。雅詠溫恭，必欠伸魚睨；奇辭切至，則撫髀雀躍。」凡神情愉快適意，會不覺喜而跳躍，這是後世「雀躍」成為「快樂」、「愉快」典故的由來。

　　北宋丁度集韻燭韻：「趠，跳也。」從此看，「趠」也是「跳躍」，亦與「超」同樣有因「愉快」、「快樂」而跳起一樣。

　　在金門話的使用中，「超趠」已不再是「跳躍」，而是形容人遇喜事而神態高興、愉樂。根據人類長久以來的共同經驗，一個人如果長期心情鬱悶不開，對身體的健康必有不良的影響；相反的，倘若時時保持愉快的心境，於生理的康健定會有所增進。

當（tŋ上平）──守株。防禁。承當。

　　明梅膺祚字彙田部：「當，蔽也。」漢書溝洫志：「昔大禹治水，山陵當路者毀之。」李白蜀道難詩：「一夫當關，萬夫莫開。」以上二則，「當」字相當於「防禁」。金門話「警察當賊」、「貓當老鼠」即是。

　　梁顧野王玉篇田部：「當，敵也。」公羊傳莊公十三年：「然則君請當其君，臣請當其臣。」東漢何休注：「當猶敵也。」唐王維老將行詩：「一身轉戰三千里，一劍曾當百萬師。」此二「當」字，皆是「敵對」之意。金門人說：「有啥戴志（tai下去　tsi上去、事情），我來當。」「當」即「擔當」、「負責」之意。

趙（p'u 下平）──急衝衝。輕浮。

　　唐釋惠琳一切經音義十九引（秦李斯）蒼頡篇：「趙，奔也。與赴字義同。」北宋丁度集韻尤韻：「趙，行貌。」

　　金門話形容一個人走路神態急速搖擺、煞有介事又帶有「輕浮」狀，叫做「趙趙衝（ts'iŋ 上去）」。「衝」是「傲氣蠢蠢」意。在一些老成持重的人看起來，這種「趙趙衝」的人是有缺點的，容易作事失敗，或惹事生禍。廣韻去聲十遇：「趙，急疾也。」那麼「趙」也可以讀去聲。

薟（hiam 上平）──辛辣。食物的氣味強烈沖鼻。

　　北宋丁度集韻沾韻：「薟，辛毒之味。」例如吃辣椒、胡椒、蒝荽、生薑、薄荷的感覺和味道等是。明李時珍本草綱目：「胡椒，今南番諸國及交趾（今越南北部）、滇南、海南諸地皆有之。蔓生附枝，及作棚引之。正月開黃白花，結椒纍纍，纏藤而生，狀如梧桐子，亦無核，生青熟紅，青者更辣。四月熟，五月采收，曝乾乃皺。」明末、清朝直到民初，許多金門華僑到中南半島和南洋群島受雇於西洋商人，負責種植、採收、搬運、晾曬胡椒，換取工錢。

　　李氏所說的胡椒子，曬乾後磨粉，即今天我們日常所食用的胡椒粉。另有漢椒，又名番椒，傳入中國的時間較早。植物學上屬於茄科，一年生草本，高二三尺。夏天開小白花，合瓣花冠。果實細長，亦有圓粒倒卵形的。熟時色紅或黃，味極辛辣，俗又稱大椒。若單指辛辣說，此類最辣。

　　另有胡荽，也叫胡茶、蒝荽、香荽、香荽等。傘形科，一年生草本，高二尺餘。莖和葉都有特別的辛香。西漢時張騫使西域

（今新疆），始得其種歸中國。本草綱目：「胡荽處處種之，八月下種，晦日尤良。初生柔莖圓葉，葉有花歧，根軟而白，冬春采之，香美可食，亦可作葅（酸菜）。」番椒是以辣出名；論到「荄」，那就非胡荽莫屬了。筆者生平最怕此菜，別人覺得是「香菜」，我則認爲它是一種相當難於忍受的「臭菜」，避之唯恐不及；就像「臭豆腐」，愛好的人吃得津津有味，我則連聞都怕，何況是吃？此外，薑的味道既辣又荄，論語鄉黨記孔子「不撤薑食」，但也「不多食」。薄荷原爲植物，多年生草本，有特殊芳香，秋天開小脣形花，紫色。莖葉可供藥用，性涼，可製成薄荷錠、薄荷油等，味道亦有「荄」的感覺。

襄（sĩu 上平）——太過。過度。非常。很。

　　書堯典：「湯湯洪水方割，蕩蕩懷山襄陵，浩浩滔天。」僞孔傳：「襄，上也。」唐孔穎達疏：「（爾雅）釋言以襄爲駕；駕乘牛馬，皆車在其上，故襄爲上也。」北魏酈道元水經注河水：「河流激盪，濤湧波襄，雷淬（速行）電洩，震天動地。」明張自烈正字通衣部：「襄，舉也。昂也。」西漢鄒陽上吳王（濞、景帝叔）書：「臣聞蛟龍襄首奮翼，則浮雲出流，霧雨咸集。」依上述數種古書的敘述，可知「襄」字有「非常」、「過度」等含意。

　　「襄」字是金門（含臺灣）人的日常用語，可作爲形容詞、副詞用，涵蓋面極廣。如：「襄燒」（過熱）、「襄清」（過冷）、「襄大」、「襄小」、「襄高」、「襄低」、「襄厚」、「襄薄」等等都是。

鼾（huã 下平）——人睡覺時打呼。

廣韻上平聲二十五寒：「鼾，臥氣激聲。」臺胞無人說「鼾」，而說「齁」（kɔ̃下平），意義相同。蘇軾次韻劉貢父（攽）李公擇（常）見寄詩：「少思多睡無如我，鼻息如雷撼四鄰。」明羅本三國演義四十五：「瑜和衣臥倒，嘔吐狼藉，蔣幹如何睡得著？看周瑜時，鼻息如雷。」「鼻息」即「鼾」。明凌濛初拍案驚奇十四：「楊化在草坡上一交，放翻身子，不知一個天高地下，鼾聲如雷，一覺睡去了。」

睡覺時打呼，是一種無法防止而又干擾別人安寧的困擾行為。在家裏，常吵醒他人；到外地，更易招惹別人討厭。筆者從少年時起就患有這種毛病。先父在世時睡覺打呼聲音之大，確很像古人所說的「如雷」；因此我懷疑「打鼾」可能有遺傳性。有藥劑師提供我良好的意見：第一，使用較高的枕頭，令呼吸暢通；第二，晚餐不可吃得太飽，給胃的負擔減輕；第三，工作不可過度勞累，供身體獲得適當的休息；第四，睡時不可雙手壓住胸部，以免呼吸不順暢；第五，被毯不可蓋住頸部，使不致壓到氣管。我遵照這些方法實行，果然打呼次數減了許多，只可惜未能完全除去，因為「打鼾」是「不可抗力」的。

礙逆（gai下去　giok下入）——身體某處不舒服。因某原因致事情進行不順。

「礙」是「障礙」或「妨害」。西漢揚雄法言君子：「子未睹禹之行水歟？一東一北，行之無礙也。」明吳承恩西遊記四：「他才遂心滿意，喜地歡天，在于天宮快樂，無掛無礙。」

「逆」是「不順」。東漢劉熙釋名釋言語：「逆，逆也。不

從其理則生殿（阻）逆，不順也。」

「礙」、「逆」合用，就成為「障礙不順」，金門話和臺灣話都有。就人說，或因身心不舒服；就環境說，或因過冷、過熱、通風不良、氣味不佳而引起人的難於適應、不愉快。民國臧汀生臺灣閩南語歌謠研究五論結構，收有一首民歌：「離爸離母都笑笑，離開阿娘偌（多麼）礙逆。日時要哭驚人笑，冥時目屎浸被席。」雖然是男思女的情歌，卻真能表達「礙逆」二字的意思。又如，夜裏四好友進行雀戰，但住處接近派出所。當推洗麻將時聲音不小，心裏都麻麻的，怕突然間警察衝進來抓賭，亦可稱為「礙逆」。

諴（ham 上去）──誇大。身體浮腫。隨便。

說文：「諴，誕也。」段注：「按，『誕也』當作『誇也』。諴與誇互訓。」南唐徐鍇繫傳：「誕，大言也。」廣韻去聲五十四闞：「諴，誇誕。東觀（漢）記曰：『雖誇諴，猶令人熱。』」上述字書和注釋，都一致明確說「諴」是「大」或「誇大」。

在金門（含臺灣），第一意義，「諴」是「說大話」，如同國語的「吹牛」。第二意義，「諴」是「身體有病而致全身或局部腫脹。」第三意義，「諴」是「隨便而不計較」。「諴諴」，是勸人或自解，即「凡事不須要太過認真」。

馦（馦）（hiā 上平）──強烈的氣味。

魏張揖廣雅釋器：「馦，香也。」清王念孫疏證釋訓二：「馦馦，香也。」梁顧野王玉篇香部：「馦，香氣充溢也。」清厲鶚金壽門有大歌：「似舐丹鼎垂醲舕（吐舌），碧桃花下瑤草

馦。」

　　「馦」和「謙」同。玉篇甘部：「謙，香也。或作『馦』。」

　　本書本類另有「薟」字，與「馦」音、義均不相同。兩者的
分別，「薟」是「辛辣兼有香的氣味」，例如胡椒；「馦」則
「只有強烈香氣而不辛辣」，例如洋蔥、韮菜、杏仁、蒜、蔥。
在花來說，以玉蘭花、鷹爪花的香味最爲濃烈，當然可叫作
「馦」。

攖著（iŋ 上平　tiok 上入）——特指眼睛遭沙塵侵入。

　　「著」是語助詞。「攖」是「遭受」或「招致」。明佚名四
賢記赴選：「他家攖兵燹（火），倚孤孀殊可憐。」此處「攖」
是「遭受」。

　　金門自古至今，以風大出名，超過新竹。特別在秋冬二季，
吹起北風或東北風，風勢很大，沙塵紛飛，一不小心，塵沙就吹
進眼睛，形成眼球刺痛，相當難受。小孩時代逢到如此，都是請
大人用手把眼皮張開，大大地朝眼睛吹一口氣；有時有效，有時
無效；大概沙塵溜到眼角去了，要過一段時間纔自然會好。不像
現在臺灣有眼科醫師，用水將眼睛洗洗，就好了。

　　重修臺灣省通志語言篇頁三一一，「攖」字不會寫，誤寫作
「煙」。

鬖（sam 上去）——頭髮散亂。細條狀物散亂下垂。

　　梁顧野王玉篇彡部：「鬖，亂髮也。」梁蕭統昭明文選十二
東晉郭璞江賦：「紫荣熒曄以叢被，綠苔鬖髿乎硏（滑石）
上。」

　　唐釋玄應一切經音義二十引（秦李斯）蒼頡篇：「鬖，毛垂

貌。」韓愈辛卯年雪詩：「白帝盛羽衛，鬖髿振裳衣。」「鬖
髿」即「鬖鬖」；「鬖鬖」，下垂貌。唐趙冬曦三門賦：「松歷
歷（成列）而生涯，草鬖鬖而覆水。」北宋黃伯思東觀餘論：
「（東晉）顧愷之畫蘇武所執之旄，上員如幢，下復數層紅羽，
鬖鬖然如夜合花，即周官所謂『析羽』也。」

　　金門話常說男女頭髮不梳理的人為「拌鬖頭毛」。罵人叫
「暗鬖鬼」。戲劇中也常見扮鬼魂的人都將頭髮散開下垂，以增
加陰森恐怖嚇人的氣氛。有精神病的人如沒有家屬照料，自己多
不懂梳理頭髮，更不會到理髮店翦髮，通常都是頭髮長亂披散，
臭味四溢，流落街頭。

歍著（ts'it 上入　tiok 上入）——言行偶然觸怒對方。

　　人群或家族相處，關係複雜，而作事情或對話交談又是難
免。稍不小心，對方有意無意間誤會，竟然動怒相向，金門話叫
「歍著」。「著」是副詞。

　　說文：「歍，盛氣怒也。」段注：「引申為凡氣盛之稱。」
梁顧野王玉篇欠部：「歍，怒氣也。」民國章炳麟新方言釋器：
「浙江謂香盛，曰香歍。」南宋吳潛賀新郎和趙丞相見壽詞：
「虛舟飄瓦何煩歍。奈羊腸，千歧萬折，近來純熟。」

　　詩邶風柏舟：「亦有兄弟，不可以據。薄言往愬，逢彼之
怒。」朱熹集傳：「雖有兄弟，而又不可依以為重。故往告之，
而反遭其怒也。」

　　南朝宋劉義慶世說新語文學：「鄭玄家，奴婢皆讀書。嘗使
一婢，不稱旨，將撻之，方自陳說；玄怒，使人曳著泥中。須
臾，復有一婢來，問曰：『「胡為乎泥中？」（詩邶風式微中的
一句）』答曰：『薄言往愬，逢彼之怒。』」可見東漢大經師鄭

玄家裏的婢女，都通詩經，眞是風雅而有情趣。

　　福建通志方言志：「不稱意而怒，曰歇。」方言志所說，正是閩南（金門）語的實錄。

齷齪（ak 上入　tsak 上入）──因天氣悶熱或環境侷促而使身心不快。

　　清雷浚說文外編十二：「說文無『齷』字、『齪』字。偓促、握齱，皆即『齷齪』。」「齷齪」有幾個主要的意思：一是牙齒細密，如廣韻入聲四覺：「齷齪，齒相近。」二是事物狹小侷促，如北宋丁度集韻覺韻：「齷，齷齪，迫也。一曰小也。」李白大獵賦序：「（西漢揚雄）羽獵（賦）：『于靈臺之囿，圍經百里而開殿門。』」（筆者案：李白於羽獵賦原文有刪改、見昭明文選八）當時以爲窮極壯麗；迨今觀之，何齷齪之甚也！」三是骯髒不潔淨，如元高文秀黑旋風第一折：「他見我風吹得齷齪，是這鼻凹裏黑。他見我血漬的腌臢，是這衲襖腥。」

　　金門話「齷齪」，除含有上述二、三兩點意思外，又加上天氣悶熱、身上冒汗、引起身心不快的感覺。特別是在大熱天午後無風的季節裏，最容易有這些感受。除去的方法，就是淋個冷水浴，打打扇子（舊時尙無電扇或冷氣機）；再搬隻交椅到空曠地方坐著乘涼，就清爽了。等一下用晚餐，也比較吃得下而感到愉快。

第十四章　單位

一尋（tsit 下入　siam 下平）——兩臂橫向伸直的長度約五英尺半爲一尋（古稱八尺）。

說文：「度人之兩臂爲尋，八尺也。」清朱駿聲通訓定聲：「（清）程氏瑤田云：『度廣曰尋，度深曰仞，皆伸兩臂爲度。度廣則身平臂直，而適得八尺；度深則身側臂曲，而僅得七尺。』其說精覈。尋、仞皆以兩臂度之，故仞亦言八尺，尋亦或言七尺也。」廣韻下平聲二十一侵：「尋，長也。又尋常六尺曰尋，倍尋曰常。山海經曰：『尋木長千里，生河邊。』」詩魯頌閟宮：「是斷是度，是尋是尺。」毛傳：「八尺曰尋。」史記張儀列傳：「秦馬之良，戎兵之衆，探前趹（快走）後蹄閒（間）三尋騰（跳躍）者，不可勝數。」唐司馬貞索隱：「七尺曰尋。」

綜合上所引據，可知「尋」的長度有六尺、七尺、八尺三種說法。但因各時代的長度標準不同，故長短也不一致。大體上說，古時的尺，僅有現在英尺的六、七寸罷了。

目前金門人仍以爲「將人的兩臂伸直，長度就是一尋。」筆者自己試量，一尋約等於五英尺半。金門特別指水井的水桶繩子，兩手拿著橫直平伸的長度，叫一尋。

一耦（偶）（tsit 下入　gāu 上上）——一雙。

說文：「耦，耕廣五寸爲伐，二伐爲耦。」段注：「（周

禮）匠人：『耜廣五寸，二耜爲耦。一耦之伐，廣尺深尺，謂之畎。』（鄭玄）注：『古者耜一金，兩人併發之，其壠中曰畎，畎土曰伐。伐之言發也。畎，畝也。』」「耜」是犁田用的犁頭，有五寸寬。由兩個人同時行進耕犁，兩個犁頭的寬度正好一尺；犁進田土，也是寬一尺，深一尺。因二耜成雙，故叫「耦」。這是「耦」的本義。

　　周禮天官掌次：「射則張耦次。」鄭玄注：「耦，俱升射者。」唐賈公彥疏：「天子大射六耦，在西郊。賓射亦六耦，在朝。燕（宴）射三耦，在寢（宮殿）。」射禮舉行射箭比賽時，兩個人一組，稱爲「耦」。論語八佾：「子曰：『君子無所爭，必也射乎！揖讓而升，下而飲，其爭也君子。』」朱熹集註：「揖讓而升者，大射之禮，耦進三揖而後升堂也。下而飲，謂射畢揖降，以俟衆耦皆降，勝者乃揖不勝者升，取觶（酒杯）立飲也。」

　　左傳桓公六年：「齊侯（僖公）欲以文姜妻鄭太子忽，太子忽辭。人問其故，太子曰：『人各有耦；齊大，非吾耦也。』」夫妻二人匹配，稱爲「耦」。這故事是成語「齊大非偶」的由來；意爲妻家太強、太富，都不適宜結親，夫家會受到欺侮壓迫。

　　從上引古書，已足夠證明成雙成對叫作「耦（偶）」。金門話「一耦」，通常含意不大好，如說：「有人掠（捉）姦，掠著伊（音因）某（妻）佮（音甲、和）姦夫一耦。」夫妻或情侶行房，被人窺見，亦被稱爲「一耦」。海中的鱟魚出游，必定雌雄一對成雙，故遭漁民捉獲時，亦是「一耦」。

一鋪（tsit 下入　pʻo 上去）——十華里。

北宋高承事物紀原七驛：「又（周禮）地官遺人之職：『凡國野之道，十里有廬（屋），廬有飲食；二十里有宿，宿有路室，路室有委（食糧）；五十里有市，市有候館，候館有積（米薪）。』（筆者案：高氏於原文有增刪）宋二十里馬鋪有歇馬亭，即路室之遺事也。六十里有驛，驛有餼給（禾米），即候館之遺事也。漢自鄭莊（當時、景帝時太子舍人）置驛，以迎送賓客，故後世亭傳有驛名。」明顧炎武日知錄十驛傳：「古人以三十里爲一舍。左傳（宣公十二年）：『楚子（莊王）入鄭，退三十里，而許之平。』（西晉杜預）注以爲退一舍。而詩（小雅六月）言：『我服旣成，于三十里。』國初（明）凡驛皆有倉。（仁宗）洪熙元年六月丙辰，河南新安知縣陶鎔奏：『縣在山谷，土瘠民貧，遇歲不登，公私無措，惟南關驛有儲糧。』今時（明、清）十里一鋪，設卒以遞公文。」（原注：「金史：『〔金章宗〕泰和六年，初置急遞鋪，腰鈴傳遞，日行三百里。』〔河北〕大名府志：『唐有銀牌，宋〔神宗〕熙寧有金字牌、急腳遞。』」）明葉子奇草木子三下：「傳命，陸有馬站，水有水站。州縣凡十里立一鋪。大事則遣使馳驛，起船馬有箚子。小事文書以鋪兵傳送。」

金門話仍依照明清以來的規定，稱十華里爲「一鋪」；不過是用「驛鋪」的名稱，改爲「路長」的名稱。古時金門沒有牛車、馬車，民眾從這鄉到那鄉，自鄉村至縣城，都是走路，嫁娶則用轎子。如果路遠到十多里以上，纔乘坐驢、騾、馬架在背部的雙人曲橋形的座位，叫作「驢馱」。這種兩人對稱而坐的「驢馱」，金門人民使用千百年，包括父女、母子等。不料民國四十

一年無知的畫者梁鼎銘來金，覺得新奇，另號新名「鴛鴦馬」，極為淺薄可惡，等於間接侮辱了金門人。盲從而不知是非的新聞媒體界曾將「金門鴛鴦馬」喧騰傳布一時。幸而近來計程車、汽機車、農耕機代興，據八十五年統計，全島僅存十六頭騾馬；不過仍有照相業者逗引觀光客雙坐，拍攝「鴛鴦馬」留念。筆者呼籲金門鄉親：不要再叫「鴛鴦馬」自我侮辱。

　　金門島西北部有古寧頭鄉，距縣城九華里遠。古寧頭是全島最大的鄉村，大部分是李姓聚族而居。恰巧閩南語「九」和「狗」同音，「里」與「李」又同音；因此古寧頭人絕不敢說該鄉距離縣城「九里」，都改說「一鋪」。

第十五章　童謠

一隻鳥（tsit下入　tsiat上入　tsiau上上）──報答外婆疼我的情意，纔愛來外婆家。

　　一隻鳥阿飛過墩，外媽疼外孫。

　　姨阿叫吾（俗誤作阮）來，妗阿嫌吾否（p'ai上上、俗誤作歹），舅阿嫌吾捷捷（應作「輒輒」）來。

　　吾是為著公媽戴（事情、俗誤作代），無吾三年五年都不愛來。

土地公（t'o上上　ti下去　koŋ上平）──譏笑不請自來的貪吃客。

　　土地公，白目眉。

　　無人請，該己（自己）來。

天頂一枝竹（t'ĩ上平　tiŋ上上　tsit下入　ki上平　tit上入）──甚麼都不想，錢最歡迎。

　　天頂一枝竹阿水蓮浮，阿兄叫我去牽牛，大隻小隻我不牽。

　　阿兄叫我去搧（kia上上、拿）針，大枝小枝我不搧。

　　阿兄叫我穿柴屐，大雙小雙我不穿。

　　阿兄叫我有錢提去用，阿媽無錢哭未（劊）盡。

尖菊花（tsiam 上平　kak 上入　hue 上平）──倚靠別人，不如自己拍拼，纔會出頭。

尖菊花，滿廳紅，食爸食母無驚人。

食兄兄會氣，食嫂嫂願意。

爬龍船，拖倒起。

走落番（去南洋），食番米。

番米一粒兩粒大，趁（t'an 上去、賺）錢該己娶。

暝日食肝花（豬肝），好茶該己煎，好某（妻）置（在）東埃。

東埃查某眞好看，包袱趁（隨）雨傘。

雨傘提起圓轔轔，遮高遮低遮人心，骨頭疼痛無翻身。

三日無看娘的面，害我想到（音甲）頭殼眩。

有分伊（u 下去　pun 上平　i 上平）──對分贈食物不公平者的咒罵語。

有分伊，無分我。

腹肚邊，生肚瓦（腫瘤）。

筆者案：民國臧汀生臺灣閩南語歌謠研究五，謂此謠是臺灣民謠。我意以爲當產生於閩南，再傳入金門與臺灣。

拍手歌（p'ak 上入　ts'iu 上上　ko 上平）──二小孩相向，以左右手掌交打，邊打邊念，意在逗趣。

拍手歌，演銅鑼。搞（kia 上上、舉）交椅，挽（採）仙桃。

仙桃子，挽（拔）嘴齒。嘴齒烏，二丈娶二姑。

二姑番猙（siau 上上、稚癲）猙，駕鴿拍（交合）客鳥（喜
鵲）。

客鳥飛上山，鎖匙交汝官（丈夫）。

汝官白褲白溜溜，阿嫂紅裙套綠綢。

牡丹開花結石榴，木筆開花兩葩鬚。

綠綢老，捧栲栳（ka 上平　lo 上上、竹編盛物器）。

栲栳要底（裝）芋，四條路。

路要行，四個埕（庭）。

埕下披竹，竹要破篾，四個碟。

碟要捧，四個酒瓶。

酒瓶要斟酒，四個大頭的結做朋友。

拍鐵歌（p'ak 上入　t'it 上入　kua 上平）——由「打鐵」起興，說到
小妹嫁出備受關愛的情況。

拍鐵啊拍鉸刀，小妹要嫁麼項無（甚麼都沒有），緊緊寫批
（信）交大哥。

大哥添粧一甕銀，二哥添粧一甕錢，三哥添粧剪被墘（kĩ 下
平、邊）。

外公外媽添粧一對紅紗燈，點到廳光纓纓（光明）。

點到房光銅銅（明亮），點到蚊帳內，照著一個新娘人。

阿舅來（an 上上　ku 下去　lai 下平）——款待來訪的舅舅。

阿舅汝來我不知，我掠（抓）雞來刣。

雞小個，我買蝦。

蝦小尾，我炊粿。

粿無熟，我買獲（豬肉）。

　　肉無爛，我買麵線。

　　麵線長長，我買糖。

　　糖烏烏，我買大魚塊。

　　大魚塊堅凍，我買粽。

　　粽臭角，我掠兩隻羊阿來相觗。

拭餅燈（ts'it 上入　piã 上上　tiŋ 上平）——對上元夜兒童玩花燈的戲謔語。

　　拭餅燈（圓紙燈壓疊後像春捲皮），契（被）狗咬。

　　關刀燈，屎穴（音訛為學）撨（la 下去）。

　　走馬燈，皮浮葩（遭火燒毀的狀音字）。

掩咯雞（ŋ 上平　kɔk 下入　ke 上平）——幾個兒童，一個用布蒙眼抓人，其他躲避。

　　掩咯（雞叫聲）雞，走白蛋。

　　一粒食，一粒舐。

　　放雞団，找雞蛋。

　　找若無，拍一下尻川（k'a 上平　ts'ŋ 上平、屁股）。

雙鯉湖（saŋ 上平　li 上上　ɔ 下平）——小孩子喜吃鯉魚的樂趣。

　　雙鯉湖，一個親像大圓箍。

　　水滿滿，無草埔。

　　埔喞阿（雲雀）要做宿（巢），找無路。

　　烏燕阿要做宿，來咬土。

　　土烏烏，要落雨，阿兄趕緊去換褲。

　　撟（kia 上上、舉）鋤頭，清水路。

清著兩尾大鯉魚，五斤五。

一尾送阿姑，阿姑笑呼呼。

婀娜（稱贊）阿兄八（識）禮路，別日一定好地步。

一尾來食補，焄未爛，小弟撟箸就來捬（hɔ下平、撈）。

一手夾，一手捕。

大嘴食，小嘴餔。

食到（音甲）一嘴稀胡胡，阿兄加伊搧嘴箍（打耳光）。

筆者案：以上十一則童謠，有分伊、掩咯雞，臺灣也有，當是較早時代產生於閩南內地，然後隨著移民傳進金門和臺灣。一隻鳥、天頂一枝竹、尖菊花、拍鐵歌、阿舅來、雙鯉湖，縣城後浦與附近鄉村較少聽到，大概是創作並流行於金門東部或西北部一帶（雙鯉湖在古寧頭鄉）。不過創作水準很高，富有稚趣，質樸自然，天真可喜，又都押韻，看不出有被讀書人修改潤色過的痕跡。

至於其中「尖菊花」一首，第四句說：「走落番，食番米。」尾句說：「三日無看娘（姑娘）的面，害我想到頭殼眩。」則是成人的口氣，不合出於兒童的言語。

第十六章　傷病

半遂（pian 上去　sui 下去）——半身不遂。人手足欠靈活。

　　說文：「遂，作也。」「作」即「從順」之意，也就是「隨心所欲」。「半身不遂」即「偏枯」，半身不能隨意運動；或局部無法屈伸自如。醫書醫林改錯謂「元氣失去半身」。身體任何部位或動作，都是受大腦支配的。大腦恰似一個全身總指揮的機關，從神經中樞發出命令，經由神經系統傳導，到達身體某器官或部位，收到種種運動的效果。亦有所謂自律神經，不必神經中樞指揮，如心跳、呼吸等是。如果腦的某部位受到內外傷，失去指揮能力，即被指揮的器官或部分也無法發生預期效果。

　　因口語相傳常會發生轉音或訛音，「半」（puan 上去）音已成爲「變」（pian 上去）音，這是不對的。「半遂」既是半身或某部位不能動彈，失卻效用；故語意引伸，成爲「人手足欠靈活」，例如手拿碗筷，也會有掉落地上的時候；或一件簡單的事情、動作都作不好，常被責罵或嘲笑爲「半遂」。日本人端碗端杯，常用雙手，極爲謹慎。

疒（lit 上入）——人昏厥。受驚怕而臉色大變。

　　說文：「疒，倚也。人有疾痛也。象倚箸之形。」段注：「橫者直者相距，故曰『象倚箸之形』。或謂即牀狀。」廣韻入聲二十一麥：「疒，疾也。尼戹切。」民國于省吾甲骨文字釋林釋疒：「疒爲疒病之疒。甲骨文象人臥牀上。」民國陳夢家殷虛

卜辭綜述武丁卜辭：「『亡降疒。』北周衛元嵩元包經困卦：『疒罹于憂。』（唐）李江注：『疒，病也。』」

金門話使用「疒」字，和上引字書解釋稍有不同。最嚴重的是形容人昏厥不省人事，如說：「聽著伊老爸過身的消息，歸（整）個人疒落去。」此當然未必與身體本有疾病相關，而是遭受重大的精神刺激而致昏厥，不立刻送醫急救會有生命危險。其次是因驚怕過度而心虛，如說：「伊看著有人搤（舉）刀對伊衝過來，驚到（音甲）面疒色。」「疒色」，即臉色變白或變青。

吐大腸頭（t'o 上上　tua 下去　tḡ 下平　t'au 下平）——脫肛。

「吐」是「脫出」之意。「脫肛」屬於痔瘡的一種。即肛門部位的黏膜向外脫出，也就是直腸脫出，故金門話稱爲「吐大腸頭」。醫書外科祕法：「治脫肛，梁塵鼠糞，燒煙於桶內，令坐其上，薰之數遍。」這眞是一種奇特的療法。是否有效不得知。

痔瘡的形成，和人的生活習慣有密切關係。凡是人時常遠行，久坐久立，或常忍止排便，以致血液鬱積於直腸黏膜，都會形成痔瘡。女子因懷孕而妨礙血液循環，或生產時用力過度，亦能形成痔瘡。痔瘡現於肛門外的叫外痔，生於肛門內的叫內痔。患處燥熱紅腫，痛癢不堪。

元朱震亨丹溪心法痔瘡：「痔瘡，專以涼法爲主。痔者皆因臟腑本虛，外傷風濕，內蘊熱毒；以致氣血下墜，結聚肛門，宿滯不散而衝突爲痔也。」民國謝觀中國醫學大辭典痔：「大抵痔瘡服藥，雖分溼、熱、風、燥四治，然皆不離蕩滌瘀熱之藥，如蝟皮、皂角、檳榔、大黃、桃仁之屬，在所必用。兼風毒則加羌活、防風、升麻、柴胡。兼燥氣則加秦艽、當歸、黃耆。溼勝則加蒼朮、黃蘗、澤瀉、茯苓。熱甚則加黃芩、黃連、郁李、生

地。」讀了上述醫書的分析，使我們更爲明白。其實痔瘡和脫肛
是可以預防的。

老大人款（lau 下去　tua 下去　laŋ 下平　kʻuan 上上）──老人壽命
將終前的一些徵候。

　　西洋人有一句話：「人必有死。」Human is mortal. 凡是人
類，都會經過出生、嬰兒、孩童、少年、青年、中年、老年、死
亡。夭命而死的則屬不幸，中間因變故不得善終又更悲慘。

　　金門人所謂「老大人款」，「老大人」即「年老的人」，
「款」是「接近死亡以前的一些徵候」。常見的一般老人年壽將
盡之前的一段時期，身心會有某些變化，例如：走路步履不穩，
容易跌倒骨折；胃不消化，食慾漸失，見食物生厭或懼怕；身體
疲倦，睡起也是，睡不著或沉睡；無原因體重減輕；反應遲鈍，
十分健忘或失去記憶；精神癡獃，不認識身邊的親人；心情憂
鬱，人生無樂趣；性慾完全消失或異常；常作夢和已死者相會、
談話或共事（此點至今難以科學解釋）等等。家人延醫診治，除
全身生理機能退化外，查不出病症。亦有少數例外，年齡九十以
上或接近一百，突然間自然呼吸心跳停止死亡。史書上也常見記
載，平時健康，忽然自知死期，到時眞的死亡。

　　四十多年前在金門，筆者的外祖母許涼，住在前水頭鄉中界
一幢匾額黃姓「江夏流芳」的三落四合院大厝，民國十九年外祖
父黃廷參所建（參閱民國李乾朗金門民居建築封裏插圖、金門縣
政府出版水頭厝風情頁四九）。外祖母當年七十六歲，約半年前
發生「老大人款」，她自己亦知道，時常悲傷哭泣，不久就去世
了。先母徐惠香於九十二年七月間在臺灣逝世，享年九十一；臨
終前二年，就出現「老大人款」，她自己心裏也明白。故年老謝

世，是天地間生物界的永恆鐵律。

拽著（tsuai 下去　tiok 上入）——身體或手腳筋骨拉扭受傷。

　　「拽」較常讀（ie上去），意爲拖、拉、牽引。北宋丁度集韻祭韻：「拽，拖也。」唐李商隱韓碑詩：「長繩百尺拽碑倒，麤（粗）沙大石相磨治。」

　　比較特殊的讀音爲（tsuai 下去），「用力拉挽」之意。紅樓夢一百：「香菱才瞧見金桂在那裏拉住薛蝌，往死裏拽。」金門話「拽著」，即身體手腳某部位拉扭受傷，以致痠痛轉動不靈。「著」是副詞。

凍子（taŋ上去　tsi 上上）——凍瘡。

　　「凍瘡」是因肌膚受寒而起。其症狀，輕的皮膚發紫而結硬塊，感覺灼痛或奇癢。重的則皮膚組織間血行障礙，進而引發潰瘍或生壞疽。常見的部位在手、腳、耳、面部、腳趾等處。通常爲曾患貧血、傷寒、赤痢的人，氣血不足，禦寒能力減低。預防的方法，冬天來到，應留意保溫。

　　外在的因素，爲氣候過於寒冷所致。通常住在寒帶或溫帶的人，冬季較易罹患「凍瘡」。但近半世紀以來，全球因工業及車輛排放過多二氧化碳於空氣中，致使溫度普遍上升攝氏 Celsius 二度左右。夏天極熱，冬天不冷。家兄和筆者在四十多年前由金門移居臺灣。金門靠近大陸，大陸性氣候顯著，全年的一般氣溫，約低於臺灣三至五度，甚至九至十度。故金門的夏天不很炎熱；冬天則嚴寒，有時降至攝氏三四度。家兄每逢冬天，雙手都會生「凍子」，住臺灣則從來沒有過。臺灣的夏天極爲酷熱，筆者一直無法適應。雖然溫度計上是攝氏三十六度，但在「體感溫

度」來說，因濕度特別高，該以四十度以上計算。我住過美國亞利桑那州的杜克孫市 Tucson City，靠近大峽谷 Great Canyon 的沙漠地帶，在夏天感覺起來亦算熱，然因乾燥濕度低，故仍沒有臺灣熱。還有，許多親友住過緯度比臺灣低了許多的中南半島和南洋地帶（如新加坡居赤道上），他們都向筆者說，夏天的臺灣，比他們住的地方熱。我除了感覺臺灣水土氣候「怪」以外，找不出任何解釋。

病人脫節氣（pĩ下去　laŋ下平　t'uat上入　tsuet上入　k'ui上去）——病危的人遭逢節氣來到，須和節氣奮戰，纔能過關。

我國古天文學家將周天分為三百六十度，春分為零度，夏至九十度，秋分一百八十度，冬至二百七十度，回到春分三百六十度。立春、雨水、驚蟄、春分、清明、穀雨為春季；立夏、小滿、芒種、夏至、小暑、大暑為夏季；立秋、處暑、白露、秋分、寒露、霜降為秋季；立冬、小雪、大雪、冬至、小寒、大寒為冬季；計每月二節氣，一季六節氣，全年共二十四節氣。

南宋王應麟玉海律歷時令：「方氏曰：『積六候而成月（如正月有東風解凍、蟄蟲始振、魚上冰、獺祭魚、鴻雁北來、草木萌動），故一歲則有七十二候；三候為一氣（如正月東風解凍、蟄蟲始振、魚上冰為立春）；積六氣而成時（如正月）；故一歲則有二十四氣。』」清趙翼陔餘叢考三十四、二十四節氣名：「二十四節氣名，全見於淮南子天文篇及漢書律歷志。三代以上，（書）堯典但有二分二至（仲春〔春分〕、仲秋〔秋分〕、仲夏〔夏至〕、仲冬〔冬至〕），其餘多不經見。惟汲冢周書時訓解始有二十四節氣名。其序云：『周公辨二十四氣之應，以順天時，作時訓解。』則其名蓋定於周公。然大戴禮（記）夏小正

已有<u>啓蟄</u>、<u>雨水</u>等名目，則<u>夏</u>時已有之。按，<u>漢</u>已改<u>雨水</u>在<u>驚蟄</u>之前，而<u>新</u>、<u>舊唐書</u>又先<u>驚蟄</u>，後<u>雨水</u>。至<u>宋史</u>始<u>雨水</u>在前，<u>驚蟄</u>在後；此不知何故？豈<u>唐</u>又改從古法，至<u>宋</u>而定今制耶？又<u>漢書律歷志</u>先<u>穀雨</u>，後<u>清明</u>；<u>新</u>、<u>舊唐書</u>則皆先<u>清明</u>，後<u>穀雨</u>。<u>宋史</u>亦同。」

　　觀察古人所述，得知「節氣」是源於天地運行的法則而制定的。關鍵在於「氣」和「候」。「氣」充塞於天地間，比較抽象神祕，但有徵象可循。「候」即「氣候」，也就是有規律性的變化，如氣溫的改變、濕度的升降等。人和宇宙是一體的，「氣」與「候」一變，人體的生理、心理亦必隨著變更。最淺顯的例子，如天氣熱，血管擴大，人會心浮氣躁，易動怒，想減衣；天氣冷，血管收縮，人會心情冷靜，知節制，欲添衣。甚至白天與晚上，人的心理都會稍有不同。

　　據故老說：「病人脫<u>節氣</u>」，即重病的人遇到任何一個<u>節氣</u>來到，因爲天地的變化，病人虛弱的身體氣息會支撐不住，而致死亡。不論陽曆或陰曆，每個<u>節氣</u>關口爲期約二天，病人的家屬尤須特別留意，對病危的人密切照顧。例如，故總統<u>蔣中正</u>在<u>民國</u>六十四年重病，正遇到四月分的「<u>清明</u>」節氣，結果脫不過。不過，「<u>二十四節氣</u>」是古人在<u>溫帶</u>地區制定，未必適用於<u>臺灣</u>。而<u>蔣</u>氏原已病危。

起瘰（kʻi 上上　lək 下入）——頸項間淋巴腺結核病（罵人語）。

　　在<u>金門</u>，「起瘰（音訛爲令）」是罵人的話，多半是女人罵人或女人相罵的用語。

　　<u>明魯伯嗣學嬰童百問瘰癧</u>：「小兒惡核者乃風毒，毒氣與血氣相傳，結成頑核，生於項頸，遇風寒所折不消，結成瘰癧，久

而潰膿成瘡者也。凡有此症，宜服清涼飲子及升麻湯等藥。」

淋巴lymph，一稱淋巴液，是水樣透明的液體，帶鹹味，呈中性反應，由淋巴漿和淋巴球結合而成。淋巴漿的成分，酷似血漿，但蛋白質含量少。淋巴循流於淋巴管中，充滿體內各組織間。其功用為組織與血液交換成分的媒介；即淋巴從血液裏獲得養分而輸入各組織，又自組織吸收老廢物而流注於血液。淋巴腺lymphatic glands 的主要生理作用，一為生成淋巴細胞；二為侵入體內的病原菌，多由淋巴運於淋巴腺而抑流之，或被淋巴球所吞食；三為有阻抑各種異物的作用，例如吸入肺臟的炭末，行至肺門，多被留止於該處的淋巴腺裏。

金門話「起瘭」，是「皮肉中腫起的長條塊」，如同香腸，這是一句惡毒的罵人語詞。「瘭」指瘰癧，並不是難治的病。但「起瘭」亦可指癌症，又可指人被鞭打後皮肉腫起的紅紫條紋。古人不曉得甚麼叫作癌，但知道它是一種惡性腫瘤的絕症。

釘著（taŋ上平　tiok上入）——人赤腳誤踏尖利物致傷處紅腫凝血。

「釘」在此是一個特殊的用法，不限於鐵釘尖，意為赤腳誤踏尖利物，也未刺穿，但在傷處會瞬間阻斷血流，而致皮肉紅腫或呈紫色，痛楚難當。「著」是副詞，亦即「踏中」。

依世俗相傳的治療經驗，絕不可敷藥，只須立刻用木屐或木板，不斷以適度力量拍打傷處約十分鐘，使傷處皮肉裏的血流恢復正常的循環即可。停一段時間，再照前法拍打一、二次，疼痛須要忍耐，過不久就腫消而痊癒了。如果塗藥，不但沒有幫助，反有引起積膿潰瘍的可能。至於現代西醫的外科治療，可能是打消炎針或服藥。

屏（ts'an 上平）——因身心痛苦而呻吟。

說文：「屏，一曰呻吟也。」說文「呻」字段注：「按呻者，吟之舒；吟者，呻之急；渾言則不別也。」「呻吟」有二種意義：一是人因痛苦而發出的「屏聲」；一是誦讀書本的聲音，如禮記學記：「呻其佔畢。」「呻」即「呻吟」，也就是「朗誦」。「佔畢」是課本。

「屏」是金門的日常用語，即人因心或身的痛楚而口中發出的哀吟之聲。臺胞極少說「屏」，而是說「哀」，但意思相同。重修臺灣省通志語言篇頁六九，只有「哀」，沒有「屏」。這表示臺灣話裏沒有「屏」字；也可能有（如臺南、鹿港、宜蘭、臺中縣海口一帶），而是不曾列出或不會寫。

著猴損（tiok 下入　kau 下平　sŋ 上上）——小兒患疳積病。

梁顧野王玉篇疒部：「疳，小兒疳疾。」北宋丁度集韻覃韻：「疳，病也。」明張自烈正字通：「疳，小兒食甘物，多生疳病。疳有五：心、肝、脾、肺、腎也。治疳先辨冷熱肥瘦。初病爲肥熱疳，久病爲瘦冷疳。五疳諸積，腹大節青，面黃肌瘦，或腹痛；以蔥板煮蝦蟆，食之大效。」明王肯堂證治準繩疳積：「其候面帶青黃色，身瘦肚膨脹，髮豎身熱，肚中微痛，此因疳盛而傳爲此候。治之，先用勻氣散醒脾散調理二日，後下青金丹，取下疳積。再下勻氣醒散補之，常服保童丸即愈。」古人所謂「疳積」，當即是「幼兒貧血症」，也就是紅血球減少的病。

猴子的狀貌，除了身上多毛，又多生一條尾巴，以外恰似人類的兒童極了。取名「著猴損」，「著」是「罹患」，「損」是「損傷」。因其最顯著的症狀是身瘦腹大，很像猴子，故名。

敷（hu 上平）——身體某部位撞擊傷痛（特指小兒），父母用手輕撫痛處而安慰之。

　　書康王之誥：「戡定厥功，用敷遺後人休。」唐孔穎達疏：「戡定其爲王之功用，布遺後人之美。」南宋蔡沈集傳：「而克定其功，用施及後人之休美。」照以上二書的注解，「敷」是「布遺」或「施及」；即是「鋪及」的意思。孟子滕文公上：「堯獨憂之，舉舜而敷治焉。」清焦循正義：「敷訓布；布，散也。」是「敷」除「鋪及」外，又有「治理」的含義。「敷」更可解釋爲「搽抹」，紅樓夢三十四：「寶姑娘送來的藥，我給二爺敷上了，比先好些了。」

　　「敷」字在金門用於日常生活上，父母看見三兩歲幼兒頭部或身體某處遭硬物撞紅挹腫，痛得哭了起來；便走近去，用手掌輕輕地來回撫摸擦抹著傷處，再用嘴吹一吹風，安慰說：「未（齁）痛！未痛！我用手敷敷一下，眞緊就好了。」有時甚至故意拿一根竹木敲打遭傷的硬物，又責罵它「眞壞」，使小兒覺得傷他的東西已遭責罰。

　　南朝宋劉義慶世說新語惑溺：「賈公閭後妻酷妒，有男兒名黎民，充（公閭）自外還，乳母抱兒在中庭，兒見充喜躍，充就乳母手中嗚之。」民國楊勇校箋：「『嗚之』，晉書賈充傳作『拊（撫）之』。（梁）劉（孝標）箋：『「嗚之」，聲傳爲「燠休」。左傳昭公三年（東漢）服虔注：「嗚，若今小兒痛，父母以口就之，曰燠休。」』勇按：嗚，弄兒之聲也。猶今之接吻也。」以口輕吻，和用手輕撫，意思相近，都是惜愛安慰之意。

第十七章　飲食

必頭粿（pit 上入　t'au 下平　kə 上上）——麵粉拌白糖、酵母混揉蒸成的裂頭軟糕。

　　金門在農曆七月普度時，全島各地分區分日擺置「普度桌」祭拜「老大公（好兄弟）」，祭品可吃的和不能吃的式樣很多，可吃的其中之一就是「必頭粿」。「必」在閩南語是「裂開」的意思。必頭粿如包子大小，半圓形，上面裂作四五瓣，以紅白色顏料配揉蒸成，下面用白油光紙墊底。有些是零散的，須用紅漆高腳圓木盤盛裝，疊成尖塔形。另有一種須大眾出錢訂製，以米斗為底座，用竹枝搭成三四尺高的尖塔，把必頭粿穿繩成大小圓圈，由下而上，套在竹枝上直到塔尖；然後擺設在普度桌上，有時可達數座。祭拜「老大公」完畢，再分開送給本區的住戶。舊時糕點種類不多，亦沒有今天的多而好吃；可是那時的小孩子們，有必頭粿可吃已經很樂了。臺灣普度時也有，稱為「發粿」，大小不一，多用紅糖蒸製，全年都能買到。臺灣的發粿，主要原料可能是米，或者加些麵粉。

　　民國三十八年起，金門的國民黨軍隊實行軍事統治，對民眾事事干涉。不久下令「節約」，全島普度規定在七月十五日中元節一天舉行，廢除分日分區的古制。其實這是一種十足無知的愚政。古人創設分區分日，民眾可以互相請客，聯絡情誼。定於一天，誰也不請誰，失去古人創設的美意。若說是「節約」，一年纔一次，又不是花軍隊的錢；請一次客，講甚麼節約？更又不懂

先有消費後有生產的道理。

漢書宣帝紀：「五鳳二年（公元前五六）秋，下嫁娶不禁具酒食詔：『夫婚姻之禮，人倫之大者也。酒食之會，所以行禮樂也。今郡國二千石或擅爲苛禁，禁民嫁娶不得具酒食相號召；由是廢鄉黨之禮，令民亡（無）所樂，非所以導民也。詩（小雅伐木）不云乎？「民之失德，乾餱以愆。」勿行苛政。』」朱熹集傳：「言人之所以至於失朋友之義者，非必有大故，或但以乾餱（食）之薄，不以分人，而至於有愆（過失）耳。」專制時代的皇帝，尚且重視人民的「酒食相號召」，不「令民亡所樂」；現在國民黨政府美其名爲「民主政治」，其蠢笨的軍隊反而要禁止金門人民分區分日普度，「酒食相號召」，眞是濫權妄作到極。幸而近來「軍統」壽終，又恢復可喜的古制。

說文：「必，分極也。」段注：「極猶準也。凡高處謂之極，立表爲分判之準，故曰分極。」因是「分極」，故「必」可釋爲「裂開」。從此兼可證明閩南語之古。

豆凍（tau 下去　taŋ上去）──綠豆去殼磨粉熬湯加白糖冷卻結成凍狀食物。

筆者童年時代，在金門縣城大街上，常向小販張水挱買豆凍吃。他因跛腳，人皆綽號他「擺挱」。他製作的豆凍切成對稱斜四角形，體積比現在的香皂稍大些，暗綠色，有些透明，眞是好吃。入口輕咬，脆脆軟軟的，清甜有香味。

我不懂得綠豆粉熬湯冷卻後是否會結凍，張水挱已作古。問了好友汪載棣，他告訴我綠豆粉熬湯冷卻會成凍，就像海中的石花菜熬湯冷卻成凍一樣。整個疑慮繞釋然。於是我又體悟，「豆皮」亦是用黃豆磨漿熬湯，待將冷卻時，從表面揭起的成張薄

皮，可用來包捲調味過的肉菜，炸過後再吃，甚爲美味爽於口齒。

油繭（iu 下平　kian 上上）——糯米磨漿作皮，中包紅豆甜泥餡，捏成扁平半月形的炸餅。

　　名爲「繭」，但和蠶繭的形狀不完全相同，因爲蠶繭是長圓形。用糯米磨濃漿，或拌些豬油混糅作皮，中包紅豆蒸熟研糊白糖餡子，捏成扁平的半月形，捏合處如繩結鍊，下油鍋炸熟。因其皮含有豬油，因此較香；捏皮時可能摺合數次，故咬吃時感覺如有幾重皮的酥脆而脫落，口感眞好。

胮高條（p'oŋ上去　ko 上平　liau 下平）——麵粉加酵母、白糖蒸成的長條裂頂甜軟糕。

　　「胮」是「豐起」。梁顧野王玉篇肉部：「胮，胮脹也。」明張自烈正字通：「胮，腫脹貌。」以上二字書解釋「胮」都有「膨脹」意，「膨脹」即「高起」。

　　從前金門有這種甜點，以麵粉加白糖和酵母蒸成高起的條糕，上面撒些白芝麻；形狀很像現在西式長條未切片的麵包 bread 而略小，頂上有不規則的裂開，有如陰歷七月普度拜陰間孤魂野鬼的「必（裂）頭粿」。出賣時，纔切成塊塊長形對稱斜角狀。在那時貧窮的舊社會中，還算是很受歡迎的糕點。

　　此外，「胮」字可移用於人類，金門較少聽到，臺胞最喜歡形容身材豐滿白皙的女郎爲「白肉胮皮」；因爲女孩子如果瘦得骨棱棱的，那就很難看了。

金剛豆（kim 上平　koŋ 上平　tau 下去）——炒花生仁外沾紅、白、綠三色糖漿的糖果。

　　「金剛」二字是佛教名詞。梵語「縛曰羅」，譯為「金剛」。其性堅利，百煉不銷。金剛頂經疏一：「世間金剛有三種意義：一不可破壞，二寶中之寶，三戰具中勝。」而且金剛豆外皮所沾黏的糖乾後成為不平滑的顆粒，很像釋迦牟尼的頭。

　　金門縣城後浦大街的糕餅店，筆者所知道的，自古到今，有奇香、香香、慶蘭、源合等家，另一家很古的忘其店名。平日出售的糕餅糖果中，有金剛豆。製作的過程：先將花生仁帶膜炒熟；分開煮沸紅、白、綠三色濃糖漿（或加些麥牙糖），分別淋在花生仁上。用竹製圓形直徑約兩尺左右的淺籮筐，放進炒花生仁約十斤；以大鐵匙舀起滾沸的糖漿一二匙潑灑在花生仁上，然後雙手握住籮筐作兜圓形起伏的連續滾搖，使糖漿沾黏在花生仁上周遍。稍停，二度淋下糖漿，又滾搖；約澆淋五六遍，花生仁上的糖就很厚了。一送入口，甜、香、脆兼備，尤其是兒童們最愛吃。

　　就我所知，奇香最古老，有百年以上歷史。民國初年某除夕夜發生大火，老闆娘遭焚斃，連帶燒燬店鋪數家，故事也流傳百年。其次香香，二十六年日軍占領金門後歇業（至今該店店旁的巷子仍名「香香巷」）。其次慶蘭，民國四十幾年時規模最大，所製中秋餅遠近聞名。源合本是桐油店，出售桐油給漁民染網韌固用。老闆葉鈺，子葉昭，孫七人，以「梓」為字行，依次為南、洋、木、厝、同、安、里，除梓南早年去南洋外，其他六位筆者都熟悉。老四葉梓厝曾是我玩籃球的好友。店屋正好在我家對面，因此我在五六歲時便認識葉鈺，當時已鬚髮皓白；自同安

遷來，講話一口濃重的同安腔。源合於抗戰勝利後改營糕餅，頂出名好吃的是剛出爐的「豬腰餅」（軟糕形如豬腎）。近年梓木、梓厝皆逝世，餅店已歇業。僅存奇香一家，尚在經營。

「金剛豆」以上的糕餅店在平時都製作，但以七月普度銷路最大。於一般舊式廳堂中，每逢年節，長桌案上觀音佛祖神龕香爐前有「攢盒」敬神，長方橫形紅漆木盒上分三格，常擺放金剛豆、冬瓜糖、寸金棗（麵粉加糖炸過的棗形餅）三種糖果。偶爾亦改用茶葉、瓜子、炒花生仁。這些全是小孩子們頂注目的食物。

青果匙（ts'iŋ上平　ko上上　si下平）——橄欖果實切片加鹽與甘草粉等製成的乾果。

橄欖樹是常綠喬木，產於熱帶。葉爲奇數羽狀複葉，花攢簇成穗狀。枝節間有脂如膠，採集熬膏，名爲欖糖，用來塗塞船隙，堅牢如膠漆。產於廣東的，果實最大。

宋史五行志：「（北宋徽宗）宣和二年（公元一一二〇），都城（開封）有賣青果男子，孕而生子。」南宋吳自牧夢粱錄：「社會有青果行，獻時果社。」南宋史繩祖學齋佔畢：「橄欖雖熟亦青，故謂之青子，亦謂之青果。」

一九四九年大陸爲中共占有前，產自閩南內地的「青果匙」經由廈門運到金門銷售，味道鹹中帶甜，香妙雋永，吃後口留餘甘，極美。「青果匙」當然用橄欖果肉製成，削作長片狀，如同湯匙，醃製除加甘草粉與食鹽外，必另有其他香料，屬於機密，爲外人所不知。臺灣亦產鹹橄欖，但品質味道較差；有時還加辣椒，眞是出奇的土。「青果匙」更不會製作。

筆者在童年時，常買來吃著玩。它還具有消化積食的效用，

人們三餐吃得過飽，只須含嚼二三片在口裏，立刻打嗝消脹，功效宏大。有時是治病不得已喝苦藥湯，也可用「青果匙」配著吃，以減輕湯藥苦澀的滋味。

青枵（ts'ĩ 上平　iau 上平）——忽然肚餓難忍。

筆者讀過不少的<u>閩南語</u>專著，和看了很多電視上演唱<u>臺語</u>歌曲的字幕，不時發覺一個大錯誤，便是用「飫」作「枵」。<u>明張自烈正字通</u>：「凡物虛耗曰枵。人飢曰枵腹。」故「枵」即是「肚子餓」。<u>廣韻</u>去聲九御：「飫，飽也。厭也。依倨切。」<u>梁顧野王玉篇</u>食部：「飫，食過多。」

「飫」<u>金門</u>音與<u>鹿港</u>音讀（uï 上去），<u>臺</u>音一般讀（ui 上去）。「飫」是「飽食」或「厭再食」（如肥豬肉吃過多而怕起來），正好和「枵」（iau 上平）的意義完全相反。<u>左傳襄公</u>二十六年：「將賞爲之加膳，加膳則飫賜。」<u>西晉杜預注</u>：「飫，厭也。酒食賜下，無不厭足，所謂加膳也。」

<u>金門</u>有一句嘲笑人胡亂讀字的俗語：「有邊讀邊，無邊讀上下。」很多人（包括學者）以爲「食」邊加「夭」，必定就是「腹肚枵」的「飫」了，極謬。又如<u>臺</u>語中凡念到「寂」，都誤讀「叔」音；故不少歌曲，皆將「寂寞」誤唱「叔寞」的音；原因在於「寂」字底下是「叔」。正確的讀法，<u>廣韻</u>入聲二十三錫：「寂，靜也。前歷切。」「前歷切」，換成單字音，即是「籍」。<u>廣韻</u>一書，是收集<u>隋</u>、<u>唐</u>人字音最多的書，亦最接近<u>閩南</u>語音，值得我們信賴。故「寂寞」應讀「籍寞」音。

「青」是「半生不熟」，含意是「不是眞的那回事」，所謂「虛而不實」。一個胃腸健康的人，消化力很強，常常飯食時間未到，肚子就餓了，故隨時可以吃零食。有時候，突然覺得腹饑

難制，立即找食物暴飲暴食；可是吃了不多，便不想再吃，這就是「生柸」。臺灣有一句金玉良言：「八分飽」；金門亦有俗語：「物件食少，對人身體繞好。」故暴飲暴食必對健康有害。如果是「生柸」，吃一點意思意思，最好。

相信不少人有這經驗：口渴遠比肚餓不舒服許多。記得筆者十五歲時就讀廈門市立中學，夏天某假日和好友兼同學姜國寧一起徒步到著名佛寺南普陀遊玩。回程至半路，我突然口渴無比，無法忍耐，就在路邊人家貯放生水的水缸，拿起一隻大木杓舀滿水，一口氣灌喝了半杓子，渴繞止住。回家後雖然不瀉肚子，但相信一定是很傷胃的。

青爛（ ts'ĩ 上平　nua 下去 ）——乾米飯飯粒半生半熟。

東漢劉熙釋名釋采帛：「青，生也。象物生時色也。」雖指植物長成時的顏色，但可引伸爲和「熟」相對的「生」。說文：「爛，孰（熟）也。」廣韻去聲二十八翰：「爛，火熟。」是「爛」有「用火煮熟」的意義。

常講的金門話「生爛」，多指煮作乾米飯時，還未完全熟透蒸乾，誤先掀起鍋蓋，以致蒸氣大量走失。雖再將鍋蓋蓋下，繼續煮；或又加些水再煮；但到煮好時，吃起來，飯粒仍是有的熟，有的不熟；甚至每顆飯粒，部分熟，部分尚是生的。這種情形，叫作「飯青爛」，又叫「高低粒」，是很難吃的。

古時煮飯用銑鐵鍋，米洗過後放入，水下多少全憑經驗。水過多，會成爲稀飯；水過少，則飯粒未熟而水已乾不能吃。據老輩說：可用鐵煎匙測量，匙底壓在米上，水約淹到匙身與匙柄的交界處，正好。現在都使用電鍋，一杯米配一杯水，方便極了。但無論銑鐵鍋或電鍋，都必須牢記一個原則：銑鐵鍋用耳朵細

聽，滾沸的水聲已停止，要再等十分鐘讓水份全乾，金門話稱爲「收水」，纔可掀起鍋蓋，就一切沒問題。電鍋飯熟後，開關自動跳起，但仍然須再等十分鐘，鍋蓋纔能掀起。如此，米飯飯粒就通通不會「生爛」了。

洘頭糜配豆油肉（kʼo 上上　tʼau 下平　bə 下平　pʼə 上去　tau 下去 iu 下平　bat 上入）——濃稀飯佐醬油煮豬肉。

廣韻上聲三十二晧：「洘，水乾。」在閩南語，「洘」不是純然的水乾，而是物品中所含水量很少，等於國語的「濃」。金門話又叫海水退潮爲「水洘」，退潮後海水遠去了，但整個海岸海灘還是濕濕的。

金門有一種好吃的餐食，即「洘頭糜配豆油肉」。「頭」是語助詞。「糜」是稀飯；和稀稀多湯的「廣東粥」不同。用上等的好米在砂鍋中煮稀飯，熬得濃濃（臺語叫「膏」）的，飯粒不過爛，也不整粒完好。熬好後不要一直攪，放十分鐘，纔不燙口。豬肉用三層肉（皮、肥、瘦俱備），切成火柴盒大的塊狀，只加醬油與清水，亦用砂鍋燉煮，不過生，也不太爛。「配」是「佐」（一起吃）。濃稀飯入口，配以三層肉，滋味之美，不易形容，簡直令人吃得不知飽。從前金門人窮苦的多，要吃這樣一頓飯算是很奢侈的；有錢人當然可以盡情享受。

現今臺灣生活富裕；窮人也有，但沒有古時普遍。中、上經濟能力的家庭，天天在肉、魚、蔬、果交攻下，和逢年過節相差有限。可是於都市中反而常常出現以「清粥小菜」相號召的食堂，生意也不錯，這就是「飫肥鮮」的反效果。

唅（kam 下平）——把食物含在口中。

　　廣韻去聲五十三勘：「唅，哺唅。」北宋丁度集韻咸韻：「唅，哺也。」西漢王褒聖主得賢臣頌：「羹藜唅糗者，不足與論太牢（牛羊豬肉）之滋味。」漢書貨殖傳序：「而貧者短褐不完，唅菽飲水。」唐顏師古注：「唅，亦含字也。」基上所引述，「唅」可有二種解釋：一是吃；一是「口裏含物但不咀嚼」。

　　古代喪禮中，用生米或貝殼實於屍口，叫作「飯」；用玉，稱爲「含」。禮記檀弓下：「飯用米、貝，弗忍虛也。不以食道，用美焉爾。」荀子禮論：「飯以生稻，唅以槁骨。」唐楊倞注：「槁骨，貝也。」左傳文公五年：「（四年多，魯僖公之母風氏薨。）春，（周襄）王使榮叔來含，且賵。」「賵」是以車馬贈死者。後漢書禮儀志下：「（帝崩，）飯含珠玉如禮。」

　　金門話日常說的「把食物含在口中」，如「唅高麗參」、「唅糖阿」、「唅鹹橄欖」、「唅李鹹」等都是。不過這些話，臺灣也有。

啗（啖）噆（tam 上上　sam 上上）——吃零食。

　　說文：「啗，食也。」「啖，噍（食）啖也。一曰噉（吃）。」北宋丁度集韻勘韻：「啖，或作啗。」明張自烈正字通：「（南宋戴侗）六書故：『啗，食也。亦作噉、啖。絜食曰茹，粒食曰噍，肉食曰嚼。說文「啖」訓「噍啗」，「啗」訓「食」；據此自有別矣。食爲凡食之通稱；啗既訓食，則言啗可兼啖，而言啖不得兼啗也。』」集韻感韻：「噆，啗噆，物在口中也。」韓非子外儲說左下：「仲尼先飯黍而後啗桃，左右皆掩

口而笑。」觀以上各書的解釋，可知咯、啖、噉都是「吃」。「嚵」即口裏含物；「咯嚵」就是食物正在口中。

　　金門話（含臺語）「咯嚵」另有一層意思，便是正餐以外吃零食，胃腸良好的人時常如此，並不影響正餐的食量。民國連橫臺灣語典二：「庶羞（si 上去　siu 上去），謂不時之食。」「庶」是「多種」，「羞」是「食品」。吃庶羞，即是「咯嚵」。「庶羞」金門也常講。臺灣除臺南外，極少聽見；原因就在連氏是臺南人。

（大）麥灰（〔tua 下去〕bet 下入　hu 上平）──大麥脫皮炒熟磨粉加溫開水拌紅糖。

　　大麥，禾本科，大麥屬。高三四尺，莖中空，具有顯明的節。葉細長而尖，平行脈，下部成鞘狀，圍於莖上。花排列成穗狀。小穗花序由一花組成，外稃（穀皮）有長芒。魏張揖廣雅釋草：「大麥，麰也。」孟子告子上：「今夫麰麥，播種而耰之。其地同，樹之時又同，浡然而生。至於日至之時，皆孰（熟）矣。」「耰」是「覆以土」。「日至」是「夏至」。大麥是溫帶農作物，中國大陸盛產，臺灣是亞熱帶和熱帶，所以沒有。金門島緊近大陸，氣候如溫帶，故亦產大麥。金門志二、六篇物產：「大麥芒多粒鬆，冬種春收，比小麥早熟。春脫其殼，磨碎以供餐食。」大麥可以煮乾飯，煮粥。麥芽為麥酒原料，又可製麥芽糖。麥莖曬乾後，可編作帽子、玩具等。

　　記得筆者童年時，前水頭鄉中界外婆黃家，有時在夏天贈送我家一些大麥炒熟磨成的麥粉，先母就用碗分裝，分放些紅糖，以熱水瓶的溫開水沖泡，捏成一丸一丸的，給我們兄弟姐妹吃。麥味香傳得很遠，極為好吃。但不能多吃，多吃了會「飫」（飽

麨），還會脹肚子。搬來臺灣數十年，不曉得金門還有人種植大麥嗎？眞是懷念。

「灰」在此借用爲「粉」意，和石灰、牡蠣殼灰毫無關係。筆者用「灰」而不用「麩」，「麩」在讀音上更同於口語。原因是，「麩」是麥皮，不是粉。麥皮閩南語又叫「稃」（pʻɔ上平），是用來餵飼家畜的飼料。人的頭皮屑形狀很像「稃」，所以稱爲「頭稃」。

麥糊（bet下入　kɔ下平）──小麥脫殼磨碎熬爲稀麥粥，吃時再加紅糖。

金門盛產小麥，爲居民主食之一。古時沒有機器，種作、收成、加工全靠人力。小麥在陰曆四五月收割，運回家後，散放在大門口花崗石廣場上，曬得透乾。家人合力各用連枷擊打，使麥粒脫離麥穗。次將帶殼的麥粒分批裝進石舂臼中舂打，令殼離麥。次經竹簸箕簸除碎麥殼，及風前吹除麥殼屑。然後把麥粒以石磨磨碎，纔能下鍋煮食。故農民實在辛苦，要吃一頓麥食，必須煞費苦工，因此古人戲言這頓吃食是「磨骨頭」換來的，一點不假。至於大宗的麵粉、紅糖，多賴閩南內地運廈門再轉運金門，在五穀店出售。規模較大的五穀店，纔包用整隻大帆船，直接從內地採購，每次都以百包以上計算，省去廈門中間商的差價，頗爲有利。日據時期，縣城鄰近的埔邊鄉也產製紅糖，但數量微少。

吃麥食已是夏天時節。還記得筆者童年時代，先母常帶我到前水頭鄉中界外祖父黃廷參家玩。外婆許涼，就用自家收成的碎小麥煮作稀粥爲午餐，給我們吃。麥粥是很有黏性的，又眞燙口。煮好後，盛在瓷鍋裏，待它稍冷了再吃。要甜的，就加紅

糖；要淡的，有鹹海蠔、蔭豉、豆醬、鹹西瓜瓤可佐食。那時劣惡的國民黨軍隊還沒來占住，悠閒自在，不受騷擾。在四合院漆畫鮮豔的前廳中，大門朝南，習習的清涼南風陣陣吹來，吃著外婆親手煮作的甜「麥糊」，覺得無限溫馨、寫意、快樂。吃得飽飽的，亦多麼喜愛到房間裏床上再來一回酣睡。

棗阿炸（tso 上上　a 上平　tsĩ 上去）——糯米漿作外皮，包花生白糖餡，搓成小球狀而炸成的甜點。

　　說棗，其實和棗完全無關。它的形狀，正與高爾夫球一模一樣。又像近年臺灣所產的圓棗水果稍大些。用糯米磨濃漿作皮，中包花生粉拌白糖餡，搓成球狀，沾些白芝麻，放進油鍋炸熟。炸熟後，原是白色變爲褐色。入口一咬，齒感美而耐嚼，就是閩南語一般所說的「糗（k'iu 下去）」。很多人不懂「糗」怎麼寫，以爲沒有那個音的字，就輕率借用英文字母「Q」來充數，不倫不類，眞是謬誤而悲哀。（參閱拙著文史哲版「閩南語考釋續集」第十三章飲食「糗」字條）「棗阿炸」臺灣也見過，但筆者沒有買來試吃。

番阿餅（huan 上平　a 上平　piã 上上）——餅乾。胡餅。

　　北宋高承事物紀原九餅：「（西）晉束皙餅賦曰：『禮，仲春，天子食糕；而朝事之籩（竹容器），煮麥爲麵。』（禮記）內則，諸饌不說餅。然則餅之作，其來遠矣。按漢書百官表，少府屬有易官，主餅餌（糕）。又（西漢）宣帝微時，每買餅，所從買者輒大售。（西漢劉向）說苑敍戰國事，則餅蓋起於七國之時也。」同書同卷胡餅：「（西）晉司馬彪續漢書曰：『（東漢）靈帝好胡餅，京師皆食胡餅。』胡餅之起，蓋自此始也。然

則餅有胡、漢之異矣。胡餅，蓋今（北宋）俗爲者是。而漢、魏疑是今餅也。後趙石勒諱胡，改名麻餅。」同卷蒸餅：「秦、漢逮今，世所食，初有餅、胡餅、蒸餅、湯餅之四品。惟蒸餅至（西）晉何曾所食，非作十字折，則不下箸；方一見於此。以是推之，當出自漢、魏以來也。」同卷湯餅：「魏、晉之代，世尚食湯餅。今（北宋）索餅是也。（東晉裴啓）語林有『魏文帝（曹丕）與何晏熱湯餅。』」

後漢書趙岐傳載，桓帝時太監唐衡兄唐玹，與趙岐結讎，及玹爲京兆尹（相當今日首都市長兼衛戌司令），岐懼禍，「遂逃難四方，江、淮、海、岱，靡所不歷。自匿姓名，賣餅北海（今山東壽光縣東南）市中。時安丘孫嵩年二十餘，遊市見岐，察非常人。停車呼與共載，岐懼失色。」清王先謙集解引清沈欽韓：「（唐虞世南）北堂書鈔：『（魏魚豢）魏略云：「（岐）著絮巾布袴賣餅。」』（唐歐陽詢）藝文類聚：『（岐著）三輔決錄（西晉摯虞）注云：「嵩問岐曰：自有餅耶？曰：販之。嵩曰：買幾錢？賣幾錢？岐曰：買三十，賣亦三十。」』」

筆者案：照此所說，趙岐所賣的餅是批販來的，不是自作。買價賣價都一樣，等於沒賺錢。因爲他身穿襤褸的服裝和賣餅，目的只在掩飾身分，以求安全。料不到仍被銳眼的俠士孫嵩識破，於是請他回家，將他窩藏在「複壁」（特厚的牆壁中可住人）裏保護，以免走漏風聲。趙岐與姪子趙戩逃走後，家屬宗親果然盡遭唐玹所殺。趙岐逃難數年內，不停地整理寫作「孟子注十四卷」，終在孫嵩家中完成，流傳後世，直到今天。岐後因唐氏死滅，遇赦回洛陽，壽至九十餘。他身後一千年，大儒朱熹作孟子集註，很多地方採取趙岐書裏的解說；故他首注孟子之功不可沒。

後漢書梁冀傳（附梁統）：「（外戚大將軍）冀立質帝（劉纘、八歲）。帝少而聰慧，知冀驕橫。嘗朝群臣，目（注視）冀曰：『此跋扈將軍也！』冀聞，深惡之。遂令左右進鴆（毒酒）加煮餅，即日崩（九歲）。」王先謙集解：「（資治）通鑑（元）胡（三省）注：『煮餅，今湯餅也。』」後漢書李固傳：「（太尉李）固入，帝尚能言，曰：『食煮餅，今腹中悶，得水尚可活。』時冀亦在側，曰：『恐吐，不可飲水。』語未絕而崩。」

依前引說苑所記，中國最早的「餅」是起於戰國時。但小麥是我國原產五穀之一，推測國人種麥當在六七千年以前。大戴禮記夏小正：「祈麥實；麥實者，五穀之先見者，故急祈而記之也。」清王聘珍解詁：「說文云：『麥，芒穀。秋種厚薶（埋），故謂之麥。』管子云：『麥者，穀之始也。』」中共學者孟世凱以為夏小正寫成時代在商或商、周之際。（見孟著夏商史話三夏文化的探索天文和曆法）我國產麥既然那樣早，照情理說用麥磨粉製成各類食品也應很早就有。說文：「餅，麵餈也。」段注：「麵，麥末（粉）也。麵餈者，（粉）餅之本義也。（西漢揚雄）方言（十三）曰：『餅謂之飥，或謂之餦，或謂之餛。』」由此看，我們寧可相信「餅」的製作該遠早於戰國時，只是在早於說苑的文獻上，從未見到有「餅」字。

前談趙岐賣的餅，很難瞭解是甚麼形狀。既是每個值三十個銅錢，則並不便宜。是有湯還是無湯？也無法說。至於「蒸餅」，須要下筷子，顯然是有湯的餅。若是質帝所吃的「湯餅」，很明白的即是如同今天的湯麵條。質帝將死前要求喝水，喝水實可稀釋毒藥，但梁冀故意不答應，必欲置之死地。

總之，就事物紀原的「四品」看，「餅」是軟是硬有湯無湯

形狀不能定；「胡餅」必是乾的，即烤成的乾餅、餅乾一類，是
否與今天西點麵包店的餅乾相同？尚不敢說；「蒸餅」有湯，或
是如同今日的水餃、餛飩、扁食等；無湯的應包括今日的包子、
甜包、甜糕等；「湯餅」則可確定就是目前有湯的麵條。

　　金門人所稱的「番阿餅」，即是古時的胡餅無疑；或者由西
域（今新疆）傳入中國。大量製造用鐵盒包裝、形狀作圓、橢
圓、四方、長方，薄而不厚，應是清末以來從西洋進口，再由國
人仿製；初仍用人工，後改以機器烤製，今天麵包店批發零售的
皆是。凡是軟的，稱爲糕或麵包；乾的，通稱爲餅乾。原料都以
麵粉爲主。

翕土甕阿（hip 上入　t'o 上上　aŋ 上去　a 上平）——乾土塊疊塔中空，燒熱後裝入生食物壓平烤熟。

　　筆者小時候，在夏天，常約幾位好友到縣城後浦東門外去
玩。找一處曠地，分工合作，撿來許多大小的乾泥土塊，堆疊成
塔。下方留一小門，再四處找來乾柴乾草細乾樹枝，裝進門裏焚
燒，一直燒得泥塔熱氣炙人。塔頂開一小洞，把帶來或附近田園
內偷來的番薯、芋頭、花生，甚至一隻死後清除糞便的雞，從塔
頂洞放進去，接著將整座土塔夷平，由穿著球鞋的朋友用腳踩
壓，使土桼實。約過半小時，以粗樹枝及竹枝挖開，香噴噴好吃
的食物就在眼前了。經由熱泥土硬烤而熟的食物，有特殊滋味，
不是在鍋中煮炒的所能相比。臺灣的兒童也會玩，但名稱不同，
叫做「爌窯」。

　　「翕」字有多種意義。爾雅釋詁：「翕，合也。」西漢揚雄
方言十三：「翕，炙也。」故在此「翕」就是「覆密燒烤」之
意。另外，閩南語用被單或毯子蓋住頭臉；製作豆醬豆豉前用布

蓋住滿竹簸箕上披散的煮熟黃豆黑豆，使它因不通氣而發霉，都稱爲「翕」。甚至連照相亦叫「翕像」，此「翕」是「攝取」的意思。

腈肉（tsiã 上平　bat 上入）──瘦豬肉。精肉。

　　說文：「豕，彘也。」西漢揚雄方言八：「豬，北燕、朝鮮之間，謂之豭。關東西或謂之彘，或謂之豕。南楚謂之豨，其子或謂之豚，或謂之貕。」詩小雅漸漸之石：「有豕白蹢（蹄），烝（衆）涉波矣。」南宋王應麟或區適子三字經：「馬牛羊，雞犬豕。此六畜，人所飼。」據說豬約在八千年前由野豬馴化而成，遍及全世界。豬嗜吃又懶惰，性雖聰明卻軀體肥滿，引起殘忍人類的殺機。肉和內臟供食，皮可製革，鬃可作刷子。

　　中國人是吃豬的民族。雖然有人或回教徒吃牛肉，但居少數。論語述而：「子在齊，聞韶三月，不知肉味。」朱熹集註：「不知肉味，蓋心一於是而不及乎他也。」同書鄉黨：「膾不厭細。割不正，不食。肉雖多，不使勝食氣。祭於公，不宿肉。祭肉，不出三日；出三日，不食之矣。」「膾」是細切的豬肉。「不使勝食氣」，吃肉不要比吃米飯多。公祭的肉，分得時已過三天，分到後就吃，不留過夜。孟子盡心下：「公孫丑問曰：『膾炙與羊棗孰美？』孟子曰：『膾炙哉！』」「膾炙」是炒豬肉；「羊棗」是一種形圓色黑的水果。孟子也贊歎豬肉較好吃。

　　吃豬肉喜肥喜瘦，各人口味不一樣。歐陽修歸田錄：「張僕射齊賢體質豐大，飲食過人，尤嗜肥豬肉，每食數斤。」北宋周紫芝竹坡詩話：「東坡性喜嗜豬。在黃岡時，嘗戲作食豬肉詩云：『黃州好豬肉，價錢等糞土。』」不過純瘦豬肉普遍爲人所喜愛，價格也比肥肉貴些。而肉絲麵、肉絲麵線，無人不稱贊好

吃。

　　重修臺灣省通志語言篇頁六六二，記載客家話瘦豬肉叫「腈肉」。閩南語「腈肉」、「赤肉」、「瘦肉」都講。

菜包（ ts'ai 上去　pau 上平 ）——以樹蕷粉作皮，中包瘦肉絲、細豆乾條、蠔、高麗菜、芹菜等蒸熟的點心。

　　金門的「菜包」，皮的材料和外形（如童子軍帽），很像臺灣的「肉丸」，其實絕不相同。臺灣的肉丸，雖也是鹹的，但餡子是大塊的瘦肉和少許的蔬菜。金門菜包的作法：用大薯粉拌水做皮，然後包進瘦肉絲、細豆乾條、牡蠣、切碎的高麗菜、芹菜、適量的蔥節與食鹽。捏成長長高高的，接合處在上面，看去很像童子軍帽子，放進蒸籠裏蒸熟。

　　「菜包」屬於粗俗的點心，但在從前金門民眾普遍窮困的時代，點心的種類不多，偶爾自作或親友贈送，也感覺非常好吃；只是要趁熱，擱冷了就不好。

煮個樣（ tsĭ 上上　ko 上去　iŭ 下去 ）——作一頓有別於往常三餐的不同烹飪。

　　金門人自古到民國四十七年筆者來臺前，正常的三餐都是各自家裏造作。沒有飯店，只有賣麵條、米粉等的點心店。如有十位八位的人士想要以食會友，須事先向點心店訂席。一般家庭，三頓飯不是番薯含少量的米煮稀飯，就是番薯簽加米的稀粥；佐飯的菜，通常是豆醬、豆豉、海蠔豆乾條、便宜的魚類等。只有陰曆每月的初二、十六拜地基主或遇有祖先父母等的忌辰，纔煮乾米飯，也作幾種較像樣的菜，其中有蛋、肉、較好的魚、紅燒豬腳（拌蒸芋頭）等，已經算很好了。倘想吃到雞、鴨、豬肝、

豬腎、豬肚，又能配上香菇、干貝等，或名貴的黃魚（<u>金門</u>叫「紅花魚」）、鰳魚、鱸魚、嘉臘魚，即須過年或盛大的迎神賽會、七月普度時纔享用得到。

平常天天頓頓吃那些餐食，久了亦生厭。有了「巧婦」最好；普通的女人有時也想得出，因此便有「煮個樣」產生。「個（各）樣」即是「特殊的餐食」。例如：炒麵、炒冬粉、炒米粉、炒飯、麵線糊、麵線蠔阿輪（lin 上去、三兩隻海蠔拌番薯粉揑成一球、<u>臺灣</u>亦有）、蠔阿餅（煎）、麵線海蠔番薯塊湯、小黃魚（<u>金門</u>稱「大頭魚」）煮麵線湯等；或奢侈些，黃魚燉四物湯。忽然換個新花樣，所費又不多；合家人人笑口胃口大開，常不覺吃得過飽。

碗糕粿（uã 上上　ko 上平　kə上上）——混合米漿、黑糖、酵母於碗中蒸成上面裂開的甜軟糕。

用白米加水磨漿，放入適量的酵母和紅糖，糅勻，分裝在許多瓷碗內，於蒸籠裏蒸熟；<u>臺灣</u>人叫「發粿」，「發」有二含義：一是酵母使糕膨脹裂開，一是發財。

從前<u>金門縣城後浦</u>有小販，製作「碗糕粿」挑在籮筐上沿路叫賣，顧客以小孩子居多，筆者就曾買吃過。賣的人用手將粿自碗中取出，買的人就整塊拿在手裏咬吃。逢年節之時，家家戶戶纔自行蒸作，<u>金門</u>話又叫「胅阿粿」（多用麵粉製成）。

現今的社會深受<u>西洋</u>文化衝擊，千百種更美味的糕點隨時都可在麵包店或超級市場買到，好吃的程度也勝過「碗糕粿」，但還是有人賣有人買它，這當和拜神有密切的關係。

碗阿粿（uã 上上　a 上平　kə上上）——混合米漿、海蠣乾、小肉塊、油蔥、小量蝦米等放碗裏蒸成的點心。

　　筆者在童少青年時代，<u>金門縣城後浦南門</u>有一人家，每天專門炊作「碗阿粿」，放於籮筐擔子上挑至大街小巷叫賣。因爲好吃，不久就賣光了。其製作的過程：用白米浸水磨漿，拌入海蠣乾、蝦米、小肉塊、油蔥等佐料，裝在每個碗中，以蒸籠蒸熟。顧客買吃的時候，小販拿小竹片將碗裏的粿分切成許多碎塊；擔子上另有醬油、辣椒醬、菜頭酸（白蘿蔔切片醃酸醋、<u>臺灣</u>未見），隨顧客意自加，確實相當爽口好吃。如果是要帶回家，顧客須自備盛器來，因那時尚沒有塑膠袋。在現場，只能拿起小販供給的小竹籤插起來，站著吃，無小矮板凳可坐。「碗阿粿」<u>臺灣</u>也有，不怎麼好吃。

麵頭（mi 下去　t'au 下平）——饅頭。

　　北宋<u>高承</u>事物紀原九饅頭：「稗官小說云：<u>諸葛武侯</u>之征<u>孟獲</u>，人曰：『蠻地多邪術，須禱於神，假陰兵一以助之。然蠻俗必殺人，以其首祭之，神則嚮（饗）之，爲出兵也。』<u>武侯</u>不從。因雜用羊、豕之肉，而包之以麵，象人頭以祠，神亦嚮焉，而爲出兵。後人由此爲饅頭。至（西）<u>晉盧諶</u>祭法，春祠用饅頭，始列於祭祀之品。而（西晉）<u>束皙</u>餅賦，亦有其說。則饅頭疑自<u>武侯</u>始也。」明<u>郎瑛</u>七修類稿四十三饅頭：「蠻地以人頭祭神。<u>諸葛</u>之征<u>孟獲</u>，命以麵包爲人頭以祭，謂之<u>蠻頭</u>。今訛而爲饅頭也。」

　　清<u>兪樾</u>茶香室叢鈔二十一饅頭：「（南）<u>宋張世南</u>遊宦紀聞引<u>雲林</u>先生<u>黃長睿</u>云：『饅頭當用縵頭，見<u>束皙</u>餅賦。按廣韻

（上平聲）二十六桓有「糫」字，注曰：「糫頭，餅也。」又有「饅」字，注：「俗。」則自以作「糫」字爲近古矣。」國朝盧文弨跋此書，乃云：『字書不見有「糫」字』，何也？」

　　兪氏同書饅頭不可多食：「（北）宋龔鼎臣東原錄云：『樞密學士張公奎嘗言：「頃任疾，告旣愈。仁宗問因何得疾？公曰：因食饅頭。仁宗曰：饅頭豈是多食之物邪？余食饅頭，往往成疾。今則幷不能食矣。」』」這記載說吃饅頭會致病，眞是奇聞；但沒有講明原因。照此看，古人旣然有這樣的經驗，那麼後世的人要記住：饅頭不可以吃得太多。

　　去年（二〇〇三）十二月二十三日晚七時，中華電視臺新聞報導：有一位老榮民生活很節儉，每餐常只吃饅頭兩個打發；幾年累積下來，竟然生病死亡。遺有財產一千多萬元，云云。照這件事實看，令人萬分驚異和上述兪氏書中所說「饅頭不可多食」，完全相符。筆者後經細思：饅頭是麵粉、白糖、酵母所製作，絕無任何毒素；關鍵在於長期食用，導致「營養不良」的原因。

　　金門話自古至今，通稱「饅頭」爲「麵頭」。臺灣在從前可能只有肉包，少有饅頭。民國三十四年光復後，操國語人士大量來臺，燒餅、油條、饅頭亦跟著來；這三樣食品與豆漿配合作爲早餐，倒也好吃。數十年下來，臺胞跟著吃，自然跟著說，因此「燒餅」、「油條」、「饅頭」也就引進臺語裏，原本閩南語（臺灣話）的「油炸粿」、「麵頭」反逐漸埋沒，因爲這兩種較古的名稱都是傳自閩南。而「燒餅」、「油條」、「饅頭」皆是臺語中的外來語。

豬骸（腳）焆（燉）烏（黑）豆（tï上平　k'a上平　kun下平 ɔ上平　tau下去）──有補益而又好吃的湯食。

中醫醫書沒有談到豬骸，但有豬蹄。豬蹄性質甘鹹，微寒，無毒。煮汁或煮食，可治天行（疫）熱毒、寒熱、婦人乳脈不通。外用，合蔥白，鹽漬，再煮汁，塗抹，可治敗瘡、癰疽。豬骸的好處，不是脂肪或肉多，而是豬筋。豬骸燉湯放入冰箱，不久湯都成爲凍，因它富含膠質。依俗傳吃甚麼補甚麼的道理，故多吃豬骸可以壯筋骨。

醫書論烏豆的不少。黑大豆性質甘平無毒，功用可調中、下氣、除熱、祛風、利水、化穀、活血、止痛、明目、補腎、鎮心、通關脈、烏髭髮。烏豆色黑屬水，爲腎之穀，入腎之功最多。以緊小者爲佳，尤能補腎。

黑大豆以青仁者爲最理想。和豬腳同燉，加少許食鹽，至始爛爲度，有補益又好吃。金門人早就有話說：「吃豬骸眞補。」

禮餅（le上上　piã上上）──筵席中倒數第二道的菜。

金門的喜慶筵席分二種：一是粗桌，一是幼（上等）桌。粗桌即一般結婚宴席，約十二道，首道多爲「炸鳳尾蝦」，二道爲「燕菜湯」，其後都按一乾一湯出菜。燕菜湯通常用眞燕窩、肉絲、香菇絲、多菜、切包心白菜等燉成（臺灣的酒席上也有、但其燕窩是假的）。以下是「鮑魚豬肚」、「多菜鴨」、「清燉白雞」、「紅燒（黃）魚」、「胮（豐）蹄（蹄膀）」、「炸魚塊」、「炸花枝」等等。似另有「炒十錦（有豬腳筋〔臺灣酒席上的豬筋傳以水膠偽造〕、草菇、海參、鴿蛋〔臺灣酒席上『粉鳥蛋』是假的〕、蝦仁、干貝、魷魚捲等）」。筵席將盡的末二

道，即「禮餅」。

「禮餅」圓形，大小如同今日臺中的太陽餅。其製法：豬油拌麵粉，皮擀得不厚不薄，對摺再擀；又對摺，又擀；總數約五六疊而後成皮。中包冬瓜糖、桔餅小塊、肥肉塊、去殼的綠豆泥、瓜子、芝麻、適量白糖等，然後用油炸熟。上桌時，對切成為四塊，讓客人易用筷子夾起來吃。因製作時功夫獨到，極其好吃，遠非太陽餅所能比擬，也沒有太陽餅手一擦就薄皮四散的缺點。在臺灣，絕對吃不到那麼好吃的餅食，亦非所謂各式「肉餅」所能望其項背（臺灣有些甜肉餅竟放進咖哩、實土得不能再土）。

所謂「幼桌」，是作料全用山珍海味，如「紅燒幼鴿」、「雞絨燕窩」、「紅燒鱘魚」、「桂花魚刺」、「芙蓉蟳」、「枸杞鰻」、「蒸龍蝦」等，還有一些佳肴的名稱是筆者所不知道的。「禮餅」依舊。末道「甜湯」，中有蓮子、白木耳、杏仁、薏苡仁、冰糖。「幼桌」多為富人慶生日、招待官員貴賓、兒女婚事時使用。

蘆黍粽（lo下平　sue上上　tsaŋ上去）——高粱拌適量的鹼蒸成的軟糕。

金門話稱高粱為蘆黍。據說是民國二十六年抗日戰爭前，高粱種子夾雜在東三省來的餵豬「豆餅」（生黃豆壓成機車輪大的餅）中，偶然落於田土裏而生長，於烈嶼（小金門）試種，氣候水土適合，可長成一丈多高，穀實大而優良。民國三十八年，國民黨軍隊在大陸戰敗退駐金門，設立高粱酒廠（舊金城鄉人葉華成為高粱酒配方），禁絕民間私釀，而大量種植，直到今天。

日據時代，筆者在童年，常於縣城後浦大街上，向小販張永

年購買「蘆黍粽」吃。雖稱為粽，但不縛成粽形，而是用蒸籠蒸熟後，一大塊約一寸厚平放在竹籤箕裏。因加鹼，自然成為黃色。我買時，他按我的錢數用翦刀翦下一大塊，再翦成許多小塊放在瓷碟上，然後均勻地澆上糖漿。另給我一根小竹籤，一塊塊插起來吃；吃完，竹籤碟子還給他。「蘆黍粽」吃起來，齒感好，有特殊香味，勝過甜糯米粽子多多，無法以語文形容。臺灣不產高粱，即使有，都矮短長不高，穀實品質差，難釀酒。故亦永遠吃不到「蘆黍粽」。

鹹粿炸（kiam 下平　kə上上　tsĩ 下去）──白米漿拌磨碎蘿蔔、小蝦米、碎瘦肉、胡椒粉、鹽等先蒸熟而後切塊炸成的點心。

　　這種點心，臺灣亦有，只煎不炸，名稱不同，叫「菜頭粿」；也有用炸的，稱「炸粿」。另有香港式的，和臺灣製的大同小異，用煎的多，「港式飲茶店」裏常有，品味略勝臺製的一籌。金門全用炸，一律叫「鹹粿炸」。尚有一種作法大體相同，只以芋頭換代蘿蔔，臺胞稱「芋粿」，金門沒有。

　　數十年前，金門縣城後浦東門「新市場」（民國二十年前清秀才傅錫琪所建），人民稱它「巴薩」Bazar，「巴薩」意即「市場」，由南洋回國華僑取名使用。有東門人翁享篇，和他的兒子在市場裏售賣「鹹粿炸」。粿先於家中蒸好，然後帶來市場裏切成一塊塊長方形，比鉛筆盒稍小些，現炸現賣，生意好極了，顧客常須等候纔能輪到。它的優點，較臺製的軟了許多，趁熱吃，滋味香美。

　　「巴薩」約在民國五十年左右遭金門縣政府拆除，迄今已四十三年，該市場約三百坪的廢墟曠地仍留在那裏，何其不知珍惜古建築！至於那一擔美味的「鹹粿炸」，據說仍由姓翁的後裔遷

地經營。筆者曾虛心比較這點心與臺產的「炸粿」，前者好吃的程度遠超後者。讀者到金門旅遊，不妨去試吃，定可證明我不因感情作用而亂講。

鹼（晉訛為庚）阿粿（kĩ 上平　a 上平　kə上上）——加鹼於米漿蒸成的軟米糕。

「鹼」是一種化合物，含有氫氧根。說文：「鹼，鹵也。」清桂馥義證：「鹼地之人，於日未出，看地上有白若霜者，掃而煎之，便成鹼矣。」

用米磨漿，加入適量的鹼，在蒸籠中蒸，蒸熟後就成為黃色的糕，但金門人稱「鹼阿粿」。筆者童年的時候，常於縣城後浦大街上，向小販張永年購買（有時換賣「蘆黍粽」）。他按錢數多少，從竹簸箕中平放寸厚的粿，以翦刀翦下一大塊，再翦作許多小塊，用瓷碟盛裝，澆上糖漿。又拿小竹簽給我，人站著插起來吃。涼涼的黃色粿，非常的「糗」（k'iu下去、耐嚼），好吃極了。

永年又是一位名廚師，他製作的筵席，遠近聞名。「糗」是「耐嚼而齒感好」，閩南（臺灣）語常講。今天，全臺灣的報章雜誌電視，都不懂「糗」字，而借用英文字母Q，十分無知悲哀。不止如此；又把「糗」字用成「困窘丟臉」的意思，真是蹧蹋侮辱中國的文字。

重修臺灣省通志語言篇頁六六三，記載客家話「鹼」亦讀（kĩ 上平）。

第十八章　稱謂

<u>北仔</u>（pat上入　a上平）──除<u>福建</u>（含<u>臺澎</u>）人外所有各省人之通稱。

　　<u>禮記中庸</u>：「<u>子路</u>問強。<u>子</u>曰：『南方之強與（歟）？北方之強與？抑而（你）強與？寬柔以教，不報無道，南方之強也。君子居之。衽（穿帶）金革（盔甲武器），死而不厭（恨），北方之強也。而（你們）強者居之。故君子和而不流（改移），強哉矯（強貌）！中立而不倚（偏），強哉矯！國有道，不變塞（所守）焉，強哉矯！國無道，至死不變，強哉矯！』」<u>孟子離婁下</u>：「<u>孟子</u>曰：『<u>舜</u>生於<u>諸馮</u>（今<u>山東菏澤縣</u>南），遷於<u>負夏</u>（今<u>河北濮陽縣</u>南），卒於<u>鳴條</u>（今<u>山西安邑縣</u>北），<u>東夷</u>之人也。<u>文王</u>生於<u>岐周</u>（今<u>陝西岐山縣</u>東北），卒於<u>畢郢</u>（今<u>西安市</u>西南），<u>西夷</u>之人也。』」

　　從以上<u>孔子</u>、<u>孟子</u>的說話，可知<u>中國</u>自古就有將國人分為東西南北人的區別。我國地域遼闊，古時交通不便，因此語言、習俗、民風等相當分歧，有時亦會引起交互敵視或輕蔑。<u>孟子</u>沒有說明東方人或西方人的民性如何。只說<u>舜</u>和<u>文王</u>「得志行乎<u>中國</u>，若合符節；先聖後聖，其揆（道）一也。」<u>朱熹中庸章句</u>：「寬柔以教，謂含容巽順以誨人之不及也。不報無道，謂橫逆之來，直受之而不報也。南方風氣柔弱，故以含忍之力勝人為強，君子之道也。北方風氣剛勁，故以果敢之力勝人為強，強者之事也。」

　　自從國民黨軍隊在大陸被中共擊敗，部分退駐金門三十多年，稍後纔有臺籍青年被徵兵來金。在大陸籍的軍統的淫威之下，要金門人民怎樣，金門人民絕對服從遵行，以爲當然。一紙命令下來，金門人（包括全世界金門籍知識分子）從來沒有人敢去想「爲甚麼？」「他們憑那一種法律、那一條條文命令我這樣做？」「這紙命令，有沒有違憲？違法？」只乖乖地接受，正如上述孔子的話：「寬柔以教，不報無道。」朱子所說：「橫逆之來，直受之而不報。」千眞萬確地，金門人民正所謂「南方之強」、「南方風氣柔弱，故以含忍之力勝人爲強，君子之道也。」

　　茲列舉數項，證明國民黨軍隊在金門違憲犯法的事實。第一，民國三十八年至四十七年，禁止金門人民遷居臺灣，觸犯憲法第十條：「人民有居住及遷徙之自由。」第二，強占全島民房居住，觸犯陸海空軍刑法第三十一條。第三，強迫人民充當其夫役（筆者即被迫作長工、短工），觸犯同前法第三十二條。第四，強迫編訓女子自衛隊，等於女兵，觸犯兵役法第一條：「中華民國男子依法皆有服兵役之義務。」但是，金門人民默默接受，要向誰訴苦呢？孟子離婁上：「不仁而在高位，是播其惡於眾也。」二千多年前聖人的話，早已說在那裏了。

　　金門人最初接觸國民黨軍隊，因聽不懂他們的說話，更不明白來自那一些省分，身材高大，霸道橫行；又自古就知道「山東響馬」一詞，故對這些大陸來的人都叫他們爲「北仔」（臺胞稱「北仔人」）。「北仔」兩字並無輕蔑藐視的意味。有時戲稱他們爲「北煩」，「煩」閩南語是「大砲」，因爲這批「北仔」最會「打砲」。

　　金門有史以來，統治者全是「北仔」。少數的例外：三十四

年抗日勝利，被派來金的首任縣長是福建內地人葉維奏，亦時常在古衙署前廣場跑馬揮鞭，耀武揚威，筆者親見。三十八年國民黨軍隊到，循慣例向金門縣政府索糧索住，末任縣長正是金門湖前鄉人陳玉堂（他自己也是官拜上校的軍人）艱於應付，緊急召集縣城紳士商討對策，其中有中醫師蔡乞和先父洪百得（由筆者代表出席），無結果而散。不久金防部成立，陳玉堂交出政權，實施軍事統治。歷經數十年，天道輪迴，軍統命畢，還政於民。今天已有民選縣長、縣議會，脫離「北仔」的高壓踐踏，金門人民真的從此「出頭天」了。

尪囝（aŋ上平　kiã上上）——丈夫（第三人稱）。

　　閩南語「尪」是「丈夫」，「囝」是「子女」。古時的女人相當含蓄害羞，不敢在眾人面前直接稱呼她丈夫的名字，只說「伊」；或在兒女的名字後面加上「伊（音轉為『因』）爸」。甚至嫂嫂對小叔、弟婦對夫兄，亦不便直接講出名字，通常也是先說自己兒女的名字，後面再添上「伊四叔阿」、「伊大伯阿」。故「尪囝」並不等於「丈夫和兒女」，而只指「丈夫」。

　　從前金門有一條謎語：「二八佳人未抱兒，三更夫婿叩門時。翁姑借問是誰叫？應不出聲語遲遲。」猜「稱謂一」。謎底就是「伊」。

　　金門人娶一妻一妾，丈夫愛妾而不喜妻。因此妻妾不睦，時常口角相罵，妻便罵妾說：「汝這查某，想要霸占我的尪囝！」此處「尪囝」即指「丈夫」。

　　國語亦是一樣。月令廣義：「（北宋徽宗）宣和中，士女觀燈者賜酒，有夫婦並遊，不獲同進，其婦蒙賜，輒懷酒杯，謝詞曰：『歸來恐被兒夫怪，願賜金杯作證盟。』」上（皇帝）賜

之。」京戲「探寒窰」中，唐朝宰相王永夫人到寒窰探望女兒王寶釧，到達窰口，夫人命老僕人上前叫門，王寶釧在門內唱著說：「聽說是老娘親到來臨，好似鋼刀刺在心！兒夫西涼無音信，這光景怎見兒的老娘親！」此二則裏的「兒夫」，不是說「兒女與丈夫」，而是正如同金門話的「㾉囝」，專指「丈夫」而言。

第十九章　褒貶

不肖子（put 上入　siau 上去　tsï 上上）──不中用的兒子。

　　說文：「肖，骨肉相似也。不似其先，故曰不肖也。」西漢揚雄方言七：「肖，法也。凡言相類者，亦謂之肖。」禮記雜記下：「妻出（被休棄），夫使人致之曰：『某不敏，不能從而共（供）粢盛（祭品），使某也敢告於侍者。』主人對曰：『某之子不肖，不敢辟（避）誅（責）。』」鄭玄注：「肖，似也。」莊子天地：「親之所言而然，所行而善，則世俗謂之不肖子；君之所言而然，所行而善，則世俗謂之不肖臣；而未知此其必然邪？」西晉郭象注：「此直違俗而從君親，故俗謂不肖耳。未知至當正在何許？」漢書張良傳：「（商山四皓：園公、綺里季、夏黃公、甪里先生）四人相謂曰：『今戚夫人日夜侍御，趙王（戚夫人子劉如意、後被呂后鴆殺）常居前，上（漢高祖）曰：『終不使不肖子（惠帝）居愛子上。』」

　　由上引古書得到證明：「肖」是「像」，少青中年人作人處世能像他們有成就的父親，便是好兒子；否則就不像，不像父親即是「不肖子」。

　　一般而言，金門人極少責罵女兒為「不肖子」。而多責備兒子，如整天不務正業，在外遊蕩，嫖賭飲偷齊全，甚至搶劫殺人無所不至，屢次訓導又不聽，足以敗壞家業門風，終於犯法銀鐺入獄。

半頭青（puã 上去　t'au 下平　ts'ĩ 上平）──言行出了不該有的差錯，傷到別人，又礙著自己。

「半頭青」等於「一頭（邊）青一頭紅」或「半生不熟」。這個詞有些微妙，舉例說明：民國三十九年起，國民黨大力整頓金門的軍紀，凡軍隊搶劫、強姦（後垵鄉即發生過一次）、貪污、匪諜等罪，一律處死刑。那時「軍法處」設在縣城後浦西門的民房。要處決罪犯時，軍法官驗明正身，宣讀判決書，給酒和饅頭吃過，由肩佩實彈卡賓鎗軍刑隊押解，軍號聲淒烈使人震慄。犯人反手緊綁，背上高插著令箭形的「紙招標」，上寫姓名及犯罪事實，沿新街、頂街、中街、下街、石坊腳、巴薩（市場）、模範街，上斜坡許厝墓，到曠場上背向下跪，由監斬官下令開一至三鎗。當遊街時，有的犯人極勇敢，步履正常；有的臉色灰白，全身癱軟，兩個夾身軍隊扶拖著走。筆者印象最深刻的有二件事：一個軍中捉得的「匪諜」，竟沿街高呼：「毛主席萬歲！」每喊時，夾身的軍隊捲直毛巾，將其口緊勒封住。另一個是強姦犯，卡賓鎗三彈後尚未斷氣，仰躺著；我親見那上校監斬官拔出四五手鎗上膛，把整個彈夾的子彈朝罪犯的心臟部位全部射完，纔斷氣。

當遊街時，一路上圍觀和尾隨的軍民無數，都眼見行刑經過。並在中街「中山臺」背後牆壁上張貼白紙告示，告示用紅毛筆寫一大字「戒」字。

宋史文天祥傳，天祥「年二十，舉進士。對策集英殿，帝（理宗）親拔為第一（狀元）。」後兵被元將所敗，囚於北京三年，不降。「（元世祖）召入諭之曰：『汝何願？』天祥對曰：『天祥受宋恩為宰相，安事二姓？願賜之一死。』」數日，其妻歐

陽氏收其屍，面如生，年四十七。其衣帶中有贊曰：『孔曰成仁，孟曰取義。惟其義盡，所以仁至。讀聖賢書，所學何事？而今而後，庶幾無愧。』」明陳邦瞻宋史紀事本末二十八，謂至元十九年（公元一二八二）十二月，斬天祥於北京「柴市」（今北平教忠坊西北）。古代斬人，故意在人多的市場執行，使人恐懼鑑戒。文天祥生不逢辰，忠義殉國，流芳萬古。今天讀他在獄中所作的正氣歌，沒有人不深深感動。

金門話「半頭青」的例子：前述國民黨鎗決罪犯時，如果向一個參觀的軍隊問：「鎗殺軍人好不好看？」那軍隊一定不滿，可能反罵你幾句。其次，在和許多七八十歲老人談話時，最好別說起「死」的問題；更不能問他們「希望活到幾歲？死後用土葬還是火葬？骨灰要不要撒在海裏？」又如，現在家庭很多使用桶裝瓦斯；送給操國語的人家，員工千萬不可說「送煤氣來了！」因「煤」與「霉」同音；該說「瓦斯」或 gas。不然，以上三件事就是「半頭青」。

四兩筅阿無除（si 上去　niu 上上　ɘ斤上上　a 上平　bo 下平　tï 下平）──評論或責難他人以前，先檢討自己。

字書無「筅」字，它算是個新造字，事實上也有此需要。「筅」是一種有半圓形提圈的竹製容器，底部有漏縫，亦有不漏的，和竹籃相似。舊時用它來裝少量貨物，買賣時衡量重量使用。以稱秤稱好後，再把貨物倒進紙袋或其他容器，讓顧客帶走。賣物的，當然先要扣起「筅阿」的重量，「四兩」是泛稱。假如「筅阿」本身的重量不扣起，等於欺吃顧客「筅阿」的重量。

竹工的製作很巧，通常「筅阿」剛好四兩重。有漏縫的，用

來裝蠔、魚、蝦、蟹或其他海產；不漏縫的，用來裝米、豆、麥、花生仁等；重量秤好，纔將貨物放入紙容器「紙橐（lok 上入）阿」（非今日有帶紙袋），交給顧客。至於有莖的蔬菜，是用乾藺草（俗稱「鹹草」）捆起再稱重；肉類是直接以稱秤上前端的彎尖鐵鉤插起來秤重。近數十年來，塑膠製品興起，交易的小件物品不論冷熱乾濕，都改用「塑膠橐阿」盛裝，就放上檯秤衡重；「塑膠橐阿」沒有重量，故不必扣起。木桿稱秤及紙橐阿，目前<u>大陸</u>偏僻或落後地區仍在使用。

「四兩笎阿無除」，「除」是「扣起」；言外之意，就是：不滿意別人，你自己有多行？娶妻嫌醜，你自己有多漂亮？嫌人事情作不好，你自己是否已經做過？比別人好多少？身邊沒錢，打算要競選民意代表等皆是。

企徙（kʼia 下去　sua 上上）──有意怠工。

「企」<u>閩南語</u>可解釋為「站立」或「居住」，但此處有「遷延游移」的模樣。「徙」即「遷來移去」。「企徙」一詞，舊時多用來責備婢女、養女、女傭、火（俗誤為伙或夥）計的故意怠工，不專心從事屋裏店中的事務。或是惡婆婆責罵媳婦兩小時可完成的家事，故意做了半天。

在現今以點鐘計算工資的公司、工廠、商店、市場中，可用來責怪臨時雇用的人員；由於受雇人員的怠工，足使雇主蒙受損失，工錢照付，而工作實績短差，這便是因「企徙」而來。

好生逗（鬥）（ho 上上　sĭ 上平　tau 上去）──男女面貌五官漂亮。

「逗」或「鬥」是「聚合」的意思。也就是面貌五官由頭、

臉的形狀肥瘦、眉、目、鼻、耳、口大小厚薄顏色等配合在一起，令人看起來感覺秀美可愛，故叫「好生逗（鬥）」。

孟子告子下：「惟目亦然。至於子都，天下莫不知其姣也。不知子都之姣者，是無目也。故曰：『目之於色也，有同美焉。』」朱熹集註：「子都，古之美人也。」清焦循正義：「（清）閻若璩（四書）釋地云：『（子都）亦未詳為男為女。』」但古今大多數學者以為是美男子。漢書王嬙傳：「初，元帝後宮既多，不得常見，乃使畫工圖形，按圖召幸。宮人皆賂畫工，獨嬙不肯，遂不得見。迨將行（嫁匈奴單于呼韓邪），召見，容貌為後宮冠。窮按其事，畫工皆棄市。」晉書潘岳傳：「岳（安仁）美姿容。少時嘗挾彈出洛陽道，婦女遇之者，皆連手縈繞，投之以果，滿載而歸。」唐書楊太眞傳：「小名玉環，初為壽王瑁（玄宗十八子）妃。後令丐籍女官，號太眞，玄宗召入，幸之。天寶中進册貴妃。妃善歌舞，曉音律。」李白清平調之一：「雲想衣裳花想容，春風拂檻露華濃。若非群玉山頭見，會向瑤臺月下逢。」白居易長恨歌：「天生麗質難自棄，一朝選在君王側。回頭一笑百媚生，六宮粉黛無顏色。」

以上所舉四人，都是歷史上著名的美男美女。其中的潘岳，最有才華，不僅是美貌出眾而已。梁蕭統昭明文選，選載他的賦、詩、誄、哀求逝文等十多篇，其中「悼亡詩」最著名，如：「望廬思其人，入室想所歷。帷屏無髣髴，翰墨有餘跡。流芳未及歇，遺掛猶在壁。悵怳如或存，周惶忡驚惕。」描寫思念亡妻，哀悲纏綿，感人甚深。

美男美女，常能得到世人的青睞，另眼看待，出頭的機會很多，但也屢屢招來災難。明朱用純（柏廬）著朱子治家格言，其中說：「勿營華屋，勿謀良田。三姑（尼姑、道姑、卦姑）六婆

（牙婆〔人口販〕、媒婆、師婆〔女巫〕、虔婆〔無賴婦〕、藥婆〔女密醫〕、穩婆〔產婆〕），實淫盜之媒。婢美妾嬌，非閨房之福。童僕（特指男童）勿用俊美，妻妾切忌豔裝。」「童僕勿用俊美」一句，最啓人深思。

死無完（si 上上　bo 下平　uan 下平）——「指導員」的諧音。

　　國民黨軍隊在大陸被中共擊潰，部分撤退到金門，立刻組織訓練民衆操兵，以幫助其防守作戰。其根據，類似兵役法第十七條「國民兵役」，但此條文中雖規定十八歲至四十五歲，而受訓期限僅一個月至一年。國民黨於金門組訓民衆，則操練期間遙無限制，帶鎗居住家中，又無薪餉，不倫不類。民國三十八年，筆者十八歲，正好合於被訓的年紀，立即被徵召。

　　金門志四、一篇一章附錄金馬戰地政務實驗區縣組織大綱第二十三條：「各種任務隊爲十八歲至四十五歲，兒童隊爲十二歲至十七歲，長年隊爲四十六歲至五十五歲。」旣明指「金馬」，包括馬祖在內，當然是行政院的行政命令。細觀其內容，長年隊至五十五歲，已超過前述兵役法的規定，全無法律的根據。強迫人民持鎗操練備戰，事情極爲重大，視人命如草芥，預料僅是國防部裏三兩個參謀想出來的主意。古時的小說有二句話：「朝裏一張紙，天下百姓忙到死。」拿來此處相比，最是恰當。況且，世上除極少數外，有那一個國家竟將「老弱」也驅去送死？筆者後來稍知「兒童隊」、「長年隊」都是模仿中共；旣然學中共的設施以對待自己的小孩老人，那又何必「反共」？

　　「指導員」一職相當重要，最接近民衆，亦是學自中共，只與中共的名稱不同。全島的里、村公所各有一個，執行一切軍事政令，監控里、村人民的思想行動。金門志九、四章：「金門民

衆自衛訓練，每年實施年訓九十六小時；後又改爲一週，季訓十六小時。」同書四、二章：「民國卅九年後，鄉、鎮長之下，分設指導員、民、財、建、教幹事。村、里亦設指導員與幹事一、二人。五十年後，指導員改爲副鄉、鎮、村、里長，並在鄉、鎮公所置總幹事。」同書九、四章：「六十二年九月，三百名女自衛隊員參加（臺北）九三軍人節大會，作操鎗表演，動作熟練，行列雄壯，獲得中外人士激賞。六十四年十月，男女隊員四百名，參加全國慶祝國慶。」文字寫和讀起來簡單輕鬆有趣好玩；可是那些受訓的男女隊員，事先是要操到半死，流汗流血，挨罵挨辱，誰看見呢？被操訓的滋味筆者親嚐過，滋味不容易形容；當時我的知識是高中程度，已感覺坐在地上聽教官講三民主義，只是想睡。隊員原本正在家裏作生意、做工謀生，忽然命令來了，要去操訓，原已很累；有一個當裁縫師的閉眼打盹，在旁邊巡視的「指導員」走近，手拿點名簿的厚紙夾就是重重朝頭上一擊！到廣場上操練時，熱日下一站數小時，汗流浹背；冬天金門很冷，常在攝氏十度以下，凍得發抖。難受的不是這些；教官和「指導員」言語侵凌，破口辱罵，有被當作豬狗牛羊驅趕的感受。

　　筆者後來在臺大讀到大三，依令到臺中成功嶺接受軍訓八週。尚記得那排長廣東人林崇彬，常找些藉口對我們訾辱折磨。臺灣夏天酷熱，上午已操得累，中午飯後午睡一小時。睡醒立刻集合，大家自然提不起精神，林排長就咆哮：「怎麼懶洋洋的？整！」命令全排三十多名大學生持鎗沿操場跑步，跑得上氣不接下氣，幾乎暈倒。他只立在中央看，卻亦害了那三個老班長同樣受罪。過後大家全瞭解：林排長從前也是被人如此整過，恨氣忍起，今天於我們身上發洩報復。更明白：國民黨軍營中，即是一

級凌辱一級。後來聽校級退伍軍官說：「從前挨罵挨得太多了！」老兵說：「軍隊裏頭是不講理的。」

筆者案：前述「金馬戰地政務實驗區縣組織大綱」，於民國四十六年六月五日，由行政院以行政命令核定施行。按照憲法第六十三條：「立法院有議決法律案、預算案、戒嚴案、大赦案、宣戰案、媾和案、條約案及國家其他重要事項之權。」金馬實施「戰地政務」，事關數萬金馬人民的生命權利，難道不算「重要事項」嗎？既不送請立法院審議，則有違反憲法第六十三條之嫌。金馬人民和臺灣人民同屬中華民國國民；以現代武器的發達，已無前線後方之分，爲甚麼臺灣不實施「戰地政務」？「命令」全臺灣的人民也編訓男女自衛隊？長年隊？兒童隊？

「死無完」一詞不知確始於何時。研究它的形成，半含有「戲謔」，半含有「厭惡」。「指導員」與人民如此接近，一道命令下來，人民除了像服從「聖旨」的無奈，內心亦必有「無處投訴」的憤慨。反抗嗎？「監牢」和「匪諜」在那裏等著你。當時只會領薪水、舉手喊「蔣總統萬歲」的金門立法委員、國大代表能爲人民作甚麼事呢？仔細推敲，彼時的立法院、國民大會的那些垂老的委員、代表，和政府是一氣的，無能的，喊「萬歲」的；即使「戰地政務」送去審議，亦必無異議通過。

「戰地政務」成立以前，仍由軍隊組織「行政公署」治民。署長李德廉（後死於車禍）。縣城設區公所，區長金門人蔡世英，指導員綽號「紅鼻狗」（因他鼻頭終年紅色）。三十九年，筆者擔任私立金中中學幹事。凡公私機關學校教職員可免操民防隊。某天，「紅鼻狗」召我去，立即板臉拍桌子，嚷：「不准！」我呆立不敢答話。但心裏卻回著說：「你是城區指導員，全區的事務，你一個人幹得了嗎？這裏不是也有幹事嗎？有幾百

名學生的學校，任用二三名幹事，有何不可？」後來大概校長金門人許續銓差人去講，纔無事。

四十四年，筆者改任金門軍人之友社幹事，總幹事廈門人王江濤要我加入國民黨（凡公私機關學校教職員必須入黨），我就去縣黨部拿申請表格。一想：自己身體向來不好，成為黨員，須每週開小組會一次，又須每月寫呈研讀三民主義或蔣總統言論集的心得報告一篇，實在厭煩無意義。表格不填，又送還，不料竟從此成為轟動金門的驚人大事──「退黨」！縣黨部主委謝廷森立刻召我去，嚴辭責問：「身體不好，和入黨有啥關係？」並下條子給軍友社：「應將該幹事免職！」同時下令全島黨員小組把此事提出討論。我的古文塾師陳明德也是黨員，在他的小組裏替我辯解，說我只是身體不好，絕不會作甚麼壞事。還好不是觸犯法律，幸而無事，但因此我操民防隊去了。四十七年遷臺，許多親友對我挖苦取笑說：「你好大膽！」現在想起：一個政黨黨部，竟然可以命令不屬它管轄的機構中的人事。不曉得世上有那一個民主國家的政黨，具有如此荒唐嚇人的大權。更瞭解，那時的國民黨是一個獨裁政府的同體。民社黨、青年黨只是像古時皇帝身邊的侍讀學士，纔能生存。雷震天眞，想組反對黨，結果入獄去了。

遲至六十二年，筆者已四十二歲，臺東師範專科學校欠用國文教員，寫信給臺大中文系，系主任屈萬里推薦我去。首日與校長退伍上校劉效騫會面，他第一句話：「你入黨嗎？」我答說沒有。校長臉失色，驚訝莫名；既已聘定，終亦混過去。六十八年，任教省立員林家事商業職業學校，那個似是軍隊退伍的訓導主任不時催促我入黨，說是「有一個問題」。我藉故拖延，教了三年，又混過去。

　　蔣氏父子相繼死後，黨禁開放，漸有新政黨成立。全國公教人員必須是國民黨員的曠世特例纔打破了。甚至後來國民黨員公開聲明「退黨」，焚燒黨員證。這種事如果發生在老蔣時，這些燒黨證人士下場一定悽慘。被強迫入黨，情形一如「被強姦」。當日眼見那些黨員沾沾自喜，毫不覺醒「被強姦」的羞辱。

老馬展鬃（lau 下去　be 上上　tian 上上　tsaŋ 上平）——馬活到老仍然善跑。人年老而事業更進一步。

　　「鬃」是馬頸上之毛。「展鬃」意為「展示能跑的雄姿」。曹操步出夏門行詩：「神龜雖壽，猶有竟時。騰蛇乘霧，終為土灰。老驥伏櫪，志在千里。烈士暮年，壯心不已。」「驥」是良馬或千里馬。「烈士」是重義輕生殺身成仁之士。

　　老子四十一：「大方無隅，大器晚成。」民國丁福保箋注：「器之大者，真積力久，其成不可遽見。」三國志魏書崔琰傳：「琰從弟林，少無名望，雖姻族猶多輕之。而琰常曰：『此所謂「大器晚成」者也，終必遠至。』後林至鼎輔（三公大官）。」故金門話用「老馬展鬃」以形容人的「大器晚成」，甚為恰當。

孤屈（kɔ 上平　kʼut 下入）——獨身終老無後代。人性情孤僻。

　　說文：「屈，無尾也。」段注：「韓非子（說林）曰：『鳥有翢翢者，重首而屈尾。』（東漢）高（誘）注淮南（子詮言訓）云：『屈讀如秋雞無尾屈之屈。』（東晉）郭（璞）注（西漢揚雄）方言（九）『隆屈』，云：『屈尾』。淮南（子詮言訓）『屈奇之服』，（東漢）許（慎）注云：『屈，短也。奇，長也。凡短尾曰屈。』引伸為凡短之稱。」

　　據上所引證，獲知「屈」是「無尾」，等於「人無後代」；

加上「孤」字，意為「單獨」。故「孤屈」是「獨身終老無後代」，用來指人咒人，是很惡毒的話。由此意義引伸，凡人性情過於孤僻，度量狹窄，又不喜與人往來，單居獨處，亦可稱為「孤屈」。

押霸（at 上入　pa 上去）——蠻橫不講理。

　　北宋丁度集韻洽韻：「押，管拘也。」唐書百官志：「朝會，監察御史二人押班。」新唐書百官志二：「（舍人）以六員分押尙書六曹。」元施子安水滸傳十六：「楊志提轄情願委了一紙領狀，監押生辰綱（生日禮物），十一擔金珠寶貝，赴京太師府交割，這干係都在他身上。」同書五十三：「取一面大枷釘了，押下大牢裏去。」清蒲松齡聊齋志異附薛調無雙傳：「忽報中使押領內家三十人往園陵，以備灑掃。」清劉鶚老殘遊記五：「不過一杯茶的時候，那馬兵押著車子已到。」

　　東漢應劭風俗通義：「霸者，伯也。行方伯（殷、周時一方諸侯之長）之職也。」梁顧野王玉篇月部：「霸，霸王也。」唐慧琳一切經音義八十五：「霸，（東漢）賈（逵）注國語云：『霸，把也。把持諸侯之權，行方伯之職也。』」左傳成公十八年：「多十一月，楚子（共王）重救彭城，伐宋。宋華元如晉告急。韓獻子為政，曰：『欲求得人，必先勤之。成霸、安疆，自宋始矣。』晉侯（厲公）師于台谷以救宋。」論語憲問：「子曰：『管仲相桓公，霸諸侯，一匡天下，民到于今受其賜。』」孟子告子下：「五霸桓公為盛，葵丘之會諸侯，束牲載書而不歃血。」荀子王制：「故明其不幷之行，信其友敵之道，是知霸道者也。」三國魏陳琳檄吳將校部曲文：「霸夫烈士，奮命之良時也。」隋書李密傳：「秦地阻山帶河，西楚背之而亡，漢高都之

而霸。」水滸傳三十七：「我這裏有三霸，哥哥不知，一發說與哥哥知道。」紅樓夢四：「無奈薛家原系金陵一霸。」以上各書的「霸」字，皆是「獨霸」、「稱霸」之意。

合「押」與「霸」一起，含義成為「能掌控一切」。意義引伸，即是「蠻橫不講理」。「押霸」用來指責任何人，都可以講。

反觀目前社會流行（含知識分子），全誤寫為「鴨霸」，真是大笑話。鴨子是被飼養的家禽，最後要避免被割殺而葬身人類五臟廟，永辦不到，怎樣能去「霸」別人呢？臺灣有一句俗語：「七月半（中元普度）鴨阿不知死」，便是「鴨霸」錯寫的最佳注腳。

明白（biŋ下平　pik 下入）──明理。以理性處理問題不雜感情或偏見。

淮南子說林訓：「見之明白，處之如玉石。」西漢東方朔答客難：「好學樂道之效，明白甚矣。」前一則「明白」是指「明瞭顯明」，後一則是指「明晰清楚」。明馮夢龍喻世明言十滕大尹鬼斷家私：「幸遇新任滕爺，他雖鄉科（舉人）出身，甚是明白。小人因他熟審時節，哭訴其冤。」此處的「明白」，即是「明理」。可見明朝人有這種講法。

金門話「明白」的含意與上引喻世明言相同。筆者在本書第二章「人物」類「盧若騰」條記述明末鄭彩和鄭成功的軍隊，於金門「霸道橫行」的事實，並引用兵部尚書盧若騰的詩作證。崇拜鄭成功的讀者或鄭氏的後人也許不滿；但史實鐵證如山，決無法否認。讀者或鄭氏後人如有服善之誠，應該接受，這樣就叫「明白」。否則，便是「不明白」。於現代所有有關金門的出版

品中，如敢提起軍方的某些不對，只是輕描淡寫帶過；贊美歌頌，則連篇累牘。它們很多都是背離事實的，我看完後，就如張學良所說的「笑一笑」。因它們直是欺騙世人和金門人以及其子子孫孫的書。

筆者第一個揭發國民黨軍隊駐金門時誘姦民妻，並以我的兩位妗母與一位姐姐被害事件為證，事實昭昭，也絕無法否認。這些害人者或被害者有的已經過世，有的還健在。如果害人者意圖否認，亦即是「不明白」。

公元一九六〇年，美國聯美公司UA攝製推出西部鉅片「錦繡大地」THE BIG COUNTRY，由男星葛里哥萊畢克 Gregory Peck 1916 — 2003、布爾艾維斯 Burl Ives、查理士畢克福 Charles Bickford、女星珍席蒙絲 Jean Simmons 等主演。艾維斯和畢克福爭奪牧場及水源，艾維斯父子綁架了牧場主人席蒙絲，迫她賣地。畢克（畢克福女婿）親自營救，最後畢克與艾維斯兒子公平決鬥，艾維斯任公證人。二人各僅有一顆子彈。艾的兒子違規先開鎗，劃傷畢克面膚，未命中。輪到畢克開鎗，艾的兒子突然奪取旁觀的助手的鎗，正要瞄準發射，剎那間艾維斯快速拔鎗殺死了自己的兒子。這故事證明了人性中偉大明理而不徇私的美德，即艾維斯為維持公平正義而殺子。這就是「明白」。

狗咬不哮（kau 上上　ka 下去　əm 下去　hau 上上）——會咬人的狗是不吠的。性情頑惡偏激的人平時少說話。

參閱本類「倒咬狗」條。

倒咬狗（to 上上　ka 下去　kau 上上）——擊打或抓捉狗隻的後半身，狗卻擅於迅速回頭反咬一口。甲聲討乙無理，乙反噬甲一大堆非道理的話駁回。

西漢劉向戰國策齊六：「貂勃常惡田單曰：『安平君（單）不肖。』安平君聞之，故爲酒而召貂勃，曰：『單何以得罪於先生？故常見譽於朝。』貂勃曰：『（盜）跖之狗吠堯，非貴跖而賤堯也；狗固吠非其主也。且今使公孫子賢而徐子不肖；然而使公孫子與徐子鬥，徐子之狗，猶將攫（爪抓）公孫子之腓（腿肚）而噬之也。若乃得去不肖者，而爲賢者狗，豈特攫其腓而噬之耳哉！』」狗是有義的動物；但這「有義」只限於對它的主人，就像前引「跖之狗吠堯」。紅樓夢二十五：「彩霞咬著牙，向他頭上戳了一指頭，道：『沒良心的，「狗咬呂洞賓，不識好歹！」』」就狗的主人說，狗當然聰敏可愛。但也有可厭處，就是：對好人、窮人、穿破衣形狀邋遢的人亦吠，喜吃人糞。明蘭陵笑笑生金瓶梅八十六：「王婆子道：『你看麼，我說這淫婦，死了你爹，原守得住；只當「狗改不了吃屎」，就弄碎兒（醜）來了！』」

「倒咬狗」的實例：民國三十五年，筆者十五歲，和一個許姓同鄉就讀於廈門市立中學。那時很笨，把錢藏在衣箱中，又沒上鎖，結果被同一寢室的他偷了去。我報告南安人舍監兼童子軍教練賴如玉；料不到姓許的反說是我偷了他的錢。這事無從調查清楚，也就不了了之。這姓許的長大後擅打籃球，曾擔任國家籃球隊教練。五十一年就讀臺中逢甲學院，又遭同舍一個余姓同學（臺大歷史系余姓教授的兒子）從衣箱裏書冊中所夾藏的錢偷了去。同時被偷的還有另二名同學。這余姓同學傲氣十足，自誇

「小神通」，瞧我們不起，見面從來連打招呼都沒有。遭偷的那一天，趁大家全去上課，和我在校中相遇，竟然意外笑臉向我說了幾句話。他立刻趁機回宿舍下手得逞。這回我不是笨，而是信任同是大學生。我很不甘，寫信給他父親，他父親頂了解兒子的素行，立即回信說要為我們解決；結果又是不了了之。有許多同學知道了，告誡我說「錢一定要帶在身上」。

金門話又有「狗咬不哮」一詞。「哮」閩南語是「吠叫」。意思是：會咬人的狗是不吠的，靜靜地挨近人的身邊猛咬一口。言外之意，就是不含好意、善於放話罵人的人，平時沉默寡言，卻常出人意料地突然罵你，使你措手不及。

流（留）連（liu 下平　lian 下平）──轉徙離散。

漢書敍傳上：「沈湎于酒，微子所以告去也；式號式謼，大雅所以流連也。」唐顏師古注：「流連，言作詩之人嗟嘆，而泣涕流連也。而說者乃以『流連』為荒亡，舊失之矣。大雅所以流連，不為飲酒之人也。」清王先謙補注：「（清）周壽昌曰：『流連，顏謂不指飲酒說，是也。然亦無訓「泣涕」者。詩衛風氓「泣涕漣漣」，作「漣」而不作「連」。大雅此篇（蕩）「天不湎（沉迷）爾以酒」，下專指酒說，流連往復以致戒耳。』」

「流連」的另一意義，是「轉徙離散」。漢書師丹傳：「百姓流連，無所歸心。」「留連」亦寫作「流連」，淮南子本經訓：「愚夫蠢婦，皆有流連之心，悽愴之志。」東漢高誘注：「流連，猶爛漫，失其職業也。」今天我們形容遊山玩水，留連忘返；留連，即是「轉徙徘徊」。

金門話「流連」，多用來咒罵女子的惡毒語，叫「流連十八搭（處）」，意謂須連嫁十八夫，離了又嫁，嫁了又離，受盡痛

苦辛酸，永遠得不到好結局。

悾（kʻoŋ上平）──無知。傻癲。

北宋丁度集韻東韻：「悾，悾悾，童蒙也。」南宋戴侗六書故：「悾，中無所有也。」明張自烈正字通：「悾，悾惚，倏不得志也。通作悾。」明梅膺祚字彙人部：「悾，悾悾，顑蒙（頑愚）無知也。」

論語泰伯：「子曰：『狂而不直，侗而不愿，悾悾而不信，吾不知之矣。』」朱熹集註：「侗，無知貌。愿，謹厚貌。悾悾，無能貌。」同書子罕：「子曰：『有鄙夫問於我，空空如也。我叩其兩端而竭焉。』」唐陸元朗釋文：「空空，鄭（玄）或作悾悾。」朱熹集註：「孔子謙言己無知識。但其告人，雖於至愚，不敢不盡耳。」朱子語類十七：「悾者，空也。空而又空，無一長實之謂。」漢書揚雄傳下：「天降生民，悾侗顑蒙。」唐顏師古注：「鄭氏（玄）曰：『童蒙無所知也。』」

基上所引，可見「悾（悾）」即「無知」。亦可引伸其意義爲愚笨或精神薄弱無能。故金門俗語另有「小人得志起悾癲」的說法。

氣頭（kʻui上去　tʻau下平）──食物的氣味。一口氣。惜力不肯助人。

「氣頭」第一個意思是食物的「氣味」、「滋味」。氣味滋味要入口嘗試纔能知道，因此有「好湯頭」一詞。「氣味」強的可以飄傳很遠，故叫「聞香而至」。「氣頭」和「湯頭」的「頭」是語助詞。

「氣頭」第二個意思是「一口氣」。如說：「伊一氣頭食五

碗飯。」「汝一氣頭行十五公里。」「我一氣頭買三十本書。」故「氣頭」相當於「在緊接的時間中連續怎樣怎樣」。

　　「氣頭」第三個意思是「惜力不肯助人」。也就是「小氣」或「吝嗇」，金門話另叫「雞溜」（此詞亦是性隱語、因雄雞生殖器看不見、性交僅瞬間結束）。「力」包括財力、物力、能力等。金門有一位財產新臺幣數十億的富婆，她的親戚要到美國修讀博士學位，向她暫借二十萬元，雖只九牛一毛，十分勉強借了，但四處散布怨言，有悔借之意。這留學生知道了，不久回來，即刻東羅西湊還了錢；發誓從今起一毛錢也向人借不得，凡事須要靠自己。可是那財主被人倒賬數百萬，則無所謂。一聽說金門縣城後浦東門池王爺廟要翻修，就慷慨一捐四十萬元；她以為誠心敬神，池王爺便會保祐她更有錢。尚不止此；當初經營商業，資金缺乏，歡迎親友投股；十年後迅速致富，資金不缺，即時逼親友退股；十年前投股十萬，十年後退股仍還十萬，餘類推。明朱用純（柏廬）治家格言：「見貧苦親鄰，須加溫卹。刻薄成家，理無久享。」這些話值得我們細思。

　　「物力」有時無異「財力」。例如家中剩餘尚完好的家具、衣物、書籍、食物等，何妨贈送窮苦的親友。「能力」包括很廣：說話、執筆、氣力等皆是；幫別人講幾話推薦，代人寫文章書信，助鄰居搬動笨重家具等，應該辦得到；其中獲得安慰愉樂，有時是用錢買不到的。但助人仍有限度，禮記曲禮上：「貧者不以貨財為禮，老者不以筋力為禮。」都很合乎中庸的道理。

臭賤（ts'au上去　tsian下去）──人遭對方鄙視。人用賤名以壓勝。

　　就「人遭對方鄙視」說，有兩層意思：一是降低身分向人有所要求，因此受到對方白眼，例如退休的大學教授應徵大樓管理

員或縣市清潔隊員，被嫌老拒絕。一是作踐自己而遭人瞧不起，例如在百貨公司或超級市場行竊被抓到送警；或身爲老師而對女學生性侵害（筆者從前有一個專科學校同事平日對某女生照顧微至、某天放學教室中只他和該女生、要女生報答而姦淫得逞、校長知道竟省事不管）。

就「人用賤名以壓勝」說，目的在「除邪得吉」，閩南與臺灣有此習俗。「壓」古人作「厭」，意思還是「壓」，就是「鎮壓辟邪」。依閩、臺風俗，孩子多病多災不好養，最好取個賤名，邪神邪鬼就不來侵犯，例如：臭賤、乞食、山豬、海豬、狗屎、狗鞭、戇豬、戇屎、豬屎等，便會順利養到成年。「壓勝」之術，漢朝已有。王莽篡漢後，各地義師起兵討伐，莽兵節節敗退；漢書王莽傳下：「是歲（天鳳四年、公元十七）八月，莽親之南郊，鑄作『威斗』。『威斗』者，以五石銅（五色藥石及銅）爲之，若北斗，長二尺五寸，欲以厭勝衆兵。」北齊顏之推顏氏家訓風操：「畫瓦書符，作諸厭勝。」後世閩、臺民宅大門廳門畫掛太極牌、八卦牌等，亦屬之。

日本鈴木清一郎臺灣舊慣習俗信仰二、一出生之卷中，列舉爲嬰兒命名有十二種：五行，如金水；倫序（字行），整個氏族以一首詩，每字代表一世，如林貽謀；觸景，如春生；指定，如清河；應夢，如翠菊；托庇，如天助；厭勝，如乞食；形態，如大目；賦性，如聰明；假物，如石頭；美詞，如煥章；希望，如招弟。（民國高賢治、馮作民譯）筆者在金門認識的人中，就有清河、天助、大目、石頭、煥章等，可見金、臺的風俗相同。

近數十年來，臺灣有所謂「姓名學」興起。其主要部分，是以「八十一數」斷定人姓名三字的筆畫多少爲吉凶。吉數：一、三、五、六、七、八、十一、十三、十五、十六、十七、十八、

二十一（女忌用）、二十三（女忌用）、二十四、二十五、三十一、三十二、三十三（男女慎用）、三十五、三十七、三十九、四十一、四十五、四十七、四十八、五十二、五十七、六十三、六十五、六十七、六十八、七十二、八十一。半吉半凶數：二十九、三十八、四十九、五十五、五十八、六十一、七十一、七十三、七十五。凶數：二、四、九、十、十二、十四、十九、二十、二十二、二十六、二十七、二十八、三十、三十四、三十六、四十、四十二、四十三、四十四、四十六、五十、五十一、五十三、五十四、五十六、五十九、六十、六十二、六十四、六十六、六十九、七十、七十四、七十六、七十七、七十八、七十九、八十。

　　姓加一，其字畫數稱「天格」；姓加名首字，稱「人格」；名首字加二字，稱「地格」。姓名三字合計，稱「總格」；名第二字加一，稱「外格」。凶數中最可怕者：二十（破滅衰亡之數）、三十（浮沉不安之數）、三十四（破家亡身之數）。常用的吉數爲十三、十五、二十一、二十三、二十五、三十一、三十五、四十一。

　　筆者讀過幾本「姓名學」的書，當作消遣。想不到親友知道，紛紛要求替他們的子女命名，數十年下來，總共爲人取了十多個名字，卻也順利平安長成。我以爲，「筆畫數」的吉凶或者有幾分可信；但一個人最重要的還是出生的年、月、日、時，每項用干支二字代表，叫「四柱推命」，俗稱「八字」。歷史學家沈剛伯年老時，推算自己的壽命，結果精準如神。

討債（t'o上上　tse上去）──責兒女夭折或不成器。責人浪費財物。

　　在身心正常的人來說，既生而爲人，除了應盡作人的責任義

務外,是要活得健康與長壽。譬如做人的子女,從小就必須照顧自己的身體,正如孔子所說的「父母唯其疾之憂。」(論語為政)接受教育,到了二十歲成人。對父母有孝心,對兄弟、姐妹、親友有愛心。不管是否出於自己的過錯而不幸在年輕時死亡,那麼等於父母以往花費一大注的心力、物力來養育是白費。這在迷信的說法,便是前生父母欠了子女的債務沒有還清,在這一世來討回去。

筆者認識一位楊姓的前輩,住在縣城後浦北門街。他的妻子死了丈夫後,再來嫁他。懷胎期滿,正要生產,妻子忽然看見前夫揭起門簾進房來,孩子隨即出世。這個小孩長得清秀聰明,只讀了一二年私塾,就不肯上進,成天浪蕩街市過日。不久父子一起到新加坡,父親替人挑水賺工資,他只伸手要錢。有一次父親不肯給,便上前毆打。路人勸開,他向路人說這老頭子欠他的錢不還。父親告訴路人說,這青年是我的兒子,路人纔散。民國三十八九年在金門,整天注射毒品。手上拿著一瓶酒到處找人兜售,別人不買,他就借錢,有借無還。未曾娶妻,和一寡婦姘居,不久就死了,只活了四十歲左右。像這種人,金門人都講是他父母的「討債团」。

不論是自己的家人或外人,凡是無理浪費自家或他人的金錢、物品的,都被叫作「討債」。例如:一根香煙只抽了幾口就丟了;還新鮮的半鍋飯菜也倒掉了;衣服僅穿一季便拋進垃圾桶裏;不欠缺的貴重貨品買得滿屋子都是;皆被稱為「討債」。

鬼(kui 上上)——聰慧。狡黠。

福建通志方言志言情狀:「慧曰鬼。」原注:「劉(家謀)云:『(西漢揚雄)方言一:「(慧,)趙、魏之間,謂之點,

或謂之鬼。」（魏）張揖廣雅（釋詁一）：「鬼，慧也。」』」

明蘭陵笑笑生金瓶梅二十：「就是你這小狗骨禿兒的鬼，你幾時往後邊去？就來哄我。」楊朔三千里江山：「你覺著你鬼，我比你還鬼。咱們看看誰鬼的過誰去！」高玉寶高玉寶上工：「誰有這小兔羔子長得鬼，他想吃我的飯念他的書呢。」

稱人的「聰慧」或「狡黠」，金門話即叫作「鬼」，不過在寓意上有「旁門左道」之嫌。

揭拾（kʻiok 上入　sip 下入）——捨不得或撿拾他人丟棄的尚可用之物。

說文：「揭，高舉也。」因可「舉起」，故又有「拿持」的含義。唐杜牧池州送孟遲先輩詩：「我欲東召龍伯翁，上天揭取北斗柄。」

說文：「拾，掇也。」廣韻入聲二十六緝：「拾，收拾也。又掇也。斂也。」「掇」即「撿起」。南朝宋劉義慶世說新語德行：「（東晉殷仲堪）飯粒脫落盤席間，輒拾以噉之。」清劉鶚老殘遊記三：「趕緊把那南書房三間收拾，只便請鐵先生搬到衙門裏來住罷。」

綜合上列「揭」、「拾」二字的字義，正好是「拿持收拾」的意思。金門話「揭拾」一詞應用很廣，舉凡任何物品都捨不得丟棄，在路上或別人的垃圾桶中撿起尚可用的東西回家來使用，都可叫「揭拾」。從前筆者有一位前輩，吃花生時，咬到一粒發霉而有臭味（金門話叫「臭仁」），仍然嚼食吞下去，鄉親亦稱此為「揭拾」。現在想起來，實在不明智不足法，應該吐掉。

番（huan 上平）──堅持一己的偏執言行，他人無法以正理說服。

中國炎黃子孫的漢族，從古以來，自視為衣冠文明上國，而看待所有內外的異族為「番」。連帶凡有關外國的事物，也都加上「番」字，表示區別。中國與外國，有時用「夏、夷」代表。論語子罕：「子欲居九夷（東方夷人九種）。或曰：『陋（偏僻簡陋）。如之何？』」孟子滕文公上：「孟子曰：『吾聞用夏變夷者，未聞變於夷者也。陳良，楚產也。悅周公、仲尼之道，北學於中國。』」春秋戰國時，楚國被稱為「荊蠻」，是蠻夷之國。故楚國人陳良北學中國的周公、孔子之道，就是「用夏變夷」。

南宋費袞梁谿漫志：「（唐時）凡反逆相坐，沒其家為官奴婢；男十五以上，配嶺南為城奴。一免為番戶，再免為雜戶，三免為良人，皆因赦宥所及則免之。」南宋陸游軍中雜歌八首之七：「如今便知死無恨，不屬番家屬漢家。」元史世祖紀：「咀南藩邦，遣馬不剌罕丁進金書、寶塔及黑獅子、番布、藥物。」明宋應星天工開物乃服、褐氈：「蘭絨，番語謂之『孤古絨』。」清會典戶部尚書侍郎職掌五：「甘肅循化、莊浪、貴德、洮州，四川懋功、打箭鑪，雲南維西、中甸等處，同知通判所屬為番戶。」清代為專供滿人學習漢文之書六部成語刑部「番役」注解：「查盜之官役曰番役，又名番子。」清代西域土著的文武官，稱為「番目」。清會典事例理藩院設官西藏官制：「各設七品番目一員。」喇嘛教的寺廟稱為「番寺」。清會典事例理藩院喇嘛封號：「甘肅莊浪等處番寺喇嘛。」

以漢族為主的中國，古時國力的強大（如元）和文化之高（如秦、漢、唐），都是事實。故一直瞧不起全世界任何其他民

族與國家，認爲他們文化知識低，很難與他們講道理，因此通通稱爲「番」或「夷」，又有東夷、西戎、南蠻、北狄。一直到清道光年間的鴉片戰爭，吃了「英夷」的大虧，一向自高的驕態纔如大夢初醒；繼而自卑，直至今天。

不過在說話中，閩南語系特別是金門人，仍一律稱呼歐、美人爲「外國番阿」。臺胞則戲呼爲「阿啄阿（彎尖之鷹鼻）」。金門話意義引伸，包括漢人在內，凡是固執不通又難以理喻的人，統指爲「番」，用作名詞、形容詞、動詞都可以。

番乞食（huan 上平　k'it 上入　tsiat 下入）——南洋歸僑兩袖清風或賺得之錢極少。

參閱本類「番客」條。

番客（huan 上平　k'ek 上入）——昔日南洋歸僑。

明憲宗成化二十二年（公元一四八六），葡萄牙人航海至非洲南端「好望角」Cape of Good Hope。孝宗弘治十一年（一四九八），葡人始航至印度臥亞。世宗嘉靖三十六年（一五五七），葡人取澳門。四十四年（一五六五），西班牙取菲律賓。神宗萬曆十年（一五八二），意大利人利瑪竇來華。四十七年（一六一九），荷蘭設總督府於印尼爪哇。熹宗天啓三年（一六二三），荷蘭據澎湖。次年，據臺灣。清聖祖康熙十九年（一六八〇），英國東印度公司始通商中國。德宗光緒十一年（一八八五），法國占有越南。二十四年，美國戰勝法國，奪取呂宋。

由以上西洋列強紛紛東來的史實，證明其目的在侵占東半球的弱小國家爲殖民地colony，掠奪財富，奴役土著。中南半島和南洋群島盛產橡膠、胡椒、咖啡、煙草等，因土著懶散，耕作、

採收、晾曬這些熱帶作物需要大批人工，正好福建、廣東二省地狹人稠，生活困苦，於是大量移民中南半島及南洋，受雇於列強作爲工人，賺取工資，工作勤奮甚受歡迎。

金門男性青中年人到南洋、中南半島作工，大致以清代中葉及民國初年最盛。其後陸續前往，直至民國三十八年中共占領大陸纔停止。兼自二次世界大戰結束，熱帶地區各民族先後奮爭求獨立，連帶中國人賺走他們的金錢亦受憤恨，排華不斷，華僑處境逐漸艱難。民國李怡來金門華僑史一篇一章：「考諸本縣人口紀錄，民國四年（公元一九一五）人口總數爲七萬九千三百五十七人。至十八年（一九二九）之人口數，衹存四萬九千六百五十人。」人口減少百分之四十，即是金門人大批遷往熱帶工作的證據。同書二章金僑分布統計：新加坡五萬左右，馬來半島二萬四千餘人，北婆羅洲五千餘人，印尼二萬五千四百餘人，菲律賓五千人左右，越南約二千人，泰國約四百人，緬甸約五百人，合計九萬零七百人左右。（筆者案：應爲十一萬二千三百人左右、李氏誤算）人口數多於本島，自然包含繁殖的子孫在內。

金門人在僑居地努力工作，蓄積財富，寄款回鄉安家，或起蓋大厝洋樓（稱番阿樓）。故從前「番客」一詞，是很令人羨慕的稱呼。有俗語說：「番客，無一千，也八百。」清末至民國二十五年左右，一千塊墨西哥洋銀、袁大頭，約等於今天新臺幣百餘萬元；可是一千元在當時的觀感上，是一筆鉅大的數目。華僑固然多數富有，但亦有少數因多種原因而沒有財富，不敢回鄉，娶土著女子爲妻，老死於僑居地。如果回來，反會被人譏笑爲「番乞食」。

筆者好友金門古坵鄉人楊樹清海上仙洲金門頁二二五錄有童謠「父母主意嫁番客」一首：

爸母主意嫁番客，番客無來娶，一年一年大。

置（在）家內，受拖磨，無時通（可）快活。

等到無搭偎（奈何），抽籤共卜卦，底（何）時我君會得緊緊返來娶？

冬天北風寒，暝（夜）來又無伴。

愛我君，無地看，暝日守孤單。

君汝置番邦，妾身置唐山，等到無地看，割吊我腸肝，除非我君返來我心纔喜歡。

爲著君一人，相思病成（甚）重，請先生（醫生），無采工（無用），那（越）醫那沈重。

君汝置番邦，要看都無人，暝日守空房，想著目眶紅；勸汝姊妹千萬不通嫁給番客尪。

　　筆者案：這童謠我從未聽過，或者產生及傳布在東部。謠長而繁，哀歎再三，造句文雅，言詞不俗，似是文人改寫過。而且類似成人的口氣，不像童謠，應列爲民謠較妥。

倢顏（ts'am 下平　gan 下平）——人面貌五官美麗（指女子）。

　　說文：「倢，好（美）貌。」清錢坫斠詮：「義與詩（魏風葛屨）『摻摻女手』字同。」清洪頤煊讀書叢錄：「倢通作摻字。毛傳：『摻摻，猶纖纖。』」廣韻上聲四十八感：「倢，好貌。又音平聲。」

　　說文「倢」字段注：「未見其證。」段氏一時沒有覺悟可和「摻」字通用。詩經寫成於三千年前；金門話卻保有「倢顏」一詞，雖然詩經「摻」的原義是描述女子「手的纖細之美」，移用於面貌的「皮膚細緻漂亮」，也未嘗不可；由此可證明金門話保留很古的用字。但在實際的語音，「顏」字已訛爲（gam 下

平）。

聖（siã 上去）——神明靈驗。預言精準如神。

說文：「聖，通也。」書大禹謨：「乃聖乃神，乃武乃文。」東晉梅賾偽孔傳：「聖，無所不通。」詩邶風凱風：「母氏聖善。」毛傳：「聖，叡（通曉哲理）也。」東漢班固白虎通義聖人：「聖者，通也。道也。聲也。道無所不通，明無所不照，聞聲知情，與天地合德，日月合明，四時合序，鬼神合吉凶。」明佚名二郎神鎖齊天大聖第二折：「奉上帝敕令，著吾神統領十萬天兵，與此妖魔鬥聖，走一遭去。」

金門話凡稱贊神與鬼的靈驗，以及精明之人預言之真確不失，皆稱為「聖」。例如縣城後浦東門觀音亭的觀音佛祖、西門城隍廟的城隍爺，都是非常靈驗的，金門人叫做「聖」或「興」。相傳明朝後湖鄉人許獬會元，曾走過觀音亭，用摺扇指著佛祖說：「怗怗（tiam 下去 tiam 下去）阿興，纔會久」。「怗怗」是「慢慢」之意。「聖」或「興」，臺語叫「靈感」。

上寺廟燒香，卜筶杯時，如是一陰一陽，亦稱作「一聖（siũ 下去）杯」。又如咒詛（tsiu 上去 tsua 下去），有兩種解釋：一是立誓，一是罵人；立誓或罵人無異是「預言」，倘若成真，也叫「聖」；不準確，稱「未（餉）聖」。

腤攙柑（am 上平 ts'am 上平 kam 上平）——不調和的食物或不同物品攙雜在一起。

廣韻下平聲二十二覃：「腤，煮魚肉也。烏含切。」就廣韻所說「腤」的「煮魚肉」，加上「柑（橘子）」這一類水果一起混煮，確相當不調和。廳堂的擺設，祖宗的神主牌旁邊懸掛著一

具虎骨骼，當然不適合。牆壁上一幀張大千的國畫，並肩配上一幅希特勒的照片，亦是很怪的。臺胞縛作的肉粽子，有時裏面放進鹹蘿蔔塊；甚至有用牛肉包粽子的（筆者不知情咬下去纔知道）；像這些都是很土的。金門人製作的肉粽子便不如此：一大塊三層肉（臺胞全用瘦豬肉、太硬澀），配上蝦米、粟子、香菰，這就不會「瘖攫柑」了。

暢舍囝（t'ioŋ上去 sia 上去 kiã 上上）——花花公子。

「暢」是「舒適」、「歡快」。莊子則陽：「舊國舊都，望之暢然。」唐陸元朗釋文：「暢然，喜悅貌。」唐盧仝走筆追王內丘詩：「莫問四肢暢，暫取眉頭開。」

在此鄭重提醒讀者：「暢」字在金門另有特殊用法，即是「男女性交所生的快感」，不可輕易單獨使用。

「舍」原指「宮府」。梁顧野王玉篇舍部：「舍，宮也。」周禮地官敘官：「舍人上士二人，中士四人，府二人，史四人，胥四人，徒四十人。」鄭玄注：「舍，猶宮也。主平宮中用穀者也。」民國陸澹安戲曲詞語匯釋：「舍人，原是官名，宋、元的官僚子弟習慣稱『舍人』，等於『公子』，或簡稱『舍』。」元關漢卿救風塵第一折：「自家鄭州人氏，周同知的孩兒周舍是也。」元武漢臣玉壺春第二折：「近日有個客人，姓甚，喚做甚舍。」

清光緒八年（公元一八八二）福建舉人洪作舟，曾至北方作官，他的府第就在金門後浦北門，大門匾額有「文魁」二字，門前的旗竿座石尚存；筆者童少年時常從門口經過。他又是書法名家，我也曾見到他擅長的隸書條幅。民國三十年，我十歲，還親眼看見他的大子，時已九十多歲，來找先父坐談，我親口叫他

「大舍伯」；因是洪作舟的大子，故人人尊稱他「洪大舍」。

「囝」閩南語是兒女，但此處指「人」。合前述「暢」、「舍」二字與「囝」為一，得知「暢舍囝」就是「整天游手好閒、不事生產、無煩無惱、家境富裕、花天酒地、呼朋引友、用錢如水的人」。臺語也有，稱為「阿舍」。

銅剟鼻（taŋ下平　tsʻuak 上入　pʻi 下去）——鼻孔向上顯露如銅剟刀。

廣韻入聲十三末：「剟，削也。擊也。」又入聲十七薛：「剟，說文：『刊也。』」「刊」亦是「削」意。

一般家庭廚房中，通常備有一把長方形木板或塑膠板，中央部分裝有高起多圓洞而鋒利的剟刀。刀因以銅作成，故稱「銅剟」。這種刀可用來切削白、紅蘿蔔、番薯、芋頭等，只使力一推削，許多圓條形果菜就從下方出來了，真是方便。不像用菜刀切削的不齊勻、慢又費事。

臺灣夏天氣候很熱，冰的銷路很大，各種冰食品充斥市場。在較早，用一小鐵臺，臺面有一道稍微突起的鋒利鐵刀，刀旁有縫隙；臺的下面放置瓷盤，賣冰人右手拿著一塊下有尖釘的小木板，將一大冰塊壓咬住，才不滑脫，使力朝刀鋒不停地推削，許多碎細的冰散落瓷盤上，然後再均勻澆上糖漿。金門即是以此法賣冰的。後來臺灣發明手搖的機器，咬住冰塊在刀鋒上繞轉，更是方便；通稱為「剟冰」，生意很好，極能解渴。可惜生意人全不認識「剟」字，招牌上不得已寫為「ㄅㄨㄚ冰」；當然，普通人要懂得偏僻罕用的「剟」字，頗不容易。

人的鼻孔是肺臟用來呼吸空氣的重要器官。一般來說，東方人的鼻子狀如蓮霧。相書上說男人的鼻子是一生事業的代表，要

長得寬大豐隆而藏孔，稱古帝王的這種鼻子爲「龍準」，必定大
貴大富。男人鼻子過小或窄狹，一輩子成不了甚麼事功。其次，
平視過去，看不到鼻孔，鼻翼展張，不只會有錢，財也守得住。
大而露孔，等於多賺多花，存不了錢。女人的鼻子是「夫星」，
大小中庸，展而不露孔，有美感，不怕嫁不到好丈夫。

　　不論男女，如果鼻孔向上，正像上述的「銅剺」，故被稱爲
「銅剺鼻」，很不雅觀，也居不住財。西洋人皆是尖彎下垂的
「鷹鼻」，通常見不到鼻孔，這是種族不同，另當別論。西洋人
自己亦承認東方人的鼻子比他們的好看。

骹（腳）梢（kʼa 上平　sau 上平）──原指豬腳的末節，引伸爲不
中用或無價值。

　　廣韻下平聲五肴：「骹（跤），脛骨近足細處。口交切。」
「腳」字的意義相同，但讀音有異。廣韻入聲十八藥：「腳，
（東漢劉熙）釋名曰：『腳，卻也。以其坐時卻在後也。』居勺
切（kiot 上入）。」

　　「梢」是木枝的尾端，引伸爲凡物末端之稱。豬腳的尾端當
然不是豬腳最好吃的部位，故以「骹梢」命名，以指其食用價值
不高。對於人的不中用，亦可以「骹梢」代表。

　　金門人對於「骹梢」雖認爲不是好肉色，有時也連整條豬腳
買來食用，仍向肉販直說「骹梢」，別人聽了亦不見怪。然而在
臺灣，須說「豬骹」，不可說「骹梢」，本省的肉販會驚訝以爲
你怎麼指他所賣的「豬骹」是「下等貨」？筆者的岳母初來臺
灣，就曾鬧過這樣的彆扭；後經人解說她是金門人，肉販纔釋
然。

識（sit 上入）──聰明。

說文：「識，常也。一曰，知也。」段注：「『常』當爲『意』之誤也。意者，志也；志者，心之所之也。『意』與『志』、『志』與『識』，古皆通用。心之所存謂之『意』，所謂『知識』者此也。」民國楊樹達積微居小學述林：「『識』字依事之先後分三義：最先爲『記識』，一也；『認識』次之；最後爲『知識』，三也。『記識』、『認識』皆動作也，『知識』則名物矣。」

金門話不像臺語都說「聰明」爲「巧」。凡是「聰明」，金門人直說「識」較多，說「聰明」較少；人和動物都可指稱。臺胞從不說「識」，說了全聽不懂。筆者想：或者臺南、鹿港、臺中縣海口、澎湖人知道說「識」。

顧頭（k'ok 上入　t'au 下平）──額頭大而突出。

說文：「顅，大頭也。」清朱駿聲通訓定聲：「按今俗凡言大曰魁首，當作此顅字。」廣韻入聲十一沒：「顅，大頭貌。」

金門話又稱「顅頭」爲「顅額」，都是指頭大而前額突出。不限男女，前額太突出委實不很好看。但金門又有一句俗語玩笑說：「前顅後顅，錢銀一大槖（lok 上入）。」「前顅」是前額突出，「後顅」是後腦突出。「槖」是袋子。「顅頭」一詞，臺語亦有。

顅顡（k'iak 上入　si 上去）──女人相貌醜陋。

說文：「顅，大頭也。」廣韻入聲十一沒：「顅，大頭貌。」

說文：「顠，醜也。」段注：「此顠之本義。周禮方相氏（鄭玄）注云：『冒（穿戴）熊皮者，以驚敺（驅）疫癘之鬼；如今魌（顠）頭也。』」魏張揖廣雅釋詁二：「顠，醜也。」淮南子精神訓：「視毛嬙、西施猶顠醜也。」東漢高誘注：「顠，顠頭也。方相氏黃金四目，衣纁（赤色），稀世之顠，貌非生人也，但像其耳目。顠頭，言極醜也。」

上述「顠」有二義：一是大頭，一是醜。旣是大頭，也不會美了。「顠」的本義即是醜。「顝顠」二字同義相疊，意仍爲「醜」。中國文字常有此例，如仇讎、殺戮、巨大、罄盡等是。

「顝顠」是日常應用的金門話，多指女人。例如俗語：「查埔（男人）不認戇，查某不認顝顠。」意思是，「男人很少承認愚蠢，女人很少承認醜惡。」這是基於人類自尊心而來的。其實聰明或愚蠢，美麗或醜惡，自有客觀認定的標準，並非由於當事人的承不承認。還有一句俗語：「顝顠家內寶。」含義深長：很美的女人，較容易被男人所誘或引誘男人，造成家庭的不幸；很醜的女人，別的男人一見倒退三步，不容易有胃口來引誘，當然亦不容易去勾引別的男人，故爲「家中的寶物」。娶美女爲妻，雖然快樂；但精神也有負擔，怕她被別的男人拐誘而越軌，特別是丈夫單獨離家遠行時，或和她分開一段長時間。人類是天性淫亂與雜交的動物，故在古時即常有外遇，今天受西化影響，又屬害百倍。臺灣的婦女很聰明：她們認爲不要嫁給俊美的丈夫，纔不會被別的女人搶了過去。

前述的「戇」（goŋ下去），是掛在口頭的閩南語；但世俗或臺語歌曲卻誤寫爲「憨」（ham上平），意義相當，而語音不對。

第二十章　器物

大熕（tua 下去　koŋ 上去）——大砲。

　　字書無「熕」字，但有「銃（tsʻoŋ 下去）」。「銃」即今天的「鎗」，而構造和所發射的子彈不同。明焦勗火攻絜要審量敵情斟酌製器：「近有鳥銃短器，百發可以百中。遠有長大之諸銃，直擊數十里之遠，橫擊千數丈之闊。」清康熙帝時，比利時人南懷仁 Ferdinandus Verbiest 1623 － 1688 任欽天監副，曾督造大砲。清俞樾茶香室續鈔二十二：「南懷仁坤輿外紀云：『熱爾馬尼亞國，其人工作精巧，有一大銃，能於二刻開（間）連發四十次。』」

　　清趙翼陔餘叢考三十火砲火槍：「火砲實起於南宋、金、元之間，宋史：『虞允文采石之戰，發霹靂砲，以紙為之，實以石灰、硫磺，投水中，而火自水跳出，紙裂而石灰散為煙霧，眯（迷）其人馬，遂敗之。』又魏勝創砲車，施火石，可二百步，其火藥用硝石、硫磺、柳炭為之，此近代用火具之始。元史：『元世祖得回回亦思馬因所獻新礮法，命送軍前。乃進攻樊，樊破，移以向襄陽，一砲中譙樓（城上望敵高樓），聲如震雷，世所謂襄陽石砲也。』按續通考所記，前明軍器但有弓弩、盔甲、槍刀、銅銃之類，而鉛彈則（明世宗）嘉靖四十三年（公元一五六四）始用。唐順之疏云：『國初止有神機火槍一種，而佛郎機（葡萄牙）子母砲、鳥嘴銃，背後出。鳥嘴銃最猛利，以銅鐵為管，木槖（柄）承之，中貯鉛彈，以目對臬（準星），以臬對所

欲擊之人，無不著者，火技至此而極。是倭人（寇）用以肆其巧於中國，而中國習之者也。」續通考：『參將戚繼光云：「昔署衛印時，於衛庫見鳥嘴銃，乃倭變未作時所故有者。」』則又非起於嘉靖。」同書又載：「按紀文達（昀）閱微草堂筆記云：『戴遂堂先生諱亨，言少時見其先人造一鳥銃，形若琵琶，凡火藥鉛丸，皆貯之於銃背，以機輪開閉其機，有二相銜如牝牡。扳一機，則火藥鉛丸自落筒中；第二機隨之並動，石激火出而銃發矣。計二十八發，火藥鉛丸乃盡，始需重貯。」」看此記載，是清康熙、乾隆時，鳥銃（實際即指今之手鎗）已能連發射擊，只是還不及現代手鎗的精良罷了。

鄭成功故吏阮旻錫（即廈門志中的阮文錫）海上見聞錄一：「（桂王）永曆四年（公元一六五〇）四月，（成功）移兵揭陽（廣東今縣），定國公（鄭鴻逵）言新虛寨不服；攻之，用龍煩擊入其城，遂降。先是，海中放光，定國令人沒水求之，得大礮夾兩龍為耳，用船車出之，號『龍煩』，所擊無不摧破。」同書二：「永曆十四年（公元一六六〇）五月初十日，賜姓（成功）坐煩船，繼令何義督之。時滿兵乘潮直進，海船漸漸退走，直壓至廈門港口。黃廷、（金門人）周全斌奮力迎擊，同正副龍煩兩船破艍而入，龍煩受大彈子一丸、小彈子一斗。龍煩所及，船中之人頃刻不見形骸。永曆三十二年（公元一六七八）七月，（成功中提督劉）國軒水陸並進，江勝攻南安，殺守將。諸縣守兵相繼棄城而走，遂取南門銃城。載龍煩及大銃數十號攻南門城，城崩壞數十丈，盡為平地。」

明末清初所使用的這一類大砲，砲彈和火藥等是從砲口塡入，然後引燃發砲，威力已如此強大。在今天臺南市與金門縣城莒光樓前尚可看到當年「大煩」遺物。後來西洋人所改良的新式

大砲，砲身以特殊鋼鑄成，發射多久亦不變形。砲彈是把火藥密填彈裏，從砲後裝入，關緊砲門，以繩索拉引撞針擊發，射程可達數十公里，命中率高，砲彈擊中目標時炸開，殺傷力更是可怕。西洋列強就是用這種大砲打敗中國和日本，訂立不平等條約，或割地賠款，開港口貿易。清道光二十二年（公元一八四二），鴉片戰爭敗於英國，訂立屈辱的南京條約，割讓香港、開五口通商、協定關稅。日本明治天皇於一八六七年（清同治六年）即位，晚於鴉片戰爭二十五年，遂盡力模仿西洋一切新政和科學，終於打敗中國與俄國，成爲亞洲的首強。這是當日無知短見的清廷和中國人所不可企及的。

大稱（量）（tua 下去　ts'in 上去〔liū 下去〕）——秤定貨物重量的長大圓木製器具。

　　說文：「稱，銓也。」段注：「銓者，衡也。（清嚴可均說文）聲類曰：『銓所以稱物也。俗稱作秤。按爯，并舉也。偁，揚也。今皆用稱；稱行而爯廢矣。』」

　　北宋高承事物紀原八秤斗尺：「呂氏春秋曰：『黃帝使伶倫取竹於崑崙之嶰谷，爲黃鍾之律，而造權衡度量。（筆者案：見古樂、高氏略有增刪改易）』蓋因其所勝（明王三聘古今事物考七「勝」作「盛」）輕重之數而生權，以爲銖、兩、斤、鈞、石，則稱之始也。因其所積長短之數而生度，以爲分、寸、尺、丈、引，則尺之始也。因其所受多寡之數而生量，以爲龠、合、升、斗、斛，則斗之始也。」以上三種，即後世所稱的衡、度、量。

　　明顧炎武日知錄十一權量：「梁、陳依古稱，齊以古稱一斤八兩爲一斤。周玉稱（玉製之稱桿）四兩，當古稱四兩半。（隋

文帝）開皇以古稱三斤為一斤。（煬帝）大業初復依古稱。如孟子（梁惠王上）以舉百鈞為有力人；三十斤為鈞，百鈞則三千斤。晉書成帝紀：『令諸郡舉力人，能舉千五百斤以上者。』史記秦始皇紀：『金人十二，重各千石。』百二十斤為石，千石則十二萬斤。漢舊儀：『祭天養牛五歲，至二千斤。』」

　　大概在黃帝以前，人類社會尚在「物物交換」的時代，貨幣還未發明，以少換多，以多換少，並不覺得占便宜或吃虧。一旦有了貨幣的中介物，那麼貨品的度（長短）、量（多少）、衡（輕重）不正確，便有了吃虧或占便宜的感受，於是貿易的爭端遂起。莊子胠篋：「掊（破）斗折衡（稱桿），而民不爭。」這是倒果為因的錯誤說法。就是為了長短、多少、輕重而爭，古人纔創造公定的度量衡來平息紛爭；並不是先有了度量衡，百姓纔爭起來。除非復古退回「物物交換」的時代；否則毀棄度量衡，勢將引起天下的大亂。

　　在現代，各種商店、醫院甚至科學實驗室，放置在櫃檯上或地上的磅秤一類的器具，已普及於全世界，由輕而重的克、尬、兩、磅、市斤、公斤、噸、公噸，完全具備。但銀樓、中藥鋪仍使用骨桿製的戥。至於較大的木稱桿，東半球一些較落後地區，還在應用，方便處是可以隨身攜帶。

　　金門人從前戲稱木稱秤為「橫柴」，據說多用荔枝樹木製成，取其堅韌耐磨不變形。似由福建內地廠商所製造，其衡重標準一般為市斤，較重的叫「百四砣」，亦非公斤，須經政府檢定。筆者生長在縣城後浦中街五穀店洪得記，家中小稱秤有二三根，稱重限度十斤以內；中稱秤（又叫「量阿」）一根，可稱三四十斤重；大稱（又叫大量）一根，可衡重三百斤，通常是秤米、豆等使用；別人也常來借去衡量毛豬。民國八十九年四月十

八日晚七時，中國電視公司新聞報導，臺灣北部林口村民王三郎飼養一頭將要敬神用的「大豬公」，以大稱秤重，竟達一千一百五十臺斤；此類「大稱」，金門沒有。

弔（吊）籃（tiau上去　na下平）——舊時放置飯菜食物的大竹籃，高弔在通風陰涼處，不致迅速腐敗。

「吊」是「弔」的俗字，見於明梅膺祚字彙弓部。說文：「弔，問終也。从人弓。古之葬者，厚衣之以薪，故人持弓，會敺（驅）禽也。」清錢大昕潛研堂詩文集答問：「愚嘗讀（東漢趙曄）吳越春秋（九），而知許君（愼）之可信。其言曰：『弩生於弓，弓生於彈，彈起古之孝子。古者人民朴質，死則裹以白茅，投於中野。孝子不忍見父母為禽獸所食，故彈以守之。』此陳音之言，與孟子上古親死委壑之說（見滕文公上）略同。」此為第一種說法。群經正字：「（唐張參）五經文字云：『說文（篆文）作「弔，從人持弓。」今經典相承隸省作「弔」。』按，『弔』字篆文本義訓『問終』，從人持弓會意，隸變作『弔』。」此為第二種說法。中共出版漢語大字典：「按（民國）羅振玉以為（弔）字象弓、矢、繳形，本義為『矰射』之『矰』。（民國）李孝定甲骨文字集釋按語，以為羅說似之，然而人字非弓也。」此為第三種說法。

「吊」既是「弔」的俗字，故世人用「弔」專指「弔喪」，「吊」則專指「懸掛」，以免混淆。自古代起到西洋人電冰箱傳入中國以前，國人早已知道降低溫度可延緩煮熟過的食物的腐敗時間。正如古人冬天到野外或河床鑿取冰塊，貯藏於冰窖，不致融化。可於夏季時保護家屬的死屍，是同樣的道理。但「鑿冰」是皇親國戚或富人，平民難得普遍備有。

在閩南人的家庭中，冬天可把三餐食餘收藏於「碗櫥」。夏天亦可，但須一燙再燙。逢年過節菜肴多一時吃不完，就須裝放在比普通籃子爲大的「吊籃」，懸吊在通風陰涼處，一個禮拜之久食物不壞；如是秋初的中元節，吃剩的食物同樣放置在「吊籃」裏，只是至少每天要下鍋燙煮一次，可保菜肉新鮮不走味。民國八十七年金門縣政府出版金門民俗文物一書中，有「吊籃」說明及插圖，可參閱。

斗斛（tau 上上　kai 上去）──米斗裝滿米後，用來推除斗口米粒高出部分的圓木條，以求所量精確。

我國古代的量器，大體上是十圭爲一合（見廣韻上平聲十二齊），或二龠爲一合（見魏張揖廣雅釋器），或十龠爲一合（見西漢劉向說苑辨物），十合爲一升（見漢書律歷志上），十升爲一斗，十斗爲一斛（皆見說文）。明顧炎武日知錄十一權量：「（唐）杜氏（佑）通典言：『六朝量三升當今一升。』左傳定公八年正義曰：『魏、齊斗稱於古，二而爲一；周、隋斗稱於古，三而爲一。』隋書律歷志言：『梁、陳依古斗，齊以古升五升爲一斗，周以玉升（玉製之升）一升當官斗一升三合四勺，（隋文帝）開皇以古斗三升爲一升，（煬帝）大業初復依古斗。』史記廉頗傳：『一飯斗米。』漢書食貨志：『食人月一石半。』（漢書）趙充國傳：『以一馬自佗（馱），負三十日食，爲米二斛四斗。』史記河渠書：『可今畝十石。』（三國魏）嵇康養生論：『夫種田者，一畝十斛，謂之良田。』史記孔子世家：『孔子居魯，奉（俸）粟六萬。』（唐張守節）正義曰：『六萬小斗，當今二千石也。』此唐人所言三而當一之驗。蓋自三代以後，取民無制，權量之屬，每代遞增。至（北）魏文帝太

和十九年，詔改長尺大斗，依周禮制度，班之天下。隋煬帝大業三年，改度量權衡，竝依古式。雖有此制，竟不能復古。至唐時猶有大斗、小斗、大兩、小兩之名。而後代則不復言矣。」

　　論語雍也：「子華使於齊，冉子（即冉求）為其母請粟。子曰：『與之釜。』（六斗四升，見朱熹集註，下同。）請益，曰：『與之庾（十六斗）。』冉子與之粟五秉（十六斛、五秉為八十斛）。」香港啓明版民國蔣伯潛論語新解：「（魏何晏）集解及朱註，均云五秉共八十斛。（清）戴震（周禮）考工記補注，謂二斗四升曰庾，十六斗曰藪。論語『與之庾』，謂於釜外更益二斗四升。蓋『與之釜』，已當；所益不得過於始與。其說較長。」

　　古代的銅斗有柄可握，西清續鑑的插圖，正是如此。例如星宿中有南斗六星、北斗七星（第五至第七為柄）、小斗五星，都是星座，並非只有一顆，其中部分象斗柄。因有柄，故亦可拿來量酒而不沾手。東漢無名氏古詩：「斗酒相娛樂，聊厚不為薄。」古人酒量大的常能飲酒數斗不醉，如論語鄉黨載，孔子「唯酒無量，不及亂（醉）。」東漢的盧植能「飲酒一石（十斗）」（見後漢書本傳），原因在於古斗比今斗小，酒又多是「醴」（薄的甜酒），故不易醉。

　　說文：「斠，平斗斛量也。」段注：「（禮記）月令：『角斗甬。』角即斠假借字，今俗謂之校。」清朱駿聲通訓定聲：「斠，凡較量、校讎、權酤、揚搉字，疑皆當作此為正文。」故「斠」有「正」的意思。

　　斗至後世，何時失去斗柄，不易稽考。民國二十六年日本侵華以前，金門米的買賣仍用斗量，除整大布袋的米稱重外，零星的米少有論斤的。臺灣相同。交易時，買叫糴（tiak下入），賣

叫糶（tʻio 上去）。那時的人都是說：「我要去米店糴兩斗米。」賣米的人，在米桶裏用斗裝滿，不可搖動，一搖動米粒會往下沉蝕，又須添裝，米店會吃虧。店員拿起一根圓木棍的「斗斛」，於斗口將高出的米推平；這樣就是精準的斗量，買賣雙方都不占便宜。「斛」的正確語音應作（kau 上去），讀（kai 上去）已走了音。

火窗（hə上上　tʻaŋ上平）──冬天煖手用的有罩小火爐。

　　明王三聘古今事物考七爐：「周禮天官冢宰之屬『宮人』，凡寢中『共（供）鑪炭』。則爐三代之制，今火爐是也。」詩小雅白華：「樵彼桑薪，卬烘于煁。維彼碩人，實勞我心。」詩序：「白華，周人刺幽后也。幽王取（娶）申女以爲后，又得褒姒而黜（廢）申后，故下國化之，以妾爲妻，以孽代宗，而王弗能治。」毛傳：「煁，烓竈（焚火處）也。」朱熹集傳：「樵，采（採）也。桑薪，薪之善者也。卬，我。烘，燎也。煁，無釜之竈，可燎而不可烹飪者也。」說文「煁」字段注：「行竈，非爲飲食之竈，若今火爐，僅可炤（照）物。」廣韻上平聲一東：「籠，西京雜記曰：『漢制，天子以象牙爲火籠。』」行廚集：「火爐大者曰元爐，煖手者曰手爐。」唐白居易別氈帳火爐詩：「復此紅火爐，雪中相暖熱。」

　　從上引古書，知道我國很古時代就有冬天嚴寒時溫暖身手的大小火爐，但其形制不清楚。由上引詩，瞭解大火爐是燃燒木材，僅爲照明用；作爲取煖，也未嘗不可。

　　國語、閩南語、臺語皆稱「火籠」，唯獨金門話叫「火窗」。所謂「籠」和「窗」，當是在火爐裏燒木炭，有彎形小提框，可拎於手中取煖。爲防止不小心燒傷手指頭，爐瓷製者用竹

枝編蓋子；銅製者有銅蓋；蓋都是有空格的，可讓熱氣上騰。不
論銅、瓷，爐身再用布套，避免炭火過熱時燙傷。

筆者親眼所見，數十年前金門冬天遠比現在寒凍，雖無霜
雪，但凌晨常達攝氏三四度，白天手亦常凍僵，易生凍瘡。故許
多老人閒時喜愛手提著「火窗」，坐時放置膝腿處取暖，甚至還
戴上手套。

來到臺灣，冬天偶然也看見老人使用「火籠」。民國五十一
年冬天，臺中市曾破紀錄達到攝氏四度。此外，每年冬天不寒
冷，最低只在攝氏十度左右。筆者多年觀察臺灣冬天爲期僅兩個
月，約爲陽曆十二月中旬至翌年二月中旬。有時也冷；但中午大
太陽出來，溫度竟可升到十六七度，彷彿像夏天。四季亦不明朗
分別。

本命（pun 上上　biã 下去）——冥紙店中出售紙糊印有人形分十二生
肖，供顧客選購以拜神祈福消災，然後焚化。

清翟灝通俗編五：「（南宋曾三異）同話錄：『紙畫代人，
未知起何時。今世禳禮用之，板刻印染，肖男女之形而無口。北
方之俗，歲暮則人畫一枚，于臘月廿四日夜佩之于身，除夕焚
之。』閒窗括異志：『戴荆南都頭，南遇貧困，魂至陰司，方與
一相識先死者語。忽又一人曰：「追到李遇。」遇遂蘇。身下臥
一畫人，號爲替代；然則替代之來久矣。』又三國志（魏書）杜
畿傳（南朝宋裴松之）注引魏氏春秋曰：『畿嘗見童子謂之曰：
「司命使吾召子。」畿固請之，童子曰：「今將爲君求相代者。
君其愼勿言！」言卒，忽然不見。至此二十年矣，畿乃言之。其
日而卒，時年六十二。』（筆者案：翟氏於原文有刪易，今訂
正。）此又後世畫人無口所由來歟？」金門冥紙店所賣的紙糊

「本命」，有無畫口，筆者未留意。

　　清黃六鴻福惠全書筮仕部擇到任吉期：「干支喜與本命行年相生，忌相中剋。」干支即指人出生時的「十天干」甲、乙、丙、丁等，和「十二地支」子、丑、寅、卯等相配。那一年屬於何種生肖，如子肖鼠、丑肖牛、寅肖虎、卯肖兔等，十二年輪迴一次，稱爲「本命年」。唐白居易七年之日對酒詩：「今朝吳與洛，相憶一欣然。夢得君知否？俱過本命年。」自注：「余與蘇州劉郎中同壬子歲，今年六十二。」

　　「本命」在閩南人迷信的一面來說，無異於眞人的替身。故金門人倘若感覺近來運氣不好，例如：家人生病、做生意賠錢、農作收成欠佳、和人打官司、身體意外受傷等等，都喜歡去冥紙店購買全家人的「本命」和大量金紙、線香、紅燭，到城隍廟參拜祈福，或再請廟祝、道士寫一分疏文，向城隍爺跪求，表白全家安分守己，並無作惡，請城隍爺與「冤枉公」（鍾馗）明察保祐，將壞運改爲福運。然後把全家「本命」、金紙、疏文等一起焚化。至於三牲祭品的豐盛，自不待說。

　　另有一種近於巫術的隱私。例如：對某人懷有深恨，希望對方速死或得重病，也可探知對方的生肖，買來「本命」，用針刺穿紙人的心臟部位，具備香燭祭品，至城隍爺、冤枉公面前惡毒「詈（lue 上上）罵」，專責對方的不是，請神明加罰降殃。筆者拙著短篇小說「金門六傳奇」（公元二〇〇三年聯經版重印爲「紅樹梅」），其中一篇「相愛應是別離時」，是眞人眞事。族叔洪合淵是印尼華僑，住縣城後浦北門。民國二十年，憑媒人說合，爲尙在鼓浪嶼英華書院求學的兒子洪炳宣，娶湖尾鄉畢業於金門公學的高材生楊麗碧爲妻。洪合淵曾經三娶，首妻生炳宣後死亡，繼娶的一位撫養炳宣數年後亦死。最後娶的未生育，待炳

宣如路人，繼子當然亦不孝順。婚後<u>洪合淵</u>返回僑居地。繼母就買來<u>炳宣</u>的「本命」，以針刺心，乘其兒媳不在，暗中刺連於新房床頂蓋，日夜咒罵。不久，<u>炳宣</u>精神異常，對賢美的嬌妻不屑一顧，返校讀書。月後回家，突然轉變，疼愛妻子，逗留一週又回<u>鼓浪嶼</u>。某日到「<u>港阿後</u>」游泳，不慎溺死。夫妻實際相處時間，只有十日。

　　大概這種「本命」的前身，應是「木偶人」，可追溯至<u>孔子</u>時或更早。<u>孟子梁惠王上</u>：「<u>仲尼</u>曰：『始作俑者，其無後乎！』」<u>朱熹集註</u>：「俑，從葬木偶人也。」可證。下至<u>漢朝</u>，有「巫蠱之難」。據<u>漢書武帝紀</u>、<u>江充傳</u>、<u>武五子傳</u>、<u>公孫賀傳</u>、<u>劉屈氂傳</u>，<u>江充</u>得<u>武帝</u>信任掌權，某次因沒收<u>太子劉據</u>的車馬而結讎。<u>征和</u>二年（公元前九一），<u>帝</u>養病於<u>甘泉宮</u>，懷疑疾病是遭人「蠱道祝詛」所致，命<u>江充</u>追查。<u>充</u>預料將來<u>太子</u>繼位，自己不得活；乃使<u>胡巫</u>埋藏「桐木人」（即<u>武帝</u>替身）於<u>太子宮</u>花園地下。然後率眾掘蠱，得之。<u>太子</u>無法自明，殺<u>江充</u>。丞相<u>劉屈氂</u>告<u>帝</u>太子反，<u>帝</u>令捉拿<u>太子</u>。<u>太子</u>母<u>衛皇后</u>發庫兵和丞相大軍在<u>長安</u>城中血戰五天，死者數萬人。皇后母子兵敗，皆自殺。<u>太子</u>妻<u>史良娣</u>及三男一女俱遇害。

　　<u>說文</u>：「偶，桐人也。」<u>段</u>注：「偶者，寓也。寓於木之人也。」這種「偶人」，也可改用泥塑，功效相同。以「偶人」作他人的替身，然後加以咒罵，使其人發生災難或死亡，<u>日本</u>亦有，相信是古時由<u>中國</u>流傳過去的。

竹管笍（tit 上入　koŋ上上　ts'ãi 上上）──約一尺長竹管一端削成許多細枝條的刷洗用具。

　　竹是人類的恩物，用途廣大，又爲<u>中</u>外古今詩人、文人、畫

家頌讚描繪的對象，不止是能生筍可吃而已。在從前農業社會中，家具如椅、桌、床、席、搖籃、籃、筐、篋、簸箕、篩、簍、篙、籬、箆、箸、簽、各式樂器、武器及抬物用的竹棍等皆是。巨大的竹，是建造竹樓的主要用物。如唐劉禹錫淮陰行詩：「簇簇淮陰市，竹樓緣岸上。」北宋王禹偁有「黃岡竹樓記」。

　　幾千年前，中國人發明的竹箸（即筷子），迄今仍在使用，並推廣於東半球的許多國家和地區。日本人的科技走在世界的前端，吃飯吃麵條時不得不拿起筷子；一根太少，三根過多，兩根剛剛好，可以夾、夤、揷、扒、攪，運用靈活自如。閒得無聊，還可當鼓槌打打桌子消遣。說它是世界文化史上的偉大發明，毫不為過。

　　「竹管笓」是竹器之一，可用來刷洗淺鐵鍋、高湯鍋、水桶、馬桶、痰盂等，甚至於清洗桌椅、地板、浴室、廁所等，無不適宜，似乎一直應用到塑膠製品興起為止。魏張揖廣雅釋器：「箱謂之笓。」清王念孫疏證：「箱，即今之刷鍋帚也。」梁顧野王玉篇竹部：「笓，笓帚也。」北宋陳彭年大宋重修廣韻作「筅」，謂：「筅帚，飯具，或作笓。」南宋吳自牧夢梁錄十三諸色雜貨：「其巷陌街市，常有使漆修舊人，并挑擔賣油、掃帚、竹帚、筅帚。」清文康兒女英雄傳二十九：「當中放著連三抽屜桌，被格上面安者鏡臺、妝奩，以至茶笓、漱盂許多零星器具。」現代人普遍應用的「雞毛撢子」，閩南語正叫作「雞毛笓」。

竹豬阿（tit 上入　ti̠ 上平　a 上平）──竹撲滿。

　　北宋高承事物紀原八撲滿：「西京雜記（五）曰：『公孫弘（武帝）元光五年（公元前一三○）為（菑川）國所推，上為賢

良。國人鄒長倩贈以撲滿一枚，云：「撲滿以土爲器以畜錢，背有入竅而無出，滿則撲（破）之。土，粗物；錢，重貨；入而不出，積而不散，故撲之。上有聚斂而不能散者，將有撲滿之敗，可不戒歟？故贈君。」」然則漢武帝時，世已爲此器，疑出於畜聚之後也。」明廖用賢尚友錄十三：「長倩以衣費資之（弘），又贈生芻一束、素絲一襚、撲滿一枚，遺書曰：『芻束則謹，心縱則驕；絲積微至著，善雖小而爲大；撲滿土器，所以蓄錢，有入無出，則有傾覆之敗；可不戒乎！』後人謂之『三事喩』。」史記、漢書載：弘年四十餘，乃學春秋雜說。元光元年（公元前一三四），弘年六十，舉賢良，對策第一。元朔中爲丞相。首爲博士置弟子員五十人（即漢朝最早國立大學的學生），對漢代經學貢獻甚大。看上引古書，可知道鄒長倩勸戒公孫弘，寄意深切。

　　古人以土（即瓷）爲撲滿，積錢不得滿盈，「滿則撲之」，故粉身碎骨。直到今天，豬形的瓷撲滿多是父母購置，贈與小兒女，以鼓勵儲蓄零錢，兼作客廳的擺設品，豬不容易餵飽（需數千一元輔幣），所以亦很少殺。漢書趙廣漢傳：「（潁川太守廣漢）又教吏爲缿筒。」魏蘇林注：「缿音項，如瓶，可受投書。」唐顏師古注：「缿，若今盛錢臧瓶，爲小孔，可入而不可出。或缿或筒（竹管），皆爲此制。」後世金門人有「小竹豬」，用一節竹管作成，分給小兒女儲蓄零錢。年終殺豬，看誰積得最多。商店「大竹豬阿」，長約三尺，末節留底，中央二節鑿通，上節開大口，豎直放置於牆角處，專投收入的銅錢。不過這種豬不必殺，需清點時倒出來就是了。

扴（捋）阿（luat 下入　a 上平）——梳子。

爾雅釋蟲：「強醜捋。」東晉郭璞注：「捋，以腳自摩捋。」清郝懿行義疏：「強即強蚚（米穀中小黑蟲）也。捋者，摩捋也。」廣韻入聲十三末：「捋，摩也。」梁顧野王玉篇寸部：「扴，亦作捋，摩也。」這些古字書的定義，認為扴、捋相同，都是「撫摩」意。

說文：「扴，五指扴也。」段注：「凡今俗用五指持物引取之，曰扴。廣韻（入聲十三末）曰『今扴禾』，是也。（詩周南）芣苢：『薄言捋之。』說者謂取其（芣苢、即植物『車前』）子；假令謂取其子，則當作『扴』。」「薄言」是發語詞，無義。

說文：「捋，取易也。」段注：「按『捋』與『扴』二篆義別。『扴』，云：『五指扴也。』五指扴者，如用指取禾穗之穀，是也。『捋』則訓『取易』，而義不同。詩『薄言捋之』，捋采其子。（毛）傳曰：『捋，取也。』此『捋』之本義也。若（北宋）董逌（廣川）詩詁曰：『以指歷取也。』朱子詩集傳曰：『捋取其子也。』此於今之俗語求其義；而不知今之俗語許（慎）書自有本字。」是段氏以為扴、捋二字意義有異。

清錢坫說文斠詮：「扴，古捋字。」中共學者郭沫若兩周金文大系攷釋：「（扴）金文均作一手盛一物，別以一手抓之，乃象意字。說為『五指捋』，甚是。」

可見後世治小學者認為「扴」、「捋」兩字實可通用。我們對照今日活的方言閩南語，用單手五指或雙手十指把散亂的頭髮整摩一下，都叫作「捋」。不論男女，早晨起床、刷牙、洗臉後，都要面對鏡子，用梳子（閩南語或臺語皆稱「捋阿」、包括

塑膠梳、金屬梳、牛角梳、木梳）將頭髮梳理得整齊熨貼美觀，
是必要的自我修飾之一。

　　明王三聘古今事物考六梳箆：「實錄曰：『赫胥氏（炎帝）
造梳，以木爲之，二十四齒，取疏通之義。』禮（記曲禮上）：
『男女不同巾櫛（梳箆）。』是箆因梳而制也，今作箆，皆周制
也。」「捋」又可作動詞用。民國王國維宋元戲曲史一古至五代
之戲劇：「（北宋）鄭文寶江南餘載卷上：『（五代）張崇帥盧
州，人苦其不法。因其入覲，相謂曰：「渠伊必不復來矣。」崇
聞之，計口徵渠伊錢。明年復入覲，人不敢交語，唯道路相目，
捋鬚爲慶而已。崇歸，又徵捋鬚錢。』」「捋鬚」，即用手撫捋
鬍鬚；如世所畫圖「關公捋鬚」是。

尪阿標（aŋ上平　a 上平　pʼau 上平）──工商廣告上的美女像或美
女圖。

　　「尪」字用作「丈夫」意思，是閩南和臺灣以及全世界通行
閩南語地區的獨特方言。不少閩南語學者以爲「丈夫」應是
「翁」字；可是與「公公」相混，其義較難成立。「尪」的本義
是「曲脛」；其衍生義則有多種解釋。本條的「尪」，特指「人
的圖像」或「布製有木刻頭面手腳的玩偶」，以至布袋戲、傀儡
戲的戲偶等都是，通稱「尪阿」。其頭臉，叫「尪阿頭」，也常
移來戲稱人類的整個頭部。

　　約從民國初年起，中國的工商業廣告圖或日曆牌紙板上，常
印有著名女影星的肖像，作爲陪襯，以增加美觀，達到引人注意
的效果。這些美女的圖像（含手繪），稱爲「尪阿標」；「標」
是「標幟」、「標頭」意。

　　拙著短篇小說金門六傳奇，中有「紅樹梅」一篇，大半爲眞

人實事。主角的這位美女，日據時代筆者年約十歲，某天親眼看到她在金門縣城後浦中街王慶雲開設的「金門書局」（原賣書、後改賣布）店裏購買布料。那時她約三十多歲，原為「後面」（金門島東北部）的有夫之婦，後來又嫁給一位住在東門「魁星樓」邊專售「曬糯米乾」的許姓中年男子。不久產下一女，又和一位少她十歲繼子的朋友私奔香港。如今天尚在，年齡當在九十以上。她的美麗，身材臉容，全島出名。一出門，就被人群包圍觀看。筆者小說裏有很生動的描述，此處不贅。

　　六十多年後的今天，我曾細思，她的美，很難用筆墨形容。不只是古今金門第一美女，就是在全中國，亦不容易找出第二人與她相比，絕非誇口。至少自我長有眼睛，還沒再見到這樣的美人。因此人人都認為她是「尪阿標」；甚至任何「尪阿標」仍不如她。一位前輩曾戲言：「看著伊，我神魂去一半！」可見她有多美。遺憾的是：她浪漫風流，婚姻不美滿，真所謂，自古紅顏多薄命。

豆餅（tau 下去　piã 上上）——我國東北大宗土產之一，用來餵豬。

　　黃豆又稱大豆，名見於本草。植物學上屬於蝶形花科，一年生草本，高約二尺，複葉，由三小葉集成，互生。夏秋之間開花，花冠蝶形，白色帶紫暈，莢果有毛，種子即是黃豆。近來臺灣需求量不小，但因地屬亞熱帶及熱帶，氣候酷熱，不宜種植黃豆，即種植亦長不大（一如高粱），故多賴進口。

　　一九三七年中日戰爭以前，東北的黃豆行銷全國，部分由海輪運到廈門，再轉運金門，品質佳者為袋裝，供食用，如製造豆乾、豆腐、豆醬、豆漿及一些豆產品。品質差者，在原產地用機器壓模將豆粒壓成如現今機車輪胎大小，內加乾稻草緊纏以防崩

散。其形狀像餅，故叫「豆餅」。筆者家裏開設五穀店，即經售豆餅，再零星賣給養豬人家。購者買回後用鐵錘敲碎，配合麥皮、米糠等，煮熟餵豬。

數十年來，金門大量種植的特產高粱（當地稱蘆黍），來源極偶然。金門志物產穀之屬：「日據時期，從東北運來豆餅，偶粘有高粱種子，落田間，發芽滋長，爲山外（鄉）農人發現試種，產量特高。」金門志的記述有三個錯誤：一是金門四面近海處水淺（後浦港較深），巨輪停泊不易。舊金門志十二兵事：「光緒二十一年七月，德國兵艦三艘泊後浦港，有德人上岸測量，幷於山上挿旂，島民懼，紛紛遷徙。九月，兵艦去。始知德國本欲租借金門，開爲商埠；因金門四面受風，開港不便，故改租青島。」因此豆餅須由廈門轉來，非從東北直運金門。二是豆餅抗戰前已有，非始於日據時期，筆者家中地上鋪築二塊花崗石，專爲肩負豆餅工人卸落之用，以免擊碎紅瓦地磚。三是首種高粱者是烈嶼（小金門），不由山外鄉開始。

風翱（huaŋ上平　go下平）——紙風車。

說文：「翱，翔也。」段注：「（東漢劉熙）釋名（釋言語）：『翱，敖也。言敖遊也。』」詩鄭風女曰雞鳴：「將翱將翔，弋鳧與鴈。」唐孔穎達疏：「閒暇無事，將翱翔以學習射事。」意指男人早起無事，帶著弓箭到野外敖遊，順便射殺空中的野鴨和雁鳥。「弋」是用生絲線縛連於箭尾，箭射出，絲線隨著飛向目標，鳥隻墜地，可循線尋得獵物，又稱爲「繳ㄓㄨㄛ」。淮南子覽冥訓：「還至其曾逝萬仞之上，翱翔四海之外。」東漢高誘注：「翼一上一下曰翱，不搖曰翔。」可知此處「翱」字有二義：一可指人到處漫遊，二可指鳥隻飛行狀態。

在閩南地區，包括金門、廈門，常有小販以彩色紙製作四捲葉的「風翶」，握柄用細竹枝或乾蘆葦莖。玩的人拿在手上，張口吹風，風翶就旋轉不停，煞是好看又趣味。也可不口吹，只將它舉著朝前跑，也會旋轉不停，恰似飛機上的螺旋槳。臺灣也有，玩的方法相同。

中國大陸各省，稱「風翶」爲「風車」，大人亦可玩，不限小孩。近年北京有一位製造風車的專家，把幾十個風車裝置在一枝大木架上，每個風車裝有小鈴，人舉起木架，左右來回搖擺，發出很大的而動聽的鈴聲，甚爲精巧。

桐油灰（taŋ下平　iu下平　hə上平）——塗抹屋頂漏雨所在的塗料。

桐是樹名，有很多種類，如屬玄參科的木材爲白色，材質敲聲響亮，可用來製作箱、篋、琴、瑟等器物。詩鄘風定之方中：「椅桐梓漆，爰伐琴瑟。」朱熹集傳：「椅，梓實桐皮。桐，梧桐也。梓，楸之疏理白色而生子者。漆，木有液黏黑，可飾器物。四木皆琴瑟之材也。爰，於也。」後漢書蔡邕傳載：邕某次見人以桐木燒飯，聽得木材在火中爆裂之聲，知其良木，因而取起，裁製爲琴，果有美音，而其尾猶焦，故時人名爲「焦尾琴」。次如梧桐，其種子可食，皮可製繩索，亦見本草。詩大雅卷阿：「梧桐生矣，于彼朝陽。」鄭玄箋：「鳳凰之性，非梧桐不棲。」它的葉略呈圓形，金門人採摘，洗淨後葉面塗花生油，用來墊放在年糕底下，以免黏住蒸籠，蒸熟吃糕時亦容易揭除，名爲「粿葉」。

再次如油桐，又名嬰子桐、虎子桐、紫花桐。屬於大戟科，亦爲落葉喬木，高二丈餘，葉互生。初夏開花淡紫色，花後結實如球，直徑八九分，內有種子三四枚，富含油質，且多黏性。筆

者四五歲時，家對面「源合」商店，專售此種桐子榨取之油，即是「桐油」，賣給漁民染網，油乾後，能使魚網更韌固耐用。

　　我的家屋，除前面三樓屋頂是雙面下斜的尖形紅瓷瓦外，中段二樓屋蓋是平面鋪著紅瓷方磚，磚與磚間以洋灰塞築緊密，約在民國二十年建造。年久漏雨，先父向「橫街阿」專售「桐油灰」（桐油混合蠔殼灰或洋灰煉成黑色）的商人購買，塗補二樓屋頂磚縫的漏雨處。三十八年以後，國共砲火互擊猛烈，房屋震動，屋漏更是嚴重。先父又須時常用桐油灰修補。縣城所有店屋屋頂平坦的多，夏天夜晚可墊席子睡在上面，張掛布袋或麵粉袋拆開縫成的布篷，以阻止露水，睡得十分舒服。那時金門沒有電扇，氣候亦遠不如臺灣炎熱，更沒有汽機車、電視機的噪音，適意極了。白天，有農產品（如花生、番薯簽）的，也可利用坦平的屋頂晾曬。甚至魚類，亦是在屋頂曬成魚乾。

紙橐阿（tsua 上上　lok 上入　a 上平）──裝物用的紙袋。

　　紙是中國人的偉大發明之一。世人都將造紙的大功歸於東漢的宦官蔡倫。倫於和帝元興元年（公元一〇五）製成奏上，從此天下皆稱「蔡侯紙」（史未明言倫是否受封關內侯）。稍後的安帝元初元年（公元一一四），和帝鄧太后以倫久典宿衛，封爲龍亭侯，食邑三百戶。四年，安帝以經傳之文多不正定，選通儒謁者劉珍及博士良史詣東觀，各讎校家法（經典文字和經師的解經章句），令倫監典其事。（以上皆見後漢書蔡倫傳）可見蔡倫除造紙外，亦有維護經典的功績。臺北傅斯年圖書館保存有一張蔡倫改良造紙時的產品，但質地粗糙不美。（見胡頌平胡適之先生晚年談話錄、民國四十九年十一月一日）臺北木鐸版中國寺廟掌故和傳說羅厚仁來水之濱蔡侯遺祠：「湖南耒陽縣爲蔡倫故里，

縣東南建有蔡侯祠，並有衣冠冢，眞墓在陝西洋縣。」

事實上，紙的發明遠在蔡倫以前。漢書趙皇后傳已記載，成帝時有「黃紙」。大陸學者潘吉星研究民國二十四年發現於新疆的「羅布淖爾紙」，是西漢宣帝黃龍元年（公元前一九）所造，比蔡倫早了一百五十四年；但紙質比不上東漢紙。（參閱拙著臺中彰版漢代經學史上冊頁三四九）

說文：「橐，囊也。」段注：「按許（愼）云：『橐，囊也。』『囊，橐也。』渾言之也。」詩大雅公劉：「迺裹餱（乾）糧，于橐于囊。」毛傳：「小曰橐，大曰囊。」莊子天下：「禹親自操橐耜，而九（州）雜天下之川。」唐陸元朗釋文引西晉司馬彪：「盛土器也。」南宋楊萬里送王監簿民瞻（庭珪）南歸詩：「路旁莫作雨疎看，老儒不用橐中金。」可見「橐」就是「袋子」。至於質料爲何，古書未說明，但「布」的可能性最大。

筆者青少年時，家裏是五穀店，趁顧客未上門，立刻裁開舊報紙，用自煮的麵粉漿糊，親手摺紙糊製大、中、小的紙袋，以便盛裝米、豆、花生仁、糖、鹽、麵粉、肥料粉等，放在小竹籃裏，以秤秤重（竹籃重量扣起），給顧客帶走。一九四一年十二月珍珠港事變以前，西洋人曾大量運銷舊報紙雜誌於中國，其紙質比現在臺灣所用的厚韌，不易破裂，就用它來糊製「紙橐阿」。若是貨物達數十斤重，通常是顧客自己帶麵粉袋子來裝。近數十年來，塑膠袋業興起，塑膠袋被世界大多數國家所採用，舊式的「紙橐阿」已淘汰。但新式厚紙印有商店名號的有帶可提的紙袋，仍爲百貨公司等所常用。較大件貨品出廠時已有厚紙板包裝。廢棄的厚紙箱到處充斥，成爲撿破爛者搜逐的恩物，可說是奇特的社會現象。

臭土火（ts'au 上去　t'ɔ下平　hə上上）——乙炔燈。

「乙炔」Acetylene. C_2H_2為化學名詞。用水分解二碳化鈣製造，是一種無色氣體，有特臭、性毒，容易液化，能溶解於水與酒精，可在空氣中燃燒。以耐高溫金屬製成管狀噴口，使其噴出自燒，火燄成青白色，可作燈火用，又名電石燈。又可作氧炔化燄，溫度高達華氏千度以上，能切割或銲接鋼鐵，多應用於工業界。當高熱時，噴出的火燄光線極強，工作者須一手拿鋼製面具，面具中央裝黑色厚玻璃，否則兩眼視網膜會被灼傷，一如我們肉眼不得直接凝視太陽，久了必招致雙眼失明。

約從民國初年以來，金門縣城後浦或遠近鄉村，如有迎神賽會，夜間演廟戲，或七月普度，許多小販擺攤擔出售各種糖果點心，頓成夜市，就點起「臭土火」照明。即用金屬罐子裝含水的乙炔土，以彎形細鐵管噴燃，雖然明亮，但絕不像工業上使用的那樣強大，於人眼無害。但靠近它，可聞到陣陣的特有臭味，故稱爲「臭土火」。

蚊燈（baŋ上上　tiŋ上平）——銅製手提燈邊開圓口，燈中底部有煤油及燈芯，用來燒殺蚊隻的器具。

金門地區屬亞熱帶，但因接近大陸，故氣候富大陸性。金門在農曆五六七月亦有蚊子；一進入八月，氣候立顯涼爽，蚊子、蒼蠅也逐漸死盡。螞蟻潛藏，蟑螂照舊。臺灣全年氣候酷熱，以上四種昆蟲到處飛跑；筆者有經驗，冬天寒流來襲時，房間裏竟然有蚊子想飛來叮人，眞是奇觀。金門於古時沒有冷氣機、電風扇的情況下，農曆八月可在舊式床上蚊帳中睡覺，臺灣絕無可能。

這種銅製蚊燈有圓圈形的柄子可握，白天蚊帳上停歇著黑色蚊子，目標顯明。手握著燈，慢慢接近，蚊子很少會飛跑，以燈的橫向喇叭狀圓口朝前罩住，蚊子飛過火燄，立即被火燒死。有時在牆壁上也可用此法殺蚊。

此外，金門還有如同「麈尾」的「蚊撥」。用馬尾毛作成的蚊撥，線條堅韌，睡前在蚊帳裏東揮西摔一陣，蚊子很難逃脫，必死無疑。筆者在兒童時代，「蚊燈」和「蚊撥」都曾使用過。尚不明白的是，這種蚊燈到底是中國人發明或傳自外國。

民國八十七年，金門縣政府出版金門民俗文物一書，中有「蚊燈」插圖，可參閱。至於目前臺灣使用的蚊燈，應為西洋人發明；長圓形，四周有豎直的金屬線條，通電後金屬發出明亮的青白色，夜間蚊子自動飛向白光（誤為白天），自取滅亡。亦有液體電蚊香，傳自外國。

捾縤（kuã 下去　kŋ上去）——孩子周歲起到十六歲止掛在頸項上保平安的絲縷。

梁宗懍荊楚歲時記：「五月五日，謂之浴蘭節。是日競渡，採雜藥。以五綵絲繫臂，名曰辟兵，令人不病瘟。」事物原始：「風土記曰：『荊楚人，端午日，以五綵絲繫臂，辟兵鬼氣，一名長命縷，今百索，是也。』」梁、隋、唐為我國中古時期，其風俗、語言被閩南人繼承者極多。荊楚即今湖北、湖南省地，戰國初年，越國（春秋末、其王句踐滅吳、幷有今江蘇、浙江、山東南部）為楚所滅。下到秦、漢，越國分建為甌越（今浙江）、閩越（今福建）。漢高祖五年（公元前二〇二），立句踐裔孫無諸為閩越王。其人民和文化，也和今日的閩南（含臺、澎、金門、廈門）人關係密切。

　　日本鈴木清一郎臺灣舊慣習俗信仰二編二五節揖綜：「臺灣人認爲：子女都是註生娘娘所賜，一直到十六歲入成年階段，都是由註生娘娘、七娘媽諸神保佑，才能使子女順利長大成人。因此就作成一種符牌，拴上線，面對諸神祈求保佑，然後掛在孩子的脖子上，這就叫作『揖綜』。所謂『綜』就是符牌，而『揖』就是掛在脖子上的意思。以後每年都要在神佛的誕生日，帶著供品到寺廟去祭拜，以便換上一條新紅線，這就叫作『換綜』。」同書二六又載：「接受『揖綜』之禮的兒童，長到十六歲時，就認爲成年，而中止『揖綜』，這就叫『脫綜』。」（民國高賢治、馮作民譯）

　　金門志三、三篇禮俗：「七夕，日落星現時，陳瓜果、油飯、麵線於屋簷前，祭天孫（織女星），解去端午所繫之長命縷，別以五色絲串銅錢繫小兒項，云可得七娘保佑。」

　　金門的風俗，自古以來多與同爲閩南移民的臺胞相同。依前引古書，得知舊時叫「長命縷」，以後稱「揖綜」。昔日以五色絲掛符牌，後來改用紅紗線串古銅錢。筆者兒童時就曾在七夕夜佩掛過片刻。直到目前，不少遵守古禮的臺灣人（如臺南），仍在兒女滿十六歲時施行「脫綜」的成人禮。

逗鈕（tau 上去　liu 上上）——銅製子母扣。

　　說文：「逗，止也。」段注：「逗，遛（留）。」梁顧野王玉篇辵部：「逗，留也。」東漢張衡思玄賦：「亂弱水（在陝西）之潺湲兮，逗華陰之湍渚。」是「逗」有「留止」或「止住」意。

　　明樂韶鳳洪武正韻：「逗，物相投合也。」梁蕭琛詠韓應詔詩：「抑揚應雅舞，擊節逗和音。」正韻所說的「物相投合」，

正好可拿來解釋縫連在我們衣服上「子母扣」的特性和情狀。大概銅製鍍銀的「子母扣」是由西洋傳入，不是我國發明。可分縫在上衣的衣領、前襟、袖口或西褲上面的其他部位。使用極方便，把兩邊一拉即開，一按即合，因此稱爲「逗鈕」。現在連夾克 jacket、皮包 wallet 亦裝有「子母扣」。

因爲「逗鈕」分兩半，一凹一凸，纔能接合不脫。從此意義引伸，故「逗」字在閩南語（金門）又可用來指稱正式婚姻以外的男女私通，叫「逗著」。

塑膠橐阿（sɔp 上入　ka 上平　lɔk 上入　a 上平）──以塑膠爲原料製成的裝物袋子。

參閱本類「紙橐阿」條。

溲桶（so 上平　tʻaŋ 上上）──舊時裝水肥用的木桶。

北宋丁度集韻尤韻：「溲，溺謂之溲。」春秋左丘明國語晉語四：「（胥臣答晉文公：）臣聞昔者大任娠文王不變（動），少溲（排便）於豕牢（廁），而得文王不加疾（易產）焉。」史記酈食其傳：「沛公（劉邦）不好儒。諸客冠儒冠來者，沛公輒解其冠，溲溺其中。」「溲」亦指「大便」。史記扁鵲倉公傳：「（漢朝齊國郎中令循病，）臣（太倉公淳于）意診之，曰：『湧疝也，令人不得前後溲。』」唐司馬貞索隱：「前溲，謂小便；後溲，大便也。」更可指洩精。莊子則陽：「並潰漏發，不擇所出，漂疽疥癰，內熱溲膏，是也。」唐成玄英疏：「溲膏，溺精也。」臺灣話有「無膏」一詞，意指「無精（力）」。金門話則戲稱「膏水」。故閩南語「膏膏纏」（俗皆誤作「哥哥纏」），便有性隱語的言外之意。

　　清<u>孫詒讓</u>札迻二：「案後<u>漢書李膺傳</u>：『羊元群罷<u>北海郡</u>，臟罪狼藉，郡舍溷軒有奇巧，乃載之以歸。』（<u>唐章懷太子</u>）<u>李</u>（<u>賢</u>）注云：『溷軒，廁屋。』（<u>東漢王充</u>）論衡幸偶篇云：『均之土也，或基殿堂，或塗軒戶。』皆溷稱爲軒之證。」可見<u>漢代</u>已有加築屋蓋的糞坑。<u>金門縣城後浦</u>也有很多此類的糞坑，這種公廁一直使用到<u>民國</u>四十多年纔拆毀改建較現代化的。

　　我國農業社會時代，耕田時爲輔助地力，使作物生長，常應用人類排洩的大小便作爲肥料；故全國到處都建有巨大的糞坑（<u>閩南</u>語叫「屎穴〔音訛爲學〕」），供大衆方便。家家戶戶，每天清晨要提馬桶、夜壺傾倒屎尿於糞坑中。公共大糞坑有物主，通常即農民自用爲肥料。如果是家中或門口設有糞缸的，那麼糞便還可賣錢，按月包與農民。

　　古時無機械耕田，多以牛馬驢騾拖犁。亦可用一對長半圓形的大木桶裝水肥，架在上述家畜背上，運至田中施肥；另外農人本身也肩挑一擔「溲桶」裝肥。自從價格較貴的肥料粉由<u>西洋</u>引進，初期農民尚是兩者兼用，以節省農作的成本，而繼續忍受水肥的惡臭難當。今天已不用水肥，但「溲桶」可配合「溲櫼」，用來挑水澆菜。<u>金門</u>河川短小，水量不足，故水田少，多爲旱田，因此也沒有像<u>臺灣</u>早期的水車。

　　因字音相近，俗用甚至寫書的學者，都誤把「溲桶」寫成「粗桶」，應該改正。從前<u>金門</u>有一句俗語：「會好未（齁）擔溲」，意謂罹患大病或受傷骨折，就算好起來，亦失去挑起兩桶水肥百來斤重的體力。「溲」字較生僻罕用，<u>重修臺灣省通志語言篇</u>頁三二八「溲」字不會寫。

溲橶（so上平　hia 上平）——用來舀倒水肥或清水的木製長柄大杓子。

參閱本類「溲桶」條。

號頭（hu 下平　t'au 下平）——大號筒。

說文：「號，嘑（呼）也。」段注：「（說文）口部曰：『嘑，號也。』此二字互訓之證。號嘑者，如今云高叫也。」「頭」是語助詞。「號筒」原是軍中吹器，一名「長鳴」，又稱「號通」。因所吹聲音宏亮，用來對軍兵發號施令，遠近都可聽到。明方以智通雅樂器：「仗有大鼓長鳴。長鳴，今時之號通也。口圓而長，如竹箭（管），一尺五寸。又有小柄空管，從箭中抽出，吹之。晉即有鳴葭，葭即笳。或謂其始似葭管，後人以銅作大觱篥。（東晉）桓玄製龍角，所謂銅角也。今俗云喇叭、鎖哪，直口曰號通，轅門吹角十二疊，是也。」

依形制說，自晉朝至明朝，到現代軍中所用，長度確約一尺五寸，但銅質的材料、鑄造的完美，當然古不如今的講究。目前軍隊的使用意義，通常為起床、集合、就寢、衝鋒、撤退甚至鎗決罪犯等都有。民國三十九年起，國民黨在金門大力整頓軍紀，凡匪諜、搶劫、強姦、貪污等，皆處死刑。行刑前遊街，行進中有二兵吹號角，聲音悲壯猛烈，令人膽寒。

臺北丹青版中國音樂辭典：「明代王圻三才圖會：『古角以木為之，今以銅，即古角之變體也。其本細，其末鉅，本常納於腹中，用即出之。為軍中之樂。』清代鹵簿（皇帝出行儀衛）鼓吹大樂中所用，就是這種銅角。近代又通稱之為號筒。」筆者案：就該辭典書前插圖所示（頁二九），長約四尺，有二種：一

是末部爲筒狀，一是喇叭狀。金門民間所用，爲後一種。

　　金門舊式的婚喪隊伍，最前頭開道的即是「號頭」，通常由二人各執一枝，平舉吹著，號音大而刺耳。這種風俗，應可上溯至明朝。金門縣政府於民國八十四年出版水頭厝風情、八十七年金門民俗文物、八十五年稻田版楊天厚、林麗寬金門歲時節慶諸書中，都有「號頭」的插圖，但文字卻全誤寫爲「大鼓吹」；無論許多音樂書的說明或金門人民的稱呼，絕對不叫「大鼓吹」。「號頭」的「號」，讀平聲；但在口音上已訛轉爲（hu 下平）。

鈴瑯鼓（lin 下平　loh 下平　ko 上上）——鼗鼓。

　　北宋高承事物紀原二鼗：「（秦呂不韋）呂氏春秋曰：『帝嚳使垂作鼗。』通歷曰：『帝嚳平共王之亂，作鼗鼓。』」廣韻下平聲六豪：「鼗，小鼓著柄者。」梁顧野王玉篇鼓部：「鼗，似鼓而小，亦作鞀。」周禮春官小師：「掌教鼓、鼗、柷、敔（圉）、塤、簫、管、弦、歌。」鄭玄注：「鼗如鼓而小，持其柄搖之，旁耳還自擊。」儀禮大射禮：「鼗倚于頌磬西紘（編磬繩）。」清胡培翬正義：「（清）郝氏（懿行）曰：『鼗，小鼓，有耳有柄，搖擊之，不縣（懸）設，倚置於頌磬東。』（清）陳氏奐毛詩傳疏謂：『古者鐘磬縣，鼓皆不縣，惟鼗鼓乃縣之。』（清）胡氏肇昕曰：『陳氏以鼗當縣鼓；考詩（周頌）有瞽云：「應田縣鼓，鞀磬柷圉。」言縣鼓又言鞀（鼗），則鞀非縣鼓明矣。毛傳云：「縣鼓，周鼓。鞀，鞀鼓也。」亦不以爲一物也。』」隋書音樂志下：「（武舞）二人執鼗，二人執鐸。」禮器圖所見，鼗鼓確有柄，和兩面鼓成一百八十度。鼓二邊各有一短繩繫小圓球。持柄左右向搖動，二球交互擊鼓。在每年的祭孔子典禮上，都可見到這種鼓，但鼓形較大，柄亦較長。

　　閩南地區，從前包括廈門、金門；臺灣（直至民國五十年左右尚有殘存的），都有小販挑擔（臺灣或用拉挽兩輪車），到處出售家用小件雜物，稱爲「賣雜細」，如剪刀、枕頭、針、線、梳子、鏡子、香粉、香皂、鈕扣等，琳瑯滿目，應有盡有，邊行進邊手搖小鼗鼓作訊號，引來婦女們購買。所搖的這種小鼓，金門叫「鈴瑯鼓」，因其鼓聲清脆動聽。國語稱爲「貨郎鼓」。

預圾裙（ɔ̂下去　sɔ̂上平　kun下平）——進廚房操作煮食時腰間所繫預防濺污衣服的圍裙。

　　南宋吳自牧夢梁錄十三諸色雜貨：「亦有每日掃街盤垃圾者，每日支錢犒（慰賞）之。」是「圾」字開始作「垃圾」（廢物、閩南語叫「糞掃」）用的最早記載。其後意義引伸，「垃圾」成爲「骯髒」之意。

　　「預圾裙」是由周代「蔽膝」逐漸演變而來。男女都可佩用，本意爲朝覲君主或祭祀下跪行禮時保護膝蓋，兼爲美觀。爾雅釋器：「衣蔽前謂之襜。」「襜」即是「蔽膝」。形狀上，自前腰起，上窄下漸寬，下垂至足，加於「裳」之上。質料依身分高低而定，有絲絹、皮革、竹片、布等，上面有圖形。西漢揚雄方言四：「蔽膝，魏、宋、南楚之間謂之大巾，齊、魯之郊謂之曲領，或謂之襦褌（圍裙）。」又謂：「繞衿，謂之裙。」

　　「蔽膝」另寫作「韍」或「韠」。禮記玉藻：「一命（加爵服）縕（赤黃）韍幽（黑）衡（佩玉之橫柄），再命赤韍幽衡，三命赤韍蔥（青）衡。」鄭玄注：「此玄（黑）冕爵（雀）弁（帽）之韍，尊祭服異其名耳。」明王三聘古今事物考六蔽膝：「（禮記）明堂位曰：『有虞氏服韍。』鄭康成注曰：『冕服之韠也。』（唐蘇鶚）蘇氏演義曰：『昔先王衣羽皮韍。』字遂從

韋。韋，皮也。春秋正義云：『魏、晉以還，易以絳（赤）紗，字遂從糸。蓋太古蔽膝之法象，冕服謂之韍，朝服謂之韠也。』」

南宋郭茂倩樂府詩集清商曲辭吳聲歌曲華山畿，引（陳釋智匠）古今樂錄說：南朝宋少帝時，南徐州有一士子從華山畿（今湖北華山縣）往雲陽（今江蘇丹陽縣），見客舍有一美貌女子，年十八九，悅之無因，遂感心疾。其母往告女，女憂喜交集，贈以「蔽膝」，使母帶回暗中鋪放其子床席下，臥之當己，病即可癒。不意士子相思心切，發覺「蔽膝」，竟拆散竹片吞之死。臨終，交代其母出葬時要從華山畿經過。至女門，拉挽柩車之牛不肯行。女盛裝出，唱：「華山畿，君旣爲儂死，獨活爲誰施？歡（你）若見憐時，棺木爲儂開！」棺應聲開，女遂入棺，棺合，家人叩打無如之何，乃合葬，呼曰「神女冢」。

很可注意的，不論這故事眞實性如何，與產生於東晉時的梁祝事蹟相彷彿，也都是在吳地（今江、浙一帶）。清翟灝通俗編二十：「（元）白仁甫（樸）祝英臺劇，見（唐張讀）宣室志。」此爲民間故事搬上劇曲的記載。

「預圾裙」是金門人的叫法；但「圾」的正確讀音是（sap上入），而不是（sɔ̃上平），算已走音。「預圾裙」通常爲婦女進廚房工作防穢所必備，文雅的稱呼叫「圍裙」。西洋人也有，英文叫 apron。

磅燈（poŋ下去　tiŋ上平）——煤油汽燈。

中文語彙有「磅礡」一詞，意爲「擴展充滿」。西洋人創造的這種灌氣的燈，約在清末傳入我國。在電燈尚未發明以前（電燈爲美國人愛迪生 Thomas Alva Edison 1847 — 1931 所發明），

這種燈點起來極爲明亮，故前清北京宮殿中曾予採用，稱爲「汽使燈」。即「奧爾燈」Auer's lamp，爲奧地利人奧爾所發明，光線白熱，故又名「白熾燈」。後來逐漸普及於民間使用。

「汽使燈」的構造：以銅鑄作平底圓身的油罐，蓋子旋緊，不使通氣。罐中裝煤油（金門人叫「臭油」），不得使用車輛的汽油（金門人叫「電油」），否則會爆炸。另有一枝金屬管的打氣筒，斜插入罐底，筒內有活塞，一抽一送，將空氣打進充滿油罐，蓋上留小噴口，把煤油噴射於燈中環圍著玻璃片的絹製白紗球上燃燒（紗球先經化學處理）。玻璃片留一活門，以火柴點火，燈就亮起來了。光線白青，嘶嘶作響，能增加煤油光六倍以上。如燈色轉紅，表示氣弱，又須打氣。燈有大圓蓋，使光線照射下方。蓋上有提圈，供懸燈用。金門話稱「灌」爲「磅」，故叫「磅燈」。

清末以來，在金門縣城後浦橫街、沙尾鄉、小金門，都有出租「磅燈」的店鋪。凡迎神賽會夜間街頭劇隊行進表演、夜臺戲、鑼鼓隊、七月普度、婚喪壽誕宴客等，皆須租用。約使用至民國六十年左右，纔被電燈所取代，「磅燈」也進了民俗館陳列供參觀。筆者從嬰兒到成年，看著它長大，特感懷念。

至於家庭中的照亮，大半是玻璃作的小煤油燈，形式有很多種，有玻璃燈管和紗製燈芯，亦從西洋傳入（美國西部武打電影裏常見），國人仿製，由廈門運來。自電力完全普及後，已改用電燈。但玻璃管煤油燈臺灣到今天仍可見，特別是在喪家的靈前祭桌上應用。

褥阿（liok 下入　a 上平）——睡床上所鋪放的臥墊。

東漢劉熙釋名釋床帳：「褥，辱也。人所坐褻辱也。」

「褻」是「貼身」意。梁顧野王玉篇衣部：「褥，氈褥。」北宋丁度集韻燭韻：「褥，藉也。」人的身體坐臥其上，叫「藉」。北宋高承事物紀原八褥：「黃帝內傳曰：『（西）王母爲帝列七寶登眞之床，敷華茸淨光之褥。』疑二物此其起爾。（西漢成帝）趙昭儀上皇后（趙飛燕）襚（衣物）三十五條，有鴛鴦褥。」後漢書張禹傳：「（和帝）鄧太后以殤帝初育，欲令重臣居禁內，乃詔禹舍宮中，給帷帳床褥，太官朝夕進食，五日一歸府。」南朝宋劉義慶世說新語雅量：「豫章太守顧劭，是雍之子。劭在郡卒，雍盛集僚屬自圍棊。外啓信至，而無兒書；雖神色不變，而心了其故；以爪掐掌，血流沾褥。」（據宋本）唐白居易紅繡毯詩：「太原毯澀毳（細毛）縷硬，蜀都褥薄錦花冷。」

　　金門地區靠近大陸，大陸性氣候顯著，冬天雖從來不降雪，但最低氣溫可達攝氏三四度。故冬天睡在舊式眠床上的木板，只鋪墊草席，絕對受不了。因此就算貧窮人家，都需要「頂被下褥」；即蓋的是厚厚的棉被，床席上墊的也是棉製的褥子，纔能保暖安睡；有時棉被下還要再加上一條毛毯。明王圻三才圖會所見，亦是棉褥外加布套。

　　近半世紀以來，全球工業過分發達，空氣中二氧化碳大量增加，形成溫室效應，故全世界的氣溫普遍上升約二度。雖然如此，冬天在金門仍較臺灣寒冷許多又長，更有「春寒料峭」（臺灣則沒有），「褥阿」決不能省。若應用西洋式無床架蚊帳的床，通常採用彈簧床，但還是要鋪上毛毯或床套。

鏨管（tsʻiam 上上　koŋ 上上）——可刺穿布袋以取袋中米樣的鋒利圓銅管。

　　說文：「鏨，小鑿也。」魏張揖廣雅釋器：「鐫謂之鏨。」石工攻治石材所使用的器具，叫作「鏨」。通常一手拿著「鏨」，以尖銳處對準石材的欲攻點，一手握著鐵錘敲擊「鏨」粗平的頂端。故「鏨」亦有「彫琢」的含義。

　　世界各產米國晚近採用厚塑膠袋盛裝以前，都是使用麻線袋或粗紗布袋。東半球盛產米的國家大致在中南半島和南洋群島。清朝、民國時期，布袋裝米每包約七十五公斤。我國南方各省雖也產米，但全國人口太多不夠吃，反須由外國輸入補足。中南半島以暹羅（今泰國）的「占米」爲最有名，稱爲「暹占」，米粒很長，煮成乾飯後粒粒獨立如玉米，絕不相黏。吃起來甚爲「耐嚼爽口」，閩南語叫「糗（kʻiu 下去）」。（臺胞不懂「糗」字，找來毫不相干的英文字母Q代用，實在可悲可笑。）米味極香濃。中南半島、南洋群島產米還有很多種，也都比臺灣米好吃。民國三十五六年，筆者在廈門讀中學時曾吃過「暹占」，印象深刻。金門家中又是米店，從漳州、泉州、廈門運來的米有五、六種，直到三十八年大陸爲中共占領纔斷絕。

　　反觀今天臺灣所吃的，光復初期只有蓬萊米、在來米兩種。蓬萊米只是「黏」，旣不香亦不好吃；在來米「不黏」，而味道也淡。兩者全談不上「糗」。目前全省市面所看到的，有些是本省的改良種，總數有很多種，吃起來仍然比不上東南亞所產的美味爽口。臺灣的優點是不愁沒米吃，香蕉很可稱道。米與水果是產量大，品質則不如福建內地。想來想去，始終想不出臺灣有任何可以誇耀於世界的產品。工業除電腦、腳踏車、摺合雨傘外，

泰半粗劣。又多颱風、地震。自稱「寶島」，未免太誇張了。

從前的米既用麻袋或布袋包裝，雇用工人一袋袋背負堆疊。米的種類雖然已印明在袋上，但有時為求真確和比較米粒，通常使用一根銅製的圓形「鏨管」，約七八寸長，兩頭都不封死，一邊成斜尖狀而鋒利。以鋒利的一頭插進袋中，取得米樣後拔出；再用尖端輕輕將袋上的穿孔抹平，孔遂即閉合而不漏米。迄今中國大陸仍在使用。

筆者案：「鏨」的原義是實心的琢石尖銳器，但既能刺入他物，故閩南語（含金門）指稱用刀劍、扁鑽等刺殺人，亦叫作「鏨」。

鹹草（kiam 下平　ts'au 上上）——曬乾的藺草作捆綁少量貨物之用；亦可用來編織席子。

說文：「藺，莞屬。」廣韻去聲二十一震：「藺，草名，莞屬。」現代植物學分類屬於莎草科，莖長扁形，生於海邊地，高五六尺，褐色。夏季莖頂生花軸，形成穗狀花序。因生海邊，味鹹，故名「鹹草」。

梁顧野王玉篇艸部：「藺，似莞而細，可為席。」西漢史游急就篇三：「蒲蒻（蒻席）、藺席、帳帷幢（車蓋形之帷）。」看這些記載，早在漢朝，或者更早，古人已知道以藺草編成席子使用，取其生性強韌，不易斷折。直到今天，少數的閩南人倘若陷於貧苦，或無家可歸的流浪漢，還是睡用「鹹草席」，貪其價錢便宜。這種席子的缺點，容易招來濕氣，肉眼看不見的小蠹蟲，寄生其中，會咬人皮肉，痛癢不堪。須要常常捲起來摔打，多曬太陽，以趕跑蠹蟲。

舊時在金門，零售商店、肉販、菜販、其他沿路叫賣的小

販，凡須捆縛貨物給顧客的，必須向專門採集並已曬乾的藺草農人訂購，以便應用，取其價格低廉；事實上那時也找不出其他捆繩替代。就筆者所知，金門一直使用「鹹草」至民國六十年左右，纔逐漸被塑膠袋所取代。推測中國古人當亦採用乾藺草捆物，可惜在載籍中找不到記載。

攢盒（tsuan 下平　ap 下入）——放置於廳堂中長桌案上觀音佛祖神龕前的木製橫長方形紅漆分格有蓋的敬神糖果盒。

北宋丁度集韻寒韻：「攢，聚也。」東漢張衡西京賦：「攢珍寶之玩好，紛瑰麗以奓（奢）靡。」唐李善注引三國吳薛綜：「攢，聚也。」可見「攢」即「聚集」的意思。紅樓夢四十四：「一個上面放著爐瓶，一分攢盒。」

古人使用的「攢盒」形制，我們今天不知道。筆者推測當是木製紅漆圓形，如同現在過年時放置於客廳中桌子上，分成許多細格內裝糖果待客的那種。連帶商店出售的長方形紙鐵禮盒裏有水果糖果餅乾之類也是。至於金門人的敬神「攢盒」，一般皆是木製紅漆，小長方形，有蓋子；放置不同的糖果三種於三格中，蓋子放在盒子的下面。如果暫時不用，可蓋上蓋子套合著，以防止灰塵或蟑螂、螞蟻侵食。

鱟樋（hau 下去　hia 上平）——從炒菜淺鍋中舀起湯水或食物的有木柄亞鉛板杓子。

「鱟」即鱟魚，其實不是魚，屬於甲殼類節肢動物。雖生存於海中，但離海水後仍能活很長時間。體長二至三尺，頭部為半圓形薄殼，殼背穹起，前端有眼三個，胸腳三對為鞭狀。腹部小，分為相疊合的八節。尾端有劍尾，劍尾即是它的武器。

　　鱟魚天性喜歡雌雄一對出游。推測在漁獵時代，常被近海居民成雙捕獲；宰殺後，煮熟，其肉和卵味道甚美。最初人類捕殺它，利用其半圓形薄殼作爲舀水的杓子用，但無柄可握，只能用手抓著另一頭的邊緣使用。

　　西漢揚雄方言五：「蠡，陳、楚、宋、魏之間，或謂之簞，或謂之櫨，或謂之瓢。」東晉郭璞注：「今江東呼勺爲櫨。」梁顧野王玉篇木部：「櫨，杓也。蠡爲櫨也。」故稱鱟殼爲「鱟櫨」。

　　到了後世，閩南沿海、金門、廈門、以及臺灣的住民，舀湯水的杓子是家家必備的器具。在現代極多家具改用塑膠製品替代以前，金門所使用的卻是有木柄的亞鉛板作成，略似扁圓三角形，仍沿稱「鱟櫨」或「鱟殼阿」之名。因邊緣薄而鋒利，彎度又相配，簡直可以把銑鐵鍋中的湯水或食物舀得點滴不剩，裝進瓷鍋或碗盤。然後倒清水，用「竹管筅」（見本類該條）刷洗銑鐵鍋。不只如此；到目前，閩南語還是稱呼任何物質任何形狀的舀湯水食物的杓子爲「鱟殼阿」或「鱟櫨」。

第二十一章　戲謔

<u>三公</u>（sam 上平　koŋ 上平）——嘲諷平凡的廟公、師公（道士）、土公（埋死人者）比爲古代的<u>三公</u>大官。

　　<u>西漢</u>以丞相、大司馬、御史大夫（或大司徒、大司馬、大司空）爲<u>三公</u>，<u>東漢</u>以太尉、司徒、司空爲<u>三公</u>；分見於漢書百官公卿表上、後漢書百官志一。大體上說，<u>漢代</u>的<u>三公</u>，就是僅次於皇帝的朝廷大官，極爲顯赫榮耀，富貴崇高。

　　民間的「<u>三公</u>」，是惡作劇的比喻。<u>金門</u>叫「宮公」（看守寺廟的主管、<u>臺灣</u>稱「廟公」）；<u>金</u>、<u>臺</u>都叫道士爲「師公」（亦可稱「司功」、因道士能爲死者做「功德」法事）；埋葬死人者爲「土公」（包括抱屍入棺、挖壙、掩埋等）。

　　話雖如此，今天<u>臺灣</u>較具規模的寺廟，在法律上已成爲「法人」的身分，設<u>董事會</u>，每年信徒所捐獻的香油錢動以億元計，「廟公」（董事長）的地位已不低。有些大寺廟還按期將錢捐助給慈善機構或學生獎學金。「師公」對社會亦有貢獻；除佛教徒、<u>基督</u>徒、<u>回教</u>徒不計，所有對鬼神的法事要靠他們。「土公」更具重要性，不然，無數人的遺體（包括火葬骨灰藏於骨塔）要怎樣入土爲安？

　　說幾句抱歉的話，<u>西洋</u>人的<u>天主教</u>、<u>基督教</u>的「神父」與「牧師」多少兼有「廟公」和「師公」的雙重身分，這是鐵的事實，絕非輕蔑，他們對<u>西洋</u>人的貢獻太偉大了。<u>西洋</u>人照樣有「土公」，<u>英</u>文叫 the undertaker。目前有一位世界職業摔角名

將美國人即以此作藝名,他曾數度奪得「世界重量級摔角冠軍」;電視上中文翻譯為「送葬者」,以顯示他的體力技術的高強無敵;筆者以為「送葬者」譯名不貼切,應譯為「埋葬死人者」。

六月芥菜假有芯（lat 下入　gət 下入　kua 上去　ts'ai 上去　ke 上上　u 下去　sim 上平）——以不合時令的芥菜僅生有小菜芯諷喻人的無情。

芥菜在植物學上屬於十字花科。一年生或越年生草本。葉似蕓薹,有銳缺刻和內鋸齒。三月開小花,色黃,總狀花序。果實為長角,莖葉都有辛味。種子辛烈更甚,可研為粉末,供香辛料與藥用。

中國大陸地區,芥菜一年中都可生長,但以冬天最當時令,莖高可達二尺多,金門就是如此,因為金門氣候水土似大陸。芥菜有叶(合)用芥菜(如雪裏紅)、莖用芥菜(如榨菜)、根用芥菜(如大頭菜)等變種。唐釋玄應一切經音義七引南朝宋呂忱字林:「芥,辛菜也。」禮記內則:「膾(細切肉),春用蔥,秋用芥。」西漢董仲舒春秋繁露天地之行:「故薺以冬美,而芥以夏成。」

大概金門地區的芥菜春季開始生長,夏天逐漸長得高,秋天生成更旺(夏、秋即可採食),冬天最肥實。芥菜夏天長高,但其中央菜芯還很幼稚嫩小,故金門(含閩南、臺灣)拿它來暗喻某人對人假好意,不是真心(常用於情人或夫妻之間),因此說「六月芥菜假有芯」;因為到了冬天,芥菜長得最壯熟,這時的「菜芯」纔算是真正肥大。

金門的冬天芥菜很肥美,吃起來它特有的香味極濃,莖葉都

十分細嫩，非常爽口。下鍋時加些花生粉末，更是滋味十足。來到臺灣，吃的芥菜瘦弱矮小，葉莖粗糙，滋味輕淡，嚼到最後，還留下一大口粗絲渣滓，非吐出來不可。筆者懷疑芥菜是溫帶的菜類，在熱帶的臺灣水土氣候不適合種植，一如中南半島和南洋群島，蔬菜都淡而無味。我這個比較絕非信口胡說，請問一下生長於大陸與南洋歸僑人士，就可證明。

同日好做忌（saŋ 下平　lit 下入　ho 上上　tsue 上去　ki 下去）——多人同一天死亡，以後年年忌日祭拜方便。

　　這是一句相當酷虐的玩笑語。很多人在同一日內死去，此是多麼令人悲痛無奈的事，但拜起忌辰來卻又方便。史記田橫傳：「漢滅項籍，漢王（劉邦）立爲皇帝。迺復使使持節（皇帝信物）具告，曰：『（齊王）田橫來，大者王，小者迺侯耳。不來，且舉兵加誅焉。』（橫）曰：『橫始與漢王俱南面稱孤。今漢王爲天子，而橫逃爲亡虜而北面事之，其恥固已甚矣！』遂自剄。（其部屬五百餘人在海島中〔今江蘇東海縣〕），聞田橫死，亦皆自殺。」田橫守義不屈而死，劉邦以「王禮」葬之。忠於其主同日自殺，世稱「五百壯士」，是很感人的。

　　前臺灣大學校長傅斯年（一八九六一一九五〇），爲北京大學教授胡適的學生。後留學英、德，修研學科達十五種。民國八年「五四運動」健將，創立新潮、獨立評論雜誌。他的事業貢獻爲：設中央研究院歷史語言研究所、發掘殷墟、以文章轟走二位行政院院長－蔣中正親戚孔祥熙、宋子文、首創「大學入學考試命題人員入闈制」、一九四九年遷臺任臺大校長時力抗政治勢力白色恐怖侵入校園等。他和毛澤東、周恩來有交誼，因反對共產制度，故來臺。自己題字：「歸骨於田橫之島」。起初臺大經費

不足，須受臺灣省政府補助。民國三十九年十二月二十日，在省議會備詢；「大砲」郭國基議員嚴辭責詢，傅答詢時情緒激動，引發高血壓腦溢血逝世，享年不過五十五歲，安葬於臺大校園中，他的題字竟一語成讖。遺著有「傅孟眞先生集」，其中重要論著有性命古訓辨正、夷夏東西說等。

　　人終歸有一死；如果夫妻感情極好，一個先走，留下另一個多麼痛苦。故從好意看，「同日好做忌」也未嘗不可。古人有兩句意味深長的話：「不求同年同月同日生，但願同年同月同日死。」反而成爲入情入理的佳言。數十年前，中央研究院院士劉大中博士在美國發現患了末期癌症，子女又多已長成，毫無牽掛；於是感情良好的妻子陪著他雙雙服安眠藥自殺。此事當時曾震驚中外。大中的妻子以一個健康的人伴著丈夫自盡，確眞須要極大的勇氣。

　　約十年前，一架由金門起飛來臺的軍用機，因爲超載大量的高粱酒，不堪負荷，起飛不久，就墜落金門外海，結果造成多人傷亡。筆者認識的有三位：中醫師顏天淵夫婦、籃球球友陳育回，都同機死亡。從前我在金門生病，因醫生少，不是看西醫李邦安，便是中醫顏天淵。寫到此處，傷心非常。

后埯好菜瘸（au 下去　uã 上平　ho 上上　ts'ai 上去　po 上上）——
以鄉鎮（村）名及其特徵編爲謠諺作戲謔笑樂。

　　后埯好荣瘸，董林嬌（sui 上上、美）查某（女人），東洲好車鼓。水頭鸞，金門城肉豆。下市賢，洪門港燒酒矸（瓶）。古寧頭鴨阿，東沙豬，歐厝驢。泗湖無例，後湖哭爸，昔果山攌大喉。盤山牛，湖下羊，後浦狗。何厝戲阿。

　　以上一段很像民謠，產生的時日不詳。選取十七個市鎮鄉

村，用它們該地的特產、特長、習俗、民性等加以嘲弄，目的在取笑，實無惡意。

「茱㾪」即鹹蘿蔔，世俗甚至閩南語學者都誤寫爲「茱脯」。姑不論讀音不對；就造字說，左邊「月」是「肉」，右邊是音符「甫」，是一個形聲字，意爲用豬肉作成的「肉脯」，怎可當做白蘿蔔切條或塊狀醃鹽而成的鹹蘿蔔使用？錯誤極了。

閩南語稱白蘿蔔爲「茱頭」。「㾪」字取義於「皺縮」。白蘿蔔洗淨後，切條或塊狀在陽光下曬乾，即縮小體積，然後用食鹽醃漬，表面仍成皺縮狀，故稱「茱㾪」。「㾪」在閩南語讀如「補」音，就像老婆婆的皮膚和無齒的嘴巴。故「茱㾪」的「㾪」甚爲正確，絕無他字可以取代。

這一首謠諺中，后垵鄉自古以製造好吃的「茱㾪」出名；聽說近來漸被盤山鄉所取代。董（一作「榜」）林鄉以產漂亮的女人聞名。「車鼓弄」臺灣亦有，是一種民間藝術表演，幾位女孩子穿著古裝，手打鑼鼓，載歌載舞。水頭鄉瀕海，多獲鱟魚出售。肉豆是豌豆的一種，苞皮有細毛，合花生粉炒煮，非常好吃。簪是一種手舉竹竿製作的大網，人可站在不深的海水中捕魚。洪門港鄉一名后豐港，古時以買賣舊酒瓶馳名。古寧頭鄉人較愚直，故戲稱鴨子（一說古寧頭戲阿、該鄉從前有高甲戲班）。東沙鄉人和歐厝鄉人都不算聰明，因此分別以豬、驢戲呼。泗湖鄉人省掉一些民間崇信的俗例，較少禁忌。後湖鄉人自古以來不作佛事，其過往祖先難得佛道所作的「功德」，故叫「哭爸」。「擤」的原義是「束」，此處引伸其意爲「抓捉」；昔果山鄉人擅長於抓捉「大喉（蟬）」。盤山鄉人民風強悍，喜說大話，有「牛脾氣」。湖下鄉人聚「楊」姓族居，「楊」與「羊」同音，故戲稱「羊」，羊的性情乖順。縣城後浦人雜姓而

居，人口最多，是官紳土豪聚集之所，常跑官廳，見慣兵丁，故有時凶惡如狗。何厝鄉舊時有臺灣歌仔戲班、高甲戲班，以善於演戲著稱。參閱本書第二十二章藝術類「臺灣戲阿」條。

查某囝賊（tsa 上平　bo 上上　kiã 上上　ts'at 下入）——嫁出的女兒為照顧夫家，常喜公開或暗中拿取外家的財物回去。

　　夫妻結合，主要的維繫力量在於深厚的感情。從前的舊社會，結婚都是「父母之命，媒妁之言。」據南宋孟元老東京夢華錄記載，那時已有「相親」的風俗；不過是「準婆婆」相親，而不是新郎本人。如果合意，即以釵子插冠中，叫「插釵子」；或不合意，即留一二端綵緞，與之「壓驚」，則此親事不諧了。（見卷五「娶婦」）

　　劉備到東吳相親，娶孫權妹孫夫人為妻，是很出名的故事。三國志蜀書先主傳：「先主（備）表（劉表長子）琦為荊州刺史。琦病死，群下推先主為荊州牧。（權）稍畏之，進妹（孫夫人）固好。」同書先主穆皇后傳：「先主既定益州，而孫夫人還吳。」正史記孫夫人事，只如此。到明羅本三國演義，大事鋪張，第五十四、五十五回，寫孫權為奪取荊州，與周瑜定計，欲嫁妹於劉備；待備至，則拘擒迫地。不料權母吳國太相親後大悅，立即成婚。備依諸葛亮預示，帶孫夫人逃回。權派兵追殺，又被趙雲張飛所敗。此即「賠了夫人又折兵」典故由來。後來權用張昭計，差人假說國太病危，騙回其妹。最後，已稱帝的劉備親征吳國，三國演義八十四：「時孫夫人在吳，訛傳先主死於軍中，遂驅車至江邊，望西遙哭，投江而死。後人立廟江濱，號曰梟姬祠。」世傳該廟有一副門聯，題著：「思親淚落吳江冷，望帝魂歸蜀道難。」文情兼茂，悽楚悱惻，融入孫夫人的不幸遭遇

與結局，感人無限。

說也奇怪，舊時新夫婦是洞房花燭夜纔互相認識的，到民國時仍是如此，但感情卻常意外的好。胡適年輕時在美國留學，他母親馮氏，寄一幀議親中的媳婦江冬秀照片給他看，胡適見後即時題字在照片背後，同意婚事。民國六年七月，學成歸國，多天即完婚，一生感情極好。後來胡氏又在美國告訴美國婦女說「中國的夫妻是在結婚當夜認識而感情好」，那些婦女認為不可思議。

近幾十年來，西化和性開放速度加快，侵入東方各國的社會，為害極為深鉅。另一原因是進入工商時代，女性有機會接受高等教育，謀生能力不輸給男性，故不必依賴丈夫。一旦意見個性不合，離婚是稀鬆平常的事。男女經自由社交戀愛而結合，未必能保證感情長期良好。眼前的臺灣，尤其首惡之區臺北市，一夜情、通姦、一男睡過二十女、一女睡過十五男、午夜牛郎、大中女生賣淫、國中女生書包裏有避孕藥、同性戀、愛滋病等，一點也不奇怪。全世界中，唯一能力挽狂瀾的只有回教國家，對男女間的性關係限制相當嚴厲，令人稱道，這是阻止人類回到獸類時代的希望所寄。

古時的女子都抱著「從一而終」的觀念，牢不可破，離婚談何容易。只須感情良好，全都願意和丈夫白頭偕老，貧窮僅是次要問題。夫家如果富有，希望更富有，如此更有助於培養子女出人頭地；倘若貧困，妻子就會勤儉持家，盡力扶助丈夫多賺錢改善家計。如是外家有錢，那麼妻子每次歸寧回來，絕不會空著雙手；凡百財物，就是真的用「偷」，也要偷得，務使丈夫兒女生活得好而有快樂，故金門纔有「查某囝賊」調侃而無惡意的話。

流鼻血（lau 下平　p'i 下去　huit 上入）——人溺水死者，其家屬近身認屍，死屍立即鼻血雙流。戲言彼此不是親人，一方卻表親情好意。

依據人類長久的經驗，凡人落水死的，屍體被搬運上岸後，圍觀的人很多，但死者毫無動靜。可是其親人一來到，死屍就鼻血流個不止。這是千眞萬確的事實，迄今爲止，無法用科學方法解釋。

一九四三年左右，盟軍戰鬥轟炸機轟炸廈門港日軍船艦。筆者鄰居王慶雲的內弟阿丁，某日中午乘小渡船過港要回到鼓浪嶼家裏用午餐。他母親住在鼓浪嶼的高處家屋，倚門望子。突然間，正好看到飛機俯衝投下數枚炸彈，轟然巨響，炸中港中的小渡船。心想：兒子來電說今天中午要回家吃飯，會不會剛好搭上這艘船？等了幾個鐘頭，不見兒子回來。半疑半怕，著急走路到隄岸邊，看見群眾圍觀數具撈起的屍體，近前一看，其中之一正是兒子阿丁！母親跪倒撫屍痛哭；瞬息間，阿丁兩管鼻孔的鼻血溢流不停。

一九三一年六月，金門縣城北門，筆者的族叔洪合淵，爲他就讀於鼓浪嶼英華書院的兒子洪炳宣回家完婚。炳宣素與繼母不睦。繼母經常惡毒咒罵。炳宣婚後立即回校，冷落了新娘楊麗碧。端午節忽然回來，一改新婚的鬱悶，夫妻恩愛非常。只逗留一星期，又返校準備考試。第八天惡耗傳來，炳宣在鼓浪嶼「港阿後」海中游泳溺死。他的同學們把遺體運回金門，俗例在外凶終者不得入境，連棺木暫厝於西門外媽祖廟破屋。麗碧前去認屍，炳宣鼻血直流不止。筆者將此事寫爲短篇小說「相愛應是別離時」，收入聯經版「紅樹梅」小說集。

「流鼻血」一詞的引伸意義，屬於玩笑語。意思是：你和我

並非親人，對待我何必「流鼻血」！表示得如同近親的親熱？這簡直在嘲罵對方為死人，真是謔而又虐了。據說，有人飼養猩猩與猴子，這兩種動物溺水死，主人去看，它們也會流鼻血；此事很難作合理的解說。

褒搔捋（po 上平　so 上平　luat 下入）——有意的大大地討好讚美某人。

廣韻下平聲六豪：「褒，進揚美也。」梁顧野王玉篇衣部：「褒，揚美也。」北宋丁度集韻豪韻：「褒，獎飾。」

禮記內則：「（父母）疾痛苛癢，（子婦）而敬抑搔之。」鄭玄注：「搔，摩也。」也就是「輕輕地撫摸」。杜甫春望詩：「白頭搔更短，渾欲不勝簪。」「搔」亦是「摸搔」意。

民國黃侃（季剛）論學雜著（湖北）蘄春語：「今吾鄉謂以五指持物循摩上下，曰捋。」古樂府詩陌上桑：「行者見羅敷，下擔捋髭鬚。」「捋」就是「用手順向撫摸過去」。

綜合以上褒、搔、捋三字的意義為一，「褒搔捋」便是「故意地對人用好話大大稱讚顯揚，沒有動手，而使對方高興透頂。」講話的內容未必合於事實，故其中或含有「開玩笑」的意思在內。人性的特點，讚美的話人人愛聽，責嫌的話則逆耳。故孔子謂舜「隱惡而揚善」（見禮記中庸）。俗語說：「贈人以言，重於金玉；傷人以言，深於矛戟。」「講話」極重要，不可不慎。

雞媧（健）阿（kue 上平　lua 下去　a 上平）——年輕未和公雞交配或生蛋的母雞。少女。

在動物中，其身材相貌，年紀輕的比年老的好看得多。以人

類說，俗語有類似的話語：「自古英雄如美女，不許人間見白頭。」在男性說，年老了頭禿齒落，鬚眉全白，肌肉萎縮，皮膚起皺，身高降低。例如，二十年前世界摔角協會WWF的世界職業重量級摔角冠軍美國人霍克霍根 Hulk Hogan，身高二百零一公分，體重三百零三磅，雄偉無比，所向披靡，保持王座達八年之久，史無前例，亦將絕後。但到晚近幾年猶不願退休，以致數度被人擊敗。在電視上，看見他已五六十歲，全身肌肉退化，前額光禿，身高變矮，氣力遠不如從前。美國作家柏格茲 Edgar Rice Burroughs 1875 － 1950 著小說「泰山」TARZAN，寫一武勇力士在非洲叢林中長大，終日與猩猩為伴，成為百獸之王。富於傳奇與冒險性，數度被搬上電影銀幕。頭一位飾演泰山的，是美國世運百公尺游泳冠軍尊尼韋斯摩勒 Johnny Weissmuller，身材魁梧，肌肉發達，演來最為出色，被譽為「老牌泰山」。筆者約在一九四六年於廈門看過他的影片。但銀幕上的泰山，必須長保年輕，纔能適合，決不許有老態。隨著時間的逝去，「泰山」的主演者接續換過好幾位，仍一樣風靡世界。韋斯摩勒尚健在，年約九十。

　　中國歷史上的最有名美女西施、王昭君、趙飛燕、貂蟬、楊貴妃，其傾倒眾生的美貌都在青少年時期。這些美女多數早死，但也從未聽說過美女到老來還美麗的。因為她們會面皺（尚無現在的拉皮手術）、頭白（無如今的染髮）、身體變形、聲音改調。例如，往年在電視中，看到遲暮影歌星白光、歌星吳鶯音（筆者以為成就僅次周璇），偶然歌唱一段，其音色音量，已遠不及從前。

　　爾雅釋畜：「未成雞，健。」東晉郭璞注：「今江東呼雞少者曰健。」廣韻去聲三十二霰：「健，雞未成也。」依上引書的

字義，「䲹」即是尚在發育中的小雞。金門人玩笑少女的美妙，看起來很像小雌雞一般的清秀嬌麗可愛。但這個「䲹」字有二缺點：一是从人旁，與本義是雞類不合；二是沒有分別雌雄，到底是小雌雞？還是小雄雞？因爲閩南語中「雞䲹」等於小母雞，絕無小公雞稱爲「雞䲹」的。

另有「孈」字。魏張揖廣雅釋詁一：「孈，弱也。」清王念孫疏證：「孈者，即今嫩字也。」女人屬於雌性，其可愛處即是「柔弱」；如果女子長得高大強壯多力，反而不美，也違反造物者創造雌雄的自然律（女巨人女力士屬於極少數的例外）。正在發育中的「少雌雞」，柔嫩美麗可愛極了，旣未生過蛋，亦不與雄雞交配過；直令人不忍想殺了吃它的肉。故「雞孈」比「雞䲹」在用字上較爲合理許多。

令人相當驚奇的是，英文中有 chicken 一字，原義爲「雛雞」。但美國人有時指稱「少女」，正好和金門話相同。這種戲呼小母雞作年輕女人的叫法，絕非學自中國，而是人類的鑑賞力有共通之處。

第二十二章　藝術

九甲戲（kau上上　kak上入　hi上去）——以南管音樂爲基本曲調，吸收宋江戲、梨園戲、崑曲、京劇、徽班各種特色而成的劇種。

金門人稱爲「九甲」。九甲戲又名九角、高甲、戈甲、交加、九家等。流行於福建省泉州地區各縣、漳州龍溪地區部分縣、廈門市、金門縣、臺灣省閩南語系地區。產生於清代中葉，最初以閩南民間化裝表演爲基礎，以十音、鼓吹音樂作爲伴奏而成。初以元施子安（耐庵）水滸傳故事爲主要內容，故稱「宋江戲」。隨著發展爲明東周列國志、三國演義、清錢彩說岳全傳等題材的劇目。這些劇目氣勢宏大，故又名「大氣戲」。

清道光年間（公元一八二一至一八五〇），福建南安縣嶺兜鄉藝人組織「合興戲班」，兼演文武戲，吸收平劇和崑曲的藝術，演出打金枝、困河東等劇目。二十世紀以來，吸收梨園戲、傀儡戲中生旦戲的唱腔、曲牌與表演藝術，演出山伯英臺、杏元思釵、孟姜女等劇齣。又採取其他民間小劇（如竹馬戲）富有生活氣息的丑戲，如桃花搭渡、管甫送、唐二別妻等。因戲劇內容氣勢雄大，風格粗獷有力，故運用南曲曲牌時，常提高調門，改變旋律。吹奏曲牌分大牌、小牌二種。大牌又稱「大吹樂」，用大嗩吶吹奏，和鑼鼓套結合，用於出城、迎接、拜壽、哀祭、跑馬等場面。絲竹樂器以嗩吶爲主，另有二絃、三絃、洞簫、品簫等。打擊樂器有鼓、大鑼、小鑼、大鈸、小鈸、百鼓、碗鑼、小叫、響盞等。

　　九甲戲的曲調，如以命名的方式，可分為二。一是以曲牌名為名的曲調，此種曲調無固定的唱詞，是依劇情需要而填唱，如慢頭、五交、福馬、五開花、四空北、紅衲襖、信思、將水、金錢北、潮疊等。二是依頭分句唱詞為名，又可分為南管既有的散曲，如魚沉雁杳、短滾、喜今宵、雙閨、心頭傷悲、中滾、共君斷約、水車等。

　　九甲戲最早的文武場編制，有副鼓、中吹、弦管、鼓師、副籠等五人。「副鼓」主司三絃、雙音、鈸。「中吹」主司品簫、噯阿、大噯（嗩吶）。「弦管」主司二絃、大噯、碗鑼。「鼓師」主司南鼓、北鼓、方梆。「副籠」主司鑼、馬鑼、北鑼。

　　九甲戲的劇目，有李三娘汲水（劉知遠）、西廂記、高文舉、陳三五娘、山伯英臺、呂蒙正、鄭元和、斷機教子、陳杏元和番、朱弁妻、大舜耕田、玉堂春、孟麗君、萬花船、一文錢、五美緣、薄情報應、李廣救國母、麒麟山、烈女記、花田錯、白鶴渡、三女奪一夫、雙拜壽、金魚記、金姑趕羊、丹桂圖、二八佳人、三生結義、玉骨駕鴦寶扇、李旦歸天、乾坤寶鏡、兄弟無情、為酒誤事等。

　　本書第二十一章戲謔類「後垵好荣瘍」條，曾提到「古寧頭戲阿」，時間應在清朝及民初，金門志卷三六章：「五十四年，相繼組成者，有古寧頭之莒光閩劇社（交加戲）。」可知古寧頭鄉的九甲戲早有根柢，其後中斷，但易於繼起。筆者十五歲時（民國三十五年），抗日勝利不久，福建內地（未被日軍占領）和金門、廈門交通恢復。金門凡迎神賽會，多聘請內地戲班前來演戲酬神。一次在縣城西門「馬舍（爺）宮」前，九甲戲團由兒童組成，表演精彩。一次於南門「媽祖宮」前，演出者為成人九甲戲班，女主角雖長得不美，皮膚黝黑，但演技精湛，又擅長

「使目箭」（以媚眼瞟向特定人士），觀眾更是熱烈陶醉捧場，把她綽號爲「黑鬼妹阿」，很多入迷觀眾一再追隨該劇團到全島許多鄉村演出。

狗聲乞食喉（kau 上上　siã 上平　kʻit 上入　tsiak 下入　au 下平）——嘲笑人唱歌的難聽。

　　犬類原本是在森林草原上奔跑的肉食獸，約於數十萬年前被人類馴服豢養後，到今天已成爲全世界各國人士的首號寵物。它的優點很多：一是嗅覺靈敏爲人類的四十倍，可用作警犬，追蹤逃犯，聞出夾藏緊密的毒品、鎗械，或找出地震倒塌房屋及雪崩被活埋的人；用作牧羊犬，看守綿羊群；用作獵犬，搜尋山野樹林中的野獸；用作導盲犬，引導盲人走路。二是善跑，百公尺只費時七秒多，遠勝世界百米短跑冠軍。三是忠於主人，守門、防盜、啣物從不失手。四是聰穎，可教以各種動作，在馬戲團中表演，義犬救主故事所在多有。五是種類繁多，不下千百種，可任人選擇爲觀賞或遊戲良伴。說文：「臭，禽走臭而知其跡者，犬也。」段注：「走臭，猶言逐氣。犬能行路蹤跡前犬之所至，於其氣知之也。其字从犬自，自者，鼻也。」說文和段注的語意，都是犬憑它的靈敏的嗅覺，聞知要追尋的氣味。

　　犬亦有不受歡迎的地方：一是隨時就地便溺，不及貓的講求清潔衛生。二是喜吃人糞；從前的人，小孩多在門口排便，犬就自動來吃個精光，故金門產生一句俗語：「未放屎，先呼狗。」寓意是，事情還全無著落，便先叫別人來等候。二是犬擅吠叫，尤其夜深人靜時，吵得鄰居不得安寧。而且叫聲有短吼，有長吠，聲從喉底出，大而粗噪，確實極難聽；故金門人用「狗聲」來訕笑歌喉不佳的人卻常常樂於展現醜狀。

　　南宋陸游（放翁）小舟游近村捨舟步歸詩：「斜陽古柳趙家莊，負鼓盲翁正作場。死後是非誰管得？滿村聽說蔡中郎。」東漢蔡邕才華蓋世，他的故事宋代起已流傳於民間。到元朝高明遂創爲劇曲琵琶記，或謂有感於南宋劉克莊（後村）詩：「死後是非誰管得？滿村爭唱蔡中郎。」而作琵琶記。相傳高明有友人王四，登第後，棄其妻而贅於太師不花家。名叫「琵琶」，暗指王四；元人呼牛爲「不花」，故稱爲「牛太師」；蔡邕曾依附董卓，因作爲託名；趙五娘者，百家姓首二句：「趙、錢、孫、李，周、吳、鄭、王。」從「趙」到「周」，數屬「五」，兼影射蔡邕原配「五娘」與王四原配「周氏」。原來琵琶記中，寫邕婚後入京赴考，得中狀元，相國牛僧孺逼以女嫁之，邕遂入贅牛府，棄其首妻。

　　論時代，雖同是南宋，但陸游早於劉克莊約五十年。由詩中，得知古時的乞丐求乞，須要手打梆鼓，演唱故事；唱完，聽衆可隨意賞錢。直到民國，還是這樣。閩南、金、廈、臺、澎，逢年過節，乞丐身帶樂器，挨家挨戶演唱乞討，給錢後纔肯離去。但因缺少指導訓練，故歌謠實在難聽。由此意思推廣，凡唱歌不好聽的，金門人都取笑爲「乞食喉」。

　　禮記樂記：「樂者，音之所由生也。是故其哀心感者，其聲噍以殺（聲微細）；其樂心感者，其聲嘽（寬綽）以緩；其喜心感者，其聲發以散；其怒心感者，其聲粗以厲；其敬心感者，其聲直以廉；其愛心感者，其聲和以柔；六者非性也，感於物而后動。是故治世之音安以樂，其政和；亂世之音怨以怒，其政乖（違逆）；亡國之音哀以思，其民困；聲音之道，與政通矣。」又說：「夫民有血氣心知之性，而無哀樂喜怒之常，應感起物而動，然後心術形焉。是故志微噍殺之音作，而民思憂；嘽諧慢易

繁文簡節之音作，而民康樂；粗厲猛起奮末廣賁（憤）之音作，而民剛毅；廉直勁正莊誠之音作，而民肅敬；寬裕肉好（圓瑩通滑）順誠和動之音作，而民慈愛；流辟邪散狄成（淫佚）滌濫（泛濫侵僭）之音作，而民淫亂。」可見音樂的形成與創作，是人性和外在事物交感而成；人民聽了，亦必會產生一定的影響。

　　日本田邊尚雄中國音樂史二章三節：「第一，音樂者，娛悅人心、安慰人心之動作也；此種動作無論任何人種皆有之。第二，音樂爲感化人心之動作，即有所謂正樂、淫樂、凶樂之區別。第三，音樂爲生活之反映，爲人格自然發現者。」故正樂有益，淫樂有害，凶樂有悲。

　　大約從一九五〇年代起，世界音樂除古典的不算外，一般所謂「流行歌曲」、「熱門歌曲」、「搖滾歌曲」等忽然有如一陣大歪風，不古不今，不倫不類，吹遍了全球。臺灣隨著盡力西化和工商業發達，尤其嚴重。這些音樂歌曲大致有三特徵：一是狂叫型，演唱者如同哭鬧一般，撕破喉嚨似的吵嚷個不停；二是吼跳型，演唱者大吼大跳，拳打腳踢，如同精神發狂，簡直瘋子一樣；三是呻吟型，輕輕慢慢的，旋律不起不落，平淡得猶如說話，恰似疾病者在哀吟（校園歌曲即其代表）。以上三類型音樂歌曲的流行層，大都是青少年男女；幾乎沒有中年以上的人肯接受這一些可笑可鄙的樂歌。

　　筆者憑直覺與心領神會，體察數十年，終於認定這三種類的音樂或歌曲，其創作的精神、感情、境界，不外幼稚、淺薄、無知、妄動、反叛、淫亂、肆無忌憚，毫無美感或藝術價值，甚至不算音樂歌曲，而是一片胡鬧的噪音罷了。其意念，可用「媽媽我要嫁！」「只要我喜歡，有甚麼不可以！」作例子。每逢電視上出現了此類場面，我立刻關機或轉臺，避之唯恐不及。

　　更悲哀的是，這類演出竟然有萬千青少年觀衆，還在臺下跟著一起發狂，手舞足蹈，高聲尖叫；唱片、CD、錄音帶竟可暢銷數萬張。不禁令人感歎世上愚昧者、盲從者的充斥，毫無鑑別藝術的能力，被人牽著鼻子走。但擁護者會說：這些是屬於年輕人的音樂歌曲，顯示活力、青春、熱情、好動、活潑，充滿生氣，而不陷於呆板塞滯。說起來好聽，但那些旋律、節奏、歌辭、動作，過度誇張而走火入魔。音樂確能感化人心；像前引樂記與田邊尙雄的話，眞稱得上是徹底瞭解音樂的明智之言。近幾十年，臺灣社會上青少年犯罪率節節升高，如騎機車持刀沿路殺人、搶劫、賣淫、擄人勒贖、吸毒、強姦、謀財害命等等，很難說和前述三種類型的音樂歌曲沒有關係。

　　試回頭聆聽我國古樂，使人心境中正平和；西洋古典樂、交響樂，莊重高雅；舊國語歌曲，樂而不淫。從前國民黨政府未解除戒嚴時，筆者最喜愛打開短波收音機，偷聽中國大陸的廣播，爲一大快事。尤其是所揷播的音樂或小調，眞是優美好聽極了；與前人說的「下雨天關門看禁書」，有異曲同工之妙。

　　中國現代的國語流行歌曲作曲，應該繼步黃自、趙元任、李抱忱、姚敏，至少也須跟著劉家昌，還有些希望。至於歌唱者，民國以來，男的我只取常與周璇合唱的嚴華、萬沙浪、青山、謝雷；歌劇斯義桂。女的周璇外，只吳鶯音、鄧麗君、蔡琴、蔡幸娟。其餘不聽皆可。

洞館（tɔŋ下去　kuan 上上）──正宗的南管音樂。

　　金門人稱南管爲「洞館」。「洞」指洞簫。洞館屬於絃館館閣，在合樂時，仍舊維持傳統，上四管的簫沒有改成笛子，其他樂器的種類、編制也沒有改變。整絃時，遵守南管的規定，按照

「指」、「曲」、「譜」的順序演奏。

「洞館」和「品管」相對稱。「品」指笛子。「品管」又稱「歌館」或「太平歌館」，樂器以笛子與月琴爲主。通常只演奏一些「曲」，整絃時，不按「指」、「曲」、「譜」的順序演奏，表演較爲隨性自由。

南管是閩南的地方音樂，體製濫觴於唐朝、五代，成型於宋朝、元朝，成熟大盛於明朝、清朝。流行於福建南部（包含金、廈）及中南半島、南洋群島各地的閩南籍華僑社會之中。臺灣的南管，四百年前起由閩南移民傳入。

南管的主要形式有二種：一是戲劇演出，以「梨園戲」爲主流；二是小型樂隊的清奏或清唱。南管的異名，有南音、南樂、南曲、南詞、南腔、五音（所用音階有五：乂、工、六、士、一）等。

「梨園戲」戲班分爲大、小梨園。前者的演員爲成人，後者爲男童。「大梨園」又因地域之故分「上路」與「下南」二派。三派班社各有特色，亦各有「十八棚頭」（劇目）。「上路」的劇本有荆釵記（王十朋）、琵琶記（蔡伯喈）、捉王魁、孟姜女、朱壽昌、殺狗勸夫等。「下南」有呂蒙正風雪破窯記、鄭元和、凍蘇秦等。「小梨園」有陳三五娘（荔鏡記）、呂蒙正風雪破窯記、王月英月夜留鞋記、雪梅教子、白兔記、漢宮秋（昭君出塞）、玉簪記（陳妙常）等。

清康熙三十七年（公元一六九八），浙江人郁永河來臺灣採購硫磺，著裨海紀遊一書，書中臺灣竹枝詞之一：「肩披鬖髮耳垂璫，粉面朱唇似女郎。媽祖宮前鑼鼓鬧，侏離唱出下南腔。」原注：「閩人以漳、泉二郡爲『下南』，『下南腔』亦閩中聲律之一種也。」即是描寫「大梨園」演唱情形。古西夷音樂及語

聲，稱爲「侏離」。

　　南管音樂體製嚴謹，分爲三類：一是「譜」（樂器演奏曲），它是有聲無辭的但曲，其結構以數節（章）自成段落各具標題的音樂組成。「譜」樂的演奏，常用於結束排場或祭祀郎君先賢。今存十六套，十三套是「舊曲」，三套是「外套」。「舊曲」：起手板、三台令、梅花操、陽關曲、四時景、五湖遊、八駿馬、三不和、百鳥歸巢、八展舞、四靜板、四不應、孔雀開屏。「外套」：舞金蛟、思鄉怨、叩皇天。

　　二是「指」（聲樂套曲），指套可供演唱或演奏。「指」現存四十八套，多爲戲文的斷簡殘篇。一套不一定出於一本戲文，有時可掇集二、三本不同戲文的支曲，共成一套。

　　三是「曲」（聲樂散曲），現存散曲在千首以上，多爲民間歌館及藝人的手鈔本，已印行的只有七百餘首。散曲內容，除多戲曲佚文之外，亦多男女戀歌，不似金、元散曲以文人作品爲主。

　　「梨園戲」的腳色，有生、旦、淨（花臉）、末（掛黑髯之配角）、丑、貼（配角之旦）、外（掛白髯之配角），計七種，故稱「七子班」。後又加老旦及沖末（年輕之男配角）。演員來源，「大梨園」由「小梨園」弟子長大後充任，「小梨園」則是貧寒之家的幼童賣身而來。

　　「梨園戲」的「身段」（在臺上之身體所有動作），有所謂：「進三步，退三步，三步到臺前。」「舉手到目眉，分手到肚臍，指手到鼻尖，拱手到下頦。」清施鴻保閩雜記：「下府七子班，其旦在場上，故以眼斜視所識，謂之『撲翠雀』，亦曰『放目箭』，曰『飛眼來』，其所識者甫一見，急提衣襟作兜物狀，躍而承之，遲則爲旁人接去。彼此互爭，有至鬥毆涉訟

者。」這在金門話，叫「使目箭」（「使」有寫作「駛」者誤）。

南管的樂器，分述於下：

一、拍板：在演奏中，有「樂正」地位。前身出自節鼓，節鼓爲六朝清商樂器所用。它用檀木或其他質地堅密的木材製成，共五片，以繩索串起。左右二片較薄，中間三片較厚。操作時，左手握三片，右手握二片。端坐靜神，兩手合擊，此是唐朝古法。高不過眉，低不越肚臍。拍板無譜，只按節拍擊之。

二、琵琶：形制爲曲項梨形，北魏太武帝時自西域（今新疆）傳入中國。四軫（轉絃之柄），四絃（定音爲DGAd），九品（面板上柱位），或十品。面板左右有半月形凹槽作音窗（此與日本正倉院藏唐代曲項琵琶同）。琴身用杉木或梧桐木做成。唐時以撥子彈奏，南管用手指彈奏。它是整個樂隊的指揮。

三、三絃：相傳爲周朝樂工師曠所作以代琴，唐朝名叫「阮咸」（魏阮籍之姪、擅彈直項琵琶）。三絃名稱始見於元代，元、明以來一直爲說唱音樂的主要樂器。長柄，鼓琴內外呈長方圓形，鬆蒙蟒皮，安竹馬，置天、地、人三線，無音鍵。音色渾厚，音域寬廣。演奏時，右手覆於琴鼓靠右肋位處，不放置大腿上。左手橫握琴身，彈奏指法和琵琶相同。其主要作用在輔佐琵琶，使琵琶音聲更遠而清。因此彈奏時每讓琵琶先出，然後承之發音。

四、洞簫：材質以竹子根部露土部分製成，全長不超過一尺八寸。無底，上開鳳眼，十目九節，每一目二孔（五前一背），承襲唐朝六孔尺八的規制。吹簫之法，坐勿貪椅，左手上，右手下，雙手圓舉如鳳展翼，唇口用舌探正。左手拇指按後孔，食指、中指按一、二孔；右手拇指把穩於後，食指、中指、無名指

按三、四、五孔。音響務必長久，氣順，結實，講究起伏頓挫。或蓄勢緩吹，切勿逐字逐句吹。

五、二絃：通稱胡琴。取自竹根部以上二尺七寸左右，共十三節，根部朝上。琴筒以木挖空製成。筒面用梧桐木薄片，上置竹馬，琴軫置於右上方，絃和將軍柱繫軟馬（千金）；軟馬至筒底四節，軟馬至琴軫三節，二琴軫間共三節，以上再三節。右手握弓，食指不可突出在外，拇指按於上方，橫置平行，沉腕運弓，中指、無名指托住馬尾兜力拉弓；左手虎口處置軟馬下，各指以指腹按音。

六、橫笛：稱爲「品管」或「品簫」，是洞簫的輔佐。東漢應劭風俗通義六笛：「謹按，樂記：『（西漢）武帝時，丘仲之所作也。』笛者，滌也。所以蕩滌邪穢，納之於雅正也。長二尺四寸，七孔。其後又有羌笛，（東漢）馬融笛賦（筆者案：昭明文選作『長笛賦』）曰：『近世雙笛從羌起，羌人伐竹未及已。龍鳴水中不見己，截竹吹之聲相似。剡其上孔通洞之，裁以當簻（笛）便易持。易京君明識音律，故本四孔加以一。君明所加孔後出，是謂商聲五音畢。』」又案：應劭所引樂記，非禮記中樂記；當是遲至武帝時，河間獻王（武帝弟）與毛生（萇）等所作樂記，見漢書藝文志樂類序。京君明名房，通易。本姓李，推律自定爲京氏。元帝時，遭讒，被殺，見漢書本傳。清徐養原笛律：「大抵漢、魏、六朝所謂笛，皆是豎笛也。橫笛古謂之『橫吹』，（武帝時）李延年有『橫吹二十八解』，其器亦起於羌。」

此外有「十音」，亦分述於下：

一、玉噯：又名噯阿，即小嗩吶，於金、元時傳入中國。管身木製，本小末大。管上安蘆哨，末端套一喇叭形銅管。嗩吶聲

音嘹亮，玉噯則以柔美見長。其執奏姿勢與洞簫同。

　　二、雙音：亦稱撩鐘，爲二枚銅製無舌的小鈴，互擊發聲。此器亦由西域傳入，南北朝時已有之。操作時，分執左右手，輕擊捱撞，打撩不打拍。（撩拍即板眼。以拍指板，以撩爲眼。）

　　三、響盞：爲一直徑五、六公分小圓銅盤，外圍用竹編框。左手拿著，右手握一小軟槌敲擊。此器宋朝以後始見記載。它是唯一可和琵琶撚指同時發聲的金屬樂器，演奏時，和「鮫叫」（叫鑼）搭配，增加輕快歡樂的氣氛。

　　四、鮫叫：爲一直徑九公分的小銅鑼，上有木魚，下有流蘇。操作時，左手食指插入叫鑼的木魚魚腹，垂於掌心。右手緊握梧桐木片拍擊木魚，小鑼則和響盞呼應，逢琵琶撚指即停。（此樂器以二種計算）

　　五、四塊：又名「四寶」，是四塊約七、八寸長，一寸寬，兩邊有木的竹片。操作時，左右手各執二片，各有一片固定，一片活動。隨著琵琶指法，用首尾兩端反覆互擊出聲。琵琶撚指時，雙腕運力使其互震捱擊。逢拍則四塊握合。

　　綜上所述，琵琶、洞簫、三絃、二絃，稱爲「上四管」；雙音（撩鐘）、響盞、鮫叫（叫鑼）、四塊（四寶），稱爲「下四管」；加上拍板、橫笛、玉噯（噯阿），共十二種樂器，合稱「十音」。其中「鮫叫（含木魚）」只一人演奏，拍板地位持殊，因此「十音」實際爲十人執理。梨園戲中尚有南鼓，直徑約二尺，至少能打出八度音階。它一如國劇，可指揮場上的節奏樂器；以鼓點暗示演員的身段臺步；故南管中的樂器，總共爲十三種。

　　南管樂的聲腔有五個來源：一是下南腔，是泉南土腔，亦爲南管主要聲腔。二是廣東潮州調。三是安徽青陽調。四是江西弋

陽腔。五是江蘇崑腔。

　　南管淵源於兩漢、魏、晉的「相和歌」。唐吳兢樂府古題要
解：「樂府相和歌，並漢世街陌謳謠之詞。」亦即是民間歌曲。
最初的形式是「徒歌」（只歌無樂），發展為「相和」（以歌合
樂），即「相和歌」。晉書樂志下：「但歌四曲，出自漢世，無
絃，節作，伎最先唱；一人唱，三人和，魏武帝（曹操）尤好
之。」以樂器與歌曲相和的，亦見於晉書樂志下：「相和，漢舊
歌也。絲竹更相和，執節者（即節鼓、為拍板之濫觴）歌，本一
部，魏明帝分為二。更遞夜宿，本十七曲。朱生、宋識、列和
等，復合之為十三曲。」清吳士鑑、劉承幹斠注：「又清商三
調，歌詩（西晉）荀勗撰。舊辭施用者，即（梁）沈約所謂：
『因絃管金石造歌，以被之者也。』」到東晉、南北朝間，承襲
漢、魏相和諸曲，吸收當代民間音樂，發展而成「清商樂」。

　　西晉懷帝永嘉之亂，樂人南奔，遺聲舊制，散落江左。魏書
樂志：「初，高祖（孝文帝拓跋宏）討淮、漢，世宗（宣武帝拓
跋恪）定壽春，收其聲伎。江左所傳中原舊曲明君、聖主、公
莫、白鳩之屬，及江南吳歌、荊楚西聲，總謂『清商』。」「清
商樂」到隋煬帝時，改稱「清樂」。故南管實包含有「相和」與
「清商」的雙重成分。

　　南管樂社奉祀的戲神有四：一是唐玄宗，一是田都元帥，一
是五代後蜀孟昶。玄宗在位時，文雅風流，愛好歌舞音樂，後宮
建有戲臺，多種梨樹，稱為「梨園」。唐書禮樂志：「初，隋有
法曲，其音清而近雅。明皇知音律，又酷愛法曲，選坐部伎子弟
三百，教於梨園。聲有誤者，帝必覺而正之。宮女數百，亦為梨
園弟子。」相傳玄宗也能粉墨登臺，後世因此祀玄宗為戲神。

　　當時閩中出生了一個天才音樂家，是地主蘇員外的外孫。他

母親無夫而孕，蘇員外認爲不祥，將嬰兒拋棄田野，被一雷姓佃
戶抱回撫養。從此有人說他姓蘇；亦有人說他姓雷；因田裏抱
得，故又姓田。長大後對音樂傑出，玄宗召他進京吹簫，任爲宮
內供奉，死後敕封爲「田都元帥」、「天下梨園總管」，農曆八
月二十三日爲其誕辰。

　　一說是雷海青，唐鄭處晦明皇雜錄：「天寶末，群賊陷兩
京。（安）祿山尤致意樂工，求訪心切。有樂工雷海青者，投樂
器於地，西向慟哭。逆黨乃縛海青於戲馬殿，支解以示衆。」後
來玄宗由四川回長安，愍其忠義，敕封爲「梨園總管」，命天下
梨園奉祀。

　　另說是五代後蜀主孟昶（睿文英武仁聖明孝皇帝），爲孟知
祥第三子，十六歲嗣位。五代史記後蜀世家：「昶好打毬走馬，
又爲方士房中之術，多採良家子以充後宮。昶幸晉、漢之際，中
國多故，而據險一方，君臣務爲奢侈以自娛。至於溺器，皆以七
寶裝之。（宋）太祖遂詔伐蜀。乃命李昊草表以降。昶至京師
（開封），封秦國公。七日而卒，追贈楚王。」享年四十七。傳
說昶精曉音律，並擅製曲。我國過年時以紅紙寫貼春聯，亦由他
創始；他在位時，某年自題「新年納餘慶，佳節號長春。」逐漸
普及於民間，直至今日。

　　南管樂界排場布置，必備「御前清客」彩牌、涼傘、宮燈。
民國林鴻泉南指譜重編一書中說：清康熙皇帝六十大壽，四方賡
歌畢集。帝問大學士安溪李光地：南方有何優美音樂可召來演
奏？於是李光地推薦晉江吳志、陳寧，南安傅廷，惠安洪松，安
溪李儀五人進京合奏南管。帝聽後大悅，欲加官封爵，五人不
受。乃賞賜「御前清客」匾、曲柄黃涼傘、金絲宮燈。後世尊此
五人爲「五少芳賢」。金門志三、三篇六章，引林霽秋御前清客

考，所說相同。但也有學者主張，「御前清客」之說不可信。

（本條主要參考書：民國林吳素霞南管音樂賞析、沈冬南管音樂體製及歷史初探、丹青版中國音樂詞典）

傀儡戲（ka上平　lə上上　hi上去）——中國木偶戲的一種，以繩線操縱其動作，演戲人說唱，音樂伴奏。

「傀儡」二字閩南語讀書音要讀（k'ui上上　lui上上），說話音讀「家禮」（ka 上平　le 上上），金門（鹿港）音說（ka上平　lə上上）。故亦有學者主張「傀儡」應叫「家禮」。因為「家禮戲」和家庭的一些典禮有關，例如「敬天公」，隆重的要聘請傀儡戲團搬演，酬謝天公。世傳朱熹著朱子家禮，盛行於南宋、元、明、清、民國的民間典禮。但經四庫全書提要辨明，此書依清王懋宏白田雜著考證，是後人所偽託（見經部禮類）。清雍正間，龍溪人呂子振據偽朱子家禮重編為家禮大成。民國十一年，廈門人楊鑑又將呂書校對增刪，使合於實用。

北宋莊季裕雞肋篇：「窟礨子亦云魁礨子，作偶人以戲嬉舞歌。（北）齊後主高緯尤所好。高麗亦有之。今字作傀儡，涪翁雜說謂：『象古魁礨之士，故名。』」

民國王國維宋元戲曲史三宋之小說雜戲：「傀儡起於周季，列子（湯問）以偃師刻木人事，為在周穆王時，或係寓言；然謂列子（戰國鄭人）時已有此事，當不誣也。（唐段安節）樂府雜錄以為起於漢（高）祖平城之圍，其說無稽。通典則云：『窟礨子作偶人以戲，善歌舞，本喪家樂也。漢末始用之於家會。』其說本於（東漢）應劭風俗通，則漢時故確有此戲矣。漢時此戲結構如何？雖不可考；然六朝之際，此戲已演故事。（北齊顏之推）顏氏家訓書證篇：『或問：「俗名傀儡子為郭禿，有故實

乎？」答曰：「風俗通云：諸郭皆諱禿，當是前世有姓郭而病禿者，滑稽調戲，故後人爲其象，呼爲郭禿。」」唐時傀儡戲中之郭郎，實出於此。至宋猶有此名。唐之傀儡亦演故事，（唐封演）封氏聞見記六：『（唐代宗）大曆中，太原節度辛景雲葬日，諸道節度使使人修祭。范陽祭盤，最爲高大，刻木爲尉遲鄂公（恭）突厥鬥將之象，良久乃畢。機關動作，不異於生。祭訖，靈車欲過，使者請曰：「對數未盡。」又停車，設項羽與漢高祖鴻門之象，良久乃畢。」至宋而傀儡最盛，種類亦最繁：有懸絲傀儡、走線傀儡、杖頭傀儡、藥發傀儡、肉傀儡、水傀儡各種。（自注：見〔南宋孟元老〕東京夢華錄、〔南宋周密〕武林舊事、〔南宋吳自牧〕夢粱錄）夢粱錄云：『凡傀儡敷衍煙粉、靈怪、鐵騎、公案、史書歷代君臣將相故事話本，或講史，或作雜劇，或如崖洞；大抵弄此，多虛少實，如巨靈、朱姬大仙等也。」則宋時此戲實與戲劇同時發達；其以敷衍故事爲主，且較勝於滑稽劇。」

東京夢華錄五京瓦伎藝：「杖頭傀儡任小三，每日五更，頭回小雜劇，差晚看不及矣。懸絲傀儡，張金線。李外寧，藥發傀儡。張臻妙、溫奴哥、眞箇強、沒勃臍、小掉刀，筋骨、上索、雜手技。渾身眼、李宗正、張哥，毬杖踢弄。孫寬、孫十五、曾無黨、高恕、李孝祥，講史。」北宋京城開封當時傀儡戲的興盛，不論人才和演出的形式內容，都十分多樣化而可觀。

民國席德進臺灣民間藝術傀儡戲：「傀儡戲人物的造型，長長地用線垂吊在空中，就彷彿如一個鬼魂僵屍。頭部很小與身材不成比例，身體修長。傀儡戲很不常見，我生平也僅見過一次，那是在幾年前（筆者案：約民國六十多年），臺北耕莘文教院特別請了宜蘭福龍軒傀儡戲團團主許天來，表演給一些文化人仕及

外賓觀賞。約在明末時隨移民到了臺灣。依照臺灣的風俗，凡是神廟落成、火災或吊死和溺死等帶妖氣的情況下，才演傀儡戲。很少有人把它當做娛樂性的欣賞。它與迷信的驅鬼除魔、符咒發生了關連。操縱傀儡戲的演出，是需要高深熟練的技術才能表演得好，同時要會唱。若玩者不是祖傳，恐無法繼承。」

　　民國李錫隆金門島地采風輯二、傀儡戲班老師傅楊子良：現年七十高齡的楊子良，在他十多歲時，就拜一位晉江來的老師傅學藝。在唐朝大興，迄清代中葉，始傳來金門。傀儡戲的操作方法甚爲複雜困難，全靠手指撥弄線索，拉動九至十八條的不同線來變化動作。一般來說，傀儡戲的尪阿頭（戲偶人頭），有生、丑、淨、且之分，再配置頭盔巾帽、蟒袍衣衫與各種行頭。大齣戲演出時，傀儡甚至要擊劍耍刀。大齣戲要「奠安」時才會上場。在演出之前，尚須先畫符作法，以牲體拜祭，並請四大將來鎮煞，否則會煞氣沖犯。不管大小齣的演出，都先要「請神」（相公爺、田都元帥）。目前較常演出的劇齣有：唐朝一品、加冠晉祿、一門三元、文武狀元、一門雙喜、父子狀元、子儀拜壽、攻打流沙、趙滔進京、父子國王、天下全福等。以金門例而言，演出時，要依循天公、地公與正神的次序；每齣演出三次，共要演出九次，才算是正統的一齣戲。傀儡戲的演出，以農曆正月初八、初九日最熱門，而正月初二日起至上元節是旺季。結婚或神明作醮時，也偶有演出的。每齣戲至動員四人。

　　距今約六十四年前，筆者九歲時，家中曾在陰曆正月初九日晚上敬拜天公，雇請傀儡戲班於天井面向天空演出過。那戲班只有三個人，主演的師傅在臨時搭起的小臺子前圍著布幕，左手握柄提著傀儡木偶於幕前（幕高齊胸），唱歌兼說白，右手拉線使傀儡做出各種動作；另二個助手，一個打鼓敲鑼，一個吹嗩吶，

和說唱配合。我立在臺前看了一陣，根本不懂得是甚麼戲齣，不過二十分鐘左右，就演完了。

臺灣戲阿（tai下平　uan下平　hi上去　a上平）——按照臺灣歌阿戲演法而演出的劇團或戲劇。

筆者的記憶力特別好，能記起周歲左右的許多往事，談到這點，別人都不相信。嬰兒到少年時（公元一九三二年至一九四八年），每年陰曆四月十二日，縣城後浦城隍爺誕辰，金門各界必敦請戲班在廟前戲臺演戲三日夜酬神。日場下午演，半小時結束，觀眾都是小孩們。夜場約八時開始，常演至凌晨；觀眾不只城裏人，連幾里路以外的鄉民也都來，而且站立著看，本地人自己帶椅子坐。原因是那時代娛樂極少，一年一度，戲不看太可惜。

奇怪的是，當時這些戲班並不是臺灣來的，而是聘請自福建的漳州、泉州、廈門，卻通稱為「臺灣戲阿」。為何會將閩南地區的戲團叫做「臺灣戲阿」，這就須要瞭解臺灣歌阿戲的歷史。

依據我的同學臺大教授曾永義「臺灣歌仔戲的發展與變遷」一書的研究，有一位約出生於清宣宗道光元年至十年間（公元一八二一至一八三〇）的閩南人貓阿源，大概在六十多歲時於德宗光緒十多年（一八八五）來到臺灣南部，再遷居宜蘭，做土地買賣中間人的生意。貓阿源通曉流行於漳州薌江一帶的「錦歌」、「採茶」、「車鼓」等各種民間歌謠，伴奏樂器是手鼓、月琴、三絃、二絃、琵琶、洞簫、夾板等。他在宜蘭教授了三個學生：歐來助、流氓帥、陳三如。清穆宗同治十年（公元一八七一），歐來助出生於宜蘭員山庄結頭份堡（今圓山鄉結頭份村）。其父歐接成以賣茱維生，後經營金德發商號。歐來助從小富有音樂天

才，擅唱宜蘭本地的歌謠。他和貓阿源相處期間，幾乎學會了老師的全部本事。大約四十歲時（民國前一年、公元一九一一），歐來助以善歌聞名鄉里，因此被綽號「歌阿助」。他應鄉父老邀請，每天晚飯後，偕同對門好友翁南，一起到結頭份一棵數百年的茄苳「樹王公」附近的檳榔園，鄉民用桂竹和稻草搭蓋一間可以遮蔽風雨的棚寮，兩人就在寮裏教導子弟們演唱「本地歌阿」，這間棚寮也因此被稱爲「歌阿寮」。他們演唱的故事是「梁山伯與祝英臺」。「歌阿助」的名氣越來越大，曾先後到過臺北縣的卯澳與宜蘭員山鄉的十八侉（今湖北村），開班授徒，並且由「落地掃」（詳後）而改在迎神賽會的場合登臺演唱，所謂「歌仔戲」從此誕生。歐來助所組成的戲班，其演唱當然揉合前述「錦歌」、「採茶」、「車鼓」多種不同的曲調在內。

「錦歌」原名雜錦歌，後簡稱「錦歌」，約產生於明末清初，隨著漳州移民傳入臺灣。它是以福建南部當地歌謠爲基礎發展起來的小調，流傳於漳州、廈門、晉江、龍溪等地。以七字或五字組成一句，每四句組成一段，用字甚爲通俗，演唱故事中的女主角，都用男人的嗓子。「錦歌」的音樂曲調分爲三大類：一是雜碎仔、雜念仔，唱腔近於念誦，多唱長篇故事，如王昭君、雜貨記、火燒樓。二是五空仔（G調）、四空仔（F調），包括多種富於變化的唱腔，如用於悲調的「倍思」、五空仔與其他曲調揉合形成的安童鬧、土地公、大吃囉等。三是花調仔、雜歌，來源於南詞小調和四平、亂彈、傀儡戲的部分曲調，主要有紅繡鞋、白牡丹、花鼓調、送哥、紫茱歌等，可以單曲反復演唱，也可以曲牌聯綴演唱。另外，還有一些器樂樂曲，如八板頭、清夜游、西湖柳、銀柳絲等，作爲獨奏或伴奏用。

「錦歌」演唱分爲亭、堂兩大流派。亭字派主要在城市中流

傳，唱腔比較優雅細緻，采用南音、十八音的曲調較多，使用樂器及指法亦與南音接近，主要樂器有琵琶、洞簫（或品簫）、二弦、三弦及木魚、小叫、雙鈴、串盤等。堂字派主要流傳在農村中，唱腔粗獷有力，曲調接近民間歌謠，尤擅長唱雜念調，旋律靈活，變化多樣。使用樂器因地而異，有用月琴、二弦、三弦、漁鼓、小竹板、雙鈴的；也有用秦琴、椰胡等樂器。各地盲藝人都只用一把月琴或自拉二胡自唱。

錦曲的主要曲目有四大柱：陳三五娘、秦雪梅、山伯英臺、孟姜女；八小節：妙常怨、董永、井邊會、呂蒙正、劉永、壽昌、閔損、高文舉與玉貞；還有一些以當地民間傳說爲題材的曲目。

其次說「車鼓戲」。臺灣的車鼓戲亦是隨著移民由閩南傳入的。車鼓戲最先是由一種爲迎神而扮演的「社火」。這種在街上化妝遊行的習俗，在閩南地方很盛行。後來因爲路上的觀衆太多，扮演的人行走不便，就改在牛車上，車上四邊用花草結成各種彩飾，配以鑼鼓樂隊，演員在車上演唱民間小調，也做些簡單的動作，這便是「車鼓陣」的初期形式。演員的臺步受到牛車上的限制，只能以小步的進退適應需要，而把更多的表情動作，從面部、眼神、兩臂和雙手來發揮。這種「車鼓弄」的形式，也就是老白字戲、竹馬戲的舞蹈動作的特點。音樂方面全是閩南民歌。其後「車鼓弄」從牛車上解放而在地下臺演出，這就成爲「落地掃」。故事內容有陳三五娘、山伯英臺、呂蒙正、孟姜女的某些片段。

「採茶」部分，曾永義書中不詳。筆者據丹青版中國音樂詞典的解說作補充。通常是由一男一女或一男二女或三人以上作表演。他們身穿彩服，腰繫彩帶，男的手持鞭做爲扁擔、鋤頭、撐

船竿等；女的手拿花扇，作爲竹籃、雨傘或盛裝茶葉器具等，載歌載舞，氣氛活躍。內容以表現茶農勞動生活居多。如十二月採茶、開荒點茶、燒茶山、執茶、摘茶、炒茶、賣茶等。以「採茶撲蝶」爲例，表現了茶女上山坡、過小橋、穿茶叢、摘茶、揀茶、篩茶等動作，以及撲蝶、追逐嬉戲的場面。「採茶」的曲調，一般用正採茶、倒採茶、十二月採茶等；也有用翾翾花、五更調、水仙花、玉美人等。伴奏樂器有二胡、笛子、嗩吶、鑼、鼓、鈸等。過門或過場音樂以嗩吶爲主。唱詞舉例簡介如下：「正月採茶是新年喲喂，姐妹雙雙去採茶喲喂。」推測「採茶」當是古時的客家人傳入臺灣。

「歌仔戲」在歐來助創立的前後，曾吸收上述的「錦歌」、「採茶」、「車鼓」外，尚有「正音」（即京戲）、「亂彈」（即花部京腔、與雅部的崑曲對稱）、「四平」（來自廣東潮州）、「七子班」（古梨園泉音童伶戲）、高甲戲（吸取京劇和崑曲而成）、「南管」（包含套曲、曲牌、散曲）、「都馬」（如湖南調、蘇州調）等的曲調、身段、樂器等。

歐來助死於民國九年（公元一九二○），享年五十歲。民國十七年（公元一九二八），臺灣歌仔戲團「三樂軒」回鄉祭祖，到同安縣白礁宮（武王廟）進香，歸途經過廈門，在水仙宮的媽祖廟演出三天，大受觀眾歡迎。接著，從臺灣去的劇團又有「霓生社」、「霓進社」，先後於廈門作較長時期的演出，影響當地原演高甲戲的「雙珠鳳班」和原是小梨園的「新女班」都改演歌仔戲。進一步，霓生社、霓進社留在廈門的部分演員合組「全聲團」至漳州龍溪縣石碼鎮演出；後來霓生社又到漳州獻演，更受觀眾熱烈歡迎。當地小梨園「金瑞春」、「新玉穎」全都改演歌仔戲。民國二十一年（公元一九三二），同安縣錦宅鄉有了「子

弟戲」的組織；次年龍溪的石美、滸茂、北溪、圍頭，同安縣的遼東、白礁等地，也都相繼組織起來。從此，歌仔戲成爲漳州人自己的戲曲。漳州又名薌江，此即「薌劇」名稱的由來。

更進一步，歌仔戲流進了東南亞閩南華僑地區。新加坡在民國十九年（公元一九三〇）以前是高甲戲的天下，十九年以後，由於臺灣「鳳凰社」逗留數年，亦到馬來西亞表演，盛行一時，而高甲戲衰落。接續來的臺灣劇團有「丹鳳社」、「同益社」、「金玉蓮」、「新華社」等，使歌仔戲成爲當地最受歡迎的劇種。

總結本條的敘述，可明瞭「歌仔戲」的最初主要來源是閩南，傳入臺灣宜蘭發展茁壯而形成；然後再從臺灣回流閩南，持續興旺不衰，普遍受到閩南人的歡迎。因此，金門人稱呼閩南內地來金演出的劇團及內容，一律叫作「臺灣戲阿」。

本書主要參考書

一、經部

清阮元刻	宋本十三經注疏	板橋藝文影印本
西漢戴德	大戴禮記	臺北世界影印本
魏張揖	廣雅	臺北商務版
隋陸法言等	切韻（宋本廣韻）	藝文影印本
南宋朱熹	詩集傳	香港啓明影印本
南宋蔡沈	書經集傳	啓明影印本
元陳澔	禮記集說	啓明影印本
明許獬	四書闡旨合喙鳴	金門文獻委員會
清段玉裁	說文解字注	藝文影印本
清朱駿聲	說文通訓定聲	世界影印本
清畢沅	釋名疏證	臺北廣文影印本
民國馬光宇	方言校釋	商務版
民國曲守約	中古辭語考釋	商務版
民國董同龢	中國語音史	臺北中華文化版
董同龢等	記臺灣的一種閩南話	中研院史語所版
民國屈萬里	尚書釋義	中華文化版
民國連橫	臺灣語典	金楓出版社

二、史部

西漢司馬遷等	二十五史	臺北新文豐影印本
西漢劉向	列女傳	廣文影印本
東漢趙曄	吳越春秋	世界影印本

梁宗懷	荊楚歲時記	臺北文津版
北宋高承	事物紀原	商務版
南宋孟元老	東京夢華錄	臺北大立出版社
南宋吳自牧	夢粱錄	大立版
明王三聘	古今事物考	商務版
清紀昀等	四庫全書總目提要	商務版
清顧炎武	明季三朝野史	臺灣銀行經研室
清乾隆帝敕撰	歷代通鑑輯覽	商務影印本
清楊陸榮	三藩紀事本末	臺銀經研室版
清夏琳	閩海紀要	臺銀經研室版
清阮旻錫	海上見聞錄	臺銀經研室版
清郁永河	裨海紀遊	臺銀經研室版
清邵定采	東南紀事	臺銀經研室版
清查繼佐	魯春秋	臺銀經研室版
清同治間修	福建通志福建方言志	福州彫刻本
清陳壽祺等	重纂泉州府志風俗志	同治七年重刊本
清周凱	廈門志	臺銀經研室版
清林焜熿	金門志	金門文獻會版
中國徐曉望	福建民間信仰源流	福建教育出版社
民國李怡來等	金門縣志	金門文獻會版
民國許如中	新金門志	金門縣政府版
民國郭堯齡	鄭成功與金門	金門文獻會版
民國王儀	明代平倭紀實	自印本
民國余宗信	明延平王臺灣海國紀	商務版
民國翁國樑	漳州史蹟	永和文海出版社
日本鈴木清一郎	臺灣舊慣習俗信仰	臺北衆文圖書公司

民國胡璉	金門憶舊	臺北黎明文化版
民國許能麗	水頭厝風情	金門縣政府版
民國陳炳容許能麗	金門民俗文物	金門縣政府版
陳炳容	金門的古墓與牌坊	金門縣政府版
民國盧錫銘等	金門先賢錄第一輯	金門文獻會版
民國楊天厚林麗寬	金門寺廟巡禮	臺北稻田版
民國張榮強	金門人文探索	稻田版
民國金兆豐	中國通史	臺北中華版
民國劉伯驥	中西文化交通小史	臺北正中版
民國曾永義	臺灣歌仔戲的發展與變遷	臺北聯經版
民國吳素霞	南管音樂賞析入門篇	彰化縣文化局版
民國沈冬	南管音樂體製及歷史初探	臺灣大學版
金文編輯部	中國民間傳說大展二集	臺北金文版

三、子部

春秋晏嬰	晏子春秋	世界版
戰國列禦寇	列子	世界版
戰國老子	老子	世界版
戰國莊周	莊子	世界版
戰國荀況	荀子	世界版
戰國韓非	韓非子	世界版
秦呂不韋	呂氏春秋	世界版
西漢劉安	淮南子	世界版
西漢劉向	說苑	世界版
東漢王充	論衡	世界版
北齊顏之推	顏氏家訓	世界版
東晉葛洪	抱朴子	世界版

後魏賈思勰	齊民要術	世界版

四、集部

梁蕭統	昭明文選	臺北東華影印本
唐韓愈	韓昌黎文集	世界版
元王實甫	西廂記	臺北文光影印本
明羅本	三國演義	世界版
明蔡獻臣	清白堂稿	金門縣政府版
明盧若騰	留庵詩文集	金門文獻會版
盧若騰	島噫詩	臺銀經研室版
明馮夢龍	警世通言	臺北鼎文版
馮夢龍	醒世恒言	鼎文版
馮夢龍	喻世明言	鼎文版
清顧炎武	日知錄	商務版
清趙翼	陔餘叢考	世界影印本
清翟灝	通俗編	世界版
清文康	兒女英雄傳	世界版
民國章炳麟	章氏叢書正續編	世界影印本
民國胡適	胡適文存	臺北遠東版
民國胡璉	出使越南記	中央日報版
民國劉振魯	當前臺灣所見各省戲曲選集	臺灣省文獻會版
民國臧汀生	臺灣閩南語歌謠研究	商務版

筆畫索引